사회복지자료분석론

이 창 희 · 문 수 열 · 김 병

창지사

머리말

사회복지실천현장에서 근무하는 사회복지사들은 사회복지조사를 바탕으로 한 사회복지자료분석의 중요성을 인식하고, 자신들의 실천경험을 과학화하고, 객관화하려고 많은 관심과 노력들을 보이고 있다.

사회복지자료분석은 사회복지조사과정에서 수집된 자료를 체계적으로 분석하여 해석하기 위한 기술이다. 다시 말해 사회복지자료분석은 통계분석기법을 통해 수집된 자료를 가장 효과적으로 분석하고, 해석하는 사회과학의 기초학문이다. 따라서 모든 사회복지사들은 통계분석기법을 통해 수집된 자료를 가장 효과적으로 분석하고, 해석하는 기술을 반드시 배워야 한다.

본서는 사회복지자료분석의 중요성을 충분히 인식하고, 관련되는 개념들을 보다 정확하게 이해하고, 이를 전략적으로 활용하여 사회복지실천현장의 의사결정 및 사회복지프로그램을 효과적이고 효율적으로 운영·관리하고, 유용한 도움을 줄 수 있도록 다음과 같이 13개의 장으로 구성되어 있으며, 각 장마다 충분한 연습문제를 수록하였다.

제 1 장 사회복지조사와 통계
제 2 장 자료정리방법
제 3 장 집중치 측정
제 4 장 분산도 측정
제 5 장 표준점수와 정규분포
제 6 장 단일모집단 평균추정
제 7 장 추론통계의 개념
제 8 장 t검증
제 9 장 분산분석
제 10 장 비모수 통계검증
제 11 장 상관관계분석[I]
제 12 장 상관관계분석[II]
제 13 장 회귀분석

본서의 내용은 국내외의 사회복지조사론, 통계학, 사회복지자료분석론 등의 서적과 SPSS(Statistical Package for the Social Science) 통계 패키지 등을 참조하여 서술하였음을 미리 밝히며, 본서에서 나오는 오류들은 전적으로 저자들의 몫이며, 여러 가지 측면에서 미비한 점은 앞으로 지속적으로 수정·보완하여 불편을 덜어드릴 것을 약속드립니다.

끝으로, 사회복지자료분석론 과목을 배우려는 모든 학생 및 사회복지사들에게 많은 지식이 알차게 습득되어, 선진복지국가의 사회복지사가 되었으면 하는 마음이 간절하며, 아울러 본서의 출간에 수고가 많으신 창지사 임직원 여러분께 진심으로 감사드립니다.

2011년 3월

저 자 씀

차 례

제 3 장 집중치 측정 / 67

제 4 장 분산도 측정 / 91

제5장 표준점수와 정규분포 / 115

제6장 단일모집단 평균추정 / 143

제 1 장
사회복지조사와 통계

1. 사회복지조사
2. 조사연구의 기본요소
3. 사회복지통계

[연습문제]

이 장(章)에서는 사회복지조사란 무엇이며, 어떤 과정을 거쳐서 진행되는지를 살펴보고, 조사연구의 기본요소 중에서 가설과 변수에 대한 내용을 간략하게 정리한다. 그리고 통계학은 사회복지조사의 과정에서 어떤 역할을 하는지를 살펴보고, 사회복지통계의 개념과 종류에 대해 알아보고자 한다.

1. 사회복지조사

1) 사회복지조사의 개념

사회복지조사(社會福祉調査)란 사회복지전문가(사회복지사 또는 사회복지전문요원 등)들이 접하는 사회현상을 파악하거나 사회 문제를 해결하기 위한 방안을 강구하기 위해 합리적인 과학적 절차와 타당한 논리적 원칙에 입각하여 기존의 지식을 강화하거나, 기존의 지식에 새로운 내용을 추가하거나, 전혀 새로운 지식을 획득하려는 실천적인 지식탐구활동을 말한다.

사회복지분야를 조사하는 방법에는 크게 양적조사(量的調査, Quantitative Research)와 질적조사(質的調査, Qualitative Research)가 있다.

양적조사는 정확하고 일반화할 수 있는 통계적인 결과를 중요시하며, 인과관계를 입증하고자 할 때 많이 사용한다. 질적조사는 깊이 있는 이해를 중요시하며, 인간행동이 갖는 의미를 더욱 깊이 이해하려는 접근방법이다.

일반적으로 두 조사방법이 대립되는 방법으로 받아들일 수 있지만, 사실 두 방법은 각각의 약점을 보완할 수 있다. 따라서 두 조사방법 중에 어느 조사방법이 더 나은가 하는 질문보다는 어떤 경우에 어떤 목적으로 어느 조사방법을 사용할 것인가 하는 질문이 더욱 적절하다.

이미 알려져 있는 사실이 거의 없는 새로운 현상을 조사하면서 현상을 개념화하고 이론화하기 위해 현상이 갖고 있는 주관적 의미를 이해하고자 할 때는 유연성을 발휘할 수 있는 질적조사가 더 적합하다고 할 수 있다.

반면에 이미 상당히 알려져 있는 현상에 대해 어느 정도 조사상황을 통제할 수 있는 경우, 가설을 검증하거나 특정 모집단의 특성을 정확하게 기술하고자 하는 경우에는 양적조사가 더 적합하다고 할 수 있다.

2) 사회복지조사의 과정

사회복지조사는 사회복지와 관련된 사실들을 밝혀내는 수단의 하나로서 일반적으로 [그림 1.1]과 같이 연구주제의 선정, 가설의 구성 및 조작화, 조사설계, 자료수집, 자료분석 및 결과해석, 보고서 작성의 단계를 거치게 된다.

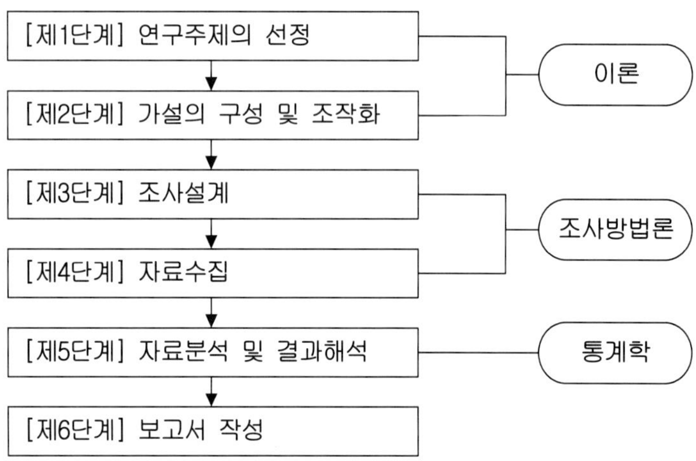

[그림 1.1] 사회복지조사의 과정

(1) 연구주제의 선정

연구자는 어떤 연구주제(研究主題, Research Subject)를 대상으로 연구할 것인가를 선정해야 한다. 즉, 연구자는 그 연구에서 다루고자 하는 주제, 그 주제를 다루는 목적, 중요성 및 기여도 등을 논리적으로 정립해야 한다.

(2) 가설의 구성 및 조작화

대부분 선정된 연구주제들은 너무 일반적이거나 추상적이기 때문에 실제 조사가 불가능하거나 어려운 경우가 많다. 이와 같은 경우 연구주제를 조사 가능한 구체적인 가설로 세분화할 필요가 있다. 즉, 가설(假說, Hypothesis)이란 연구주제에 대해 어떤 결론을 이끌어내기 위한 조사 가능한 구체적인 변수간의 관계로 나타낸 것이다.

예를 들면, "가정환경과 청소년 비행의 관계"를 연구주제로 선정한 경우, 가정환경이나 청소년 비행의 특정한 내용을 어떻게 조사해야 할지 애매모호하다. 따라서 이 연구를 통해 얻고자 하는 몇 개의 가설들을 다음과 같이 세울 필요가 있다.

- 가설 1 부부관계가 좋지 않은 가정의 청소년들은 비행률이 높을 것이다.
- 가설 2 편부모 가정의 청소년들은 비행률이 높을 것이다.
- 가설 3 부모의 학력이 낮은 가정의 청소년들은 비행률이 높을 것이다.
- 가설 4 부모가 사회적으로 낮게 평가되는 직업을 가지고 있는 가정의 청소년들은 비행률이 높을 것이다.
- 가설 5 맞벌이 부모 가정의 청소년들은 비행률이 높을 것이다.

이와 같이 가설들을 설정한 후, 가설에 대한 독립변수와 종속변수를 조사해야 하는데, 이들 변수가 추상적이고 직접 조사하기가 불가능한 경우에는 조사 가능한 지표(指標, Indicator, 변수의 속성 요소)를 찾아야 한다.

예를 들면, "부부관계가 좋지 않은 가정의 청소년들은 비행률이 높을 것이다"라는 가설의 경우, 독립변수인 "부부관계가 좋지 않다는 것"과 종속변수인 "비행"이 추상적인 개념이기 때문에 직접조사가 불가능하다.

이 경우 추상적인 개념들을 잘 대변할 수 있으면서 측정 가능한 지표를 정립해야 하는데, 이를 조작화(操作化, Operationalization)라고 한다. 즉, 부부관계가 좋지 않다는 것을 파악하기 위해 부부 간의 다툼의 횟수와 대화의 횟수 등을 생각할 수 있다.

또한 청소년 비행으로 지위비행(음주, 흡연 등), 도피비행(본드나 가스 흡입, 가출, 무단결석 등), 폭력비행(때리기, 협박, 오토바이 난폭 운전하기 등), 재산비행(돈 훔치기, 물건 훔치기 등) 등을 생각할 수 있다.

(3) 조사설계

조사설계(調査設計, Research Design)는 가설을 검증하기 위하여 자료를 수집하고 분석하는 전반적인 과정을 계획하고 통제하기 위한 전략이다. 즉, 조사설계란 필요한 자료를 수집하기 위해 작성하는 설계라고 할 수 있다. 이 단계에서 연구자는 자료수집방법을 결정하며, 연구모집단, 표본수 및 표본추출방법 등을 결정하고, 설문지를 작성한 후 설문지의 신뢰도와 타당도를 검증하며, 자료분석 시 사용해야 할 통계기법 등을 결정해야 한다.

(4) 자료수집

자료수집(資料收集, Data Collection)은 연구자가 조사설계에 의해 자료를 수집하는 단계이다. 자료수집방법에는 설문조사, 면접조사, 실험조사, 관찰조사, 2차자료수집 등 여러 가지가 있으며, 최대한 객관성을 확보할 수 있도록 각각의 자료수집방법에 따른 기법들을 익혀두는게 좋다.

(5) 자료분석 및 결과해석

자료분석 및 결과해석(資料分析 및 結果解析, Data Analysis)이란 수집된 자료를 정리하여 통계적 기법을 통해 분석한 후, 그 결과를 통해 의미를 찾아내는 단계이다.

(6) 보고서 작성

보고서 작성(報告書 作成, Reporting)은 연구자가 연구결과를 알리기 위해 보고서를 작성하는 단계이다. 아무리 훌륭한 조사설계에 의해 좋은 결과를 얻었다 하더라도 그것을 다른 사람들에게 효과적으로 전달하지 못한다면 조사 자체가 무의미한 것으로 끝나버릴 수 있기 때문에 독자들의 연령, 성별, 교육수준 등을 고려하여 그들이 쉽게 이해할 수 있도록 보고서를 작성한다.

2. 조사연구의 기본요소

1) 가설

(1) 가설의 정의

가설(假說, Hypotheses)은 두 개 이상의 변수나 현상 간의 특별한 관계를 검증한 형태로 서술하여 변수들 간의 관계를 예측하려는 진술이나 문장이다. 즉, 가설은 실증적인 확인을 위해 구체적이어야 하고, 현상과 관련성을 가져야 하며, 아직 진실여부가 확인되지 않은 사실을 말한다.

(2) 가설의 형식

가설의 형식은 [그림 1.2]와 같이 관련 변수의 선정과 변수들의 상태를 나타내는 문장을 조건문 형태의 복문으로 나타낸다.

만약 A이면, B이다.	~할수록 ~하다.
• A : 가설의 선행조건 • B : 가설의 결과조건 • 만약 A가 참이면, B도 참이다.	• A할수록 B하다. • [사례] 청소년이 클래식을 듣는 횟수가 증가할수록 감성지수가 증가할 것이다.

[그림 1.2] 가설의 형식

(3) 가설의 유형

가설은 적용범위, 추리정도, 검증과정, 사용되는 변수, 세분화에 따라 여러 가지로 구분되는데, [표 1.1]은 자주 활용되는 검증과정에 따른 가설의 유형을 분류한 것이다.

[표 1.1] 검증과정에 따른 가설의 분류

연구가설(H)	영가설(H_0)
• 과학적 가설, 작업가설, 실험가설이라고도 불림 • 이론으로부터 도출된 가설로서 검증될 때까지는 연구주제에 대한 잠정적인 해답으로 간주되는 가설 • "A는 B와 관계가 있다" 형식의 문장이다.	• 귀무가설이라고 불리며, 연구가설의 역(逆)으로서 주어진 연구가설에서 명시된 것을 부정하거나 기각하기 위해 설정하는 가설 • 대립가설을 설정함으로써 오히려 연구가설을 지지하려고 한다. • "A는 B와 관계가 없다" 고 진술된다.
대립가설(H_1)	**통계적 가설**
• 영가설에 대립되는 가설, 즉 귀무가설이 거짓일 때 채택하기 위해 설정하는 가설 • "A는 B와 관계가 있다" 는 형식의 문장이다.	• 표본으로부터 주어진 정보를 이용하여 모집단의 확률분포나 모수치에 대해 예상하는 진술이다. • 통계적 검증과정에서 영가설과 대립가설이 숫자적인 수단에 의해 평가될 수 있는 가설로 전환하게 되는데, 이를 통계적 가설이라고 한다.

연구가설·영가설·대립가설의 사례

○○사회복지관에서 △△초등학교 40명의 학생을 대상으로 사회사업 프로그램인 "행복한 교실"이 집단응집력에 어떤 영향을 미치는지 알아보려고 한다. 각각 20명씩 실험집단(프로그램 실시)과 통제집단(프로그램 실시하지 않음)에 배치하고 연구자는 행복한 교실이 집단응집력을 향상시킬 것이라고 예측한다.

＊ ＊ ＊

① 연구가설(研究假設, Research Hypothesis) : 행복한 교실에 참여하게 되면 참여하지 않은 집단보다 집단응집력이 강해질 것이다.

② 영가설(零假設, Null Hypothesis) : 행복한 교실에 참여한 집단과 참여하지 않은 집단간에 집단응집력 차이가 없을 것이다.

③ 대립가설(對立假設, Alternate Hypothesis) : 행복한 교실에 참여한 집단과 참여하지 않은 집단간에 집단응집력에 차이가 있을 것이다.

2) 변수

(1) 변수의 의의

변수(變數, Variable)란 사람, 물건 및 사건 등의 속성(屬性, Attribute)을 의미한다. 그러나 사람, 물건 및 사건 등의 속성이 2가지 이상의 가치를 가질 때, 이를 변수라고 한다. 따라서 그 속성이 하나의 가치만을 가졌을 때는 변수라고 할 수 없다.

예를 들면, 남자는 변수가 될 수가 없다. 그러나 성별은 변수가 될 수 있다. 또 다른 예로 노란색은 변수가 될 수 없어도 색상은 변수가 될 수 있다.

변수는 통계분석의 기본단위로서 통계분석을 위해 변수의 속성을 알아두는 것은 중요한 일이다. 왜냐하면 변수가 어떤 속성들을 가졌느냐에 따라 어떤 통계기법을 사용해야 하는가가 결정되기 때문이다.

(2) 변수의 속성에 따른 분류

① 명목변수

명목변수(名目變數, Nominal Variable)는 어떤 사물의 속성을 질적인 특성에 의해 상호 배타적인 몇 개의 범주(範疇, Category)로 나눌 수 있을 뿐, 그 범주를 서열이나 수치로 나타낼 수 없는 변수를 말한다. 예를 들면, 성별, 계절, 색상, 종교, 결혼유무, 거주 지역, 직업 등이 이에 속한다([표 1.2] 참조).

[표 1.2] 명목변수의 예

변수	속성(측정값)
성별	여성, 남성
계절	봄, 여름, 가을, 겨울
색상	빨강, 주황, 노랑, 초록, 파랑, 남색, 보라 등

설문 조사 시 변수의 성질을 나타내는 각 범주에 수치를 부여하는데, 이때 각 범주에 부여된 수치는 서열이나 양적인 의미를 갖지 않으며, 다만 범주의 표식일 뿐이다. 각 범주에 부여된 수치는 범주의 명명(命名, Nominal), 즉 이름을 붙인 것일 뿐이다.

예를 들면, 성별을 구분할 때 남자를 ❶로 여자를 ❷로 나타낼 수 있다. 그러나 이때의 ❶이나 ❷는 숫자라기보다는 기호에 불과한 것이며, 양적인 의미를 나타내는 숫자의 개념과는 전혀 다르다. 종교라는 변수에서 ❶ 기독교, ❷ 천주교, ❸ 불교, ❹ 힌두교 ❺ 종교 없음 ❻ 기타 ( ) 등으로 표시하는 것도 여기에 해당한다.

② 서열변수

서열변수(序列變數, Ordinal Variable)는 어떤 사물의 속성을 상호 배타적인 몇 개의 범주로 나눌 수 있고, 범주 간의 서열을 측정할 수 있는 변수를 말한다([표 1.3] 참조). 서열변수의 경우 서열을 측정할 수는 있으나, 서열 간의 차이는 측정할 수 없다. 서열변수의 각 범주에 부여된 수치는 단순히 서열을 의미할 뿐이며, 범주 간의 차이를 나타내지는 않는다.

[표 1.3] 서열변수의 예

변수	속성(측정값)
선호도	좋음, 보통, 나쁨
학점	A, B, C, D, F
정치성향	보수, 중도, 진보
장애등급	1급장애, 2급장애, 3급장애, 4급장애, 5급장애, 6급장애

예를 들면, "사회복지사로서 현재 수행하는 업무활동 형태에 만족하십니까?", "❶ 매우 그렇다, ❷ 그렇다, ❸ 보통이다, ❹ 그렇지 않다, ❺ 전혀 그렇지 않다"라는 설문의 경우 현재 수행하는 업무활동 형태에 대한 만족의 정도, 즉 만족의 정도에 대한 서열이 ❶에서 ❺로 갈수록 더 약해진다는 것을 알 수 있다. 그러나 ❷번이 ❶번보다 얼마나 더 만족의 정도가 약한지를 알 수 없다. 또한 ❶번과 ❷번의 만족의 정도의 차이가 ❸번과 ❹번의 만족 정도의 차이와 같다고 할 수도 없다.

③ 등간변수

등간변수(等間變數, Interval Variable)는 어떤 변수의 범주 간의 순서뿐만 아니라 범주 간의 정확한 간격을 알 수 있는 변수를 말한다([표 1.4] 참조). 또한 등간변수는 각 범주 간에 동등한 간격을 가지고 있다.

예를 들면, 온도나 지능지수(IQ : Intelligence Quotient)는 섭씨온도(℃)나 지능지수 점수로 측정할 수 있다. 이 경우 섭씨온도 30도와 31도의 간격은 40도와 41도의 간격과 같고, 지능지수 110과 111의 간격은 120과 121의 간격과 같다고 할 수 있다.

[표 1.4] 등간변수의 예

변수	속성(측정값)
대학학년	1학년, 2학년, 3학년, 4학년
온도	… -20℃ …0℃ … 36℃ … 100℃ …
지능지수	… 80점 … 120점 … 140점 …

④ 비율변수

비율변수(比率變數, Ratio Variable)는 변수의 범주 사이의 간격이 등간격일 뿐만 아니라 범주 간에 몇 배가 큰가 또는 몇 배나 작은가를 측정할 수 있는 변수를 말한다([표 1.5] 참조). 비율변수는 등간변수의 모든 특성을 가지고 있는 동시에 절대영점(絶對零點, True Zero)을 더 가지고 있으며, 절대영점을 중심으로 곱하고 나누는 것이 가능하다.

[표 1.5] 비율변수의 예

변수	속성(측정값)
몸무게	0kg … 50kg … 100kg …
소득수준	0만원 … 150만원 … 200만원 …
가족수	0명, 1명, … 10명 …

예를 들면, 섭씨온도계의 각 온도 간의 차이는 일정하여 등간격을 이루지만, 섭씨온도 30도는 15도보다 두 배 더 덥다고 할 수는 없다. 또한 지능지수 120인 사람이 지능지수 100인 사람보다 1.2배 더 영리하다고 할 수는 없다. 따라서 섭씨온도나 지능지수 점수는 비율변수라고 할 수 없다.

그러나 100원은 50원의 두 배의 가치가 있다고 할 수 있다. 따라서 화폐단위인 원은 비율변수라고 할 수 있다. 그러나 등간변수와 비율변수는 엄격하게 구별하여 사용하지 않는 경우가 많다.

이상과 같이 명목변수, 서열변수, 등간변수 및 비율변수에 대한 특성들을 정리하면 [표 1.6]과 같다.

또한 변수들은 크게 연속적 변수(連續的 變數, Continuous Variable)와 비연속적 변수(非連續的 變數, Discontinuous Variable, "이산적 변수"라고도 함)로 분류할 수 있다.

연속적 변수는 말 그대로 변수가 연속성을 가지고 있는 것으로 등간변수, 비율변수가 여기에 속한다.

비연속적 변수는 변수가 연속성을 가지고 있지 않은 것으로 명목변수, 서열변수가 이에 속한다. 그러나 서열변수는 때때로 연속적 변수로 사용되기도 한다.

[표 1.6] 변수의 속성에 따른 분류 및 특징

구분	의미	활용사례	범주	서열	등간	비율
			=	>, <	+, −	×, ÷
명목변수	변수의 속성에서 그 차이점과 유사점에 따라 순서 없이 범주화시킴	성별, 계절, 색상, 종교, 결혼유무, 거주 지역, 직업 등	○			
서열변수	속성 간에 순서를 매기지만 그 순서간의 간격은 동일하지 않음	선호도, 학점, 정치성향, 장애등급, 만족도 등	○	○		
등간변수	변수 속성 간에 동일한 간격으로 순서화시킴	대학학년, 온도, 지능지수, 물가지수, 인성지수 등	○	○	○	
비율변수	등간변수의 모든 특성에 절대영점이 존재함	몸무게, 경력, 소득수준, 가족수, 거리, 이용횟수, 서비스 시간 등	○	○	○	○

(3) 변수의 기능에 따른 분류

① 독립변수와 종속변수

독립변수(獨立變數, Independent Variable)는 원인변수, 설명변수, 예측변수라고도 한다. 독립변수는 연구하고자 하는 사건이나 상황을 일으키거나 영향을 미친다고 생각되는 변수를 말한다. 즉, 어떤 변수가 다른 변수의 발생에 대한 원인이 된다고 가정될 때 그 변수를 독립변수라고 할 수 있다.

종속변수(從屬變數, Dependent Variable)는 결과변수, 피설명변수, 피예측변수라고도 한다. 종속변수는 독립변수의 영향을 받아 일정하게 변화된 결과를 나타내는 기능을 수행하는 변수를 말한다.

예를 들면, [그림 1.4]와 같이 "흡연은 폐암을 유발한다."는 가설에서 흡연을 하느냐 하지 않느냐 하는 것은 독립변수라고 할 수 있으며, 폐암의 발생 여부는 종속변수라 할 수 있다. 즉, 인과관계에서 원인(原因, Cause)이 되는 변수를 독립변수라고 하며, 결과(結果, Effect)로 나타나는 변수를 종속변수라고 한다.

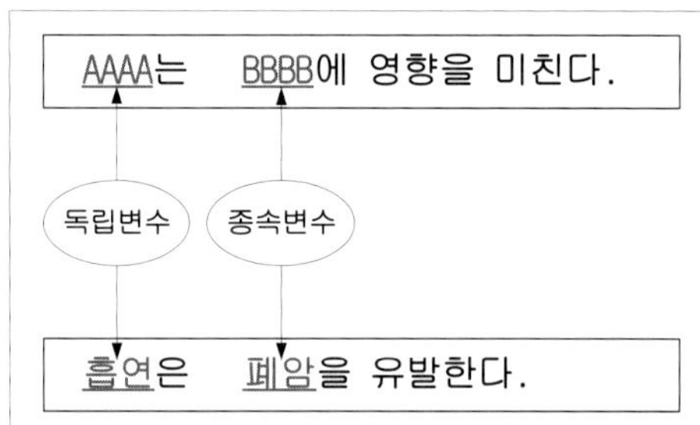

[그림 1.4] 독립변수와 종속변수의 예

② 매개변수

매개변수(媒介變數, Intervening Variable)는 독립변수의 영향을 받아 종속변수에 영향을 주는 변수를 말한다. 즉, 독립변수의 결과인 동시에 종속변수의 원인이 되는 변수이다.

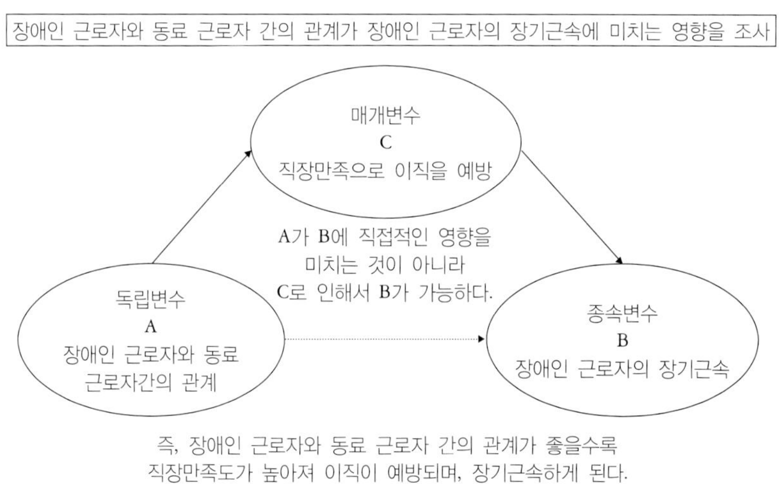

[그림 1.5] 독립변수, 매개변수 및 종속변수 관계의 예

예를 들면, [그림 1.5]와 같이 "장애인 근로자와 동료 근로자 간의 관계(A)가 장애인 근로자의 장기근속(B)에 미치는 영향을 조사"에서 장애인 근로자와 동료 근로자 간의 관계가 좋을수록 직장만족으로 이직을 예방(C)하는데 영향을 미치고, 직장만족으로 이직을 예방하게 되면 장애인 근로자의 장기근속에 영향을 미친다고 가정할 경우, 장애인 근로자와 동료 근로자 간의 관계는 직장만족으로 이직을 예방하는데 영향을 미치는 독립변수이고, 직장만족으로 이직을 예방하는 것은 장애인 근로자와 동료 근로자 간의 관계의 영향을 받아 장애인 근로자의 장기근속에 영향을 미치는 매개변수이며, 장애인 근로자의 장기근속은 직장만족으로 이직을 예방하는 것에 영향을 받는 종속변수라고 할 수 있다.

③ 외생변수

외생변수(外甥變數, Extraneous Variable)는 독립변수와 종속변수 이외의 제 3의 변수로서 독립변수와 종속변수 모두에게 영향을 미치는 변수를 말한다. 즉, 외생변수를 통제하지 못하면 독립변수와 종속변수의 인과관계를 규명하지 못한다.

예를 들면, [그림 1.6]과 같이 병원에서 환자의 입원기간과 평균수명을 조사했더니 입원기간이 길수록 평균수명이 짧아진다는 것을 발견하였다. 이때 질병이 심각할수록 입원기간이 길어진다. 따라서 평균수명이 짧아진다면 질병의 심각성이라는 변수를 무시하면 입원기간과 평균수명의 인과관계를 규명하지 못하게 된다. 이때 질병의 경중(輕重)은 외생변수가 된다.

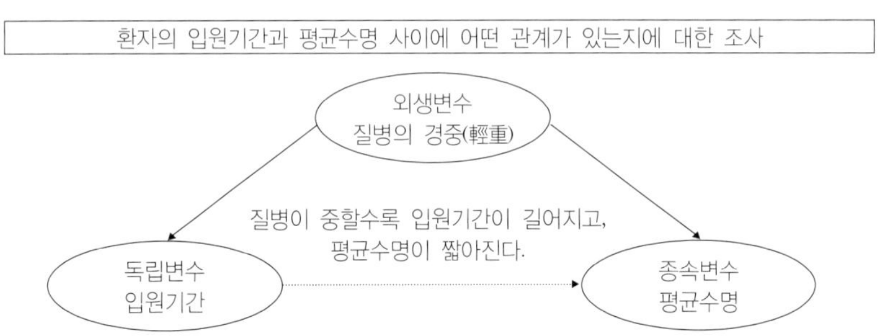

[그림 1.6] 독립변수, 외생변수 및 종속변수 관계의 예

④ 억압변수

억압변수(抑壓變數, Suppressor Variable)는 하나의 변수와 긍정적으로 상관되어 있고, 다른 하나의 변수와는 부정적으로 상관되어 있어 독립변수와 종속변수간의 관

계를 누르고 있다. 다시 말해, 억압변수는 독립변수와 종속변수에서 서로 다른 방향으로 영향을 미치는 제 3의 변수를 말한다.

예를 들면, [그림 1.7]과 같이 연령을 통제할 경우(동일한 연령의 사람들 사이에 분석할 경우)에는 교육수준과 소득수준 사이에 긍정적인 관계(교육수준이 높을수록 소득이 높다)가 나타나지만, 연령을 통제하지 않고 모든 사람들의 교육수준과 소득수준을 비교할 경우 교육수준과 소득수준은 관계가 거의 없게 나타날 수 있다. 이는 연령이라는 억압변수가 둘 사이의 관계를 억누르기 때문이며, 이때 연령과 같은 변수를 억압변수라고 한다.

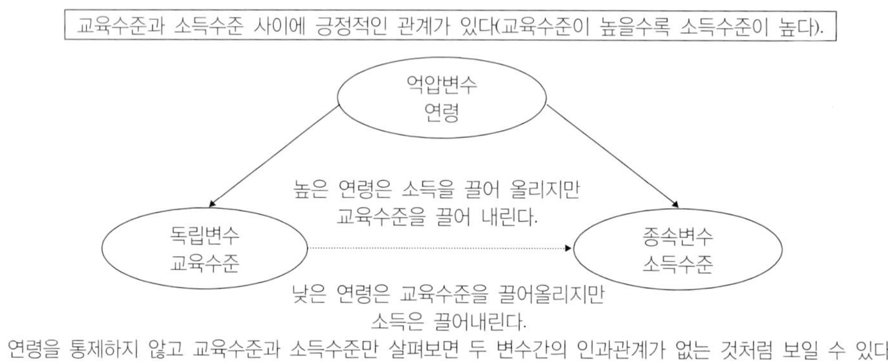

[그림 1.7] 독립변수, 억압변수 및 종속변수 관계의 예

⑤ 통제변수

두 변수간의 관계를 좀 더 정확히 파악하기 위해 두 변수간의 관계에 영향을 미칠 수 있는 제 3의 변수를 통제할 경우, 이 제3의 변수를 통제변수(統制變數, Control Variable)라고 한다. 앞에서 언급한 매개변수, 외생변수, 억압변수(왜곡변수) 등이 설계에서 고려되어 통제된다면 통제변수가 된다.

예를 들면, 어느 연구자가 신장과 취업률과의 관계를 파악해 본 결과, 정의 상관관계가 있었다고 하자. 이번에는 제 3의 변수인 성별을 통제해서 신장과 취업률과의 관계를 파악했더니 여성의 경우에는 신장과 취업률 간에 정의 상관관계가 있고, 남성의 경우에는 신장과 취업률 간에 상관관계가 없는 것으로 나타났다. 즉, 성별을 통제함으로써 여성의 경우에는 정의 상관관계가 있고, 남성의 경우에는 상관관계가 없음을 알 수 있다. 이 경우 신장을 독립변수, 취업률을 종속변수, 성별을 통제변수라고 한다.

3. 사회복지통계

1) 사회복지통계의 개념

(1) 통계의 의미

통계(統計, Statistics)란 의미 있는 결과를 얻기 위해 양적인 자료들을 정리하여 기술, 분석 및 해석하는 과학적인 방법으로서 다음과 같은 의미를 가진다.

- 의미 1 우리의 생활 주변에서 일어나는 여러 가지 현상들을 수량화할 수 있을 때 통계적 기법을 활용할 수 있다.
- 의미 2 통계적 기법은 양적인 자료들을 기술, 분석 및 해석을 통해 의미 있는 결과를 도출해 내기 위한 수단 또는 도구이다.
- 의미 3 통계적 기법의 원리는 논리적이고 체계적인 과학적 방법이다.

통계는 그 자체가 독자적인 연구대상이 되기도 하지만, 주로 여러 학문분야(예 : 경제통계, 경영통계, 행정통계, 사회통계, 사회복지통계, 교육통계, 보건통계, 범죄통계, 교통통계, 환경통계 등)에서 연구방법의 일환으로 널리 활용되고 있다. 즉, 통계는 학문을 하는 방법, 수단으로 이용되고 있다.

따라서 통계적 기법의 효과적인 활용은 학문, 나아가 사회의 발전에 기여할 뿐만 아니라, 통계적 기법을 효과적으로 사용하는 사람들은 그렇지 않은 사람들보다 학문연구, 사회복지시설운영 및 일상생활에서 그만큼 더 성공할 수 있는 가능성이 높다고 할 수 있다.

(2) 통계의 목적

통계란 "응용수학의 한 분야로써 관찰을 통하여 어떠한 현상을 기술하고, 그 관찰로부터 믿을 수 있는 결론을 추론하는 과정 및 절차를 말한다."라고 정의할 수 있다. 여기서, 통계는 크게 기술(記述)과 추론(推論)이라는 2가지 목적을 가지고 있으며, 이에 대한 구체적인 목적은 다음과 같다.

- 목적 1 통계는 많은 수량적 자료를 처리 가능하고 쉽게 이해할 수 있는 형

태로 축소시키는 데 있다.

- 목적 2 통계는 표본의 통계치를 통하여 모집단의 특성을 추론하는 데 있다.
- 목적 3 통계는 올바른 의사결정의 보조수단으로 사용하는 데 있다.
- 목적 4 통계는 윤리적으로 어떠한 결론을 추출하고 검증하는 데 있다.

2) 사회복지통계의 종류

(1) 통계의 기능에 따른 분류

통계 분석을 기능적으로 분류하면 크게 기술통계(記述統計, Descriptive Statistics)와 추론통계(推論統計, Inferential Statistics)로 나눌 수 있다.

기술통계는 주어진 표본의 자료로 변수의 특성을 기술하거나 그 관계를 밝히는 기능을 하며, 주로 표본자료를 요약하는 기능을 한다.

추론통계는 표본의 특성에서 모집단의 특성을 추론, 즉 표본의 통계치(統計値, Statistic)를 가지고 모집단의 모수치(母數値, Parameter)를 추론하는 역할을 한다([그림 1.8] 참조).

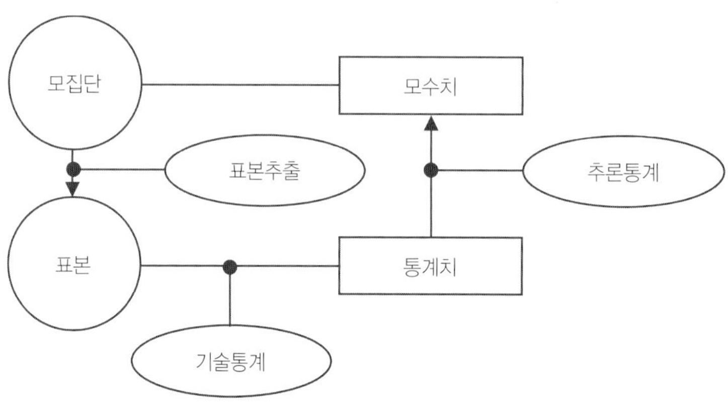

[그림 1.8] 표본추출, 기술통계 및 추론통계의 관계

예를 들면, 우리나라 전체가구(모집단)의 평균소득을 알아보기 위해 1,000가구를 표본추출하여 조사하였다. 이때 1,000가구의 평균소득을 산출하는 것은 기술통계이다. 그러나 우리가 알고자 하는 것은 전체가구의 평균소득(모수치)이다. 여기서, 우리는 모수치가 정확하게 얼마인지는 알 수 없으며, 다만 표본의 통계치를 가지고

추정할 수 있을 뿐이다. 이때 활용되는 것이 추론통계이다.

기본 용어

- **모집단(母集團, Population)** : 관심의 대상이 되는 전체 집단
  [예] 전체가구, 한국인, 대학생, 중고등학생, 유권자 등
- **표본(標本, Sample)** : 모집단을 대표하는 일부분
- **표본추출(標本抽出, Sampling)** : 특정한 모집단으로부터 대표성을 지닌 표본을 추출해내는 과정이나 방법
- **모수치(母數値, Parameter)** : 모집단의 특성을 나타내는 값
  [예] 모평균(μ), 모분산(σ^2), 모표준편차(σ), 모비율(ρ)
- **통계치(統計値, Statistic)** : 표본의 특성을 나타내는 값
  [예] 표본평균($\overline{X}$), 표본분산(S^2), 표본표준편차(S), 표본비율($\overline{\rho}$)

(2) 모집단의 가정에 따른 분류

모수통계(母數統計, Parametric Statistics)는 표집분포의 정규분포, 분산의 동질성, 측정치의 등간성 및 연속성 등의 가정을 전제한 후 분석하는 통계기법으로 등간변수, 비율변수의 자료분석에 활용된다.

비모수통계(非母數統計, Nonparametric Statistics)는 모수통계의 가정이 요구되지 않는 통계기법으로 명목변수와 서열변수의 자료분석에 활용된다.

한편 이러한 통계 분석의 분류들을 사회복지자료분석에서 활용하는 분석방법과 연계하여 구체적으로 나타내면, [표 1.3]과 같다.

[표 1.3] 기술통계와 추론통계에 따른 통계분석방법

기술통계	추론통계	
	모수통계(등간변수, 비율변수)	비모수통계(명목변수, 서열변수)
빈도분석	• 독립집단 차이검증(t검증) • 대응집단 차이검증(t검증)	• 카이스퀘어 독립성 검증(x^2검증) • 두 집단 비율차이 검증(x^2검증) • 단일집단 비율 검증(이항검증)
교차분석	• 분산분석(ANOVA) • 공분산분석(ANCOVA) • 다변량분산분석(MANOVA)	• Mann-Whitney U검증(독립 2표본) : 독립 2집단 t검증 • Kruskal-Wallis H검증(독립 K표본) : ANOVA • Wilcoxon 순위차 검증(대응 2표본) : 대응집단 t검증

<table>
<tr><th rowspan="2">기술통계</th><th colspan="2">추론통계</th></tr>
<tr><th>모수통계(등간변수, 비율변수)</th><th>비모수통계(명목변수, 서열변수)</th></tr>
<tr><td>신뢰도분석
요인분석(변수)
군집분석(대상)</td><td>• 상관관계분석
• 회귀분석
• 로지스틱회귀분석</td><td></td></tr>
<tr><td></td><td colspan="2">• 판별분석 : 표본의 통계치에서 모집단의 모수치를 추정하는 것이 아니기 때문에 모수치와 대응하는 통계치가 존재하지 않음. 그러나 표본자료에서 모집단에 대한 추정을 하며 유의확률(p값)을 계산할 수 있으므로 추론통계로 분류함</td></tr>
</table>

오늘날에는 추론통계가 통계의 주류를 이루고 있다. 그 이유는 첫째, 적은 비용으로 신속하게 조사하고도 모집단을 필요로 할 만큼 정확하게 측정할 수 있는 통계기법들이 개발되었기 때문이다. 둘째, 학문을 위한 조사의 경우 조사결과의 단순한 기술보다 변수간의 관계 검증을 위한 통계기법의 활용이 많이 요구되고 있기 때문이다.

연 / 습 / 문 / 제

1 사회복지조사란 무엇이며, 어떤 연구방법이 있는지를 나열하여 간략하게 설명하시오.

2 사회복지조사의 과정을 그림으로 표현하고, 각 단계별로 진행되는 내용을 간략하게 설명하시오.

3 가설이란 무엇이며, 어떻게 작성되는지를 예를 들어 설명하시오.

4 연구가설, 영가설, 대립가설에 대한 예를 들어 설명하시오.

5 다음의 명제에 대한 가설을 작성해 보시오.

1) 명제 : 대학생활의 만족도는 성별에 따라 차이가 있다.
2) 명제 : 사회복지사의 업무부담이 늘어나는 것은 클라이언트 서비스의 질에 부정적인 영향을 미친다.
3) 명제 : 보육서비스의 확충이 기혼 여성의 취업을 확대시킨다.
4) 명제 : 노인들의 여가 활동은 퇴직 후 적응에 도움을 준다.
5) 명제 : 공공취로사업은 실직자들의 생계 안정에 도움을 준다. 일시적 실직자들의 생계 안정에 보다 큰 효과를 보이고, 장기적 실직자들의 생계 안정에는 상대적으로 작은 효과를 보인다.

6 한 연구자가 다음과 같은 설문문항을 만들어 조사하고자 한다. 각 문항들이 명목변수, 서열변수, 등간변수, 비율변수 중 어느 변수에 해당하는지 기술하여라.

1) 당신의 성별은 무엇입니까?
   ① 남____ ② 여____
2) 당신은 몇 학년입니까?
   ① 1학년____ ② 2학년____ ③ 3학년____ ④ 4학년_____
3) 당신의 종교는 무엇입니까?
   ① 기독교____ ② 천주교____ ③ 불교____ ④ 종교없음____
   ⑤ 기타(　　　)
4) 현재 주거상황은 어떻습니까?
   ① 부모와 동거____ ② 하숙____ ③ 생활관(기숙사)____
   ④ 자취____ ⑤ 기타(　　　　　　　　　　)
5) 당신의 한 달 용돈은? (만원 단위로 적어 주십시오. 1만원 이하는 만원입니다.)
   (한 달 용돈 : _______만원)
6) 한 달에 술값으로 지출되는 평균 금액은 얼마입니까?
   (_______원)
7) 아버지의 교육정도는?

① 무학____ ② 초등학교 졸업____ ③ 중학교 졸업____
④ 고등학교 졸업____ ⑤ 대학교 졸업____ ⑥ 대학원 졸업____

8) 어머니의 교육정도는?

① 무학____ ② 초등학교 졸업____ ③ 중학교 졸업____
④ 고등학교 졸업____ ⑤ 대학교 졸업____ ⑥ 대학원 졸업____

7 한 연구자가 다음과 같은 여러 상황들을 조사하고자 한다. 각 상황에 대해 독립변수와 종속변수를 기술하여라.

1) 소음이 노동자들의 생산량에 영향을 미치는가를 분석하기 위해 무작위로 노동자 100명을 표본추출하여 50명은 소음이 큰 기계가 가동되는 곳에서 생산하도록 하고, 50명은 소음이 없는 곳에서 생산하도록 한 후 두 집단의 평균생산량을 비교해 보았다.
2) 자폐아동 20명을 무작위로 표본추출하여 10명에 대해서는 6개월간 치료를 하고, 10명에 대해서는 치료를 하지 않은 후 6개월 후에 두 집단간에 다른 사람과의 상호작용 횟수를 비교해 보았다.
3) 스트레스와 식사의 불규칙성과의 관계를 분석하기 위해 30명을 표본추출하여 스트레스 정도와 불규칙성 정도를 측정한 후 두 변수간의 관계를 비교하였다.
4) 비행청소년 집단을 대상으로 가정환경이 비행집단 내에서의 리더십 역할에 대해 미치는 영향을 분석하기 위해 비행청소년 30명을 표본추출하여 그들의 가정환경(친부모 여부, 부모의 직업, 형제 수 등)과 비행집단 내에서의 리더십을 수행하고 있는 정도를 측정하여 그 관계를 분석해 보았다.

8 매개변수란 무엇이며, 그 예를 들어 설명하시오.

9 외생변수란 무엇이며, 그 예를 들어 설명하시오.

10 통제변수란 무엇이며, 그 예를 들어 설명하시오.

11 통계의 의미와 목적을 설명하시오.

12 모집단과 표본의 차이를 설명하시오.

13 기술통계와 추론통계의 차이를 설명하고, 각각 구체적인 통계분석방법을 나열하시오.

제 2 장
자료정리방법

이 장(章)에서는 자료정리방법(資料整理方法)에 대해 살펴보고자 한다. 자료정리란 주어진 자료나 통계조사를 통해 수집된 자료를 알기 쉽게 표나 도표를 이용하여 자료에 포함되어 있는 내용과 정보를 빠르게 파악할 수 있도록 요약하고 정리하는 것을 말한다. 자료정리방법에는 크게 표(表, Table)에 의한 도수분포표와 도표(圖表, Graph)에 의한 도수분포표 등이 있다.

1. 도수분포표

1) 도수분포표의 개념

도수분포표(度數分布表, Frequency Distribution Table)란 통계자료를 그 값의 크기에 따라 적당한 계급으로 나누고, 각 계급에 속하는 자료의 수, 즉 도수(度數, Frequency, "빈도"라고도 부름)를 대응시켜 작성한 표를 말한다. 이를 이용하여 통계집단의 수량적 구조를 개괄적으로 파악할 수 있다.

2) 도수분포표의 작성

도수분포표는 다음과 같은 단계를 거쳐 작성할 수 있다.

- **제1단계** 자료를 수집한다. 자료의 수는 50개 이상으로 하는 것이 바람직하다.
- **제2단계** 자료의 최대값과 최소값를 구하고, 범위(範圍, R:*Range*)를 다음 〈수식 2.1〉를 이용하여 계산한다.

  R = (자료의 최대값) − (자료의 최소값) 〈수식 2.1〉
- **제3단계** 계급의 수를 정한다. 계급의 수를 몇 개로 하는가는 자료의 성질, 통계 이용의 목적 등을 고려하여 정하여야 한다. 주관적인 방법으로 적절한 계급의 수는 6~20개의 범위 내에서 결정하는 것이 좋다. 스터지스(H. A. Sturges)는 다음 〈수식 2.2〉를 이용하여 계급의 수(K)를 결정하고 있다.

  $K = 1 + 3.3\log N$ 〈수식 2.2〉

여기서, K : 계급의 수

N : 전체 자료수

자료의 크기 N이 50~200개 정도인 경우에는 흔히 $\sqrt{N}\pm 3$개의 범위 내에서 정하기도 한다.

제4단계 계급구간(C)을 정한다. 계급구간은 일정하게 갈도록 해야 하며, 계급의 설정은 애매하지 않게 하여야 한다. 계급구간(C)은 다음 〈수식 2.3〉을 이용하여 계산한다.

$$C = \frac{\text{범위}(R)}{\text{계급의 수}(K)} \qquad \text{〈수식 2.3〉}$$

제5단계 계급값은 계급의 중앙치로 정한다. 계급값은 다음 〈수식 2.4〉를 이용하여 계산한다.

$$\text{계급값} = \frac{\text{계급의 하한값} + \text{계급의 상한값}}{2} \qquad \text{〈수식 2.4〉}$$

제6단계 계급의 하측경계값은 다음 〈수식 2.5〉를 이용하여 계산한다.

$$\text{계급의 하측경계값} = \text{자료의 최소값} - \frac{1}{2} \qquad \text{〈수식 2.5〉}$$

제7단계 각 계급에 속하는 자료의 도수를 구하여 도수분포표를 정리한다.

제8단계 상대도수(相對度數, Relative Frequency)는 다음의 〈수식 2.6〉를 이용하여 계산한다.

$$\text{상대도수} = \frac{\text{계급구간의 도수}}{\text{도수의 총합}} \qquad \text{〈수식 2.6〉}$$

예 제 1

다음 자료는 40명의 가정주부들이 1주일 동안 가계비(생활비만 적용)로 지출한 금액(단위 : 만원)을 나타낸 것이다. 이 자료를 이용하여 도수분포표를 작성하시오.

22	12	9	8	33	32	30	33	8	11
21	16	12	15	37	30	16	22	12	24
18	25	37	16	25	28	25	18	9	28
25	28	26	15	12	35	38	16	24	31

풀 이

① 범위의 계산 : 수집된 자료 중에서 최대값은 38이고, 최소값은 8이므로 38−8=30

② 계급의 수 계산

$K = 1 + 3.3\log N = 1 + 3.3\log 40 = 6.28 \Rightarrow 7$

③ 계급구간의 계산

$C = \frac{\text{범위}}{\text{계급의 수}} = \frac{30}{7} = 4.29 \Rightarrow 5$

④ 계급의 하측경계값 계산

$\text{수집된 자료 중 최소값} - \frac{1}{2} = 8 - \frac{1}{2} = 7.5$

⑤ 계급값, 도수, 상대도수를 계산하여 도수분포표의 작성

계급구간	계급값	도수	상대도수
7.5~12.5	10	9	0.225
12.5~17.5	15	6	0.150
17.5~22.5	20	5	0.125
22.5~27.5	25	7	0.175
27.5~32.5	30	7	0.175
32.5~37.5	35	5	0.125
37.5~42.5	40	1	0.025
계(N)		40	1.000

3) 계급구간, 계급값 및 구간경계선

[예제 1]의 [풀이]에서 7.5~12.5, 12.5~17.5 등은 계급구간을 나타내는데, 계급구간의 작은 쪽 끝을 계급하한이라 하고, 큰 쪽 끝을 계급상한이라 한다. 따라서 7.5, 12.5, 17.5, 22.5, 27.5, 32.5, 37.5 등은 계급하한들이고, 12.5, 17.5, 22.5, 27.5, 32.5, 37.5, 42.5 등은 계급상한이 된다. 각 계급의 폭을 계급구간이라 부르기도 하며, 두 개의 연속된 계급상한들의 차이를 말한다.

계급값이란 계급구간의 중앙에 위치하는 값으로 정의되며, 주어진 계급의 계급하한과 계급상한의 값을 더하여 2로 나눈 값이다. 이러한 계급값은 계급 속에 속한 모든 관찰값을 대표한다.

연속되는 두 개의 계급 사이의 구간경계선은 한 계급의 상한계와 계속 이어지는 하한계 사이의 중앙치를 의미한다.

예 제 2

다음의 도수분포표를 이용하여 물음에 답하시오.

계급	도수
5 ~ 19	5
20 ~ 34	15
35 ~ 49	20
50 ~ 64	30
65 ~ 79	10
80 ~ 94	20
계(N)	100

1) 각 계급의 하한과 상한을 구하시오.
2) 각 계급의 폭을 구하시오.
3) 각 계급의 중간점을 구하시오.
4) 각 계급의 구간경계선을 구하시오.

풀 이

첫 번째 계급에 대한 계급하한 및 계급상한, 계급의 폭, 계급의 중간점, 계급의 구간경계선은 다음과 같이 구할 수 있다.

① 계급하한 : 5, 계급상한 : 19

② 계급의 폭 : 20－5 = 15 또는 34－19 = 15

③ 계급의 중간점 : $\frac{5\ +\ 19}{2} = 12$

④ 계급의 구간경계선 : 하한계는 $\frac{4\ +\ 5}{2} = 4.5$, 상한계는 $\frac{19\ +\ 20}{2} = 19.5$

두 번째 이후의 계급에 대해서도 같은 방법으로 구할 수 있으며, 이를 요약하면 다음과 같다.

계급	계급하한	계급상한	계급의 폭	중간점	구간경계선	
					하한계	상한계
5 ~ 19	5	19	15	12	4.5	19.5
20 ~ 34	20	34	15	27	19.5	34.5
35 ~ 49	35	49	15	42	34.5	49.5
50 ~ 64	50	64	15	57	49.5	64.5
65 ~ 79	65	79	15	72	64.5	79.5
80 ~ 94	80	94	15	87	79.5	94.5

4) 도수분포표의 분류

도수분포표에서 도수를 계산하는 방법에 따라 도수분포표, 상대도수분포표, 누적도수분포표, 상대누적도수분포표로 분류할 수 있다.

(1) 도수분포표

도수분포표(度數分布表, Frequency Distribution Table)는 각 계급에 해당하는 도수만 대응시켜 작성한 표를 말한다.

(2) 상대도수분포표

상대도수(相對度數, Relative Frequency)는 계급도수(f_i)를 총 도수(N)로 나눈 것이다. 상대도수분포표(相對度數分布表, Relative Frequency Distri- bution Table)는 각 계급에 상대도수를 대응시켜 작성한 표를 말한다.

(3) 누적도수분포표

i번째 계급의 누적도수(累積度數, Cumulative Frequency)는 i번째 계급까지의 도수를 모두 합한 것이다. 누적도수분포표(累積度數分布表, Cumulative Frequency Distribution Table)는 누적도수를 각 계급에 대응시켜 작성한 표를 말한다.

(4) 상대누적도수분포표

상대누적도수(相對累積度數, Relative Cumulative Frequency)는 누적도수(F_i)를 총도수(N)로 나눈 것이다. 상대누적도수분포표(相對累積度數分布表, Relative Cumulative Frequency Distribution Table)는 상대누적도수를 각 계급에 대응시켜 작성한 표를 말한다. 이들을 정리하면 다음과 같다.

계급값	도수	상대도수	누적도수	상대누적도수
x_1	f_1	$\frac{f_1}{N}$	$F_1 = f_1$	$\frac{F_1}{N}$
x_2	f_2	$\frac{f_2}{N}$	$F_2 = f_1 + f_2$	$\frac{F_2}{N}$
x_3	f_3	$\frac{f_3}{N}$	$F_3 = f_1 + f_2 + f_3$	$\frac{F_3}{N}$
⋮	⋮	⋮	⋮	⋮
x_k	f_k	$\frac{f_k}{N}$	$F_k = \sum_{i=1}^{k} f_i$	$\frac{F_k}{N}$
계	N	1.00		

예 제 3

다음 도수분포표를 이용하여 각 계급의 계급값과 상대도수, 누적도수, 상대누적도수를 구하여라.

계급	도수
30 ~ 39	2
40 ~ 49	3
50 ~ 59	11
60 ~ 69	20
70 ~ 79	32
80 ~ 89	25
90 ~ 99	7
계(N)	100

풀 이

첫 번째 계급에 대한 계급값, 상대도수, 누적도수, 상대누적도수는 다음과 같이 계산할 수 있다.

① 계급값 : $\frac{30 + 39}{2} = 34.5$

② 상대도수 : $\frac{f_1}{N} = \frac{2}{100} = 0.02$

③ 누적도수 : $F_1 = f_1 = 2$

④ 상대누적도수 : $\frac{F_1}{N} = \frac{2}{100} = 0.02$

나머지 계급에 대해서도 같은 방법으로 구할 수 있으며, 이를 요약하면 다음과 같다.

계급	계급값	도수	상대도수	누적도수	상대누적도수
30 ~ 39	34.5	2	0.02	2	0.02
40 ~ 49	44.5	3	0.03	5	0.05
50 ~ 59	54.5	11	0.11	16	0.16
60 ~ 69	64.5	20	0.20	36	0.36
70 ~ 79	74.5	32	0.32	68	0.68
80 ~ 89	84.5	25	0.25	93	0.93
90 ~ 99	94.5	7	0.07	100	1.00
계(N)		100	1.00		

2. 표에 의한 도수분포표

표(表, Table)에 의한 도수분포표는 수집된 자료를 범주별 또는 계급별로 분류하여 정리한 것이다. 즉, 문항의 응답 범주별로 얼마나 많은 사례들이 있는가 또는 몇 %인가를 요약·정리해서 표로 나타낸 것이다. 도수분포표를 작성하는 방법은 수집된 자료에 대한 변수의 성격에 따라 약간씩 다르다.

1) 명목변수의 도수분포표

한국인들이 좋아하는 계절을 분석하고자 할 경우, 한국인 전체를 조사하는 것이 어려우므로 1,000명의 표본을 추출하여 조사한 결과 [표 2.1]과 같이 나타낼 수 있다. 이 경우 계절은 명목변수이다.

[표 2.1] 한국인들이 좋아하는 계절의 도수분포표

계절(X)	도수(f)
봄	334
여름	132
가을	420
겨울	114
계(N)	1,000

이 도수분포표는 2개의 칸으로 구성되어 있다. 첫 번째 칸은 분석범주, 즉 계절의 종류를 나타내고, 두 번째 칸은 각 계절별 도수를 나타내고 있다.

일반적으로 도수는 $f(frequency)$로 표시하며, 총도수는 $N(Nmber)$으로 표시한다. [표 2.1]을 통해 한국인들이 좋아하는 계절은 가을이 가장 많고, 그 다음으로 봄, 여름, 겨울임을 알 수 있다.

한편 성별에 따라 한국인들이 좋아하는 계절에 대해 차이가 있는가를 분석하기 위해 남녀 각각 500명을 선정하여 조사하였다. 이때 성별에 따른 도수분포표를 [표 2.2]와 같이 만들 수 있다. 조사대상이 남녀 각각 500명이기 때문에 각 계절별 도수를 비교해 봄으로써 남녀 간 좋아하는 계절의 차이를 쉽게 분석할 수 있다.

[표 2.2]를 통해 여성의 경우는 봄이 남성보다 많은 반면에, 여름, 가을 및 겨울은

남성보다 적음을 쉽게 알 수 있다.

[표 2.2] 성별에 따른 계절의 도수분포표(남녀 간 총도수가 같은 경우)

계절	성별	
	남성	여성
봄	137	197
여름	71	61
가을	225	196
겨울	67	46
계(N)	500	500

그러나 [표 2.3]과 같이 남녀 간에 총도수가 다른 경우에는 도수만 비교해서는 남녀 간에 계절에 대해 차이가 있는지를 쉽게 알 수 없다.

[표 2.3] 성별에 따른 계절의 도수분포표(남녀 간 총도수가 다른 경우)

계절	남성		여성	
	도수(f)	백분율(%)	도수(f)	백분율(%)
봄	109	27.3	236	39.3
여름	57	14.2	73	12.2
가을	180	45.0	235	39.2
겨울	54	13.5	56	9.3
계(N)	400	100.0	600	100.0

이 경우 남녀 간 계절에 대해 차이가 있는지를 검증하기 위해서는 비율 또는 백분율을 이용한다. 즉, 남녀별로 각 범주별 비율 또는 백분율을 구한 후 그 비율 또는 백분율을 비교함으로써 남녀 간에 차이가 있는지를 쉽게 알 수 있다. 비율은 각 범주의 도수를 총도수로 나누어 구하며, 백분율은 비율에 100을 곱하여 구한다.

이와 같이 도수분포표는 일반적으로 범주, 도수, 백분율 3개의 칸으로 나타낸다. 도수뿐만 아니라 백분율을 나타냄으로써 여러 집단을 쉽게 비교할 수 있을 뿐만 아니라 한 집단내에서의 범주별 분포도 쉽게 알 수 있다.

명목변수인 경우 도수분포표를 만드는 방법은 서열변수, 등간변수 및 비율변수의 경우와 다르게 몇 가지의 특징을 가지고 있다.

- 명목변수의 경우 범주 사이에 특별한 순서 없이 표시할 수 있다. 즉, [표 2.3]의 경우 봄 다음에 여름이 있는데 가을을 써도 무방하고 겨울을 먼저 써도 된다.

- 명목변수의 경우 누적도수 또는 누적백분율을 구할 필요가 없다. 변수의 응답 범주가 특별한 서열로 되어 있지 않기 때문에 누적도수 또는 누적 백분율을 구하는 것이 무의미하다. 따라서 도수와 백분율만 구하면 된다.

2) 서열변수의 도수분포표

어느 지역의 사회복지시설을 대상으로 "사회복지사들이 현재 수행하는 업무활동 형태에 만족하십니까?"라는 질문에 대한 사회복지사들의 만족도를 조사하여 [표 2.4]와 같은 도수분포표를 작성하였다. 이 경우 만족도에 대한 각 응답 범주는 서열을 이루고 있어 서열변수라고 할 수 있다.

[표 2.4] 사회복지사의 업무활동 형태에 대한 만족도의 도수분포표

만족도	도수(f)	백분율(%)	누적도수(F)	누적백분율(%)
매우 그렇다	55	18.3	55	18.3
그렇다	100	33.3	155	51.6
보통이다	90	30.0	245	81.6
그렇지 않다	35	11.7	280	93.3
전혀 그렇지 않다	20	6.7	300	100.0
계(N)	300	100.0		

서열변수의 도수분포표를 작성할 때에는 명목변수의 경우와 다르게 몇 가지의 특징을 가지고 있다.

- 서열변수의 경우에는 응답 범주가 반드시 높은 가치로부터 낮은 가치로 또는 낮은 가치로부터 높은 가치로 정렬되어야 한다. 즉, [표 2.4]에서 만족도의 범주 배열에 있어 "매우 그렇다" 다음에 "그렇다"를 배열해야지 "보통이다"나 "그렇지 않다"를 배열하는 것은 좋지 않다.
- 누적도수 및 누적백분율을 구할 필요가 있다. 즉, [표 2.4]에서 누적도수와 누적백분율을 이용하면 업무활동 형태에 대한 만족도가 "매우 그렇다"이거나 "그렇다"라는 사회복지사는 155명이며, 51.6%라는 것을 쉽게 알 수 있다.

한편 40세 이상의 중년층과 40세 미만의 젊은층의 사회복지사의 만족도를 비교하고자 할 경우에는 [표 2.5]와 같은 도수분포표를 작성할 수 있다.

[표 2.5] 계층별 사회복지사의 만족도에 대한 도수분포표

만족도	중년층				젊은층			
	도수	누적도수	백분율	누적백분율	도수	누적도수	백분율	누적백분율
매우 그렇다	40	40	16.0	16.0	20	20	10.0	10.0
그렇다	75	115	30.0	46.0	75	95	37.5	47.5
보통이다	80	195	32.0	78.0	60	155	30.0	77.5
그렇지 않다	35	230	14.0	92.0	25	180	12.5	90.0
전혀 그렇지 않다	20	250	8.0	100.0	20	200	10.0	100.0
계(N)	250		100.0		200		100.0	

[표 2.5]를 통해 중년층과 젊은층을 비교해 보면 사회복지사의 만족도가 "매우 그렇다"의 경우에는 중년층이 16.0%로 젊은층 10.0%보다 6.0% 높음을 알 수 있다. 그러나 "매우 그렇다"에서 "보통이다"까지를 합하면 중년층은 78.0%로 젊은층 77.5%와 거의 비슷함을 알 수 있다. 이 경우 누적백분율을 이용하면 중년층과 젊은층을 쉽게 비교할 수 있다.

3) 등간변수와 비율변수의 도수분포표

등간변수, 비율변수와 같은 연속적 변수의 경우에도 서열변수와 같이 도수분포표를 작성할 수 있다. 즉, [표 2.6]과 같이 응답 범주가 높은 가치로부터 낮은 가치로 또는 낮은 가치로부터 높은 가치로 정렬되어야 하며, 누적도수, 누적백분율을 만들 필요가 있다. 그러나 연속적 변수의 경우 범주가 너무 많아 범주별로 모든 도수와 백분율을 구하면 보기에 산만하고 비효율적이다.

[표 2.6] 사회복지자료분석론 점수에 대한 도수분포표

점수	도수	점수	도수	점수	도수	점수	도수	점수	도수
99	1	89	1	79	1	69	3	59	1
98	0	88	1	78	2	68	2	58	1
97	0	87	0	77	3	67	2	57	0
96	1	86	1	76	1	66	1	56	1
95	0	85	1	75	0	65	1	55	0
94	1	84	1	74	2	64	1	54	0
93	0	83	0	73	1	63	2	53	1
92	1	82	2	72	3	62	1	52	1
91	0	81	1	71	2	61	1	51	0
90	1	80	0	70	2	60	1	50	0

[표 2.6]은 한 학급 학생들의 사회복지자료분석론 점수에 대한 도수분포표이다. 학생들은 50점에서 99점까지 각 점수대에 걸쳐 분산되어 있으며, 매 점수에 소수의 도수만이 있기 때문에 점수의 분산경향이나 한 학생이 전체에서 차지하는 위치를 알아보기가 쉽지 않다. 이 경우 모든 점수에 따른 도수를 도수분포표에 나타낸다면 복잡하기만 할 뿐 의미가 없다.

따라서 이러한 경우에는 범주를 묶어서 몇 개의 계급으로 분류한 그룹도수분포표를 만들 필요가 있다. [표 2.6]에 나타나 있는 학생들의 점수를 그룹도수분포표로 나타내면 [표 2.7]과 같다.

[표 2.7] 사회복지자료분석론 점수에 대한 그룹도수분포표

점수(계급구간)	정확한 한계	중간점	도수
95~99	94.5~99.5	97	2
90~94	89.5~94.5	92	3
85~89	84.5~89.5	87	4
80~84	79.5~84.5	82	4
75~79	74.5~79.5	77	7
70~74	69.5~74.5	72	10
65~69	64.5~69.5	67	9
60~64	59.5~64.5	62	6
55~59	54.5~59.5	57	3
50~54	49.5~54.5	52	2

(1) 중간점 및 백분위수

그룹도수분포표는 원자료를 제공하지 않고 원자료를 몇 개의 계급으로 분류하여 작성한 도수분포표이기 때문에 그룹도수분포표를 이용하여 산술평균, 표준편차 등을 계산할 때 각 그룹을 대표하는 수를 어떻게 정할 것인가, 또 그룹도수분포표를 이용하여 원자료를 어떻게 역으로 측정할 수 있을까 하는 문제가 제기될 수 있다. 이러한 문제를 해결하기 위하여 중간점, 백분위수가 이용된다.

① 중간점

중간점(中間點, Midpoint)은 구간의 한 가운데를 의미한다. 중간점은 다음 〈수식 2.7〉과 같이 상한계와 하한계를 더하여 2로 나누거나, 구간의 최대값과 최소값을 더하여 2로 나눈 값과 같다.

$$\text{중간점} = \frac{\text{상한계} + \text{하한계}}{2} = \frac{\text{최대값} + \text{최소값}}{2}$$ 〈수식 2.7〉

예를 들면, [표 2.7]의 첫 번째 구간의 중간점은 다음과 같다.

$$\text{중간점} = \frac{99.5 + 94.5}{2} = \frac{99 + 95}{2} = 97$$

중간점은 산술평균, 표준편차 등을 구할 때 구간을 대표하는 수로 사용된다.

② 백분위수

백분위수(百分位數, Percentile)란 조사대상 전체를 동등하게 100등분하는 점들을 의미한다. 백분위수는 조사대상 전체에서 한 사람이 아래로부터 몇 %의 위치를 차지하는가를 파악할 때 많이 사용된다.

예를 들면, 사회복지자료분석론 중간시험에서 한 학생이 72점의 점수를 받았다고 가정하자. 그러나 이 과목은 상대평가를 하기 때문에 자기 점수만 가지고는 자기가 무슨 학점을 받을지 모를 것이다. 이 학생이 어느 학점을 받느냐 하는 것은 전체 학생들의 도수분포표에서 이 학생이 어느 위치에 있느냐에 의해 결정된다. 즉, 그의 백분위수 순위(Percentile Rank : PR)에 의해 결정된다. 그룹도수분포표를 이용하여 백분위수 순위를 구하는 공식은 [수식 2.8]과 같다.

$$\text{백분위수 순위}(PR) = C\%_b + \left(\frac{X - L}{i}\right) \times \%$$ 〈수식 2.8〉

여기서, $PR(Percentile\ Rank)$: 백분위수 순위

$C\%_b$: 기준계급의 하한계 아래에 속한 누적백분율

X : 백분위수 순위를 구하고자 하는 사례의 원래 점수

L : 기준계급의 하한계

i : 기준계급구간의 크기

$\%$: 기준계급구간에 속하는 백분율

예를 들면, ○○고등학교 3학년 학생들의 모의수능시험 점수가 [표 2.9]와 같을 때, 270점을 받은 학생의 백분위수 순위는 얼마인가를 구해 보자.

[표 2.9] 모의수능시험에 대한 성적분포

점수	도수	백분율
350~399	5	1.5
300~349	25	7.6
250~299	90	27.3
200~249	125	37.9
150~199	60	18.2
100~149	20	6.1
50~99	5	1.5

백분위수 순위를 구하기 위해서는 먼저 누적도수와 누적백분율을 포함한 [표 2.10]과 같은 도수분포표를 작성할 필요가 있다.

[표 2.10] 모의수능시험에 대한 그룹도수분포표

점수	도수	백분율	누적도수	누적백분율
350~399	5	1.5	330	100.0
300~349	25	7.6	325	98.5
250~299	90	27.3	300	90.9
200~249	125	37.9	210	63.6
150~199	60	18.2	85	25.7
100~149	20	6.0	25	7.5
50~99	5	1.5	5	1.5

1. 270점이 속하는 기준계급구간은 250~299이며, 이 구간의 하한계는 249.5이다.
2. 기준계급구간의 하한계 아래의 누적백분율은 63.6%이다.
3. 기준계급구간의 크기는 299.5−249.5 = 50이다.
4. 기준계급구간 250~299에 속하는 백분율은 27.3%이다.

위에서 구한 값들을 공식에 대입하여 백분위수 순위를 구한다.

$$\text{백분위수 순위}(PR) = 63.6 + \left(\frac{270 - 249.5}{50}\right) \times 27.3$$

$$= 63.6 + \left(\frac{20.5}{50}\right) \times 27.3 = 63.6 + 11.193 \fallingdotseq 74.8$$

이 학생의 백분위수 순위는 74.8%이다. 즉, 270점 이하의 점수를 받은 학생은 전체 학생의 74.8%이며, 270점보다 더 높은 점수를 받은 학생은 25.2%이다.

(2) 십분위수 및 사분위수

십분위수(十分位數, Deciles)란 조사대상 전체를 동등하게 10등분하는 점들을 의미한다. 제1십분위수는 조사대상 전체를 아래로부터 계산할 때 10% 위치에 있는 점이며, 제2십분위수는 20% 위치에 있는 점이고, …, 제9십분위수는 90% 위치에 있는 점이다.

사분위수(四分位數, Quartiles)란 조사대상 전체를 균등하게 4등분하는 점들을 의미한다. 제1사분위수는 조사대상 전체를 아래로부터 계산할 때 25% 위치에 있는 점이며, 제2사분위수는 50% 위치에 있는 점이고, 제3사분위수는 75% 위치에 있는 점이다.

십분위수와 사분위수는 조사대상 전체를 몇 개의 집단으로 나누어 집단별 특성을 파악하고자 할 때 주로 사용된다.

3. 도표에 의한 도수분포표

도표(圖表, Graph)에 의한 도수분포표는 수집된 자료를 이해하기 쉽게 그림으로 나타낸 것이다.

도표의 기본적인 형태로는 막대 그래프(Bar Graph), 원형 그래프(Pie Graph), 히스토그램(Histogram), 꺾은선 그래프(Polygon) 등이 있다. 표에 의한 도수분포표의 경우와 마찬가지로 도표에 의한 도수분포표의 경우도 변수의 성격에 따라 사용하는 도표가 다르다.

1) 명목변수, 서열변수의 도표

명목변수나 서열변수와 같은 비연속적 변수의 경우에는 막대 그래프와 원형 그래프가 많이 이용된다.

(1) 막대 그래프

비연속적 변수의 경우 가장 널리 사용되는 것이 막대 그래프이다. 각 문항 범주의 응답도수 또는 비율을 막대 모양의 크기로 나타내는 방법이다. 막대 그래프의 경우 막대의 크기를 비교해 봄으로써 쉽게 각 범주별 응답의 크기를 비교해 볼 수 있다.

[표 2.1]의 한국인들이 좋아하는 계절에 대한 도수분포표를 막대 그래프로 나타낸 것이 [그림 2.1]이다. 도표의 횡축(X축)은 계절 범주를 나타내고, 종축(Y축)은 각 계절에 대한 도수(f)를 나타내며, 도수가 클수록 막대가 커짐을 쉽게 알 수 있다.

[그림 2.1]을 통해 한국인들이 좋아하는 계절에서 가을이 420명으로 제일 많고, 그 다음으로 봄, 여름, 겨울임을 알 수 있다. 막대 그래프의 각 범주별 간격은 같아야 한다. 이 방법은 각 막대 간에 간격이 있다는 점, 즉 막대들이 붙어 있지 않다는 점에서 히스토그램(Histogram)과 다르다.

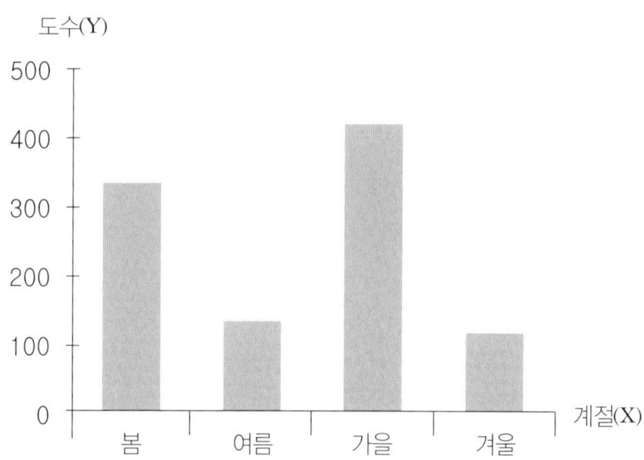

[그림 2.1] 계절분포에 대한 막대 그래프(도수)

도수에 대한 막대 그래프뿐만 아니라 백분율(%)에 막대 그래프도 많이 사용된다. 이 경우 종축(Y축) 백분율을 나타낸다. [표 2.1]의 계절에 대한 도수분포표를 백분율에 의한 막대 그래프로 나타내면 [그림 2.2]와 같다.

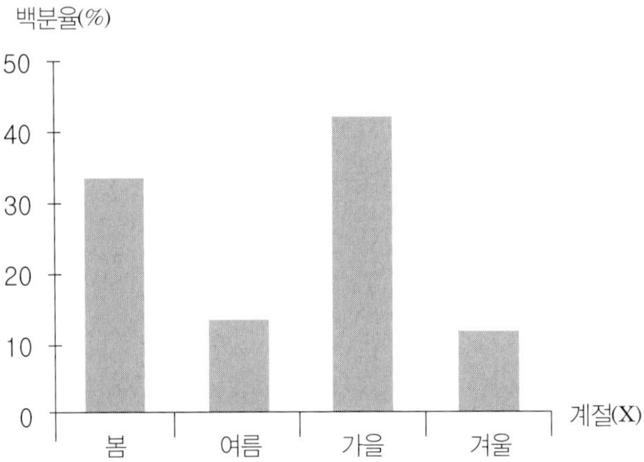

[그림 2.2] 계절분포에 대한 막대 그래프(백분율)

또한 막대 그래프는 한 변수의 다른 변수에 대한 영향을 나타낼 수도 있다. 예를 들면, [표 2.3]의 성별에 따른 계절의 도수분포표를 막대 그래프로 나타낼 수 있으며, 이를 막대 그래프로 나타낸 것이 [그림 2.3]이다.

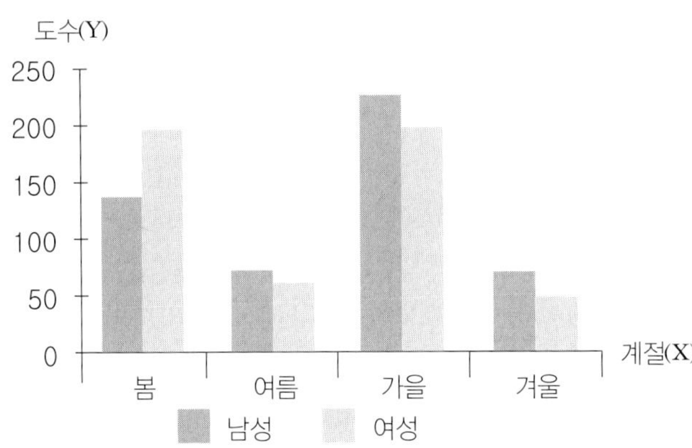

[그림 2.3] 성별에 따른 계절분포의 막대 그래프(도수)

[그림 2.3]에서 봄의 경우 여성이 남성보다 막대가 크게 나타나 있고, 나머지 계절은 여성이 남성보다 모두 낮게 나타나고 있고 있으나 성별에 따른 계절 선호도를 비교하기가 곤란하다. 여성의 표본 600명이 남성의 표본 400명보다 크기 때문에 성별에 따른 계절 선호도, 즉 남녀별로 어느 계절을 더 많이 좋아하는지 파악하는 것이 어렵다.

따라서 집단별로 표본의 크기가 다른 경우는 도수를 이용한 막대 그래프 대신에 백분율을 이용한 막대 그래프를 이용하는 것이 바람직하다. [표 2.3]을 백분율을 이용한 막대 그래프로 표시하면 [그림 2.4]와 같다.

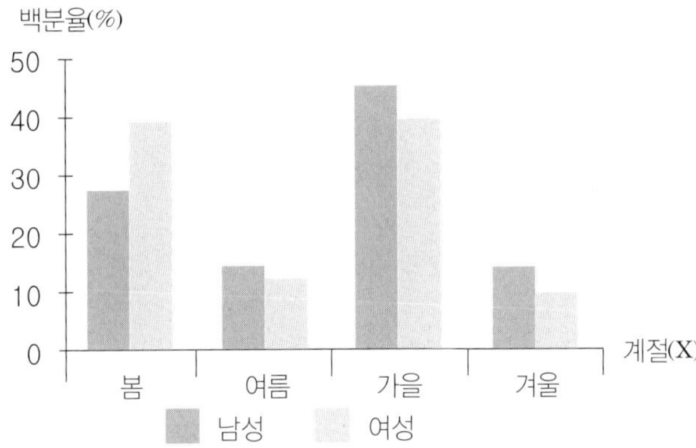

[그림 2.4] 성별에 따른 계절분포의 막대 그래프(백분율)

[그림 2.4]를 통해 남녀 간의 계절의 선호도를 쉽게 파악할 수 있다. 즉, 봄의 경우 남성이 여성보다 낮음을 알 수 있으며, 나머지 계절은 남성이 여성보다 약간씩 높음을 알 수 있다.

(2) 원형 그래프

원형 그래프는 각 문항 범주의 응답 비율을 원에서 차지하는 부분으로 나타내는 방법이다. 원 전체의 각도는 360°이며, 100%이다. 따라서 각 응답 범주의 %에 3.6을 곱하여 그 응답 범주가 차지하는 부분을 구한다.

예를 들면, [표 2.1]에서 봄이 차지하는 각도는 $33.4 \times 3.6° = 120.24°$이며, 여름의 경우는 $13.2 \times 3.6° = 47.52°$이다. [표 2.1]을 원형 그래프로 나타내면 [그림 2.5]와 같다. 원형 그래프는 응답 범주별 상대적 비율을 비교하고자 할 때 많이 사용된다.

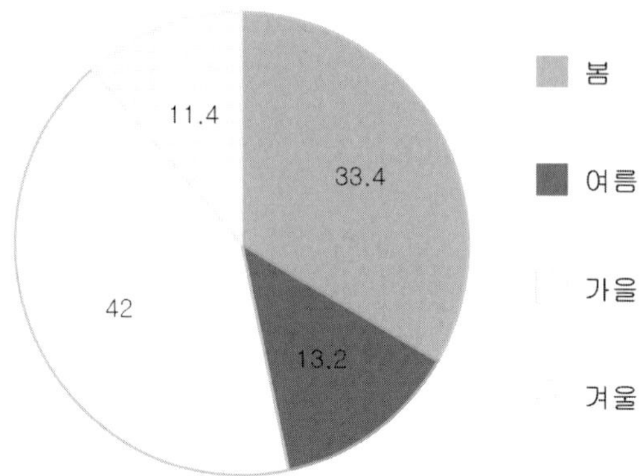

[그림 2.5] 계절분포에 대한 원형 그래프(백분율)

2) 등간변수, 비율변수의 도표

등간변수나 비율변수와 같이 연속적 변수의 경우에는 히스토그램이나 꺾은선 그래프가 주로 사용된다.

(1) 히스토그램

히스토그램도 일종의 막대 그래프이지만, 막대 그래프와 다른 점은 막대들의 간격이 붙어 있다는 점이다. 이 방법은 주로 연속적 변수에 많이 사용되는데, 그 이유는 연속적 변수의 경우 변수가 연속적인 성격을 가지고 있기 때문에 막대가 붙어 있는 형태로 그리는 것이 합당하다는 것이다.

예를 들면, 한 지역의 가구당 월소득에 대한 조사의 경우 500만원 이상의 수입을 가진 세대는 수도 적으며, 세대 간의 월 수입액도 800만원, 900만원, 1,000만원 등 차이가 많이 나고, 때로는 1억원 이상인 세대도 있어 이를 동일한 간격의 계급으로 나타내는 것이 불가능하거나 무의미할 수 있다. 이런 경우에는 [표 2.11]과 같이 개방형 도수분포표를 작성할 수 있다. 이 경우에도 맨 마지막 구간을 제외한 나머지 구간은 동일하도록 작성하여야 한다.

[표 2.11]의 경우 소득 99만원과 100만원이 다른 그룹에 속하지만, 99만원과 100만원 사이에는 991,000원, 992,000원, …, 999,000원 등 무수한 소득들이 연속되어 있다는 것이다. 즉, 그룹 간의 간격이 붙어 있다고 할 수 있기 때문에 막대들이 간격이 붙어 있다는 것이다. [표 2.11]을 히스토그램으로 그려보면 [그림 2.6]과 같다.

[표 2.11] 가구당 월소득에 대한 그룹도수분포표

월소득(만원)	도수(f)	백분율(%)	누적도수(F)	누적백분율(%)
50~99	15	7.5	15	7.5
100~149	30	15.0	45	22.5
150~199	70	35.0	115	57.5
200~249	40	20.0	155	77.5
250~299	25	12.5	180	90.0
300~349	10	5.0	190	95.0
350~399	5	2.5	195	97.5
400 이상	5	2.5	200	100.0
계(N)	200	100.0		

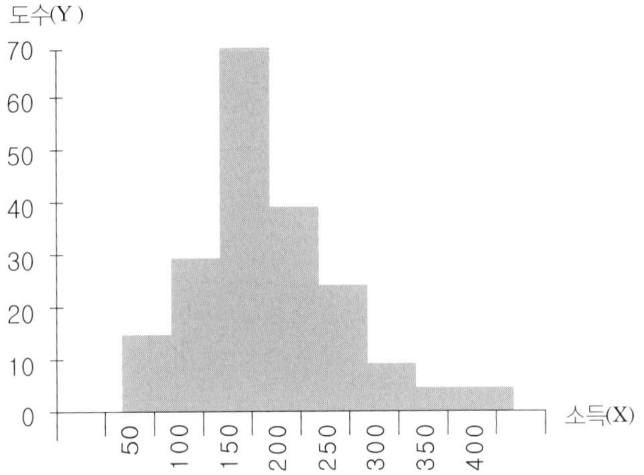

[그림 2.6] 가구당 월소득의 히스토그램

(2) 꺾은선 그래프

꺾은선 그래프는 각 범주별 도수를 선으로 나타낸 그림으로 히스토그램의 각 중간점을 이어서 그릴 수 있다. 꺾은선 그래프는 각 범주 간의 도수의 차이를 비교하기보다는 범주 간 도수의 연속적인 변화를 파악하는 데 많이 사용된다. 따라서 등간변수, 비율변수 등 연속적인 변수에 많이 사용된다. 그러나 때때로 서열변수의 경우에도 사용된다.

[표 2.11]을 꺾은선 그래프로 그리면 [그림 2.7]과 같다. 그림을 통해 174.5만원대가 제일 많으며, 그 이하와 그 이상으로 갈수록 도수가 줄어드는 것을 볼 수 있다.

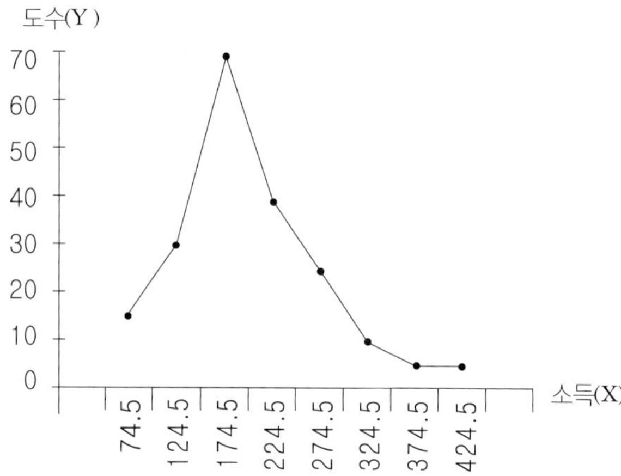

[그림 2.7] 월소득 분포의 꺾은선 그래프(도수)

꺾은선 그래프는 백분율 및 누적백분율 분포를 그리는 데도 사용될 수 있다. [표 2.11]의 백분율 및 누적백분율을 꺾은선 그래프로 그리면 [그림 2.8]과 같으며, 누적백분율을 통해 그 소득수준 이하의 사람들이 몇 %인가를 쉽게 알 수 있고, 소득수준에 따라 분포의 경향도 쉽게 파악할 수 있다. 소득 224.5만원까지는 누적백분율이 급증하다가 224.5만원 이상에서는 완만하게 증가함을 보여주고 있다.

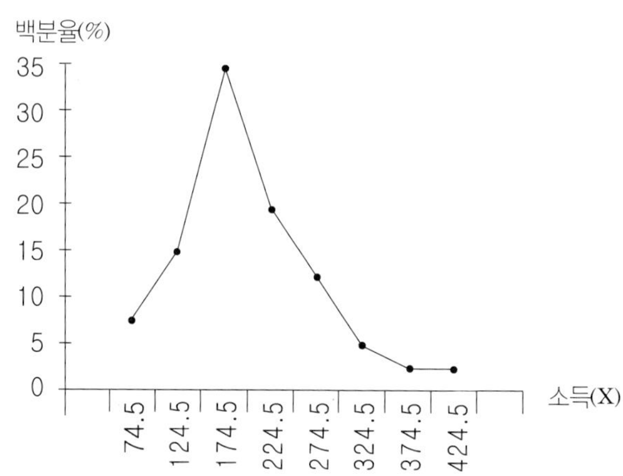

[그림 2.8] 월소득 분포의 꺾은선 그래프(백분율)

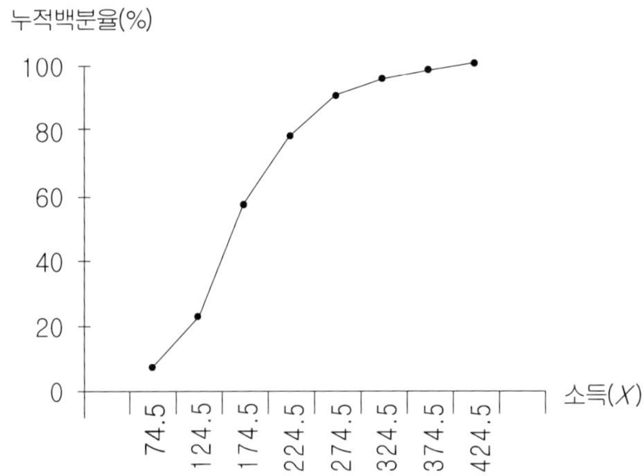

[그림 2.8] 월소득 분포의 꺾은선 그래프(누적백분율)

4. SPSS를 이용한 통계처리

1) 교차도수분포를 구하기 위한 방법

[표 2.2]의 성별에 따른 계절의 도수분포표(남녀 간 총도수가 같은 경우)를 이용하여 교차도수분포를 구하는 방법을 살펴보면 다음과 같다.

[표 2.2]의 원자료는 [표 2.12]와 같다. 단, 사례수를 남녀 각각 50명으로 축소한 것이다.

[표 2.12] 교차도수분포를 구하기 위한 원자료

순번	성별	계절	순번	성별	계절	순번	성별	계절	순번	성별	계절
1	1	1	26	1	3	51	2	1	76	2	2
2	1	1	27	1	3	52	2	1	77	2	3
3	1	1	28	1	3	53	2	1	78	2	3
4	1	1	29	1	3	54	2	1	79	2	3
5	1	1	30	1	3	55	2	1	80	2	3
6	1	1	31	1	3	56	2	1	81	2	3
7	1	1	32	1	3	57	2	1	82	2	3
8	1	1	33	1	3	58	2	1	83	2	3
9	1	1	34	1	3	59	2	1	84	2	3

순번	성별	계절	순번	성별	계절	순번	성별	계절	순번	성별	계절
10	1	1	35	1	3	60	2	1	85	2	3
11	1	1	36	1	3	61	2	1	86	2	3
12	1	1	37	1	3	62	2	1	87	2	3
13	1	1	38	1	3	63	2	1	88	2	3
14	1	1	39	1	3	64	2	1	89	2	3
15	1	2	40	1	3	65	2	1	90	2	3
16	1	2	41	1	3	66	2	1	91	2	3
17	1	2	42	1	3	67	2	1	92	2	3
18	1	2	43	1	3	68	2	1	93	2	3
19	1	2	44	1	4	69	2	1	94	2	3
20	1	2	45	1	4	70	2	1	95	2	3
21	1	2	46	1	4	71	2	2	96	2	4
22	1	3	47	1	4	72	2	2	97	2	4
23	1	3	48	1	4	73	2	2	98	2	4
24	1	3	49	1	4	74	2	2	99	2	4
25	1	3	50	1	4	75	2	2	100	2	4

(1) 명령어 처리절차

교차도수분포를 구하기 위한 SPSS 통계 프로그램의 명령어 처리절차는 다음과 같다.

① SPSS 통계 프로그램([그림 2.9] 참조)의 [분석]-[기술통계량]-[교차분석...]을 선택한다.

[그림 2.9] 교차도수분포를 구하기 위한 명령어

② [교차분석] 대화상자([그림 2.10] 참조)가 나타나면 {성별}을 선택한 후, ▸ 버튼을 클릭하여 "열"로 이동하고, 그 다음 {계절}을 선택한 후, ▸ 버튼을 클릭하여 "행"으로 이동한다.

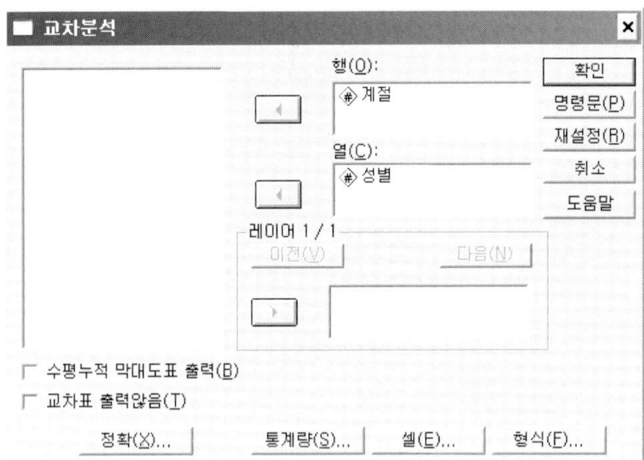

[그림 2.10] [교차분석] 대화상자

③ [교차분석] 대화상자([그림 2.10] 참조)의 하단에 있는 [셀] 버튼을 클릭하면 [그림 2.11]과 같이 [교차분석: 셀 출력] 대화상자가 나타난다. 이 대화상자에서 {빈도} 항목에서 "관측빈도"를 체크하고, {퍼센트} 항목에서 "열"을 체크한 후, [계속] 버튼을 클릭한다.

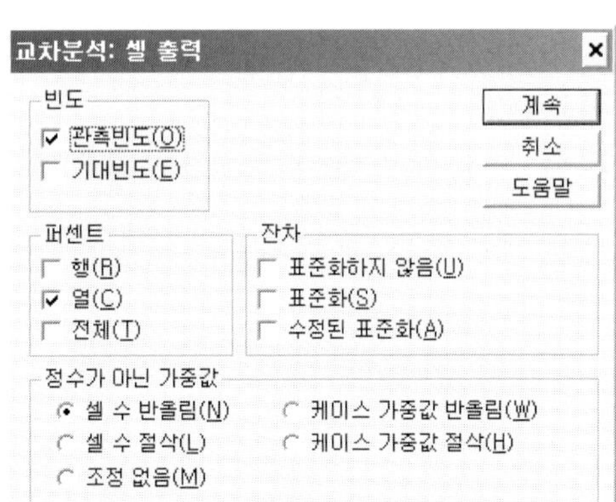

[그림 2.11] [교차분석: 셀 출력] 대화상자

(2) 산출결과

[교차분석] 대화상자([그림 2.10] 참조)의 [확인] 버튼을 클릭하면 교차분석에 대한 산출결과가 [표 2.13]과 같이 나타난다.

[표 2.13] 교차분석에 의한 산출결과

케이스 처리 요약						
	케이스					
	유효		결측		전체	
	N	퍼센트	N	퍼센트	N	퍼센트
계절 * 성별	100	100.0%	0	.0%	100	100.0%

계절*성별 교차표					
			성별		전체
			남성	여성	
계절	봄	빈도	14	20	34
		성별의 %	28.0%	40.0%	34.0%
	여름	빈도	7	6	13
		성별의 %	14.0%	12.0%	13.0%
	가을	빈도	22	19	41
		성별의 %	44.0%	38.0%	41.0%
	겨울	빈도	7	5	12
		성별의 %	14.0%	10.0%	12.0%
전체		빈도	50	50	100
		성별의 %	100.0%	100.0%	100.0%

2) 단순도수분포를 그룹도수분포로 전환하는 방법

[표 2.6]의 단순도수분포 자료를 그룹도수분포 자료로 전환하기 위한 원자료는 [표 2.15]와 같다.

[표 2.15] 단순도수분포를 그룹도수분포로 전환하기 위한 원자료

순번	점수	순번	점수	순번	점수	순번	점수	순번	점수
1	99	11	82	21	74	31	69	41	63
2	96	12	82	22	74	32	69	42	63
3	94	13	81	23	73	33	69	43	62
4	92	14	79	24	72	34	68	44	61
5	90	15	78	25	72	35	68	45	60
6	89	16	78	26	72	36	67	46	59
7	88	17	77	27	71	37	67	47	58
8	86	18	77	28	71	38	66	48	56
9	85	19	77	29	70	39	65	49	53
10	84	20	76	30	70	40	64	50	52

(1) 명령어 처리절차

단순도수분포 자료를 그룹도수분포 자료로 전환하기 위한 SPSS 통계 프로그램의 명령어 처리절차는 다음과 같다.

① SPSS 통계 프로그램([그림 2.12] 참조)의 [변환]-[코딩변경]-[새로운 변수로…]를 선택한다.

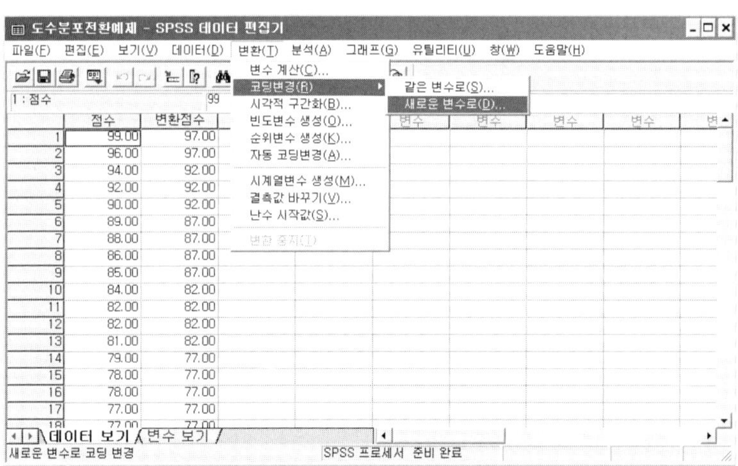

[그림 2.12] 단순도수분포를 그룹도수분포로 전환하기 위한 명령어

② [새로운 변수로 코딩변경] 대화상자([그림 2.13] 참조)가 나타나면 {점수}를 선택한 후, ▸ 버튼을 클릭하여 이동한다. 그리고 출력변수를 "변환점수"로 지

정한 후, [바꾸기] 버튼을 클릭한다.

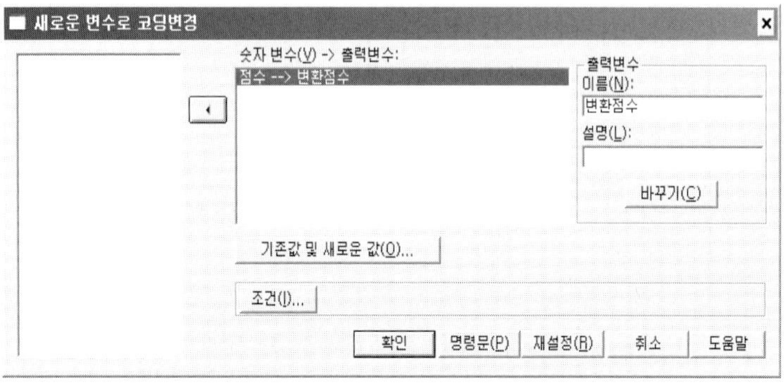

[그림 2.13] [새로운 변수로 코딩변경] 대화상자

③ [새로운 변수로 코딩변경] 대화상자([그림 2.13] 참조)에 있는 [기존값 및 새로운 값] 버튼을 클릭하면 [새로운 변수로 코딩변경: 기존값 및 새로운 값] 대화상자([그림 2.14] 참조)가 나타난다. 이 대화상자에서 다음과 같은 순서로 모든 자료를 입력한 후, [계속] 버튼을 클릭한다.

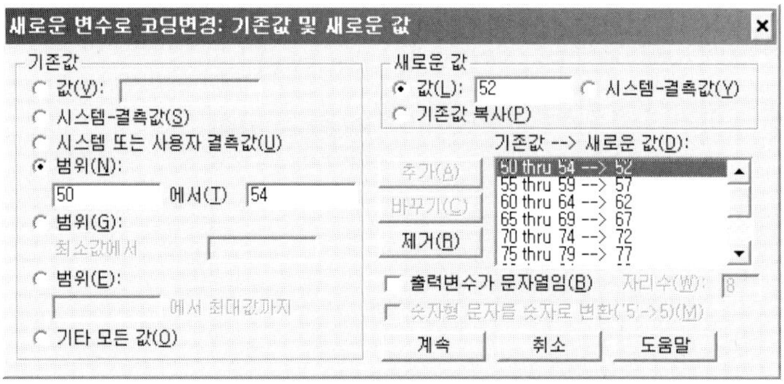

[그림 2.14] [새로운 변수로 코딩변경: 기존값 및 새로운 값] 대화상자

- 새로운 값 : 52, 범위(최소값 : 50, 최대값 : 54)를 입력한 후, [추가] 버튼을 클릭한다.
- 새로운 값 : 57, 범위(최소값 : 55, 최대값 : 59)를 입력한 후, [추가] 버튼을 클릭한다.
- 같은 방법으로 세 번째, 네 번째 … 등을 반복하여 입력한다.

(2) 산출결과

[새로운 변수로 코딩변경] 대화상자([그림 2.13] 참조)의 하단에 있는 [확인] 버튼을 클릭하면 [그림 2.15]와 같이 단순도수분포의 점수가 그룹도수분포의 변환점수로 변환된 산출결과를 확인할 수 있다.

[그림 2.15] 단순도수분포에서 그룹도수분포로 전환된 산출결과

3) 표준체중을 구하는 방법

표준체중을 구하는 공식이 (신장−100) × 0.9라고 할 경우, [표 2.16]의 원자료를 이용하여 각 개인의 표준체중을 구하는 방법은 다음과 같다.

[표 2.16] 신장 및 체중의 원자료

순번	신장	체중	순번	신장	체중	순번	신장	체중
1	156	44	11	159	65	21	171	63
2	175	93	12	184	82	22	178	67
3	161	62	13	172	74	23	166	59
4	164	68	14	170	59	24	169	62
5	164	72	15	163	52	25	179	73
6	165	59	16	164	49	26	157	50
7	169	66	17	171	56	27	163	69
8	154	44	18	172	76	28	160	50
9	176	68	19	175	78	29	147	38
10	167	58	20	173	77	30	156	49

(1) 명령어 처리절차

표준체중을 구하기 위한 SPSS 통계 프로그램의 명령어 처리절차는 다음과 같다.

① SPSS 통계 프로그램([그림 2.16] 참조)의 [변환]-[변수계산]을 선택한다.

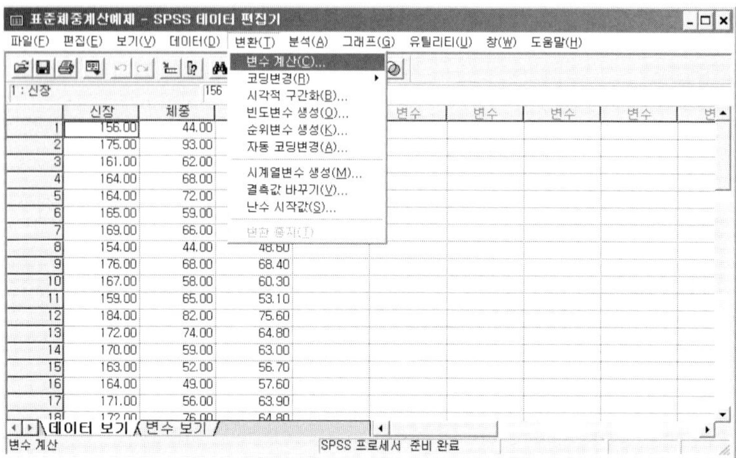

[그림 2.16] 표준체중을 구하기 위한 명령어

② [변수 계산] 대화상자([그림 2.17] 참조)가 나타나면 대상변수를 "표준체중"으로 입력한 후, 표준체중을 구하는 공식을 입력한다. 즉, (신장−100) * 0.9를 입력한다.

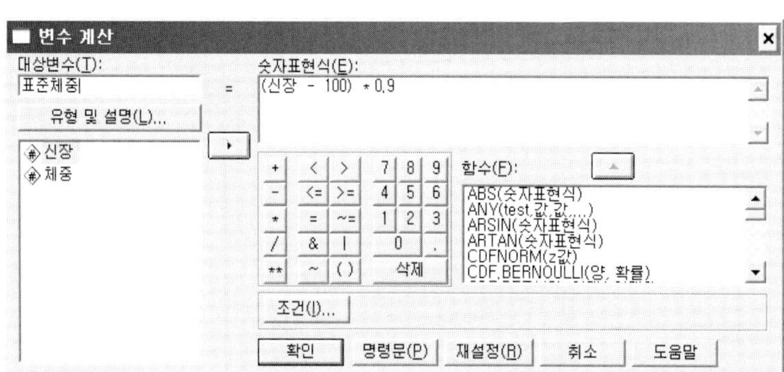

[그림 2.17] [변수 계산] 대화상자

(2) 산출결과 해석

[변수 계산] 대화상자([그림 2.16] 참조)의 하단에 있는 [확인] 버튼을 클릭하면 [그림 2.18]과 같은 산출결과가 나타난다.

	신장	체중	표준체중	변수	변수	변수	변수	변수
1	156.00	44.00	50.40					
2	175.00	93.00	67.50					
3	161.00	62.00	54.90					
4	164.00	68.00	57.60					
5	164.00	72.00	57.60					
6	165.00	59.00	58.50					
7	169.00	66.00	62.10					
8	154.00	44.00	48.60					
9	176.00	68.00	68.40					
10	167.00	58.00	60.30					
11	159.00	65.00	53.10					
12	184.00	82.00	75.60					
13	172.00	74.00	64.80					
14	170.00	59.00	63.00					
15	163.00	52.00	56.70					
16	164.00	49.00	57.60					
17	171.00	56.00	63.90					
18	172.00	76.00	64.80					

[그림 2.18] 표준체중이 계산된 산출결과

[그림 2.18]의 표준체중은 비만을 측정하는 기준이 되는 체중이기 때문에 자기 체중이 표준체중보다 많으면 비만이라고 판단할 수 있다.

연 / 습 / 문 / 제

1 남학생 350명과 여학생 280명을 표본추출하여 수업시간에 핸드폰이 울리는 학생에 대해 제재를 가하는 것에 대한 찬반여부를 조사한 결과 다음과 같았다.

찬반여부	남학생	여학생
찬 성	240	160
반 대	110	120
계	350	280

1) 남학생 중 찬성자는 몇 %인가?

2) 여학생 중 찬성자는 몇 %인가?

3) 전체 학생 중 찬성자는 몇 %인가?

4) 전체 찬성자 중 남학생은 몇 %인가?

5) 전체 반대자 중 여학생은 몇 %인가?

2 200명을 표본추출하여 연령별 형제자매 수를 조사했더니 다음과 같았다.

형제자매 수	20대 미만	20대	30대	40대	50대 이상
0	6	4	4	0	0
1	30	28	18	10	4
2	4	6	12	10	6
3	0	2	4	12	12
4명 이상	0	0	2	8	18
계	40	40	40	40	40

1) 연령대별로 형제자매가 1명 이하인 사람의 백분율은?

2) 연령대별로 형제자매가 2명 이상인 사람의 백분율은?

3) 연령대별로 형제자매가 3명 이상인 사람의 백분율은?

4) 20대 미만인 사람 중 형제자매가 1명인 사람의 백분율은?

5) 20대 사람 중 형제자매가 2명인 사람의 백분율은?

6) 30대 사람 중 형제자매가 3명인 사람의 백분율은?

7) 40대 사람 중 형제자매가 2명인 사람의 백분율은?

8) 50대 이상인 사람 중 형제자매가 4명 이상인 사람의 백분율은?

3 사회복지자료분석론 수강생 100명에 대한 중간고사 성적결과가 다음과 같았다.

성적	도수(f)	성적	도수(f)	성적	도수(f)
96	2	64	6	32	6
92	4	60	8	28	4
88	2	56	10	24	2
84	4	52	8	20	4
80	2	48	6	16	4
76	4	44	4	12	2
72	6	40	2		
68	6	36	4		

1) 계급구간을 10으로 하여 그룹도수분포표를 작성하시오.

2) 각 계급의 중간점(Mid Point)을 구하여라.

3) 각 계급의 백분율을 구하여라.

4) 백분율이 가장 높은 계급구간은?

5) 백분율이 가장 낮은 계급구간은?

4 대학생 120명을 표본추출하여 대학생활의 만족도를 조사했더니 다음과 같았다. 만족도는 20점 만점의 척도를 이용했으며, 점수가 높을수록 만족도가 높음을 의미한다.

만족도 점수	도수(f)	만족도 점수	도수(f)
18	4	10	12
17	6	9	8
16	8	8	8
15	8	7	6
14	10	6	6
13	12	5	4
12	14	4	2
11	12		

1) 5개의 계급을 가진 그룹도수분포표를 작성하시오.

2) 계급구간을 구하여라.

3) 각 계급의 하한계와 상한계를 구하여라.

4) 각 계급의 중간점을 구하여라.

5) 각 계급의 백분율을 구하여라.

6) 각 계급의 누적도수를 구하여라.

7) 각 계급의 누적백분율을 구하여라.

5 한 학과의 사회복지자료분석론 과목의 기말시험 결과에 대한 그룹도수분포표가 다음과 같다.

계급구간	도수(f)	누적도수(cf)	백분율(%)	누적백분율($c\%$)
90~99	6	100	6	100
80~89	14	94	14	94
70~79	20	80	20	80
60~69	28	60	28	60
50~59	16	32	16	32
40~49	12	16	12	16
30~39	4	4	4	4

1) 85점을 얻은 학생의 백분위수 순위를 구하여라.

2) 48점을 얻은 학생의 백분위수 순위를 구하여라.

6 어느 지역 주민들의 가구당 월평균소득을 파악했더니 다음과 같았다.

계급구간	도수(f)	누적도수(cf)	백분율(%)	누적백분율($c\%$)
300~349	5	300	1.67	100.00
250~299	23	295	7.67	98.33
200~249	84	272	28.00	90.66
150~199	124	188	41.33	62.66
100~149	48	64	16.00	21.33
50~99	12	16	4.00	5.33
0~49	4	4	1.33	1.33

1) 월평균소득이 210만원인 가구의 백분위수 순위를 구하여라.

2) 월평균소득이 130만원인 가구의 백분위수 순위를 구하여라.

7 한 지역 주민들의 종교현황을 조사해 보았더니 다음과 같았다. 이 자료를 이용하여 막대 그래프(Bar Graph)를 그려라.

종교	도수(f)	백분율(%)
기 독 교	48	24
천 주 교	36	18
불 교	52	26
종교없음	54	27
기 타	10	5
계	200	100

8 경제적 계층별로 주거상태를 조사했더니 다음과 같았다. 이 자료를 이용하여 막대 그래프(Bar Graph)를 그려라.

구분	하위층	중간층	상위층
자가	60	110	160
전세	90	70	32
월세	50	20	8
계	200	200	200

9 다음은 한 대학 학생들에 대한 자료이다. 이 자료를 이용하여 원형 그래프(Pie Graph)를 그려라.

1) 성별

성별	도수(f)	백분율(%)
남학생	1,100	37.93
여학생	1,800	62.07
계	2,900	100.00

2) 계열별

계열별	도수(f)	백분율(%)
간호보건계열	1,900	65.52
사회실무계열	1,000	34.48
계	2,900	100.00

3) 주거형태

주거형태	도수(f)	백분율(%)
자 가	2,000	68.97
기숙사	420	14.48
자 취	240	8.28
하 숙	180	6.21
기 타	60	2.06
계	2,900	100.00

10 고등학교학생 400명을 표본추출하여 IQ검사를 실시한 IQ점수의 결과가 다음과 같았다.

계급구간	도수(f)	백분율(%)	누적도수(cf)	누적백분율(c%)
140~149	2	0.5	400	100.0
130~139	6	1.5	398	99.5
120~129	16	4.0	392	98.0
110~119	124	31.0	376	94.0
100~109	220	55.0	252	63.0
90~99	28	7.0	32	8.0
80~89	4	1.0	4	1.0
계	400	100.0		

1) 도수와 백분율을 이용하여 히스토그램(Histogram)을 그려라.

2) 누적도수와 누적백분율을 이용하여 꺾은선 그래프를 그려라.

제 3 장

집중치 측정

1. 최빈치
2. 중앙치
3. 산술평균치
4. 집중치의 비교
5. SPSS를 이용한 통계처리

[연습문제]

이 장(章)에서는 집중치(集中値, Central Tendency)에 대한 내용을 살펴보고자 한다. 집중치란 자료의 특징을 대표할 수 있는 것을 하나의 수치로 나타낸 것, 즉 자료가 집중되어 있는 위치 또는 중심이 되는 위치를 하나의 수치로 나타낸 것을 말한다. 따라서 집중치는 다음과 같은 기능을 가지고 있다.

- **기능 1** 주어진 자료를 의미 있고 간편하게 하나의 수치로 조직하고 요약하여 기술하는 기능을 수행한다.
- **기능 2** 하나의 분포를 기술하는 데 사용될 뿐만 아니라 두 개나 그 이상의 분포 사이를 비교하는 기능을 수행한다.
- **기능 3** 예측적 기능을 수행한다. 예를 들면, 한 집단의 평균성적을 앎으로써 그 집단의 한 사람의 성적을 대체로 예측할 수 있다.

집중치를 측정하는 방법으로는 최빈치(Mode), 중앙치(Median), 산술평균치(Mean) 등이 있다.

1. 최빈치

최빈치(最頻値, Mode)는 자료의 분포에서 가장 많은 도수(f)를 가진 관찰값(X)을 말한다. 즉, 최빈치는 어떤 도수분포표에서 도수가 가장 많이 발생한 범주의 관찰값이다.

최빈치는 구하기 쉽다는 장점을 가지고 있다. 그러나 최빈치는 가장 많은 도수를 갖는 관찰값이므로 가장 많은 도수에 포함되지 않는 사례들을 고려하지 않는다는 단점을 가지고 있다.

최빈치는 범주별 도수만 알면 사용할 수 있으므로 모든 종류의 변수, 즉 명목변수, 서열변수, 등간변수 및 비율변수에서 사용될 수 있다. 최빈치는 다음과 같은 성질을 가지고 있다.

- 극단적인 값(최소값 또는 최대값)의 영향을 받지 않는다.
- 자료의 전형적인 값이므로 가장 납득하기 쉬운 대표값이다.
- 의류에서 기성복의 치수 등을 정하는 경우에 사용하기 적당하다.
- 반드시 하나만 존재하는 것은 아니다.

최빈치를 구하는 방법은 자료가 단순도수분포인 경우와 그룹도수분포인 경우 약간 다르다. 관찰값이 상한계와 하한계 없이 하나의 숫자로 나타나 있을 때 이를 단순도수분포([표 3.1] 참조)라 하며, 상한계와 하한계로 나타나 있을 때 이를 그룹도수분포([표 3.2] 참조)라 한다.

[표 3.1] 단순도수분포의 예

성적(X)	도수(f)
40	3
50	2
60	4
70	3
80	2
90	1
계	15

[표 3.2] 그룹도수분포의 예

월소득(X)	도수(f)
300~349	5
250~299	23
200~249	84
150~199	124
100~149	48
50~99	16
계	300

1) 단순도수분포에서 최빈치 계산

어느 사회복지기관에 근무하는 20명의 사회복지사를 대상으로 이전의 사회복지 실무경험 연수를 조사한 결과 다음과 같은 관찰값이 파악되었다. 이 경우 최빈치를 구하는 절차는 다음과 같다.

0, 0, 0, 0, 1, 2, 2, 3, 4, 5, 5, 6, 7, 7, 7, 7, 8, 9, 11, 14

① 자료를 단순도수분포표로 정리한다. 최빈치를 구하기 위해 먼저 해야 할 일은 각 관찰값에 대한 도수를 정리하는 일이다. 위의 자료를 단순도수분포표로 정리하면 [표 3.3]과 같다.

② 가장 많은 도수를 찾는다. 최빈치는 가장 많은 도수를 갖는 관찰값이므로 최빈치를 구하기 위해서는 먼저 가장 많은 도수가 무엇인가를 찾아야 한다. [표 3.3]에서 가장 많은 도수는 4이다.

③ 도수가 가장 많은 경우의 관찰값을 구한다. 도수가 가장 많은 경우의 관찰값이 곧 최빈치이다. [표 3.3]에서 도수가 가장 많은 관찰값은 0과 7이며, 따라서 최빈치는 0과 7이다. 이와 같이 최빈치가 2개 이상 있을 수 있다. 이때의 분

포를 쌍봉분포(Bimodal)라 한다.

[표 3.3] 이전 사회복지 실무경험 연수에 대한 단순도수분포표

이전 사회복지 실무경험 연수(X)	도수(f)	누적도수(cf)
0	**4**	4
1	1	5
2	2	7
3	1	8
4	1	9
5	2	11
6	1	12
7	**4**	16
8	1	17
9	1	18
11	1	19
14	1	20
계	20	

예제 1

다음 자료에 대한 최빈치를 구하라.

① 1, 1, 2, 3, 3, 4, 4, 5, 5, 5, 5, 6, 7, 7, 8, 9

② 2, 6, 7, 7, 8, 8, 10, 11

③ 10, 11, 11, 11, 12, 13, 14, 14, 14, 17

④ 22, 23, 32, 40, 49

풀이

① 5의 도수가 4이므로 가장 많은 도수가 된다. 따라서 최빈치는 5이다.

② 7과 8의 도수가 2이므로 가장 많은 도수가 된다. 이때는 7과 8의 중간점인 7.5가 최빈치가 된다.

③ 11과 14의 도수가 3이므로 가장 많은 도수가 된다. 따라서 최빈치는 2개, 즉 11과 14이다. 이때의 분포를 쌍봉분포라 한다.

④ 각 관찰값에 대한 도수가 모두 같으므로 최빈치는 존재하지 않는다.

2) 그룹도수분포에서 최빈치 계산

[표 3.4]는 50명의 사회복지사의 직업만족도 점수를 나타낸 것이다. 이와 같은 그

룹도수분포표의 경우 최빈치를 구하는 절차는 다음과 같다.

① 자료를 그룹도수분포표로 정리한다. 최빈치를 구하기 위해서는 먼저 자료를 그룹도수분포표로 정리해야 한다. 이 경우 [표 3.4]와 같이 자료가 이미 정리되어 있다.

[표 3.4] 사회복지사의 직업만족도 점수에 대한 그룹도수분포표

직업만족도 점수(X)	도수(f)	누적도수(cf)	중간점(m)
91~93	8	50	92
88~90	12	42	89
85~87	15	30	86
82~84	8	15	83
79~81	7	7	80
계	50		

② 가장 많은 도수를 찾는다. [표 3.4]에서 가장 많은 도수는 15이다. 즉, 15명이다.

③ 도수가 가장 많은 경우에 대해 계급의 중간점을 구한다. 도수가 제일 많은 계급을 최빈계급이라고 하며, 그 계급의 중간점이 최빈치이다. 계급의 중간점을 최빈치로 보는 이유는 최빈계급 내에서 계급의 중간에 도수가 집중되어 있을 것이라는 가정때문이다. [표 3.4]에서 도수가 제일 많은 계급은 85~87이며, 이 계급의 중간점인 86이 최빈치이다. 즉, 사회복지사의 직업만족도 점수에서 86점이 제일 많다고 할 수 있다.

예 제 2

다음 자료는 사회복지자료분석론 과목의 기말시험 결과에 대한 그룹도수분포표이다. 이 그룹도수분포표의 자료에 대한 최빈치를 구하라.

점수(X)	도수(f)	중간점(m)
90~99	6	94.5
80~89	14	84.5
70~79	20	74.5
60~69	28	64.5
50~59	16	54.5
40~49	12	44.5
30~39	4	34.5
계	100	

풀이

① 자료를 그룹도수분포표로 정리한다. 이미 그룹도수분포표가 정리되어 있다.
② 가장 많은 도수를 찾는다. [예제 2]의 표에서 가장 많은 도수는 28이다.
③ 도수가 가장 많은 경우에 대해 계급의 중간점을 구한다. [예제 2]의 표에서 도수가 제일 많은 계급은 60~69이며, 이 계급의 중간점인 64.5가 최빈치이다. 즉, 사회복지자료분석론 과목의 기말시험 결과에서 64.5점이 제일 많다고 할 수 있다.

2. 중앙치

중앙치(中央値, Median)는 자료를 순서대로 정리해 놓았을 때 중간의 위치에 있는 사례의 관찰값(X)을 말한다. 즉, 중앙치는 관찰값 $x_1, x_2, \cdots, x_n$을 크기순으로 배열했을 때 전체의 중앙에 위치한 수치를 의미하며, 관찰값(X)의 중앙치를 Me로 나타내고, 〈수식 3.1〉를 이용하여 계산한다.

$$n\text{이 홀수일 때, } Me = \left(\frac{n+1}{2}\right)\text{번째 값}$$

$$n\text{이 짝수일 때, } Me = \frac{\left(\frac{n}{2}\right)\text{번째 값} + \left(\frac{n}{2}+1\right)\text{번째 값}}{2} \qquad \langle\text{수식 3.1}\rangle$$

중앙치는 모든 사례들을 고려한다는 점에서 최빈치보다 정확성을 더 확보할 수 있는 장점을 가지고 있다. 그러나 사례들의 도수만 고려해서 중앙치를 구하기 때문에 관찰값, 특히 극단치에 있는 관찰값이 잘 고려되지 않는다는 단점을 가지고 있다.

중앙치는 관찰값을 순서로 배열해 놓을 수 있을 때만 구할 수 있기 때문에 서열변수, 등간변수, 비율변수에서만 사용할 수 있다. 명목변수인 경우에는 관찰값을 순서대로 정리해 놓을 수 없기 때문에 중앙치를 구할 수 없다. 따라서 중앙치는 다음과 같은 성질을 가지고 있다.

- 극단적인 값의 영향을 받지 않는다.
- 중앙치(Me)에 대한 편차의 절대치의 합은 다른 어떤 수(a)에 대한 편차의 절대

치의 합보다 작다.

즉, $\sum_{i=1}^{n}|x_i - Me| \leq \sum_{i=1}^{n}|x_i - a|$

- 수리적으로 다루기가 불편하므로 극단적인 값을 피해야 하는 특수한 경우를 제외하고는 거의 사용되지 않는다.
- 기하학적 중앙치는 히스토그램을 똑같은 면적으로 나눈 수직선에 대응하는 x의 값이 된다.
- 경기변동을 산출할 때 사용한다.

중앙치는 수집된 자료가 단순도수분포표인가 그룹도수분포표인가에 따라 중앙치를 구하는 방법이 다르다.

1) 단순도수분포에서 중앙치 계산

[표 3.3]을 이용하여 중앙치를 구하는 경우 그 절차는 다음과 같다.

① 자료를 정리하여 단순도수분포표를 작성한다. 자료를 낮은 값에서 높은 값으로 또는 높은 값에서 낮은 값으로 정리하여 단순도수분포표를 작성한다. [표 3.3]은 자료가 낮은 값에서 높은 값으로 정리되어 있는 단순도수분포표이다.

② 중간위치를 구한다. 중앙치를 구하기 위해서는 자료를 크기 순서로 나열해 놓았을 때 중간위치를 먼저 구해야 한다. 중간위치를 구하는 공식은 $(N+1)/2$ (N=총도수)이다. [표 3.3]에서 $N=20$이므로 중간위치는 $(20+1)/2 = 10.5$이다. 즉, 20명을 순서대로 정돈해 놓았을 때 10번째와 11번째의 중간이 전체의 중간위치이다.

③ 중간위치에 있는 사례의 관찰값을 구한다. 중간위치에 있는 사례의 관찰값이 중앙치이다. [표 3.3]의 경우 10번째와 11번째 사례의 관찰값을 구해 그들의 평균을 낸 값이 중앙치이다. 10번째와 11번째 사례를 구하기 위해 누적도수를 이용한다. [표 3.3]에서 10번째 사례를 포함하고 있는 값은 5이고, 11번째 사례를 포함하고 있는 관찰값은 5이다. 따라서 중앙치는 $(5+5)/2 = 5$이다.

예제 3

다음 자료에 대한에 대한 중앙치는 얼마인가?

① 2, 3, 7, 7, 7, 8, 8

② 60, 70, 70, 80, 90, 90

풀이

① 자료의 개수가 홀수이므로 크기순으로 나열한 후 다음 공식을 이용하여 중앙치를 구한다.

$$Me = \left(\frac{n+1}{2}\right) = \left(\frac{7+1}{2}\right) = 4\text{번째 값} = 7$$

② 자료의 개수가 짝수이므로 크기순으로 나열한 후 다음 공식을 이용하여 중앙치를 구한다.

$$Me = \frac{\left(\frac{n}{2}\right)\text{번째 값} + \left(\frac{n}{2}+1\right)\text{번째 값}}{2}$$

$$= \frac{\left(\frac{6}{2}\right)\text{번째 값} + \left(\frac{6}{2}+1\right)\text{번째 값}}{2}$$

$$= \frac{3\text{번째 값} + 4\text{번째 값}}{2} = \frac{70+80}{2} = 75$$

2) 그룹도수분포에서 중앙치 계산

[표 3.4]와 같은 그룹도수분포표의 경우 다음과 같은 절차에 의해 중앙치를 구할 수 있다.

① 자료를 정리하여 그룹도수분포표를 작성한다. [표 3.4]는 자료를 높은 값에서 낮은 값으로 정리되어 있는 그룹도수분포표이므로 이 그룹도수분포표를 그대로 이용하면 된다.

② 다음 〈수식 3.2〉를 이용하여 중앙치를 구한다.

$$\text{중앙치} = L + \left(\frac{(N+1)\ /\ 2\ -\ cf_i}{f}\right)\times i \qquad \text{〈수식 3.2〉}$$

여기서, L : $\frac{N+1}{2}$이 속한 하한계, 즉 중간위치가 속한 계급의 하한계

N : 총도수

cf_i : L(중간위치가 속한 계급의 하한계) 이전까지의 누적도수

f : 중간위치가 속한 계급의 도수

i : 계급구간

[표 3.4]의 그룹도수분포표에 대해 위의 공식을 이용하여 중앙치를 구해보자. L은 중간위치인 25.5번째$\left(\frac{N+1}{2} = \frac{50+1}{2} = 25.5\right)$ 사람(사회복지사)이 속하는 계급의 하한계이므로 84.5$\left(\frac{84+85}{2} = 84.5\right)$이다. cf_i는 L(중간위치가 속한 계급의 하한계) 이전까지의 누적도수이므로 15이다. f는 중간위치가 속한 계급의 도수이므로 15이며, i는 계급구간으로 3이다. 각각의 수치를 공식에 대입하면 다음과 같다.

$$\begin{aligned}
\text{중앙치} &= L + \left(\frac{(N+1)\ /\ 2 - cf_i}{f}\right) \times i \\
&= 84.5 + \left(\frac{(50+1)\ /\ 2 - 15}{15}\right) \times 3 \\
&= 84.5 + \left(\frac{25.5 - 15}{15}\right) \times 3 \\
&= 84.5 + \left(\frac{10.5}{15}\right) \times 3 = 84.5 + (0.7 \times 3) = 86.6
\end{aligned}$$

예 제 4

다음 자료는 사회복지자료분석론 과목의 기말시험 결과에 대한 그룹도수분포표이다. 이 그룹도수분포표의 자료에 대한 중앙치를 구하라.

점수(X)	도수(f)	누적도수(cf)	중간점(m)
90~99	6	100	94.5
80~89	14	94	84.5
70~79	20	80	74.5
60~69	28	60	64.5
50~59	16	32	54.5
40~49	12	16	44.5
30~39	4	4	34.5
계	100		

풀이

① N은 총도수이므로 100이다.

② L은 중간위치인 50.5번째$\left(\frac{100 + 1}{2} = 50.5\right)$ 학생이 속하는 계급의 하한계이므로 59.5$\left(\frac{59 + 60}{2} = 59.5\right)$이다.

③ cf_i는 L(중간위치가 속한 계급의 하한계) 이전까지의 누적도수이므로 32이다.

④ f는 중간위치가 속한 계급의 도수이므로 28이다.

⑤ i는 계급구간으로 10이다. 각각의 수치를 공식에 대입하면 다음과 같다.

$$\begin{aligned}
\text{중앙치} &= L + \left(\frac{(N+1)\ /\ 2\ -\ cf_i}{f}\right) \times i \\
&= 59.5 + \left(\frac{(100+1)\ /2\ -\ 32}{28}\right) \times 10 \\
&= 59.5 + \left(\frac{50.5 - 32}{28}\right) \times 10 \\
&= 59.5 + \left(\frac{18.5}{28}\right) \times 10 \\
&= 59.5 + (0.66 \times 10) \fallingdotseq 66.1
\end{aligned}$$

3. 산술평균치

산술평균치(算術平均値, Mean)란 모든 사례의 관찰값을 더한 다음 총도수(N)로 나누어 계산한 값을 말한다. 즉, 첫 번째 관찰값을 X_1, 두 번째 관찰값을 X_2, N번째 관찰값을 X_n이라고 하면 산술평균치($\overline{X}$)는 다음 〈수식 3.3〉을 이용하여 계산한다.

$$\overline{X} = \frac{X_1 + X_2 + \cdots + X_n}{N} = \frac{\sum X_i}{N} \qquad \text{〈수식 3.3〉}$$

산술평균치는 모든 경우의 관찰값, 특히 극단치에 있는 값들이 잘 반영된다는 점에서 최빈치나 중앙치보다 한 집단의 중심점을 잘 나타낸다고 할 수 있다. 산술평균치는 등간변수, 비율변수에서만 사용될 수 있다. 명목변수나 서열변수의 경우에는 척도 간의 간격을 수량화하기가 곤란하기 때문에 산술평균치를 사용할 수 없다.

그러나 서열변수의 경우 응답 범주간의 등간격성을 가정하여 산술평균치를 사용하기도 한다. 따라서 산술평균치는 다음과 같은 성질을 가지고 있다.

- 추상적인 대표값으로 수치적으로 편리한 점이 많아 대표값으로 가장 많이 사용되나 극단적인 값의 영향을 많이 받는다.
- 편차 제곱의 합을 최소로 하는 a의 값은 산술평균치이다.

$$\sum_{i=1}^{n}(X_i - \overline{X})^2 \le \sum_{i=1}^{n}(X_i - a)^2$$

산술평균치는 수집된 자료가 단순도수분포표인가 그룹도수분포표인가에 따라 산술평균치를 구하는 방법이 다르다.

1) 단순도수분포에서 산술평균치 계산

사례들의 관찰값을 갖는 경우가 많을 때는 자료를 도수분포표로 정리한 후 산술평균치를 구하는 것이 편리하다. 특히 사례수가 많은 경우에는 모든 사례의 관찰값을 일일이 더하는 것보다 도수분포표로 정리한 후 계산하면 쉽게 산술평균치를 구할 수 있다.

예를 들면, 어느 학급 40명에 대한 사회복지자료분석론 과목의 수시시험 결과(10점 만점)가 다음과 같은 경우, 이 학급의 중간시험 결과를 도수분포표로 정리한 후 산술평균치를 구해 보자.

시험 점수 : 8, 7, 5, 4, 6, 3, 7, 4, 9, 10,
2, 3, 4, 5, 6, 7, 8, 9, 5, 10,
7, 6, 4, 2, 6, 8, 7, 4, 2, 10,
5, 6, 4, 3, 7, 9, 8, 5, 3, 10

① 자료를 정리하여 단순도수분포표를 작성한다. 위의 수시시험 점수 자료들을 정리하면 다음과 같다.

점수(X)	도수(f)	도수× 점수(fX)
2	3	6
3	4	12
4	6	24
5	5	25
6	5	30
7	6	42
8	4	32
9	3	27
10	4	40
계	40	238

② 공식 $\overline{X} = \frac{\sum f_i X_i}{N}$을 이용하여 산술평균치를 구한다. 각 사례들이 같은 관찰값을 갖는 경우가 많을 때는 각 관찰값에 대해 해당 도수를 곱한 값들을 더한 후, 총도수(N)로 나누어 산술평균치를 구한다. 이를 공식으로 표시하면 ⟨수식 3.4⟩와 같다.

$$\overline{X} = \frac{f_1X_1 + f_2X_2 + \cdots + F_nX_n}{N} = \frac{\sum f_i X_i}{N} \qquad \langle\text{수식 } 3.4\rangle$$

따라서 산술평균치는 다음과 같이 계산한다.

$$\overline{X} = \frac{3\times2 + 4\times3 + \cdots + 4\times10}{40} = \frac{238}{40} = 5.95$$

산술평균치를 구하기 위해서는 먼저 도수분포표에 도수 × 점수(fX) 칸을 만들어 $\sum f_i X_i$를 구한 후, 이를 다음 공식에 대입하면 쉽게 구할 수 있다.

$$\overline{X} = \frac{\sum f_i X_i}{N} = \frac{238}{40} = 5.95$$

예 제 5

다음 X의 측정값에 대한 산술평균치는 얼마인가?

① 15, 10, 10, 5, 12, 11

② 60, 70, 70, 80, 90, 90, 90

③ 2, 3, 5, 7, 6, 9, 3, 7

풀 이

① $\overline{X} = \dfrac{15+10+10+5+12+11}{6} = \dfrac{63}{6} = 10.5$

② $\overline{X} = \dfrac{60+70+70+80+90+90+90}{7} = \dfrac{550}{7} \fallingdotseq 78.6$

③ $\overline{X} = \dfrac{2+3+5+7+6+9+3+7}{8} = \dfrac{42}{8} = 5.25$

2) 그룹도수분포에서 산술평균치 계산

그룹도수분포표의 경우 각 계급을 대표하는 관찰값을 먼저 정의해야 하는데, 이 경우 각 계급에 속해 있는 사례들을 대표하는 값으로 계급의 중간점이 이용된다. 따라서 그룹도수분포표의 산술평균치는 다음 〈수식 3.5〉를 이용하여 계산한다.

$$\overline{X} = \frac{\sum f_i m_i}{N} \qquad \text{〈수식 3.5〉}$$

여기서 f_i : 각 계급의 도수

m_i : 각 계급의 중간점

N : 총도수이다.

예를 들면, 어느 학급 40명에 대한 사회복지자료분석론 과목의 시험결과(100점 만점)가 다음과 같은 경우, 산술평균치를 구해 보자.

점수(X)	도수(f)	중간점(m)	도수×중간점(fm)
30~39	4	34.5	138.0
40~49	4	44.5	178.0
50~59	7	54.5	381.5
60~69	9	64.5	580.5
70~79	7	74.5	521.5
80~89	5	84.5	422.5
90~99	4	94.5	378.0
계	40		2,600.0

이 경우 도수분포표에서 도수×중간점(fm) 칸을 만들어 $\sum f_i m_i$을 구한 후, 이를

공식에 대입하면 쉽게 산술평균치를 구할 수 있다.

$$\overline{X} = \frac{\sum f_i m_i}{N} = \frac{2,600}{40} = 65$$

예 제 6

다음 자료는 사회복지자료분석론 과목의 기말시험 결과에 대한 그룹도수분포표이다. 이 그룹도수분포표의 자료에 대한 산술평균치를 구하라.

점수(X)	도수(f)
90~99	6
80~89	14
70~79	20
60~69	28
50~59	16
40~49	12
30~39	4
계	100

풀 이

① 위의 그룹도수분포표에서 각 계급(점수)에 대한 중간점(m)을 구하고, 각 계급에 대한 도수× 중간점(fm)을 구하여 다음과 같이 그룹도수분포표를 만든다.

점수(X)	도수(f)	중간점(m)	도수×중간점(fm)
90~99	6	94.5	567.0
80~89	14	84.5	1,183.0
70~79	20	74.5	1,490.0
60~69	28	64.5	1,806.0
50~59	16	54.5	872.0
40~49	12	44.5	534.0
30~39	4	34.5	138.0
계	100		6,590.0

② 다음 공식을 이용하여 산술평균치를 구한다.

$$\overline{X} = \frac{\sum f_i m_i}{N} = \frac{6,590}{100} = 65.9$$

4. 집중치의 비교

최빈치, 중앙치, 산술평균치에 대한 집중치들의 적용 사례를 비교하면 [표 3.5]와 같이 정리할 수 있다.

[표 3.5] 집중치의 적용 사례

최빈치	중앙치	산술평균치
• 명목, 서열, 등간, 비율변수일 때 사용(주로 명목변수의 경우에 사용) • 집중치를 가장 빨리 추정하고 싶을 때 • 집중치의 대체적인 짐작으로 충분할 때 • 가장 흔히 일어나는 경우를 알고 싶을 때 • 도수분포에서 양극단에 개방급간이 있을 때 • 집중치를 알아보는 것으로만 충분할 때	• 서열, 등간, 비율변수일 때 사용(주로 서열변수의 경우에 사용) • 산술평균치를 계산할 만한 시간이 없을 때 • 분포의 상반부와 하반부에만 관심이 있고 중앙점으로부터의 거리에는 관심이 없을 때 • 분포가 극도로 편포되어 있고, 이런 극단치의 영향을 배제하고 싶을 때 • 집중치를 알아보는 것으로만 충분할 때	• 등간, 비율변수일 때 사용(명목, 서열변수일 때는 사용할 수 없음) • 가장 안정되고 신뢰하는 집중치를 원할 때 • 한 분포의 중력을 알고 싶을 때 • 분포가 좌우대칭이거나 정상분포에 가까울 때 • 분산도, 상관도 등의 후속적인 계산이나 정보가 필요할 때

연구자들은 최빈치, 중앙치, 산술평균치 중에 어느 것을 집중치로 사용할 것인가를 결정해야 할 때가 많다. 이 경우 주로 변수의 종류, 분포의 형태, 연구자의 목적 등의 사항들이 고려된다.

5. SPSS를 이용한 통계처리

1) 도수분포, 집중치 및 그래프를 구하는 방법

우리나라 가구당 가족수가 얼마인지를 파악하기 위해 120가구를 표본추출하여 조사한 결과 [표 3.6]과 같다.

[표 3.6] 우리나라 가구당 가족수

가족수(X)	도수(f)	누적도수(cf)
1	8	8
2	20	28
3	32	60
4	40	100
5	12	112
6	6	118
7	2	120
계	120	

[표 3.6]에 대한 도수분포, 집중치 및 그래프를 얻기 위한 원자료는 [표 3.7]과 같다.

[표 3.7] 도수분포, 집중치 및 그래프를 얻기 위한 원자료

순번	가족수	순번	가족수	순번	가족수	순번	가족수	순번	가족수
1	1	25	2	49	3	73	4	97	4
2	1	26	2	50	3	74	4	98	4
3	1	27	2	51	3	75	4	99	4
4	1	28	2	52	3	76	4	100	4
5	1	29	3	53	3	77	4	101	5
6	1	30	3	54	3	78	4	102	5
7	1	31	3	55	3	79	4	103	5
8	1	32	3	56	3	80	4	104	5
9	2	33	3	57	3	81	4	105	5
10	2	34	3	58	3	82	4	106	5
11	2	35	3	59	3	83	4	107	5
12	2	36	3	60	3	84	4	108	5
13	2	37	3	61	4	85	4	109	5
14	2	38	3	62	4	86	4	110	5
15	2	39	3	63	4	87	4	111	5
16	2	40	3	64	4	88	4	112	5
17	2	41	3	65	4	89	4	113	6
18	2	42	3	66	4	90	4	114	6
19	2	43	3	67	4	91	4	115	6
20	2	44	3	68	4	92	4	116	6
21	2	45	3	69	4	93	4	117	6
22	2	46	3	70	4	94	4	118	6
23	2	47	3	71	4	95	4	119	7
24	2	48	3	72	4	96	4	120	7

2) 명령어 처리절차

도수분포, 집중치 및 그래프를 얻기 위한 SPSS 통계 프로그램의 명령어 처리절차는 다음과 같다.

① SPSS 통계 프로그램([그림 3.1] 참조)의 [분석]-[기술통계량]-[빈도분석]을 선택한다.

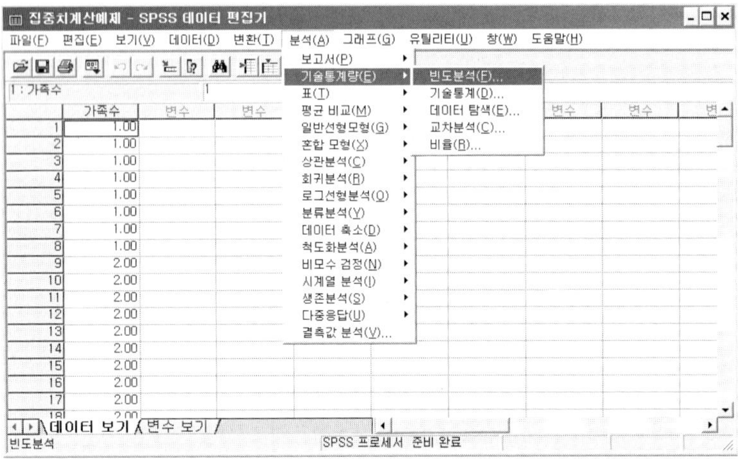

[그림 3.1] 빈도분석(집중치)을 하기 위한 명령어

② [빈도분석] 대화상자([그림 3.2] 참조)가 나타나면 {가족수}를 선택한 후, 버튼을 클릭하여 변수로 이동한다.

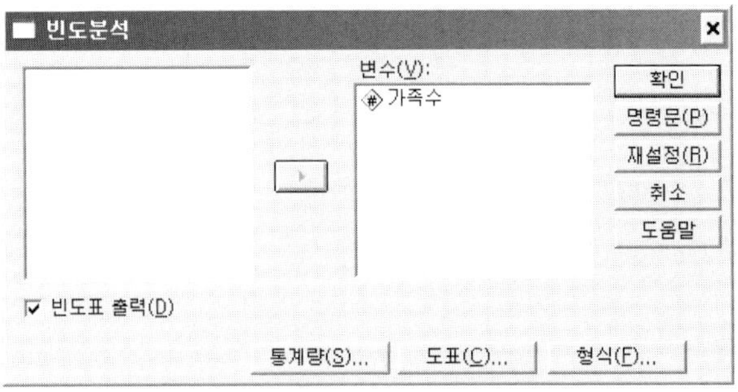

[그림 3.2] [빈도분석] 대화상자

③ [빈도분석] 대화상자([그림 3.2] 참조)의 하단에 있는 [통계량] 버튼을 클릭하면 [빈도분석: 통계량] 대화상자([그림 3.3] 참조)가 나타난다. 이 대화상자에서 집중치(중심경향)의 산출결과를 얻기 위한 해당 항목([중심경향 : 평균, 중위수, 최빈값, 합계])을 체크한 후, [계속] 버튼을 클릭한다.

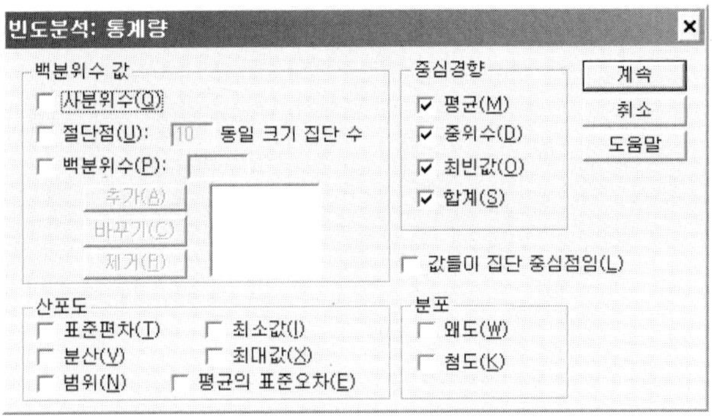

[그림 3.3] [빈도분석: 통계량] 대화상자

④ [빈도분석] 대화상자([그림 3.2] 참조)의 하단에 있는 [도표] 버튼을 클릭하면 [빈도분석: 도표] 대화상자([그림 3.4] 참조)가 나타난다. 이 대화상자에서 [도표 유형]의 원도표 항목을 선택한 후, [계속] 버튼을 클릭한다.

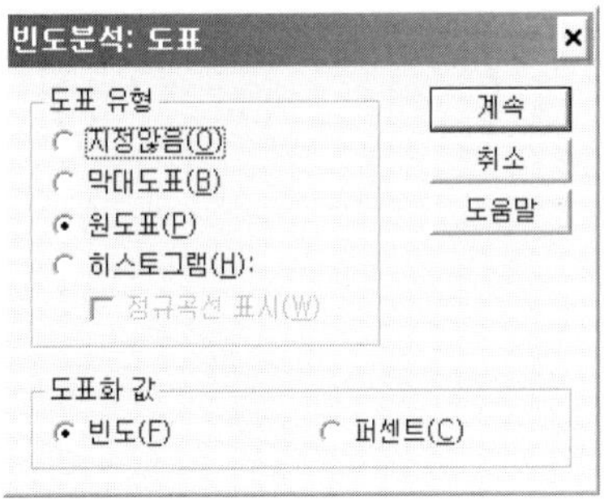

[그림 3.4] [빈도분석: 도표] 대화상자

⑤ [빈도분석] 대화상자([그림 3.2] 참조)에서 [확인] 버튼을 클릭하면 [빈도분석]에 대한 산출결과가 나타난다.

3) 산출결과 해석

빈도분석에 대한 통계량의 산출결과를 나타내면 [표 3.8]과 같다. 집중치의 결과를 해석하면 산술평균은 3.45이고, 중앙값은 3.5이며, 최빈값은 4.0이다.

[표 3.8] [빈도분석: 통계량]에 대한 산출결과

통계량		
가족수		
N	유효	120
	결측	0
평균		3.4500
중위수		3.5000
최빈값		4.00
합계		414.00

도수분포표에 대한 산출결과를 나타내면 [표 3.9]와 같다. 첫 번째 칸은 가족수이며, 두 번째 칸은 빈도(도수), 세 번째 칸은 백분율(퍼센트), 네 번째 칸은 유효 백분율, 다섯 번째 칸은 누적 백분율이다.

[표 3.9] 도수분포표에 대한 산출결과

가족수					
		빈도	퍼센트	유효 퍼센트	누적 퍼센트
유효	1.00	8	6.7	6.7	6.7
	2.00	20	16.7	16.7	23.3
	3.00	32	26.7	26.7	50.0
	4.00	40	33.3	33.3	83.3
	5.00	12	10.0	10.0	93.3
	6.00	6	5.0	5.0	98.3
	7.00	2	1.7	1.7	100.0
	합계	120	100.0	100.0	

한편 [그림 3.5]는 도수분포표를 원형 그래프로 나타낸 것이며, [그림 3.6]은 막대그래프로 나타낸 것이다.

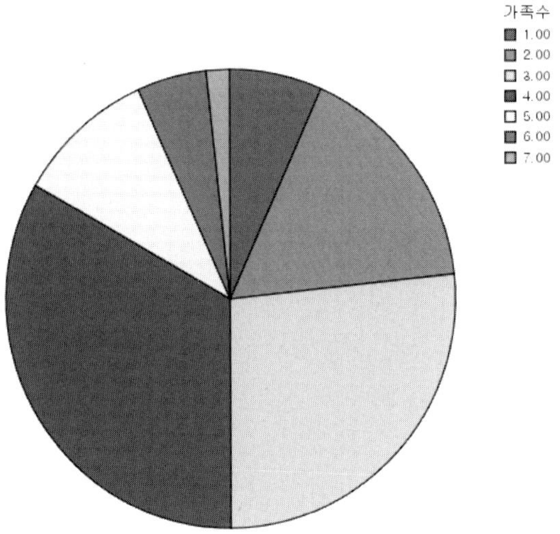

[그림 3.5] 도수분포표에 대한 원형 그래프

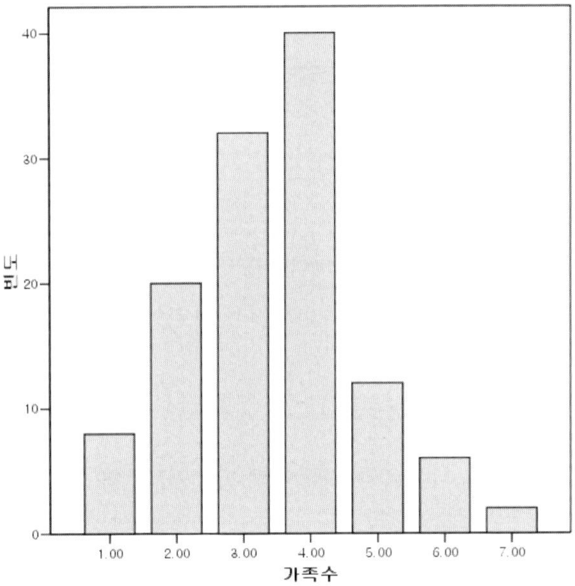

[그림 3.6] 도수분포표에 대한 막대 그래프

연 / 습 / 문 / 제

1 다음은 10명의 노인이 한 사회복지시설을 이용한 상태 및 평가에 대한 기록이다. 각 변수에 대해 집중치를 측정하고자 할 때 가장 적절한 집중치 측정방법과 그 방법에 의한 집중치를 구하여라.

노인	호실	담당사회복지사	이용기간(월)	시설에 대한 평가
1	301	A	8	매우 불만족
2	303	B	2	매우만족
3	302	C	3	만족
4	305	A	5	만족
5	303	B	3	불만족
6	304	D	4	불만족
7	302	C	6	매우 만족
8	305	E	3	매우 불만족
9	303	A	4	만족
10	306	C	7	만족

2 한 대학에서 머리를 염색한 학생 중 10명을 표본추출하여 염색한 색상을 조사했더니 다음과 같았다. 어느 색상으로 가장 많이 염색을 했는지 초빈치를 구하여라.

색상	도수(f)
빨강	2
파랑	2
노랑	4
분홍	1
초록	1

3 유치원생 12명에게 암기 테스트를 한 결과 점수가 다음과 같았다. 암기 테스트 점수에 대한 최빈치, 중앙치, 산술평균치를 구하여라.

1, 6, 5, 3, 4, 7, 4, 5, 9, 2, 5, 3

4 영화관에서 영화관람을 하고 나온 10명의 관객에게 10점 만점의 척도로 영화를 평가하도록 하였더니 다음과 같았다. 영화의 평점에 대한 최빈치, 중앙치, 산술평균치를 구하여라.

4, 5, 1, 3, 3, 5, 4, 2, 7, 8

5 15명의 고등학생을 표본추출하여 지난 6개월 동안 술을 마신 횟수를 조사했더니 다음과 같았다. 술을 마신 횟수에 대한 최빈치, 중앙치, 산술평균치를 구하여라.

1, 2, 0, 0, 3, 0, 2, 0, 1, 3, 6, 4, 1, 0, 1

6 범법자 6명의 형량(개월 수)을 조사했더니 다음과 같았다. 최빈치, 중앙치, 산술평균치를 구하고, 가장 적절한 집중치 값을 제공해 준다고 생각되는 것을 선택하여라.

6, 10, 12, 6, 15, 50

7 30가구의 자녀 수를 조사했더니 다음과 같았다. 자녀 수에 대한 최빈치, 중앙치, 산술평균치를 구하여라.

자녀 수	도수(f)
0	1
1	5
2	16
3	6
4	1
5	1

8 40가구에 대해 일요일의 TV 시청시간을 조사했더니 다음과 같았다. TV 시청시간에 대한 최빈치, 중앙치, 산술평균치를 구하여라.

시청시간(X)	도수(f)	누적도수(cf)
1~2	7	7
3~4	15	22
5~6	8	30
7~8	6	36
9~10	3	39
11~12	1	40
계	40	

9 60명을 표본추출하여 출퇴근하는 데 하루에 몇 분간 차를 타는가를 조사했더니 다음과 같았다. 이 자료를 이용하여 최빈치, 중앙치, 산술평균치를 구하여라.

승차시간(X)	도수(f)	누적도수(cf)
150~179	3	60
120~149	8	57
90~119	11	49
60~89	20	38
30~59	14	18
0~29	4	4
계	60	

10 노동자 60명을 표본추출하여 한국의 사회복지제도를 100점 만점을 기준으로 평가했더니 다음과 같았다. 이 자료를 이용하여 최빈치, 중앙치, 산술평균치를 구하여라.

점수(X)	도수(f)	누적도수(cf)
90~99	2	60
80~89	4	58
70~79	6	54
60~69	8	48
50~59	12	40
40~49	10	28
30~39	8	18
20~29	6	10
10~19	4	4
계	60	

제 4 장 분산도 측정

이 장(章)에서는 분산도(分散度, Variability)에 대한 내용을 살펴보고자 한다. 분산도는 자료가 어떻게 중앙으로부터 분산되어 있는가를 나타내는 수치를 말한다. 분산도는 우리가 어떤 의사결정을 내릴 때 중요한 자료로 사용될 수 있다. 따라서 분산도는 다음과 같은 기능을 가지고 있다.

- 기능 1 집중치와 함께 한 분포를 기술하거나 그 분포 안의 어떤 점수를 해석하거나 두 개의 분포를 비교하는 기능을 수행한다.
- 기능 2 저울이나 자 등의 측정도구가 얼마나 일관성 있게 사물을 재고 있느냐 하는 정도를 나타내기 위한 지수로써 사용되고 있다
- 기능 3 한 집단과 다른 집단 사이의 어떤 특성상에 있어서 개인간의 차이 정도를 비교하는 수단으로 사용한다.
- 기능 4 한 개인의 판매량의 변화, 작업능력의 변화, 동일한 자극에 대한 여러 시기에 반응의 변화 정도 등을 나타내기 위한 수단으로 사용되고 있다.

분산도의 측정 방법에는 범위(Range), 사분편차(Quartile Deviation), 평균편차(Mean Deviation), 분산과 표준편차(Variance & Standard Deviation) 등이 있다.

1. 범위

범위(範圍, Range)는 자료의 분산도를 측정하는 가장 간단한 방법으로 자료에 포함된 관찰값 중에 최대값과 최소값의 차이를 말한다. 범위를 구하는 공식은 다음 〈수식 4.1〉과 같다.

$$범위(R) = 관찰값\ 중\ 최대값 - 관찰값\ 중\ 최소값 \qquad 〈수식\ 4.1〉$$

1) 단순도수분포에서 범위 계산

사회복지자료분석론 과목을 수강하는 학생 20명의 연령을 조사한 결과가 [표 4.1]과 같다고 할 경우 범위를 구해 보자. 이 경우 범위는 관찰값 중에 최대값에서

최소값을 뺀 값으로 26－20＝6이다.

이와 같이 범위는 쉽게 구할 수 있는 장점을 가지고 있는 반면에 한 분포내의 최대값과 최소값에 의해서만 영향을 받는다는 단점을 가지고 있다. 즉, 극단적인 값에 영향을 크게 받으므로 안정성이 흔들리기 쉽다.

따라서 사례수가 현저하게 다른 두 분포의 분산도를 비교할 때에는 범위를 사용하는 것이 바람직하지 못하다.

[표 4.1] 사회복지자료분석론 과목 수강학생의 연령분포

연령(X)	도수(f)
20	2
21	4
22	6
23	4
24	2
25	1
26	1
계	20

2) 그룹도수분포에서 범위 계산

사회복지자료분석론 과목을 수강하는 학생 20명의 점수 결과가 [표 4.2]와 같다고 할 경우 범위를 구해 보자.

[표 4.2] 사회복지자료분석론 과목 수강학생의 점수분포

점수(X)	도수(f)	중간점(m)
30~39	2	34.5
40~49	4	44.5
50~59	6	54.5
60~69	4	64.5
70~79	2	74.5
80~89	2	84.5
계	20	

이 경우 범위는 관찰값 중에 최대계급의 중간점에서 최소계급의 중간점을 뺀 값이다. 따라서 범위는 84.5－34.5＝50이다.

2. 사분편차

사분편차(四分偏差, Quartile Deviation)는 범위의 극단적인 값의 영향을 받아 불안정함을 개선하기 위한 분산도로서 제1사분위수를 Q_1, 제3사분위수를 Q_3라 할 때 사분편차를 Q라 두면 다음 [수식 4.2]로 정의되며, [그림 4.1]과 같이 표현할 수 있다.

$$Q = \frac{Q_3 - Q_1}{2} \qquad \text{〈수식 4.2〉}$$

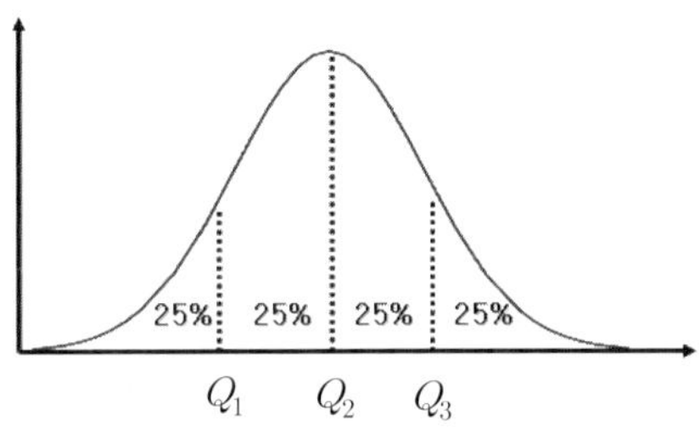

[그림 4.1] 사분편차

여기서, Q : 사분편차

Q_1 : 제1사분위수 : 누적도수가 25%에 해당하는 값으로 자료의 개수가 n일 때 $n/4$번째 값으로 제25백분위수라고도 한다.

Q_3 : 제3사분위수 : 누적도수가 75%에 해당하는 값으로 자료의 개수가 n일 때 $3n/4$번째 값으로 제75백분위수라고도 한다.

Q_1과 Q_3는 중앙치를 구하는 공식 〈수식 4.3〉과 〈수식 4.4〉를 통해 계산한다.

$$Q_1 = L_1 + \left(\frac{N}{4} - F_1\right)\frac{C_1}{f_1} \qquad \text{〈수식 4.3〉}$$

$$Q_3 = L_3 + \left(\frac{3N}{4} - F_3\right)\frac{C_3}{f_3} \qquad \text{〈수식 4.4〉}$$

여기서, L_1 : Q_1이 속해 있는 계급의(구간경계선) 하한

L_3 : Q_3가 속해 있는 계급의(구간경계선) 하한

F_1 : Q_1이 속해 있는 계급의 이전까지의 누적도수
F_3 : Q_3가 속해 있는 계급의 이전까지의 누적도수
f_1 : Q_1이 속해 있는 계급의 도수
f_3 : Q_3가 속해 있는 계급의 도수
C_1 : Q_1이 속해 있는 계급의 폭
C_3 : Q_3가 속해 있는 계급의 폭
N : 총도수

사분편차는 대표값이 중앙치일 때 쓰이는 분산도이며, 범위보다는 양호하지만 다음과 같은 2가지의 중요한 단점을 가지고 있다.

- 범위와 마찬가지로 한 분포 안의 어떤 점수에 대한 명확한 해석을 불허하고 있다.
- 중앙치와 마찬가지로 추론통계의 기초자료로써 사용될 수 없다.

따라서 사분편차를 분산도로 사용하려면 자료의 수가 어느 정도 많아야지 자료의 수가 적으면 Q_1, Q_3가 불안정해서 신뢰할 수가 없다.

예제 1

학생 12명의 신장을 측정한 관찰값이 160, 172, 173, 169, 162, 168, 164, 163, 162 166, 165, 165이었을 경우 사분편차를 구하라.

풀이

① 측정한 자료를 크기 순서로 나열하면
160, 162, 162, 163, 164, 165, 165, 166, 168, 169, 172, 173이 된다.

② 제1사분위수 : $Q_1 = \frac{N}{4}$번째 값(3번째 값) $= 162$

③ 제3사분위수 : $Q_3 = \frac{3N}{4}$번째 값(9번째 값) $= 168$

④ 사분편차 : $Q = \frac{Q_3 - Q_1}{2} = \frac{168 - 162}{2} = 3$

예 제 2

다음 그룹도수분포표에 대한 사분편차를 구하여라.

계급(X)	도수(f)	누적도수(cf)
5~19	4	4
20~34	12	16
35~49	15	31
50~64	16	47
65~79	22	69
80~94	11	80
계	80	

풀 이

① 제1사분위수 : $\frac{N}{4} = \frac{80}{4} = 20$번째 값이 제1사분위수로써 제1사분위수가 속해 있는 계급은 35~49이다.

$$Q_1 = L_1 + \left(\frac{N}{4} - F_1\right)\frac{C_1}{f_1}$$

$L_1 = 34.5,\ N = 80,\ F_1 = 16,\ f_1 = 15,\ C_1 = 15$

$$Q_1 = 34.5 + \left(\frac{80}{4} - 16\right)\frac{15}{15} = 38.5$$

② 제3사분위수 : $\frac{3N}{4} = \frac{240}{4} = 60$번째 값이 제3사분위수로써 제3사분위수가 속해 있는 계급은 65~79이다.

$$Q_3 = L_3 + \left(\frac{3N}{4} - F_3\right)\frac{C_3}{f_3}$$

$L_3 = 64.5,\ N = 80,\ F_3 = 47,\ f_3 = 22,\ C_3 = 15$

$$Q_3 = 64.5 + \left(\frac{240}{4} - 47\right)\frac{15}{22} = 73.36$$

③ 사분편차 :

$$Q = \frac{Q_3 - Q_1}{2} = \frac{73.36 - 38.5}{2} = 17.43$$

3. 평균편차

평균편차(平均偏差, Mean Deviation)는 관찰값들이 평균적으로 산술평균치로부터 얼마나 떨어져 있는가를 나타내는 값을 말한다. 즉, 관찰값과 산술평균치와의 차이들의 평균이다.

따라서 각 관찰값에서 산술평균치를 뺀 값에 절대값을 취해 도수(f)를 곱한 후, 이들 값을 더하여 합계를 구한 다음 총도수로 나누어 평균편차를 구한다. 평균편차를 구하는 공식은 〈수식 4.5〉와 같다.

$$\text{평균편차}(MD) = \frac{\sum f|X - \overline{X}|}{N} \qquad \text{〈수식 4.5〉}$$

1) 단순도수분포에서 평균편차 계산

[표 4.1]를 이용하여 평균편차를 구해 보면 다음과 같다.

① 산술평균치를 구한다. 평균편차는 관찰값과 산술평균치와의 차이들의 평균이므로 평균편차를 구하기 위해서는 먼저 산술평균치를 구해야 한다. 이 경우 [표 4.1]에 도수×연령(fX) 칸을 만들어 합계를 구한 후 공식에 대입하면 쉽게 평균을 구할 수 있다.

연령(X)	도수(f)	도수×연령(fX)
20	2	40
21	4	84
22	6	132
23	4	92
24	2	48
25	1	25
26	1	26
계	20	447

$$\therefore \overline{X} = \frac{\sum fX}{N} = \frac{447}{20} = 22.35$$

② 〈수식 4.5〉를 이용하여 평균편차(MD)를 구한다. 이 경우 [표 4.1]에 $f|X - \overline{X}|$ 칸을 만들어 합계를 구한 후, 〈수식 4.5〉에 대입하면 쉽게 평균편차를 구할

수 있다.

$$\therefore \text{ 평균편차}(MD) = \frac{\sum f|X - \overline{X}|}{N} = \frac{24.40}{20} = 1.22$$

연령(X)	도수(f)	fX	$X-\overline{X}$	$f\|X-\overline{X}\|$
20	2	40	−2.35	4.70
21	4	84	−1.35	5.40
22	6	132	−0.35	2.10
23	4	92	0.65	2.60
24	2	48	1.65	3.30
25	1	25	2.65	2.65
26	1	26	3.65	3.65
계	20	447		24.40

따라서 평균편차는 1.22이며, 이는 각 학생들의 연령이 평균연령 22.35세로부터 평균 1.22세 떨어져 있다는 것을 의미한다.

2) 그룹도수분포에서 평균편차 계산

그룹도수분포표의 경우 평균편차를 구하는 공식은 [수식 4.6]과 같으며, [표 4.2]를 이용하여 평균편차를 구해 보자.

$$\text{평균편차}(MD) = \frac{\sum f|m - \overline{X}|}{N} \qquad \langle\text{수식 4.6}\rangle$$

① 산술평균치를 구한다. 이 경우 [표 4.2]에 도수×중간점(fm) 칸을 만들어 합계를 구한 후 공식에 대입하면 쉽게 평균을 구할 수 있다.

$$\therefore \overline{X} = \frac{\sum fm}{N} = \frac{1,150.0}{20} = 57.5$$

점수(X)	도수(f)	중간점(m)	도수× 중간점(fm)
30~39	2	34.5	69.0
40~49	4	44.5	178.0
50~59	6	54.5	327.0
60~69	4	64.5	258.0
70~79	2	74.5	149.0
80~89	2	84.5	169.0
계	20		1,150.0

② 〈수식 4.6〉을 이용하여 평균편차를 구한다. 이 경우에도 [표 4.2]에 $f|m - \overline{X}|$ 칸을 만들어 합계를 구한 후 〈수식 4.6〉에 대입하면 쉽게 평균편차를 구할 수 있다.

점수(X)	도수(f)	중간점(m)	fm	$m - \overline{X}$	$f\|m - \overline{X}\|$
30~39	2	34.5	69.0	−23.0	46.0
40~49	4	44.5	178.0	−13.0	52.0
50~59	6	54.5	327.0	−3.0	18.0
60~69	4	64.5	258.0	7.0	28.0
70~79	2	74.5	149.0	17.0	34.0
80~89	2	84.5	169.0	27.0	54.0
계	20		1,150.0		232.0

$$\therefore \text{ 평균편차}(MD) = \frac{\sum f|m - \overline{X}|}{N} = \frac{232.0}{20} = 11.6$$

따라서 평균편차는 11.6이고, 이는 각 학생들의 점수가 평균점수 57.5점으로부터 평균 11.6점 떨어져 있다는 것을 의미한다.

4. 분산과 표준편차

분산(分散, Variance)이란 각 관찰값이 평균으로부터 떨어진 거리를 제곱한 것을 평균한 값이며, 표준편차(標準偏差, Standard Deviation)는 분산을 제곱근한 값이다.

분산과 표준편차는 평균으로부터 많이 떨어진 값, 즉 극한값에 비중을 많이 줌으로써 분산형태를 보다 민감하게 나타낸다고 할 수 있다. 따라서 분산도를 측정하는 값으로 가장 많이 사용된다.

분산을 구하는 공식은 다음 〈수식 4.7〉과 같다. 분산을 S^2으로 표시하며, 이는 표준편차의 제곱이라는 의미이다.

$$\text{분산}(S^2) = \frac{\sum (X - \overline{X})^2}{N} \qquad \text{〈수식 4.7〉}$$

분산이란 각 관찰값이 평균으로부터 떨어진 거리를 제곱한 것의 평균이기 때문에 이것을 원위치시킬 필요가 있으며, 이를 위해 분산의 제곱근의 값을 구할 필요가 있다. 이 제곱근의 값을 표준편차라 부른다. 즉, 표준편차는 평균으로부터 원래 단위로 계산하여 얼마나 떨어져 있는가를 나타낸 값이다. 표준편차를 구하는 공식은 다음 〈수식 4.8〉과 같다.

$$\text{표준편차}(S) = \sqrt{\frac{\sum(X - \overline{X})^2}{N}} \qquad \langle\text{수식 } 4.8\rangle$$

1) 단순도수분포에서 분산 및 표준편차 계산

[표 4.3]은 A 사회복지기관에서 근무하고 있는 사회복지사 6명의 근무연수를 나타낸 것이다. 이 [표 4.3]을 이용하여 분산과 표준편차를 구해 보자.

[표 4.3] A 사회복지기관에서 사회복지사의 근무연수

	근무년수(X)
	5
	5
	6
	6
	7
	7
계	36

① 산술평균치를 구한다. 분산이란 각 관찰값이 평균으로부터 떨어진 거리를 제곱한 것을 평균한 값이므로 분산을 구하기 위해서는 먼저 평균을 구해야 한다.

$$\overline{X} = \frac{\sum X}{N} = \frac{36}{6} = 6$$

② [표 4.3]에 $(X - \overline{X})^2$ 칸을 만들어 합계를 구한 후 〈수식 4.7〉에 대입하여 분산을 구한다.

$$\text{분산}(S^2) = \frac{\sum(X - \overline{X})^2}{N} = \frac{4}{6} \fallingdotseq 0.67$$

	근무년수(X)	$(X - \overline{X})$	$(X - \overline{X})^2$
	5	−1	1
	5	−1	1
	6	0	0
	6	0	0
	7	1	1
	7	1	1
계	36		4

③ 분산을 제곱근하여 표준편차를 구한다.

$$\text{표준편차}(S) = \sqrt{0.67} \fallingdotseq 0.82$$

예 제 3

다음 도수분포표는 어느 사회복지시설에 고용되어 있는 클라이언트들의 하루 평균 TV시청시간을 나타낸 것이다. 이 도수분포표를 이용하여 분산과 표준편차를 구하여라.

시청시간(X)	도수(f)
1	2
2	4
3	6
4	6
5	2
계	20

풀 이

① 이 경우 각 관찰값에 대한 도수가 다르므로 다음 〈수식 4.9〉를 이용하여 분산 및 표준편차를 구한다.

$$\text{분산}(S^2) = \frac{\sum fX^2}{N} - \left(\frac{\sum fX}{N}\right)^2 \qquad \text{〈수식 4.9〉}$$

② 위의 도수분포표에 fX와 fX^2 칸을 만들어 다음과 같이 그 합을 구한다.

시청시간(X)	도수(f)	fX	fX^2
1	2	2	2
2	4	8	16
3	6	18	54
4	6	24	96
5	2	10	50
계	20	62	218

③ 〈수식 4.9〉에 대입하여 분산과 표준편차를 구한다.

$$\sum fX = 62, \ \sum fX^2 = 218$$

$$S^2 = \frac{\sum fX^2}{N} - \left(\frac{\sum fX}{N}\right)^2 = \frac{218}{20} - \left(\frac{62}{20}\right)^2 = 10.9 - 9.61 = 1.29$$

$$S = \sqrt{1.29} \fallingdotseq 1.14$$

2) 그룹도수분포에서 분산 및 표준편차 계산

그룹도수분포표의 경우 분산과 표준편차를 구하는 공식은 〈수식 4.10〉과 〈수식 4.11〉과 같다.

$$\text{분산}(S^2) = \frac{\sum f(m - \overline{X})^2}{N} = \frac{\sum fm^2}{N} - \overline{X}^2 = \frac{\sum fm^2}{N} - \left(\frac{\sum fm}{N}\right)^2 \qquad \text{〈수식 4.10〉}$$

$$\text{표준편차}(S) = \sqrt{\frac{\sum fm^2}{N} - \overline{X}^2} = \sqrt{\frac{\sum fm^2}{N} - \left(\frac{\sum fm}{N}\right)^2} \qquad \text{〈수식 4.11〉}$$

여기서, m : 각 계급의 중간점

f : 각 계급의 도수

N : 총도수

$\overline{X}$: 산술평균치이다.

예제 4

어느 지역 주민 30명에 대해 결혼 당시의 연령을 조사한 결과 다음 그룹도수분포표와 같았을 때, 이들에 대한 분산과 표준편차를 구하여라.

결혼연령(X)	도수(f)
20~22	4
23~25	6
26~28	10
29~31	8
32~34	2
계	30

풀이

① 각 계급에 대한 중간점을 구하기 위해 위의 그룹도수분포표에 m칸을 만든다.

결혼연령(X)	도수(f)	중간점(m)
20~22	4	21
23~25	6	24
26~28	10	27
29~31	8	30
32~34	2	33
계	30	

② 위의 그룹도수분포표에 fm, fm^2칸을 만들어 그 합을 구한다.

결혼연령(X)	도수(f)	중간점(m)	fm	fm^2
20~22	4	21	84	1,764
23~25	6	24	144	3,456
26~28	10	27	270	7,290
29~31	8	30	240	7,200
32~34	2	33	66	2,178
계	30		804	21,888

③ fm, fm^2의 합을 〈수식 4.10〉에 대입하여 분산과 표준편차를 구한다.

$$\text{분산}(S^2) = \frac{\sum fm^2}{N} - \left(\frac{\sum fm}{N}\right)^2 = \frac{21,888}{30} - \left(\frac{804}{30}\right)^2$$

$$= 729.6 - 718.24 = 11.36$$

$$\text{표준편차}(S) = \sqrt{11.36} \fallingdotseq 3.37$$

5. 분산도의 비교

지금까지 분산도를 나타내는 지수로서 범위, 사분편차, 평균편차, 분산과 표준편차에 대해 살펴보았다. 이들 분산도의 대표적인 것을 비교하여 그 적용 사례를 정리하면 [표 4.3]과 같다.

[표 4.3] 분산도의 적용 사례

범위	사분편차	표준편차
• 가장 빨리 분산도를 추정하고 싶을 때 • 극단치(최대값, 최소값)에 대하여 알고 싶을 때	• 집중치로서 중앙치만 알고 있을 때 • 분포가 양극에서 절단되었거나 불완전할 때 • 극단치가 있거나 분포가 심하게 편포되어 있을 때 • 중앙부에 50%의 사례가 차지하는 실제의 점수 범위를 알고 싶을 때	• 가장 신뢰할 만한 분산도를 알고 싶을 때 • 상관도, 표준오차, 회귀방정식 등의 계산이 뒤따를 때 • 정상분포 곡선에 관련된 해석을 원할 때 • 분포가 정상분포에 가까울 때

6. SPSS를 이용한 통계처리

1) 도수분포, 분산도 및 그래프를 구하는 방법

우리나라 사회복지사 100명을 표본추출하여 직업만족도를 조사했더니 [표 4.4]와 같았다. 직업만족도는 10점 만점 척도로 조사되었으며, 점수가 높을수록 직업만족도가 높음을 나타낸다.

[표 4.4] 사회복지사의 직업만족도

점수(X)	도수(f)	누적도수(cf)
1	2	2
2	4	6
3	10	16
4	12	28
5	18	46
6	21	67
7	14	81
8	10	91
9	5	96
10	4	100
계	100	

[표 4.4]에 대한 도수분포, 분산도 및 그래프를 얻기 위한 원자료는 [표 4.5]와 같다.

[표 4.5] 도수분포, 분산도 및 그래프를 얻기 위한 원자료

순번	점수	순번	점수	순번	점수	순번	점수	순번	점수
1	1	21	4	41	5	61	6	81	7
2	1	22	4	42	5	62	6	82	8
3	2	23	4	43	5	63	6	83	8
4	2	24	4	44	5	64	6	84	8
5	2	25	4	45	5	65	6	85	8
6	2	26	4	46	5	66	6	86	8
7	3	27	4	47	6	67	6	87	8
8	3	28	4	48	6	68	7	88	8
9	3	29	5	49	6	69	7	89	8
10	3	30	5	50	6	70	7	90	8
11	3	31	5	51	6	71	7	91	8
12	3	32	5	52	6	72	7	92	9
13	3	33	5	53	6	73	7	93	9
14	3	34	5	54	6	74	7	94	9
15	3	35	5	55	6	75	7	95	9
16	3	36	5	56	6	76	7	96	9
17	4	37	5	57	6	77	7	97	10
18	4	38	5	58	6	78	7	98	10
19	4	39	5	59	6	79	7	99	10
20	4	40	5	60	6	80	7	100	10

2) 명령어 처리절차

도수분포, 분산도 및 그래프를 얻기 위한 SPSS 통계 프로그램의 명령어 처리절차는 다음과 같다.

① SPSS 통계 프로그램([그림 4.1] 참조)의 [분석]-[기술통계량]-[빈도분석]을 선택한다.

[그림 4.1] 빈도분석(분산도)을 하기 위한 명령어

② [빈도분석] 대화상자([그림 4.2] 참조)가 나타나면 {점수}를 선택한 후, ▸ 버튼을 클릭하여 변수로 이동한다.

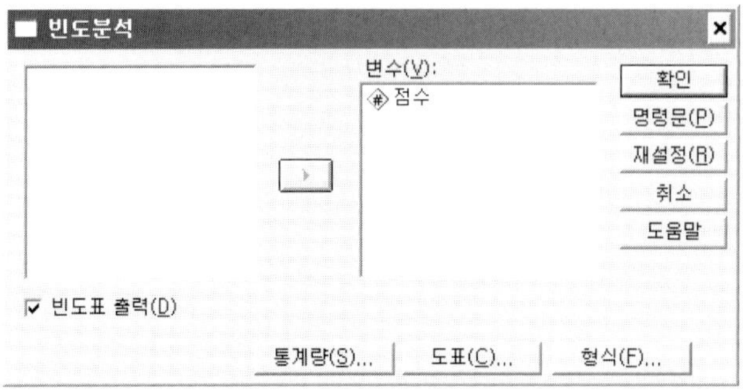

[그림 4.2] [빈도분석] 대화상자

③ [빈도분석] 대화상자([그림 4.2] 참조)의 하단에 있는 [통계량] 버튼을 클릭하면 [빈도분석: 통계량] 대화상자([그림 4.3] 참조)가 나타난다. 이 대화상자에서 분산도(산포도)의 산출결과를 얻기 위한 해당 항목([산포도 : 표준편차, 분산, 범위, 최소값, 최대값, 평균의 표준오차])을 체크한 후, [계속] 버튼을 클릭한다.

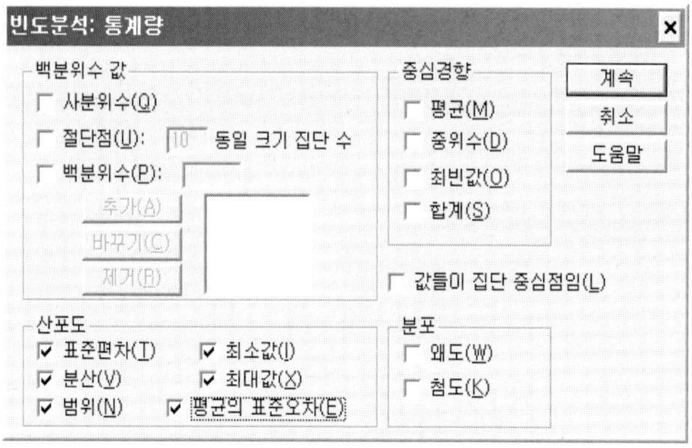

[그림 4.3] [빈도분석: 통계량] 대화상자

④ [빈도분석] 대화상자([그림 4.2] 참조)의 하단에 있는 [도표] 버튼을 클릭하면 [빈도분석: 도표] 대화상자([그림 4.4] 참조)가 나타난다. 이 대화상자에서 [도표 유형]의 원도표 항목을 선택한 후, [계속] 버튼을 클릭한다.

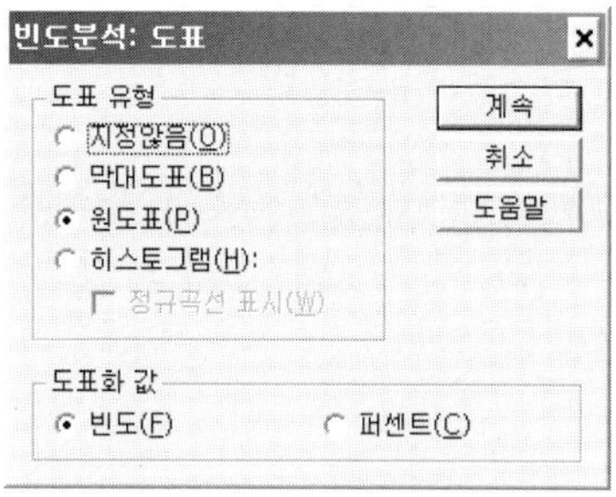

[그림 4.4] [빈도분석: 도표] 대화상자

⑤ [빈도분석] 대화상자([그림 4.2] 참조)에서 [확인] 버튼을 클릭하면 [빈도분석]에 대한 산출결과가 나타난다.

3) 산출결과 해석

빈도분석에 대한 통계량의 산출결과를 나타내면 [표 4.6]과 같다. 분산도의 결과를 해석하면 표준편차는 2.06488이고, 분산이 4.264이며, 범위는 9.0이다. 또한 최소값은 1.0이고, 최대값은 10.0이다.

[표 4.6] [빈도분석: 통계량]에 대한 산출결과

통계량		
점수		
N	유효	100
	결측	0
평균의 표준오차		.20649
표준편차		2.06488
분산		4.264
범위		9.00
최소값		1.00
최대값		10.00

도수분포표에 대한 산출결과를 나타내면 [표 4.7]과 같다. 첫 번째 칸은 가족수이며, 두 번째 칸은 빈도(도수), 세 번째 칸은 백분율(퍼센트), 네 번째 칸은 유효 백분율, 다섯 번째 칸은 누적 백분율이다.

[표 4.7] 도수분포표에 대한 산출결과

점수					
		빈도	퍼센트	유효 퍼센트	누적 퍼센트
유효	1.00	2	2.0	2.0	2.0
	2.00	4	4.0	4.0	6.0
	3.00	10	10.0	10.0	16.0
	4.00	12	12.0	12.0	28.0
	5.00	18	18.0	18.0	46.0
	6.00	21	21.0	21.0	67.0
	7.00	14	14.0	14.0	81.0
	8.00	10	10.0	10.0	91.0
	9.00	5	5.0	5.0	96.0
	10.00	4	4.0	4.0	100.0
	합계	100	100.0	100.0	

한편 [그림 4.5]는 도수분포표를 원형 그래프로 나타낸 것이며, [그림 4.6]은 막대 그래프로 나타낸 것이다.

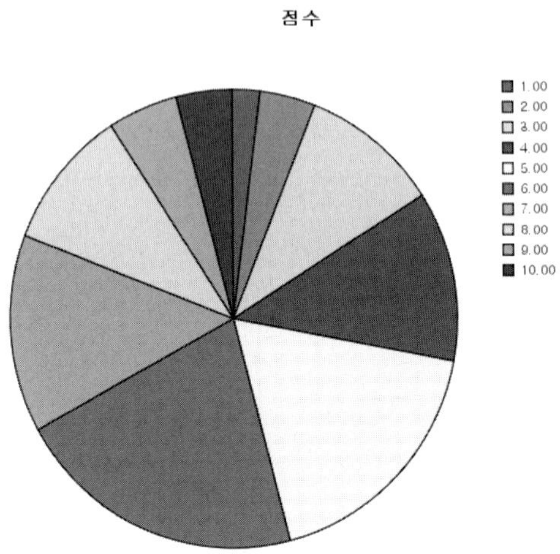

[그림 4.5] 도수분포표에 대한 원형 그래프

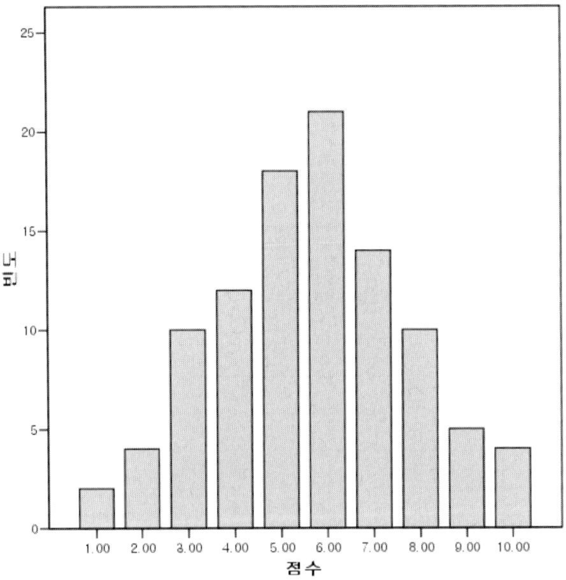

[그림 4.6] 도수분포표에 대한 막대 그래프

연 / 습 / 문 / 제

1 사회복지시설에서 생활하고 계신 어르신 60명을 표본추출하여 여러 가지 색의 풍선 중 좋아하는 색의 풍선을 선택하도록 했더니 다음과 같았다.

색상(X)	도수(f)
빨강	18
파랑	10
노랑	12
흰색	4
녹색	8
분홍	8
계	60

1) 이 자료에 대해 분산도를 구하고자 할 때 사용할 수 있는 측정방법과 그 측정방법을 사용할 수 있는 이유를 설명하시오.
2) 그 방법에 의해 분산도를 구하여라.

2 장애인시설에서 생활하고 있는 장애아동 10명이 블록 쌓아올리기를 했는데, 블록이 무너지기 전까지 쌓아올린 블록수를 조사했더니 다음과 같았다.

9, 7, 6, 6, 5, 7, 8, 6, 4, 2

1) 쌓아올린 블록수에 대한 범위 및 평균편차를 구하여라.
2) 쌓아올린 블록수에 대한 분산 및 표준편차를 구하여라.

3 남녀 대학생에게 외국인과 결혼하는 것에 대한 견해를 조사했더니 다음과 같았다. 조사는 6점 척도에 의해 이루졌으며 점수가 높을수록 호의적인 태도를 나타낸다.

1) 남녀 각 집단의 범위, 평균편차, 표준편차를 구하여라.
2) 어느 집단의 분산도가 더 크다고 할 수 있는가?

남성	여성
4	1
2	4
1	2
1	3
6	2
1	4

4 남녀 대학생을 각각 10명씩 표본추출하여 한 이성과 가장 길게 교제를 한 기간을 조사했더니 다음과 같았다.

(단위 : 월)

남학생의 교제기간(X_1)	여학생의 교제기간(X_2)
3	12
10	10
7	5
11	30
6	21
12	18
14	20
22	17
7	25
18	12
110	170

1) 각 집단의 평균교제기간을 구하여라.

2) 각 집단의 범위, 평균편차, 표준편차를 구하여라.

3) 어느 집단의 분산도가 더 크다고 할 수 있는가?

5 고등학생 12명을 대상으로 지난 1개월 동안 PC방 출입 횟수를 조사했더니 다음과 같았다.

9, 5, 3, 0, 2, 1, 4, 0, 2, 1, 3, 0

1) 이 자료에 대한 범위 및 평균편차를 구하여라.

2) 이 자료에 대한 분산 및 표준편차를 구하여라.

6 사회복지사 100명을 표본추출하여 직업만족도를 조사했더니 다음과 같았다. 직업만족감은 10점 만점 척도로 조사되었으며, 점수가 높을수록 직업만족도가 높음을 나타낸다.

점수(X)	도수(f)
10	4
9	5
8	10
7	14
6	21
5	18
4	12
3	10
2	4
1	2
계	100

1) 이 자료에 대한 범위 및 평균편차를 구하여라.

2) 이 자료에 대한 분산 및 표준편차를 구하여라.

7 사회복지자료분석론 수강생 100명에 대한 중간시험 결과가 다음과 같았다.

점수(X)	도수(f)
90~99	4
80~89	16
70~79	24
60~69	28
50~59	16
40~49	8
30~39	4
계	100

1) 이 자료에 대한 범위 및 평균편차를 구하여라.

2) 이 자료에 대한 분산 및 표준편차를 구하여라.

8 대학생 8명을 표본추출하여 자존심을 측정했더니 다음과 같았다. 자존심 측정은 20점 만점 척도로 조사되었으며, 점수가 높을수록 자존심이 높음을 나타낸다.

16, 12, 8, 6, 10, 6, 9, 13

1) 이 자료에 대한 범위 및 평균편차를 구하여라.

2) 이 자료에 대한 분산 및 표준편차를 구하여라.

9 45명의 학생들이 여름 캠핑 중 밤에 캠프파이어를 하면서 모기에 물린 횟수를 조사했더니 다음과 같았다.

모기에 물린 횟수(X)	도수(f)
16~18	2
13~15	5
10~12	8
7 ~ 9	12
4 ~ 6	10
1 ~ 3	8
계	45

1) 이 자료에 대한 범위 및 평균편차를 구하여라.

2) 이 자료에 대한 분산 및 표준편차를 구하여라.

10 고등학생 80명에 대한 지능지수(IQ) 검사를 한 결과 다음과 같았다.

점수(X)	도수(f)
140~149	2
130~139	4
120~129	8
110~119	16
100~109	28
90 ~ 99	16
80 ~ 89	6
계	80

1) 이 자료에 대한 범위 및 평균편차를 구하여라.

2) 이 자료에 대한 분산 및 표준편차를 구하여라.

제 5 장 표준점수와 정규분포

1. 표준점수
2. 정규분포
3. 표준정규분포
4. SPSS를 이용한 통계처리

[연습문제]

이 장(章)에서는 표준점수에 대한 개념과 목적을 살펴보고, 원점수를 표준점수로 변환하는 방법에 대해 알아보고자 한다. 그리고 정규분포에 대한 개념과 특징을 살펴보고, 이어서 표준정규분포에 대한 개념을 알아보고, 어떻게 활용되는지를 살펴보고자 한다.

1. 표준점수

1) 표준점수의 개념

표준점수(標準點數, Standard Score)는 통계학적으로 정규분포를 만들고 개개의 경우가 표준편차 상에 어떤 위치를 차지하는지를 보여주는 차원없는 수치이다. 이를 Z점수(Z $Score$), Z값($Z-value$), 표준값이라고도 한다.

표준점수는 산술평균치($\overline{X}$)로부터 원점수(X)의 편차($X - \overline{X}$)를 표준편차(S)로 나누어 하나의 원점수를 Z라는 표준점수로 바꾸는 과정을 Z점수로 환산한다고 하는데, 이때 표준점수(Z점수)로 환산하는 공식은 〈수식 5.1〉과 같다.

$$Z = \frac{(X - \overline{X})}{S} = \frac{x}{S} \qquad \text{〈수식 5.1〉}$$

여기서, X : 원점수

$\overline{X}$: 산술평균치

S : 표준편차

$x = X - \overline{X}$: 원점수와 산술평균치의 편차

이때 표준점수 Z값이 양수이면 평균 이상이며, 음수이면 평균 이하이다. 따라서 표준점수 Z란 산술평균치로부터의 어떤 특정한 원점수의 편차를 표준편차의 단위로 나타낸 것이다.

2) 표준점수의 목적

원점수 자체는 절대적인 해석을 할 수 없고, 또한 원점수간의 비교도 불가능하므로 이것을 적당한 준거점(準據點, Reference Point)에 의거해서 다른 유용한 점수 체제로 바꾸는데 그 목적이 있다. 이를 위해서는 적당한 준거점이 설정되어야 한다.

첫째, 표준점수에서는 그 준거점으로 편차($X - \overline{X}$)를 도입한 것이다. 그 이유는 하나의 원점수를 해석하기 위해서는 우선 그 원점수가 산술평균치보다 상회하는지, 하회하는지, 어느 정도 일탈(逸脫)하며 상회 혹은 하회하는지를 알아야 더욱 의미 있는 해석이 가능하기 때문이다.

둘째, 여러 분포에서 원점수들을 서로 비교하고자 할 경우 분포의 분산도가 다르면 편차 등을 직접 비교할 수 없다. 따라서 이와 같은 편차를 다시 그 분포의 표준편차(S)로 나누어 주면 원점수간의 위치를 일정한 단위에 의하여 해석할 수 있다.

따라서 Z점수 분포는 원점수 분포와 같고, 항상 평균은 0이고, 표준편차는 1이 되므로 분포간의 비교도 가능하다. 이렇게 하여 얻어진 표준점수 Z는 -4.0에서 +4.0 사이의 값을 갖는다. 즉, 산술평균치($\overline{X}$)와 표준편차(S)가 서로 다른 두 분포에서 어떤 수의 상대적 위치를 비교하는 것이다.

3) 원점수로 Z점수 구하기

원점수(X)를 Z점수로 변환시키는 방법은 앞의 〈수식 5.1〉를 이용한다.

예 제 1

산술평균치($\overline{X}$)가 45이고, 표준편차(S)가 5라고 가정하자. 다음 원점수(X)들에 대한 Z점수를 구하여라.

① $X = 48$

② $X = 40$

풀 이

① $X = 48$

$$Z = \frac{(X - \overline{X})}{S} = \frac{48 - 45}{5} = +0.6$$

$Z = +0.6$은 원점수 X값이 평균보다 높고, 표준편차의 +0.6에 위치하고 있음을 나타낸다.

② $X = 40$

$$Z = \frac{(X - \overline{X})}{S} = \frac{40 - 45}{5} = -1.0$$

$Z = -1.0$은 원점수 X값이 평균보다 낮고, 표준편차의 -1.0에 위치하고 있음을 나타낸다.

---

4) Z점수로 원점수 구하기

Z점수를 원점수(X)로 변환시키는 방법은 〈수식 5.1〉를 변형하여 〈수식 5.2〉를 이용한다.

$$X = \overline{X} + ZS \qquad \text{〈수식 5.2〉}$$

예 제 2

산술평균치($\overline{X}$)가 45이고, 표준편차(S)가 5라고 가정하자. 다음 Z점수에 대한 원점수(X)를 구하여라.

① $Z = +1.3$

② $Z = -1.5$

풀 이

① $Z = +1.3$

$X = \overline{X} + ZS = 45 + (1.3 \times 5) = 51.5$

② $Z = -1.5$

$X = \overline{X} + ZS = 45 + (-1.5 \times 5) = 37.5$

---

5) Z점수에 의한 비교

원점수(X)를 Z점수로 변환하면 두 개의 다른 분포에서 나온 점수들을 비교할 때 매우 용이하다.

예 제 3

영수라는 학생의 경우 영어점수는 245점이고, 수학점수는 175점을 맞았다. 전체 점수가 정규분포곡선을 이루고 있는 경우, 영어점수의 평균이 220점이고 표준편차가 50이며, 수학점수의 경우 평균이 150점이고 표준편차가 25라면, 영수는 어떤 영역에서 더 높은 점수를 얻었을까?

풀 이

① 영어점수의 표준점수

$$Z = \frac{(X - \overline{X})}{S} = \frac{245 - 220}{50} = +0.5$$

② 수학점수의 표준점수

$$Z = \frac{(X - \overline{X})}{S} = \frac{175 - 150}{25} = +1.0$$

2. 정규분포

1) 정규분포의 개념

정규분포(正規分布, Normal Distribution)는 통계학의 기본원리를 설명하는데 가장 많이 이용되는 중요한 분포로써 표본을 통해 모집단을 추정하거나 가설을 검증하는 이론을 설명하는데 기초가 되고 있다. 따라서 정규분포는 다음과 같은 몇 가지 특징을 가지고 있다.

- 정규분포는 완만하고 평균을 중심으로 좌우대칭인 종모양을 하고 있다.
- X가 평균에서 멀어질수록 정규곡선은 X축에 접근하지만, 결코 X축에 닿지는 않는다. 즉, X가 취할 수 있는 값의 범위는 $-\infty < X < +\infty$이다.
- 정규분포곡선은 평균과 표준편차에 의해서 위치와 모양이 결정된다.
- 정규분포곡선과 X축 사이의 면적은 항상 1이다.

정규분포의 확률밀도함수는 다음의 〈수식 5.3〉과 같이 나타낼 수 있으며, 이를 그림으로 나타내면 [그림 5.1]과 같은 정규분포곡선이 된다.

$$f(X) = \frac{1}{\sqrt{2\pi\sigma^2}} \times e^{-\frac{(x-\mu)^2}{2\sigma^2}} \qquad \text{〈수식 5.3〉}$$

여기서, π : 3.1416(원주율 : 상수)

e : 2.7183(상수)

μ : 분포의 평균

σ : 분포의 표준편차

위의 〈수식 5.3〉에서 π(3.1416)와 e(2.7183)는 상수이므로 정규분포의 형태는 평균(μ)과 표준편차(σ)에 의해 영향을 받는다. 평균이 클수록 중심위치가 오른쪽으로 이동하고, 표준편차가 클수록 평평한, 즉 경사가 완만한 모양을 갖게 된다.

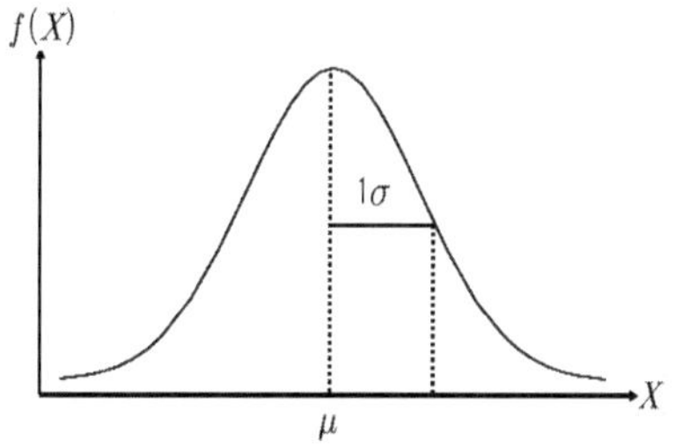

[그림 5.1] 정규분포곡선

평균(μ)과 표준편차(σ)에 따라 정규분포의 형태가 어떻게 달라지는가를 살펴보면 [그림 5.2]와 같다.

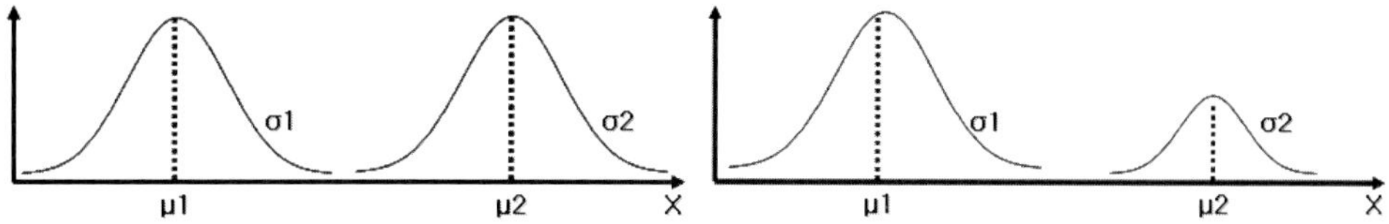

(a) σ가 같고, μ가 다른 경우 (b) σ와 μ가 모두 다른 경우

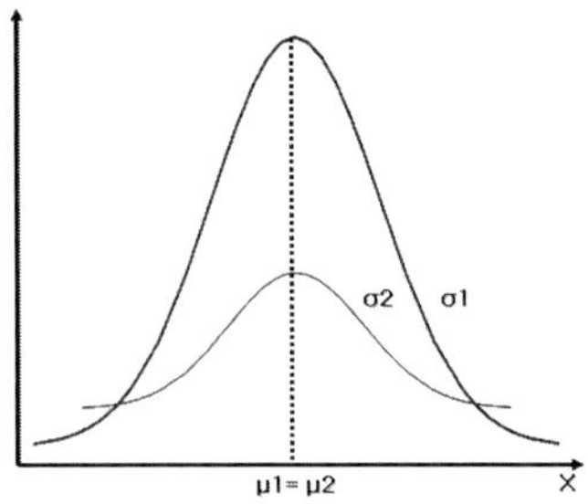

(c) μ가 같고, σ가 다른 경우

[그림 5.2] 정규분포의 형태

이와 같이 평균과 표준편차에 따라 정규분포의 형태가 달라지지만, 앞에서 설명한 정규분포의 특징은 그대로 가지고 있다.

2) 왜도와 첨도

(1) 왜도

왜도(歪度, Skewness)란 분포의 대칭이나 비대칭의 정도, 즉 분포가 기울어진 방향과 정도를 나타내는 양을 말한다. 왜도는 다음과 같이 정의한다.

- 피어슨(K. Pearson)의 계수

$$\alpha_3 = \frac{\text{산술평균치} - \text{최빈치}}{\text{표준편차}} = \frac{3(\text{산술평균치} - \text{중앙치})}{\text{표준편차}}$$

- 왜도의 적률계수

$$\alpha_3 = \frac{m_3}{\sigma^3} = \frac{m_3}{\left(\sqrt{m_2}\right)^3} = \frac{m_3}{\sqrt{m_2^3}} \quad (m_3 : \text{평균에 관한 3차 적률})$$

다음은 왜도의 성질을 설명한 것이며, 이를 [그림 5.3]과 같이 나타낼 수 있다.

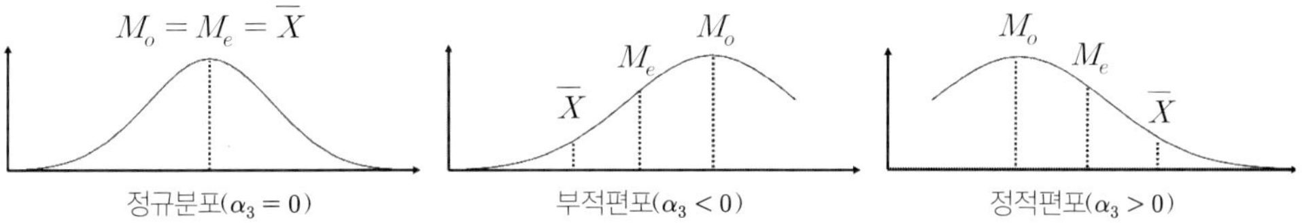

[그림 5.3] 왜도에 따른 분포의 형태

- $\alpha_3 = 0$이면 정규분포이다.
- $\alpha_3 < 0$이면 부적편포이다.
- $\alpha_3 > 0$이면 정적편포이다.
- $|\alpha_3|$ 값이 클수록 비대칭도가 커진다.

◆ 적률

- 적률(Moment) : 피어슨이 통계학에 도입한 것으로 분포에 대한 특성값을 나타낼 때 사용한다.
- 원점에 관한 1차 적률은 산술평균치(μ)이다.

$$m_1 = \frac{1}{n}\sum_{i=1}^{n} x_i^{\ 1} = \mu$$

- 평균에 관한 1차 적률은 0이다.

$$m_1 = \frac{1}{n}\sum_{i=1}^{n}(x_i - \mu)^1 = 0 \quad \left(\because \sum_{i=1}^{n}(x_i - \mu) = 0\right)$$

- 평균에 관한 2차 적률은 분산(σ^2)이다.

$$m_2 = \frac{1}{n}\sum_{i=1}^{n}(x_i - \mu)^2 = \frac{1}{n}\sum_{i=1}^{n}x_i^2 - \mu^2 = \sigma^2$$

- 평균에 관한 3차 적률

$$m_3 = \frac{1}{n}\sum_{i=1}^{n}(x_i - \mu)^3$$

- 평균에 관한 4차 적률

$$m_4 = \frac{1}{n}\sum_{i=1}^{n}(x_i - \mu)^4$$

예 제 4

측정치 1, 4, 6, 7, 4, 8에 대한 산술평균치와 평균에 관한 1차 적률, 2차 적률, 3차 적률 및 4차 적률을 구하여라.

풀 이

① 산술평균치 :

$$\mu = \frac{1}{n}\sum_{i=1}^{n} x_i^{\ 1} = \frac{1}{6}(1+4+6+7+4+8) = \frac{30}{6} = 5$$

② 평균에 관한 1차 적률 :

$$m_1 = \frac{1}{n}\sum_{i=1}^{n}(x_i - \mu)^1 = 0$$

$$= \frac{-4-1+1+2-1+3}{6} = \frac{0}{6} = 0$$

③ 평균에 관한 2차 적률 :

$$m_2 = \frac{1}{n}\sum_{i=1}^{n}(x_i - \mu)^2 = \frac{1}{n}\sum_{i=1}^{n} x_i^2 - \mu^2$$

$$= \frac{1^2+4^2+6^2+7^2+4^2+8^2}{6} - 5^2 = \frac{182}{6} - 25 \fallingdotseq 5.33$$

④ 평균에 관한 3차 적률 :

$$m_3 = \frac{1}{n}\sum_{i=1}^{n}(x_i - \mu)^3$$

$$= \frac{(-4)^3+(-1)^3+(1)^3+(2)^3+(-1)^3+(3)^3}{6} = \frac{-30}{6} = -5.0$$

⑤ 평균에 관한 4차 적률 :

$$m_4 = \frac{1}{n}\sum_{i=1}^{n}(x_i - \mu)^4$$

$$= \frac{(-4)^4+(-1)^4+(1)^4+(2)^4+(-1)^4+(3)^4}{6} = \frac{356}{6} \fallingdotseq 59.3$$

예 제 5

산술평균치가 79.76이고, 최빈치가 77.50, 표준편차가 15.60일 때 왜도(비대칭도)를 구하여라.

풀이

① 왜도(비대칭도) :

$$\alpha_3 = \frac{\text{산술평균치} - \text{최빈치}}{\text{표준편차}} = \frac{79.76 - 77.50}{15.60} \fallingdotseq 0.1449$$

∴ 이 경우 분포의 형태는 정적편포에 해당된다.

(2) 첨도

첨도(尖度, Kurtosis)란 도수분포곡선에서 정점의 뾰족한 정도를 나타내는 양을 말한다. 첨도는 다음과 같이 정의한다.

$$\alpha_4 = \frac{m_4}{\sigma^4} = \frac{m_4}{(m_2)^2}$$

여기서, m_4 : 평균에 관한 4차 적률

m_2 : 평균에 관한 2차 적률

σ : 표준편차

다음은 첨도의 성질에 관한 설명이며, 이를 [그림 5.4]와 같이 나타낼 수 있다.

- $\alpha_4 = 3$이면 표준정규분포로서 중첨이라 한다.
- $\alpha_4 > 3$이면 표준정규분포보다 정점이 높고 뾰족한 모양으로 급첨이라 한다.
- $\alpha_4 < 3$이면 표준정규분포보다 정점이 낮고 완만한 모양으로 완첨이라 한다.

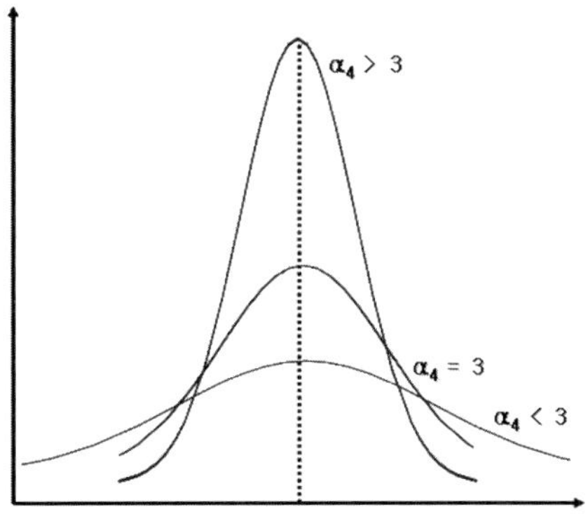

[그림 5.4] 첨도에 따른 분포의 형태

예 제 6

분산이 4이고, 4차 적률이 64인 분포의 첨도는 얼마인가?

풀 이

① 첨도 :

$$\alpha_4 = \frac{m_4}{\sigma^4} = \frac{64}{(4)^2} = \frac{64}{16} = 4$$

∴ 이 경우 분포의 형태는 표준정규분포보다 정점이 높고 뾰쪽하다.

3. 표준정규분포

1) 표준정규분포의 개념

표준정규분포(標準正規分布, Standard Normal Distribution)는 평균과 표준편차가 다른 모든 정규분포를 [그림 5.5]와 같이 평균(μ)이 0이고, 표준편차(σ)가 1이 되도록 표준화한 것이다.

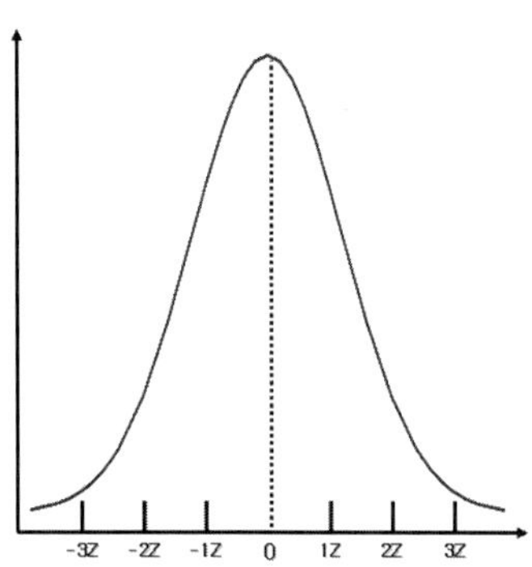

[그림 5.5] 표준정규분포

표준정규분포에서 각 관찰값 X는 그 값이 그 분포의 평균으로부터 몇 배의 표준편차나 떨어져 있는가를 다음 〈수식 5.4〉와 같이 정규분포 확률변수 Z로 나타내기 때문에 표준정규분포를 Z분포라고도 한다.

$$Z = \frac{X - \mu}{\sigma} \qquad \text{〈수식 5.4〉}$$

여기서, Z : 표준점수(평균으로부터 몇 표준편차 떨어져 있는가를 나타내는 수)
X : 각 사례의 관찰값
μ : 모집단의 평균
σ : 모집단의 표준편차

2) 표준정규분포에서 확률 계산

표준정규분포가 중요한 이유는 [그림 5.6]과 같이 각기 다른 정규분포라 하더라도 이를 표준정규분포로 전환했을 때 Z값이 일치하면 그 때의 확률, 즉 그림에서 점선 안쪽 부분의 확률, 다시 말해 전체 넓이에서 점선 안쪽 부분이 차지하는 비율이 모두 같다는 것이다.

정규분포 (A)에서 65~75 사이의 넓이가 전체 넓이에서 차지하는 비율, 정규분포 (B)에서 80~90 사이의 넓이가 전체 넓이에서 차지하는 비율, 정규분포 (C)에서 90~95 사이의 넓이가 전체 넓이에서 차지하는 비율은 표준정규분포에서 0~1 표준편차 사이의 넓이가 전체 넓이에서 차지하는 비율은 같다. 즉, 정규분포가 어떤 모형을 가졌든지 간에 평균으로부터 1표준편차 사이의 넓이가 전체 넓이에서 차지하는 비율은 항상 같다. 또한 평균으로부터 2, 3, …의 표준편차 사이의 넓이가 전체 넓이에서 차지하는 비율, 즉 확률도 항상 같다.

따라서 정규분포에서 일정한 점수 사이(예 : 60~75, 80~90, 90~95 등)의 넓이가 전체 넓이에서 차지하는 비율, 즉 확률의 계산은 표준정규분포의 Z값에 따른 넓이만 알면 된다. 이 넓이를 표로 만든 것이 부록의 Z분포표이다.

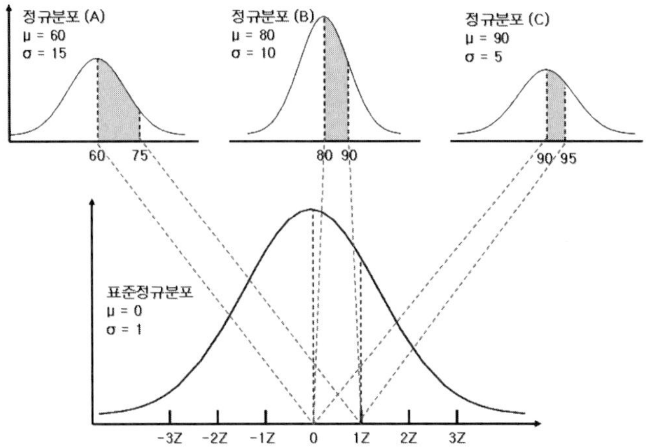

[그림 5.6] 정규분포와 표준정규분포와의 관계

Z분포표에 의하면 $1Z$는 0.3413이며, $2Z$는 0.4722이다. 정규분포는 좌우대칭이므로 평균으로부터 $\pm 1Z$ 사이의 넓이는 0.6826이며, $\pm 2Z$ 사이의 넓이는 0.9544이다([그림 5.7] 참조).

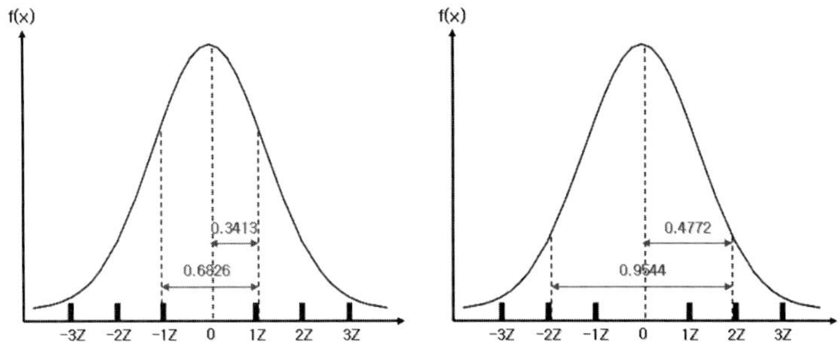

[그림 5.7] 표준정규분포에서의 확률

◆ 확률

- 확률(確率, Probability) : 어떤 사건이 발생할 상대적 가능성을 의미함
- 상대빈도정의(相對頻度定義, Relative Frequency Definition) : "어떤 사건이 나타날 확률은 실험을 무한에 가깝게 실행했을 때, 전체 시행 횟수 중에서 그 사건이 나타나는 횟수를 상대적으로 나타낸 것"

[공식] $P(A) = \lim_{N \to \infty} \frac{n}{N}$, 여기서, $P(A)$: 사건이 발생할 확률,

n : A사건이 발생한 횟수, N : 총 시행 횟수

[사례] 동전의 앞면이 나올 확률은 1/2이다.

- 동등발생정의(同等發生定義, Equally Likely Definition) : "어떤 사건이 나타날 확률은 어떤 실험의 결과로 나타날 수 있는 모든 경우들이 각각 동일한 가능성을 가지고 있다는 가정 하에서 전체 경우의 수 중에서 그 사건이 속하는 경우의 수를 상대적으로 나타낸 것"

[공식] $P(A) = \dfrac{\text{사건 } A\text{에 속하는 경우의 수}}{\text{전체 경우의 수}}$

[사례] 주머니에 빨간 구슬이 7개, 파란 구슬이 3개가 있는데, 그 중에서 하나의 구슬을 꺼낸다고 할 경우 그것이 빨간 구슬일 확률을 구해보자.

① 하나의 구슬이 선택될 가능성 : 1 / 10

② 빨간 구슬이 선택될 가능성 : $\dfrac{1}{10} \times 7 = \dfrac{7}{10}$

Z분포표를 이용하여 확률을 계산하는 방법에는 Z값을 알았을 때 확률을 계산하는 방법, 관찰값을 알았을 때 확률을 계산하는 방법, 확률을 알았을 때 관찰값을 구하는 방법이 있다.

(1) Z값을 알았을 때 확률 계산

a) Z > 1.2인 경우

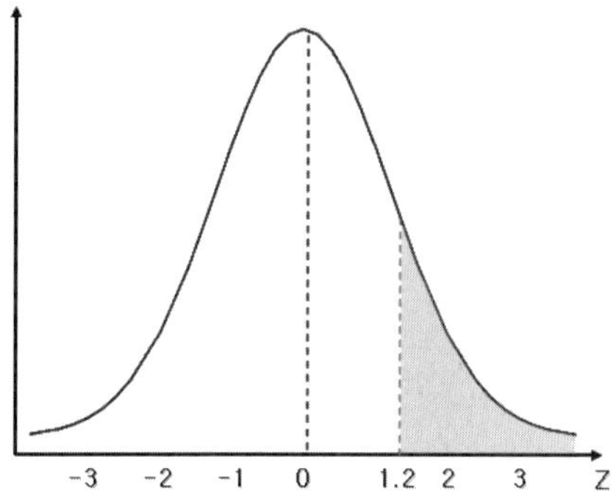

① Z분포표를 이용하여 $Z = 1.2$일 때의 확률을 구한다.

확률 = 0.3849

② $Z > 1.2$ 지역의 넓이를 계산한다.

$0.5 - 0.3849 = 0.1151$

b) ***Z*** > -1.3인 경우

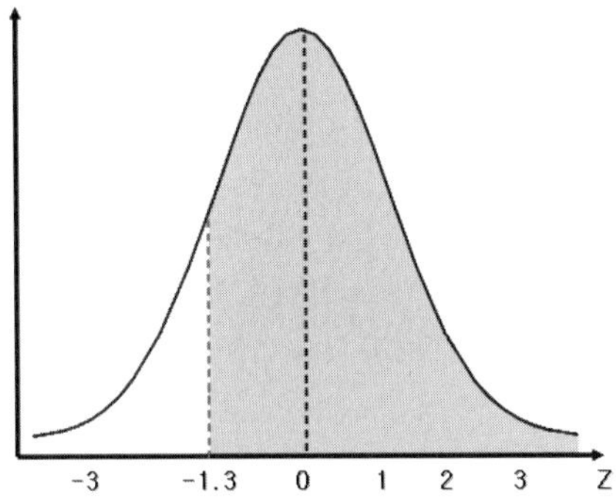

① *Z*분포표를 이용하여 *Z* = 1.3일 때의 확률을 구한다.

확률 = 0.4032

② *Z* > -1.3 지역의 넓이를 계산한다.

0.5 + 0.4032 = 0.9032

c) -1.2 < ***Z*** < 1.2인 경우

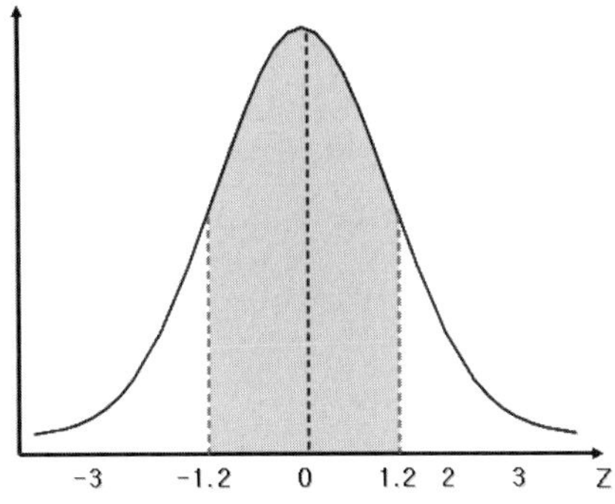

① *Z*분포표를 이용하여 *Z* = 1.2일 때의 확률을 구한다.

확률 = 0.3849

② -1.2 < *Z* < 1.2 지역의 넓이를 계산한다.

0.3849 × 2 = 0.7698

d) -1.3 < Z < 1.7인 경우

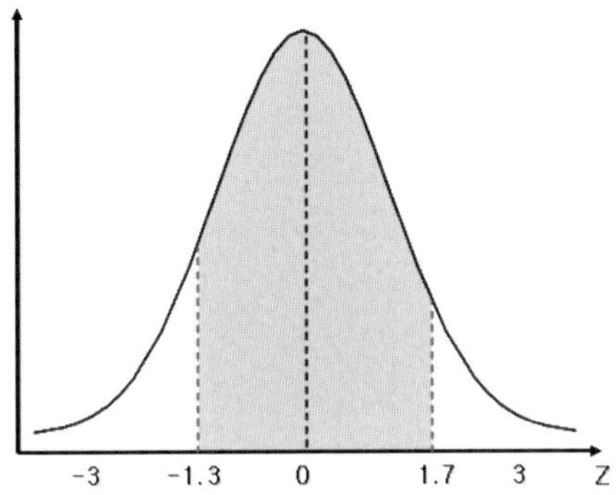

① Z분포표를 이용하여 Z = 1.3, Z = 1.7일 때의 확률을 구한다.

Z = 1.3일 때 확률 = 0.4032

Z = 1.7일 때 확률 = 0.4554

② -1.3 < Z < 1.7 지역의 넓이를 계산한다.

0.4032 + 0.4554 = 0.8586

(2) 관찰값을 알았을 때 확률 계산

전국 고등학교 3학년 학생을 대상으로 모의수능시험을 본 결과 평균(μ)이 280점이며, 표준편차(σ)는 40점이었다. 학생들의 모의수능시험 점수가 정규분포를 이룬다고 가정할 때 340점 이상인 학생은 몇 %인가?

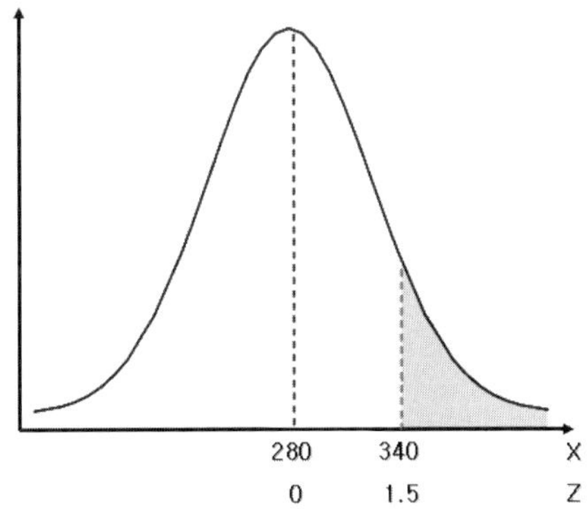

① 340점이 평균으로 몇 Z나 떨어져 있는지 계산한다.

$$Z = \frac{X - \mu}{\sigma} = \frac{340 - 280}{40} = 1.5$$

② Z분포표를 이용하여 $Z = 1.5$일 때의 확률을 구한다.

$Z = 1.5$일 때 확률 $= 0.4332$

③ $Z > 1.5$ 지역의 넓이를 계산한다.

$0.5 - 0.4332 = 0.0668$

이를 백분율로 환산하면 6.68%이다.

연구조사에 의한 결과 아동들의 대소변 가리기 훈련기간은 평균(μ) 26개월이었으며, 표준편차(σ)가 2개월이었다. 대소변 가리기 훈련기간이 정규분포를 이룬다고 가정할 때, 30개월 이내에 대소변 가리기를 끝내는 아동은 %인가?

① 30개월이 평균으로 몇 Z나 떨어져 있는지 계산한다.

$$Z = \frac{X - \mu}{\sigma} = \frac{30 - 26}{2} = 2.0$$

② Z분포표를 이용하여 $Z = 2.0$일 때의 확률을 구한다.

$Z = 2.0$일 때 확률 $= 0.4772$

③ $Z < 2.0$ 지역의 넓이를 계산한다.

$0.5 + 0.4772 = 0.9772$

이를 백분율로 환산하면 97.72%이다.

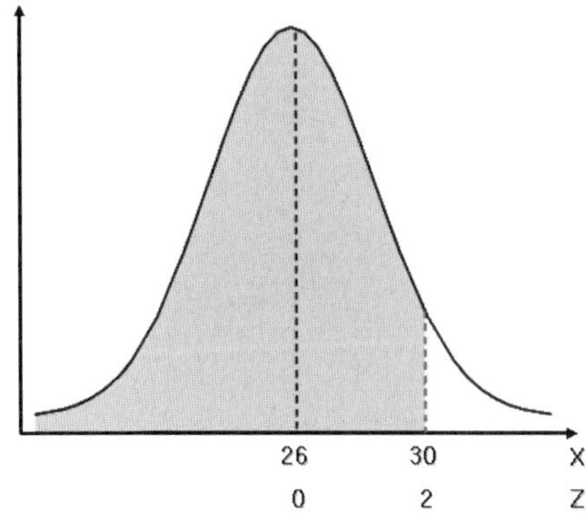

어느 사회복지기관의 종업원들의 평균연봉(μ)은 2,000만원이었으며, 표준편차(σ)는 250만원이었다. 종업원들의 연봉이 정규분포를 이룬다고 가정할 때, A의 연봉이 1,800만원이었다면 A는 전체 종업원 중 연봉 순으로 몇 % 위치에 있는가?

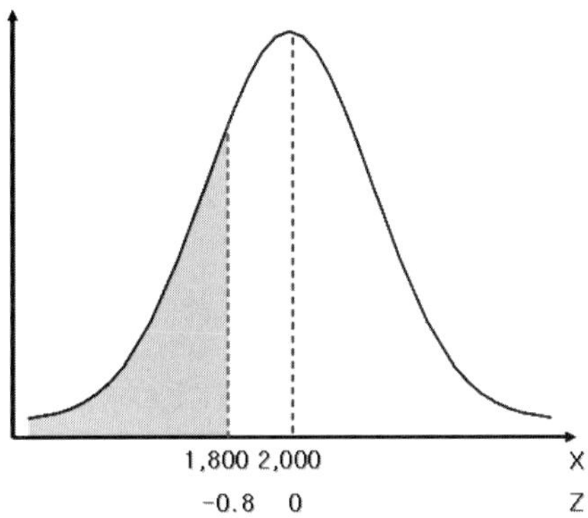

① 1,800만원이 평균으로 몇 Z나 떨어져 있는지 계산한다.

$$Z = \frac{X - \mu}{\sigma} = \frac{1,800 - 2,000}{250} = -0.8$$

② Z분포표를 이용하여 $Z = 0.8$일 때의 확률을 구한다.

$Z = 0.8$일 때 확률 = 0.2881

③ $Z < -0.8$ 지역의 넓이를 계산한다.

0.5 - 0.2881 = 0.2119

즉 A는 연봉이 가장 낮은 쪽에서부터 21.19%인 위치에 있다.

(3) 확률을 알았을 때 관찰값 계산

어느 대학 학생들의 컴퓨터 이용시간을 조사한 결과 하루 평균(μ) 120분이었으며, 표준편차(σ)가 20분이었다. 컴퓨터 이용시간이 정규분포를 이룬다고 가정할 때 이용시간이 상위 10%에 속한 학생의 컴퓨터 이용시간은?

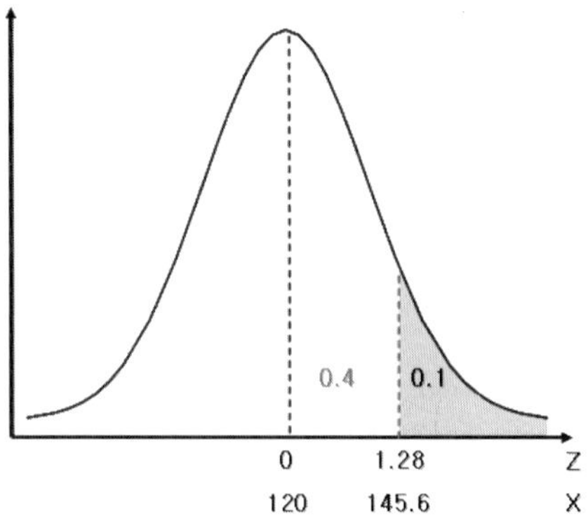

① Z분포표를 이용하여 0.4=0.5−0.1에 대한 Z값을 구한다.

$Z = 1.28$

② 공식 $Z = \frac{X - \mu}{\sigma}$를 이용하여 $Z = 1.28$일 때 관찰값(X)을 구한다.

$1.28 = \frac{X - 120}{20}$

$25.6 = X - 120$

$X = 145.6$

즉, 상위 10%에 속하기 위해서는 하루에 145.6분 이상 컴퓨터를 이용해야 한다.

위의 경우 하위 60% 이내에 속하는 학생의 컴퓨터 이용시간은?

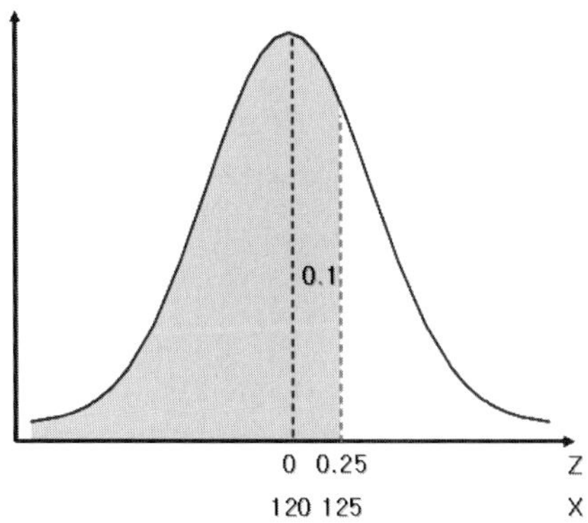

① Z분포표를 이용하여 0.1=0.6−0.5에 대한 Z값을 구한다.

$Z = 0.25$

② 공식 $Z = \frac{X - \mu}{\sigma}$를 이용하여 $Z = 0.25$일 때 관찰값(X)을 구한다.

$$0.25 = \frac{X - 120}{20}$$

$$5 = X - 120$$

$$X = 125$$

즉, 하위 60%에 속하기 위해서는 하루에 125분 이하로 컴퓨터를 이용해야 한다.

4. SPSS를 이용한 통계처리

1) 왜도, 첨도 및 그래프를 구하는 방법

○○지역 고등학생들의 한 달 동안에 용돈이 얼마인지를 파악하기 위해 100명을 대상으로 조사한 결과 [표 5.1]과 같다.

[표 5.1] 한 달 용돈(단위: 만원)

용돈(X)	도수(f)	누적도수(cf)
1	5	5
2	6	11
3	10	21
4	20	41
5	12	53
6	17	70
7	4	74
8	1	75
9	2	77
10	1	78
11	4	82
12	1	83
13	3	86
14	1	87
15	1	88
16	2	90

용돈(X)	도수(f)	누적도수(cf)
18	3	93
20	2	95
25	1	96
30	3	99
31	1	100
계	100	

[표 5.1]의 한 달 용돈에 대한 왜도, 첨도 및 그래프를 얻기 위한 원자료는 [표 5.2]와 같다.

[표 5.2] 왜도, 첨도 및 그래프를 얻기 위한 원자료

순번	용돈	순번	용돈	순번	용돈	순번	용돈
1	1	26	4	51	5	76	9
2	1	27	4	52	5	77	9
3	1	28	4	53	5	78	10
4	1	29	4	54	6	79	11
5	1	30	4	55	6	80	11
6	2	31	4	56	6	81	11
7	2	32	4	57	6	82	11
8	2	33	4	58	6	83	12
9	2	34	4	59	6	84	13
10	2	35	4	60	6	85	13
11	2	36	4	61	6	86	13
12	3	37	4	62	6	87	14
13	3	38	4	63	6	88	15
14	3	39	4	64	6	89	16
15	3	40	4	65	6	90	16
16	3	41	4	66	6	91	18
17	3	42	5	67	6	92	18
18	3	43	5	68	6	93	18
19	3	44	5	69	6	94	20
20	3	45	5	70	6	95	20
21	3	46	5	71	7	96	25
22	4	47	5	72	7	97	30
23	4	48	5	73	7	98	30
24	4	49	5	74	7	99	30
25	4	50	5	75	8	100	31

2) 명령어 처리절차

왜도, 첨도 및 그래프를 얻기 위한 SPSS 통계 프로그램의 명령어 처리절차는 다음과 같다.

① SPSS 통계 프로그램([그림 5.8] 참조)의 [분석]-[기술통계량]-[빈도분석]을 선택한다.

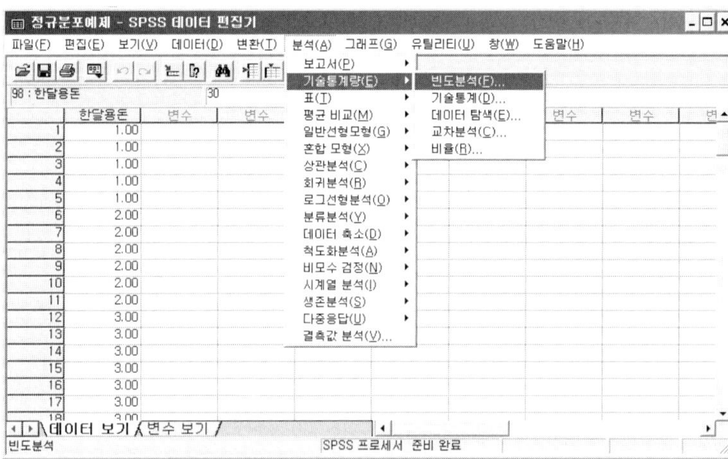

[그림 5.8] 빈도분석(왜도, 첨도)을 하기 위한 명령어

② [빈도분석] 대화상자([그림 5.9] 참조)가 나타나면 {가족수}를 선택한 후, 버튼을 클릭하여 변수로 이동한다.

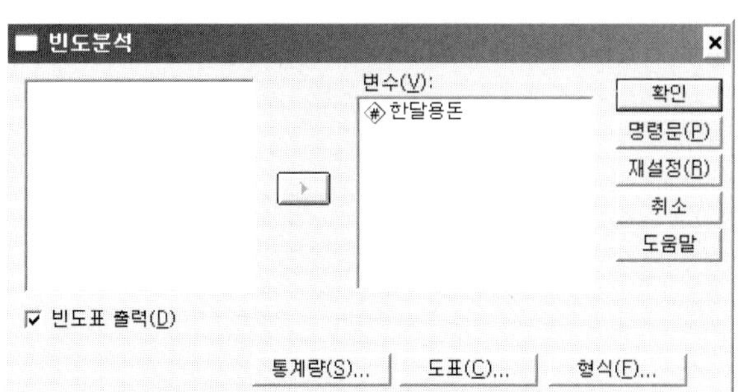

[그림 5.9] [빈도분석] 대화상자

③ [빈도분석] 대화상자([그림 5.9] 참조)의 하단에 있는 [통계량] 버튼을 클릭하면 [빈도분석: 통계량] 대화상자([그림 5.10] 참조)가 나타난다. 이 대화상자에서 분포 란에 있는 왜도와 첨도 항목을 체크한 후, [계속] 버튼을 클릭한다.

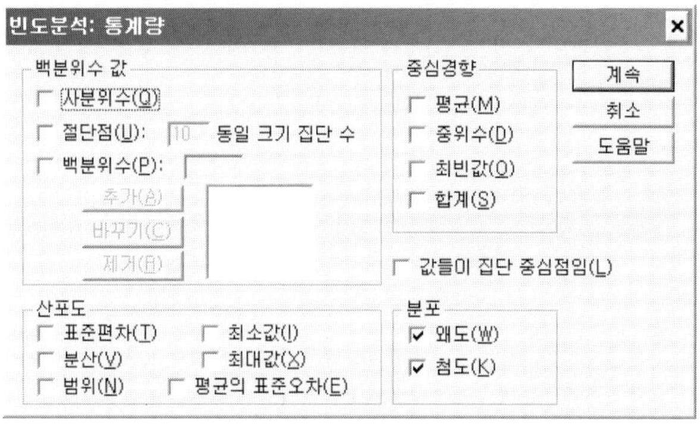

[그림 5.10] [빈도분석: 통계량] 대화상자

④ [빈도분석] 대화상자([그림 5.9] 참조)의 하단에 있는 [도표] 버튼을 클릭하면 [빈도분석: 도표] 대화상자([그림 5.11] 참조)가 나타난다. 이 대화상자에서 [도표 유형]의 히스토그램 항목을 선택하고, 정규곡선 표시를 체크한 후, [계속] 버튼을 클릭한다.

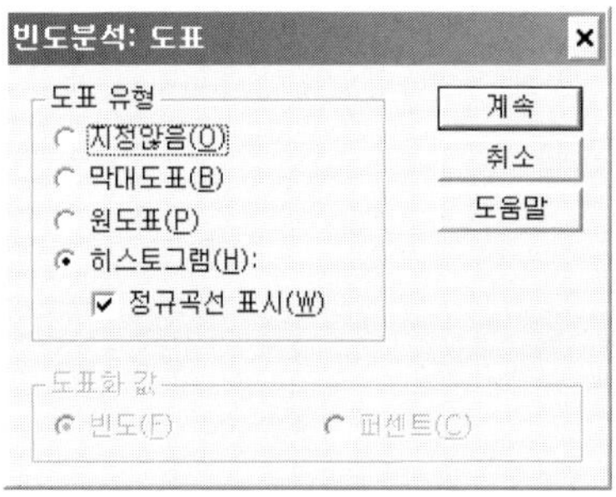

[그림 5.11] [빈도분석: 도표] 대화상자

⑤ [빈도분석] 대화상자([그림 5.9] 참조)에서 [확인] 버튼을 클릭하면 [빈도분석(왜도, 첨도 및 그래프)]에 대한 산출결과가 나타난다.

3) 산출결과 해석

빈도분석에 대한 통계량의 산출결과를 나타내면 [표 5.3]과 같다. 분포에 대한 결과를 해석하면 왜도(α_3)는 2.037이고, 첨도(α_4)는 3.987이다. 즉, 왜도가 2.037이면 정적편포($\alpha_3 > 0$)이고, 첨도가 3.987이면 급첨($\alpha_4 > 3$)을 의미한다.

[표 5.3] [빈도분석: 왜도, 첨도]에 대한 산출결과

빈도분석

통계량		
한달용돈		
N	유효	100
	결측	0
왜도		2.037
왜도의 표준오차		.241
첨도		3.987
첨도의 표준오차		.478

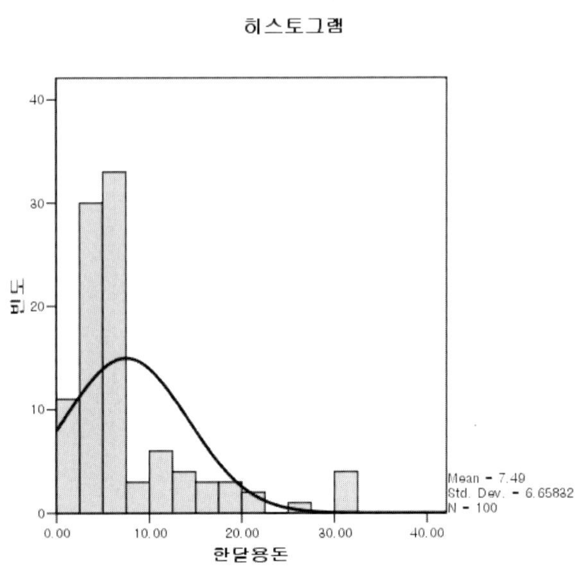

연 / 습 / 문 / 제

1. 표준(Z)점수가 주는 정보는 무엇인지를 설명하시오.

2. Z점수 분포에서 평균이 0인 경우 장점은 무엇인가를 설명하시오.

3. 각 분포를 Z점수로 변환하면 다른 분포의 점수들과 비교할 수 있다고 한다. 그 이유는 무엇인가를 설명하시오.

4. 원점수 분포의 평균은 45점이다. 55점에 대한 Z점수를 계산해보니 -2.0이었다. 표준편차에 관계없이 이 Z점수는 왜 틀리는가?

5. 어떤 모집단의 평균은 25이고, 표준편차는 5이다.

   1) 다음 X값의 Z점수를 구하시오.

   27, 31, 34, 19, 15

   2) 다음 Z점수의 X값을 구하시오.

   −0.4, +1.0, −3.0, +2.8

6. 정규분포곡선의 특징을 설명하시오.

7. 정규분포곡선에서 다음의 경우는 전체 면적의 몇 %를 차지하는가?

   1) 모집단의 평균(μ)과 +1 표준편차(σ) 사이
   2) 모집단의 평균(μ)과 +2 표준편차(σ) 사이
   3) −1 표준편차(σ)와 +2 표준편차(σ) 사이
   4) +2 표준편차(σ) 이상

8. 수능시험의 전체 평균이 280점이고, 표준편차가 40일 때, 다음 점수에 해당하는 학생은 전체의 몇 %인가?

   1) 380점 이상
   2) 300점 이상
   3) 200점 미만
   4) 250점 미만
   5) 250점 이상 350점 미만
   6) 300점 이상 370점 미만

9. 고등학교 학생을 대상으로 IQ검사를 한 결과 전체 평균이 100점이고, 표준편차가 15이었다.

   1) 다음 점수의 학생들은 전체 학생의 몇 %인가?

   ① 130점 이상인 학생
   ② 120점 이하인 학생
   ③ 90점 미만인 학생
   ④ 100점과 120점 사이의 학생

⑤ 90점과 110점 사이의 학생　　⑥ 85점과 115점 사이의 학생
⑦ 120점과 130점 사이의 학생

2) 다음 점수의 학생들은 전체 학생 중 상위 몇 % 위치에 있는가?
① 125점인 학생　　② 110점인 학생
③ 90점인 학생　　④ 70점인 학생

10 대소변 훈련을 통해 아동들이 스스로 대소변을 가릴 수 있는 연령이 평균 26개월이며, 표준편차가 2개월이었다. 다음 각 경우를 계산하여라.

1) 대소변 가리기 빠른 순서로 상위 10%에 속하는 아동들이 대소변을 스스로 가리는 연령은?
2) 대소변 가리기 빠른 순서로 상위 25%에 속하는 아동들이 대소변을 스스로 가리는 연령은?
3) 대소변 가리기 빠른 순서로 하위 20%에 속하는 아동들이 대소변을 스스로 가리는 연령은?
4) 대소변 가리기 빠른 순서로 상위 30~70%에 속하는 아동들이 대소변을 스스로 가리는 연령은?

제 6 장 단일모집단 평균추정

이 장(章)에서는 표본(標本, Sample)과 모집단(母集團, Population) 사이의 관계를 살펴본다. 보다 구체적으로 표본평균과 모집단평균 사이의 관계를 생각해보기로 한다. 예를 들면, 대학생들의 하루 평균 수업 외 공부시간을 파악하고자 할 경우 모든 대학생들의 수업 외 공부시간을 파악하는 것은 시간, 비용 등의 문제로 거의 불가능할 것이다. 이 경우 대학생 중 몇 명을 표본추출하여 통계치를 계산한 후, 이를 토대로 대학생 전체의 하루 평균 수업 외 공부시간을 파악해 볼 수 있다.

이와 같이 표본에 의해 모집단의 평균을 추론하는 것을 "통계적 추정" 또는 "단일모집단 평균추정"이라고 한다. 단일모집단 평균추정에 대한 내용을 살펴보기 전에 모집단에서 표본을 추출하는 방법을 간단히 살펴보자.

1. 표본추출방법

모집단으로부터 표본을 추출하는 것을 표본추출(標本抽出, Sampling, 또는 "표집")이라 하는데, 표본추출은 크게 2가지, 즉 확률표본추출(確率標本抽出, Probability Sampling)과 비확률표본추출(非確率標本抽出, Nonprobability Sampling)이 있다.

1) 확률표본추출

확률표본추출은 각각의 사례가 모집단으로부터 표본으로 추출될 확률을 알 수 있는 표본추출방법이다. 예를 들면, 100,000명의 모집단이 있는데 그 중 1,000명을 표본추출한다면 추출될 확률은 1,000 / 100,000 = 0.01, 즉 1%이다. 일반적으로 확률표본추출에는 다음의 4가지 추출방법이 많이 사용되고 있다.

(1) 단순무작위추출

단순무작위추출(單純無作爲抽出, Simple Random Sampling)이란 문자 그대로 아무런 의식적인 조작 없이 표본을 추출하는 방법이다. 이 경우 모집단의 각 사례는 표본으로 선택되는데 동등한 기회를 가지고 있다. 이 방법에 의한 추출방법은 다음과 같다.

① 모든 사례를 명부 또는 목록표에 열거한다.
② 각 사례에 번호를 부여한다.
③ 제비뽑기와 비슷한 어떤 기계적인 방법으로 표본을 추출한다.

이 방법의 경우에는 전문가들에 의해 만들어진 난수표(亂數表, Table of random number)를 사용하는 것이 바람직하다.

(2) 체계적 추출

체계적 추출(體系的 抽出, Systematic Sampling)은 모집단의 목록에서 일정한 순서에 따라 매 k번째 요소를 표본으로 추출하는 방법으로 최초의 k사례만은 무작위로 추출할 수 있다. 이 방법에 의한 추출방법은 다음과 같다.

① 표집틀(연구대상이나 표본단위가 수록된 목록)을 마련한다.
② 표집틀에 포함된 모든 사례에 개별적인 일련번호를 부여한다.
③ 모집단의 총수(N)를 필요한 표본수(n)로 나누어 표집간격(k)을 결정한다.
④ 최초의 표집간격 내에서 하나를 무작위로 표본을 추출한다.
⑤ 최초로 추출된 표본의 일련번호에 표집간격(k)을 계속적으로 더해가면서 그 번호에 해당되는 사례를 표본으로 추출한다.

이 경우 표집틀에 편재(偏在, Maldistribution) 유형이 존재하는지를 면밀히 검토하여야 한다. 편재란 비슷한 특성의 사람들이 목록의 일정부분에 몰려있는 현상을 말한다.

(3) 층화추출

층화추출(層化抽出, Stratified Sampling)은 모집단을 보다 동질적인 몇 개의 계층으로 나누고, 각 계층으로부터 단순무작위추출 또는 체계적 추출로 적절한 수의 표본을 추출하는 방법이다. 이 방법에 의한 추출방법은 다음과 같다.

① 모집단을 상호배타적이고 포괄적인 계층들로 나눈다.
② 각 계층들이 모집단내에서 차지하는 상대적 비율을 정하고, 각 계층별로 추출할 표본의 수를 정한다.

③ 각 계층별로 단순무작위추출이나 체계적 추출을 사용하여 표본을 추출한다.

(4) 집락추출

집락추출(集落抽出, Cluster Sampling)은 모집단을 여러 개의 집락(집단)들로 구분하여 이들 집락 중 일부를 선택하고, 선택된 집락 안에서만 표본을 무작위로 추출하는 방법이다. 이 방법에 의한 추출방법은 다음과 같다.

① 모집단을 상호배타적인 집락 또는 소집단으로 구분한다.
② 분류된 집락 중에서 무작위로 일부 소집단을 선정한다(제1집락추출).
③ 선정된 각각의 집락 또는 소집단에서 표본을 무작위로 선정한다(제2집락추출).

2) 비확률표본추출

비확률표본추출(非確率標本抽出, Nonprobability Sampling)은 모집단으로부터 선택될 확률이 미리 알려지지 않거나, 모집단이 명료하게 구체화되지 않거나, 구체화하는데 시간과 비용이 많이 들거나, 모집단에 대한 지식과 정보가 없는 경우에 이용하는 방법이다. 일반적으로 비확률표본추출에는 다음의 3가지 추출방법이 널리 사용되고 있다.

(1) 임의추출

임의추출(任意抽出, Accidental Sampling)은 모집단에 대한 정보가 전혀 없는 경우이거나 모집단의 구성요소들 간의 차이가 별로 없다고 판단될 때, 표본 선정의 편리성에 기준을 두고 조사자 임의대로 확보하기 쉽고 편리한 표집단위를 표본으로 추출하는 방법이다.

예를 들면, 조사자가 30명의 표본을 선정하고자 할 경우, 거리에 나가 제일 먼저 만나는 또는 조사에 쉽게 응해 주는 30명을 선정하여 조사하는 것을 말한다. 이 방법은 텔레비전 인터뷰, 긴급한 사건 등에 대해 견해를 조사할 때 많이 이용된다.

(2) 유의추출

유의추출(有意抽出, Judgmental or Purposive Sampling)은 조사자의 주관적인 판단에 따라 조사목적에 적합한 사람을 의도적으로 표본으로 선정하는 방법이다.

예를 들면, 행동장애아동의 특성에 대해 조사하고자 할 때, 조사자가 오랜 기간 동안에 행동장애아동과 부모를 대상으로 상담과 연구를 통해 그들의 특성에 대해 잘 알고 있을 경우에 다른 추출방법보다 유의추출이 더 적절할 수 있다.

(3) 할당추출

할당추출(割當抽出, Quota Sampling)은 모집단의 속성을 몇 개의 범주로 구분하고, 각 범주에 해당하는 모집단의 수를 결정하고, 각 범주의 할당량에 비례해서 각 범주로부터 일정 수의 표본을 임의적으로 추출하는 방법이다.

예를 들면, 모집단이 연령별로 20대, 30대, 40대, 50대, 60대가 각각 20%, 30%, 25%, 15%, 10%로 구성되어 있는 경우 모집단으로부터 100명을 추출한다면 20대에 20명, 30대에 30명, 40대에 25명, 50대에 15명, 60대에 10명을 할당한 후, 각 집단으로부터 해당 표본수를 임의로 추출한다.

2. 표본오차

아무리 주의 깊게 표본추출을 하여도 표본이 모집단의 특성을 완전하게 가질 수는 없다. 즉, 표본의 평균과 표준편차는 모집단의 평균과 표준편차와 일정한 차이가 존재한다.

이와 같이 표본의 통계치와 모집단의 모수치 간에는 항상 일정한 차이가 존재하는데, 이를 표본오차(標本誤差, Sampling Error)라 한다. 이러한 이유 때문에 표본과 모집단의 평균 및 표준편차를 나타내는 기호를 다르게 사용한다. 모집단의 평균은 μ(mu)로, 표준편차는 σ(sigma)로 표시하는 반면에, 표본의 평균은 $\overline{X}$로, 표준편차는 S로 표시한다.

표본의 평균 $\overline{X}$와 모집단의 평균 μ는 비슷하지만 정확하게 일치하지 않으며, 표본의 표준편차 S는 모집단의 표준편차 σ도 비슷하지만 정확하게 일치하지 않는다. 표본과 모집단간에는 항상 이러한 차이가 존재하는데, 이는 표본추출에 따른 오차 때문이다.

[표 6.1]은 표본오차의 예를 나타낸 것이다. 한 학급 모집단 30명의 사회복지자료

분석론 과목의 성적과 모집단으로부터 10개씩 표본추출한 표본 A, B, C의 사회복지자료분석론 과목 성적을 나타낸 것이다. [표 6.1]에서 보는 바와 같이 표본들의 평균 간에 각각 일정한 차이가 있으며, 표본들의 평균과 모집단의 평균 간에도 각각 다음과 같이 일정한 차이가 있음을 알 수 있다.

- $\overline{X_1} - \mu = 75.4 - 73.7 = 1.7$
- $\overline{X_2} - \mu = 73.8 - 73.7 = 0.1$
- $\overline{X_3} - \mu = 69.3 - 73.7 = -4.4$

[표 6.1] 모집단과 표본의 사회복지자료분석론 과목성적

모집단			표본 A	표본 B	표본 C
70	80	90	70	80	90
85	52	93	90	93	54
54	97	46	54	46	72
32	72	57	32	57	68
88	75	68	88	68	86
98	68	74	98	86	70
86	52	59	86	70	85
80	70	86	80	85	70
70	79	85	70	79	52
85	86	74	86	74	46
		2,211	754	738	693
$\mu = 2{,}211 \div 30 = 73.7$			$\overline{X_1} = 75.4$	$\overline{X_2} = 73.8$	$\overline{X_3} = 69.3$

10명씩 표본추출하는 것을 수없이 많이 했을 때도 표본들의 평균 간에 일정한 차이가 있을 것이며, 표본들의 평균과 모집단의 평균 간에도 일정한 차이가 있을 것이다.

표본오차를 추정할 때 영향을 주는 요인은 표본의 크기, 신뢰구간 등이다. 신뢰수준을 높게 잡으면 표본 오차가 커지고, 표본의 크기가 커지면 표본오차는 작아진다.

3. 표본평균분포

표본평균분포(標本平均分布, Sample Means Distribution)는 모집단에서 추출할 수 있는 특정한 크기(n)의 무작위 표본을 모두 모은 표본평균의 집합체를 말한다.

예를 들면, 어떤 모집단에서 N사례의 한 표본을 무작위로 뽑아 그 평균 $\overline{X}$를 계산하고, 또 N사례의 한 표본을 뽑아서 그 평균 $\overline{X}$를 계산해서 가령 1,000번 표본추출하여 그 평균 $\overline{X}$를 계산했다면, 결국 같은 모집단에서 나온 1,000개의 평균 $\overline{X}$를 얻게 된다. 1,000개의 평균을 각각 측정치와 같이 취급한다면, 이 1,000개의 평균들로 이루어진 분포를 얻을 수 있다.

이렇게 해서 나타난 분포를 표본분포(標本分布, Sample Distribution)라고 한다. 또한 이들 평균을 대상으로 했을 때 "표본평균분포"라고 한다.

1) 표본평균분포의 특성

표본의 평균에 의해 모집단의 평균을 추론하는 데는 항상 일정한 오류가 있는데, 어떻게 표본의 평균에 의해 모집단의 평균을 일반화할 수 있을까? 이를 설명하기 위해 우선 표본평균분포의 특성을 살펴보고자 한다.

예를 들면, 전국 대학생 350만 명에 대해 하루 평균 몇 시간씩 컴퓨터를 이용하는가를 조사하고자 한다. 모집단 350만 명의 하루 평균 컴퓨터 이용시간이 50분이라고 가정하자. 그러나 실제로 모집단 전체를 조사하는 것은 시간과 비용이 너무 많이 들기 때문에 표본을 추출하여 표본평균들에 의해 모집단의 평균을 추정하고자 한다.

200명을 표본으로 추출하여 평균을 냈더니 52분이었다. 즉, 모집단 평균과 2분의 오차가 있었다. 이렇게 200명씩 표본추출을 하는 것을 100번 해서 각각 평균을 계산했더니 평균들이 43분에서 57분 사이에 분포되어 있다. 이것을 도수분포표로 정리하면 [표 6.2]와 같았다.

[표 6.2] 100개 표본평균분포

평균($\overline{X}$)	도수(f)	도수× 평균($f\overline{X}$)
43	1	43
44	3	132
45	5	225
46	7	322
47	9	423
48	9	432
49	11	539
50	12	600
51	10	510
52	10	520
53	8	424
54	7	378
55	5	275
56	2	112
57	1	57
계	100	4,992

[표 6.2]에서 100개 표본평균들의 평균을 구하면 다음과 같다.

$$\overline{\overline{X}} = \frac{\sum f\overline{X}}{N} = \frac{4,992}{100} = 49.92$$

100개 표본평균들의 평균($\overline{\overline{X}}$)은 49.92분으로 모집단의 평균 50분과 거의 같다는 것을 알 수 있다. 만약 200명씩 표본추출하는 것을 100회 이상 무한히 한다면 그것들의 평균들의 평균($\overline{\overline{X}}$)은 모집단의 평균(μ)과 같아진다.

모집단분포, 표본분포, 표본평균분포를 도표로 나타내면 [그림 6.1]과 같다. (a)는 모집단 분포를 나타낸 것으로 장시간 컴퓨터를 이용하는 소수의 학생들이 있기 때문에 정적편포의 형태를 취하고 있다.

(b)는 모집단으로부터 200명을 추출한 표본의 분포를 나타낸 것으로 모집단과 비슷한 형태이지만 표본오차로 인해 이들의 평균, 표준편차가 모집단의 평균, 표준편차와 약간 차이가 난다.

(c)는 모집단으로부터 200명씩 표본을 추출하는 것을 100번 하여 그들의 평균들의 분포를 나타낸 것으로 거의 정규분포곡선 형태를 취하고 있으며, 표본평균들의 평균($\overline{\overline{X}}$)은 모집단의 평균과 거의 같다. 그러나 표본평균들의 표준편차는 정규분포

곡선 형태를 취하고 있기 때문에 모집단의 표준편차보다 작다.

(d)는 모집단으로부터 200명씩 표본을 추출하는 것을 무한히 반복하여 그들의 평균들의 분포를 나타낸 것으로 정규분포곡선을 취하고 있으며 표본평균들의 평균($\overline{\overline{X}}$)은 모집단의 평균과 같다. 그러나 모집단 분포는 정적편포 형태를 취하고 있는 반면에, 표본평균분포는 정규분포곡선의 형태를 취하고 있기 때문에 표본평균들의 표준편차는 모집단의 표준편차보다 작다.

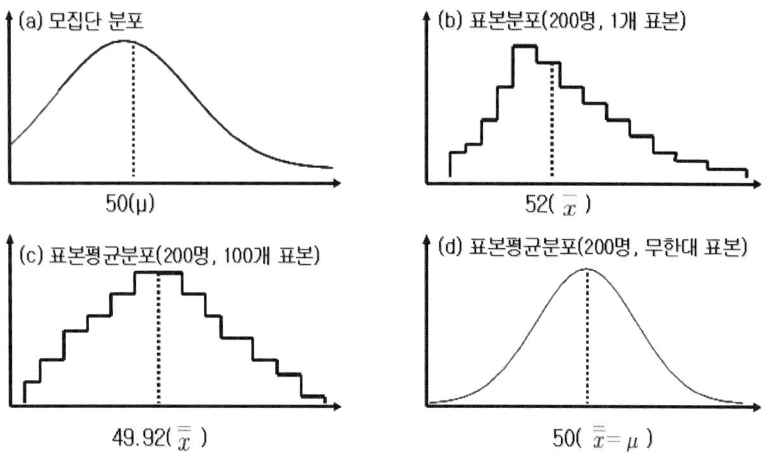

[그림 6.1] 모집단분포, 표본분포 및 표본평균분포간의 관계

기본 용어

- **모집단분포(母集團分布, Population Distribution)** : 실제 존재하지만 우리가 알 수 없는 분포이다. 모집단분포를 파악하는 것이 추론통계의 목적이다.
- **표본분포(標本分布, Sample Distribution)** : 실제 존재하며 분포의 특성이 알려져 있다. 연구자에 의해서 수집되는 분포이며, 모집단에 일반화하기 위해서 필요하다.
- **표본평균분포(標本平均分布, Sample Means Distribution)** : 가능한 모든 표본들의 결과에 대한 이론적 확률분포이며, 실제로 존재하지는 않지만, 가능한 모든 표본들의 결과를 포함하고 있기 때문에 특정 표본결과의 확률을 측정할 수 있다.

이상 논의된 내용을 종합해 보면 표본평균분포는 다음과 같은 3가지의 특징을 가지고 있다.

- 표본평균분포는 정규분포이다. 모집단분포가 정규분포가 아닐지라도 표본의 크기가 크면(대개 30개 이상) 표본평균분포는 정규분포의 형태를 갖게 된다. 그러나 모집단분포가 정규분포이면 표본의 크기에 관계없이 정규분포의 형태를 갖는다.
- 표본평균들의 평균($\overline{\overline{X}}$)은 모집단의 평균(μ)과 같다. 모집단으로부터 무한히 많은 표본을 추출하여 각 표본에 대해 평균을 구한 후 그들 평균들을 평균한 것은 모집단의 평균과 같다. 따라서 이들 두 값들은 서로 교환해서 사용할 수 있다.
- 표본평균들의 표준편차($S_{\overline{X}}$)는 모집단의 표준편차(σ)보다 작다. 이것은 표본평균들이 모집단의 각 관찰값보다 표본평균들의 평균 또는 모집단의 평균($\overline{\overline{X}}=\mu$)으로부터 적게 떨어졌다는 것을 의미한다.

2) 표본평균분포에서 확률 계산

표본평균분포는 정규분포곡선이다. 이 정규분포를 표준정규분포로 전환시킴으로써 확률을 계산할 수 있다. 표본평균분포를 표준정규분포로 전환하기 위해서는 각 표본의 평균들이 표본평균들의 평균($\overline{\overline{X}}=\mu$)으로부터 몇 표준오차($\sigma_{\overline{X}}$) 떨어져 있는가를 계산해야 한다.

표준오차($\sigma_{\overline{X}}$)란 표본평균들의 표준편차, 즉 각 표본평균들이 표본평균들의 평균($\overline{\overline{X}}=\mu$)으로부터 떨어진 거리를 제곱한 것을 더하여 표본들의 수로 나누어 제곱근을 취한 값으로 이를 구하는 공식은 〈수식 6.1〉과 같다.

$$\sigma_{\overline{X}} = \sqrt{\frac{\sum(\overline{X} - \overline{\overline{X}})^2}{N}} \qquad \text{〈수식 6.1〉}$$

여기서, $\sigma_{\overline{X}}$: 표준오차(표본평균들의 표준편차)

$\overline{X}$: 각 표본의 평균

$\overline{\overline{X}}$: 표본평균들의 평균

N : 표본평균들의 수(200명씩 50번 표본추출을 했으면 $N=50$임)

한편 각 표본평균들이 표본평균들의 평균($\overline{\overline{X}}=\mu$)으로부터 몇 표준오차($\sigma_{\overline{X}}$) 떨어졌는가를 계산하기 위해 Z값을 계산하는 공식은 〈수식 6.2〉와 같다.

$$Z = \frac{\overline{X} - \overline{\overline{X}}}{\sigma_{\overline{X}}} = \frac{\overline{X} - \mu}{\sigma_{\overline{X}}} \quad \langle 수식\ 6.2 \rangle$$

여기서, $\overline{X}$: 표본의 평균

$\overline{\overline{X}}$: 표본평균들의 평균

μ : 모집단의 평균

$\sigma_{\overline{X}}$: 표준오차(표본평균들의 표준편차)

이 〈수식 6.2〉는 제5장에서 정규분포를 표준정규분포로 변환할 때, 각 관찰값(X)이 평균으로부터 몇 표준편차(σ) 떨어져 있는가를 $Z = \frac{X - \mu}{\sigma}$ 공식을 이용하여 계산한 것과 동일한 원리이다. 다만, X가 $\overline{X}$로, μ가 $\overline{\overline{X}}=\mu$로, σ가 $\sigma_{\overline{X}}$로 바뀐 것뿐이다.

표본평균분포를 표준정규분포로 변환했을 때, [그림 6.2]에서 보는 것과 같이 표본평균들의 평균($\overline{\overline{X}}=\mu$)으로부터 $\pm 1Z$ 사이의 넓이는 0.6826이며, $\pm 2Z$ 사이의 넓이는 0.9544이다. 즉, 표본들의 평균들 100개 중 약 68개는 표본평균들의 평균 ($\overline{\overline{X}}$) 또는 모집단의 평균(μ)으로부터 $\pm 1Z$ 사이에 있으며, 약 95개는 $\pm 2Z$ 사이에 있다는 것이다.

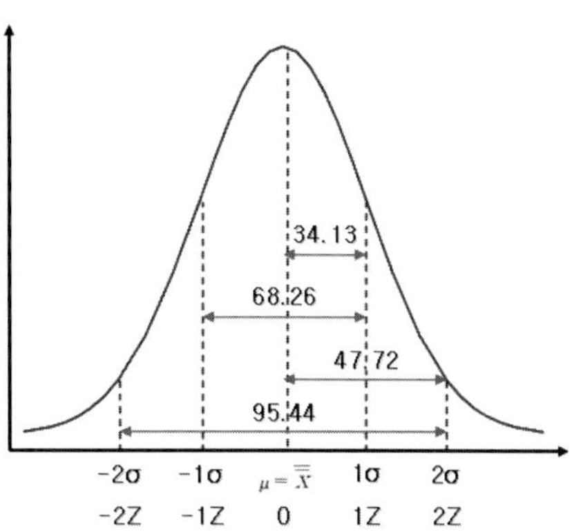

[그림 6.2] 표본평균들의 표준정규분포에서의 확률

또한 우리는 표본평균들의 평균 $\overline{\overline{X}}$(또는 모집단의 평균 μ)와 표본평균들의 표준편차 $\sigma_{\overline{X}}$를 알고, 한 표본의 평균($\overline{X}$)을 알면 그 표본의 평균이 표본평균 중에서 어

느 위치에 있는가, 또는 전체 평균들 중 그 표본의 평균 이상이나 이하가 몇 %인가를 알 수 있다.

예를 들면, 우리나라 사회복지사들의 평균 연봉을 조사하기 위해 100명씩 표본을 추출하는 것을 무한히 반복하여 그들의 평균을 구한 후, 그 평균들의 평균과 표준편차를 구했더니 각각 2,000만원과 150만원이었다. 이때 한번 표본추출을 했을 때 그 표본들의 평균이 2,200만원 이상일 확률은 얼마인가를 구해 보자.

① 먼저 그 표본의 평균($\overline{X}$)이 표본평균들의 평균($\overline{\overline{X}}$)으로부터 몇 Z 떨어져 있는가를 〈수식 6.2〉를 이용하여 구한다.

$$Z = \frac{\overline{X} - \overline{\overline{X}}}{\sigma_{\overline{X}}} = \frac{2,200 - 2,000}{150} = 1.33$$

② Z분포표를 이용하여 $Z = 1.33$일 때의 확률을 구한다.

$Z = 1.33$일 때의 확률 0.4082

③ $Z > 1.33$인 부분의 확률을 구한다.

$0.5 - 0.4082 = 0.0918$

즉, 한 번 표본추출했을 때, 그 표본의 평균이 2.200만원 이상일 확률은 9.18%이다.

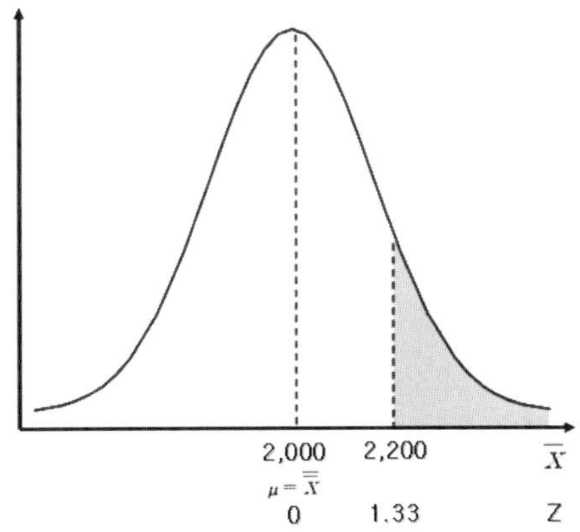

4. 신뢰구간

표본평균에 의해 모집단의 평균(μ)을 추정하고자 할 때 신뢰구간(信頼區間, Confidence Interval)을 사용한다. 모집단으로부터 표본을 추출하는 경우에는 항상 표본오차가 존재하기 때문에, 즉 아무리 표본추출을 주의 깊게 하여도 모집단을 완전히 대변할 수 있는 표본을 추출할 수 없기 때문에 표본평균에 의해 모집단의 평균을 정확하게 예측하기가 어렵고 일정한 신뢰구간을 표시하여 모집단을 예측할 수밖에 없다.

1) z분포에 의한 신뢰구간

Z분포에 의한 신뢰구간을 계산하는 절차를 예를 들어 살펴보고자 한다.

한 학교의 전체 학생 1,500명에 대해 평균 IQ 점수를 조사해 보고자 한다. 이 경우 모집단 전체 학생의 IQ 점수를 조사하려면 시간과 비용이 많이 들기 때문에 이 중에서 36명을 선발하여 IQ 점수의 평균을 구한 후, 이를 통해 모집단 1,500명에 대한 IQ 점수를 추정하고자 한다. 36명에 대해 IQ 검사를 실시하여 평균을 구하니 103점이었다. 그러나 103점은 표본의 평균이기 때문에 이점수가 모집단의 평균과 정확히 일치한다고 할 수는 없다.

반면에 우리는 모집단으로부터 추출한 모든 표본들의 평균들 중 68.26%가 모집단의 평균($\overline{\overline{X}}=\mu$)으로부터 ±1표준편차($\sigma_{\overline{X}}$) 안에 놓이게 된다는 것을 알 수 있다. 즉, ±1표준편차 범위 내에 모집단의 평균이 놓일 확률이 68.26%라는 것이다. 따라서 68.26%의 신뢰구간을 얻기 위한 공식은 다음 〈수식 6.3〉과 같다.

$$68.26\%\ \text{신뢰구간} = \overline{X} \pm 1\sigma_{\overline{X}} \qquad \text{〈수식 6.3〉}$$

여기서, $\overline{X}$: 표본평균

$\sigma_{\overline{X}}$: 표준오차(Standard error of the means)

위의 예에서 표준오차가 3이라면($\sigma_{\overline{X}} = 3$), 68.26%의 신뢰구간의 경우 다음과 같이 모집단의 평균을 추정할 수 있다([그림 6.3] 참조).

$$68.26\%\ 신뢰구간 = \overline{X} \pm 1\sigma_{\overline{X}}$$
$$= 103 \pm 1 \times 3$$
$$= 103 \pm 3$$
$$= 100 \sim 106$$

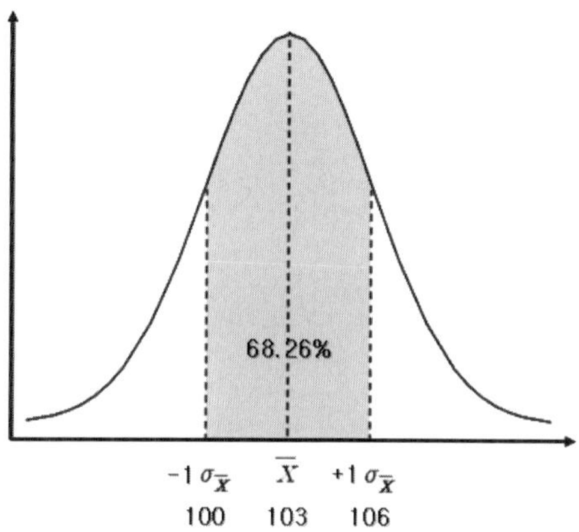

[그림 6.3] 모집단 평균을 추정하기 위한 신뢰구간 ($\overline{X}=103$, $\sigma_{\overline{X}}=3$일 때)

이를 통해 우리는 68.26%의 확신을 갖고 모집단의 IQ 평균이 100~106점 사이에 있다고 할 수 있다.

우리는 모집단의 평균이 100~106 사이에 놓인다는 것에 대해 단지 68.26%의 확신만을 가질 수 있기 때문에 표본평균에 의해 모집단을 추정하는데 충분치 못한 확신을 가지고 있다. 즉, 31.74%의 오류를 범할 수 있으며, 따라서 신뢰수준을 높일 필요가 있다. 연구자들은 보통 95% 또는 99% 신뢰구간을 많이 사용한다.

95% 신뢰수준을 갖고 표본평균에 의해 모집단의 평균을 추정할 때 신뢰구간은 얼마인가를 구해 보도록 하자. Z분포표를 이용하여 95% 신뢰도를 얻기 위한 Z값을 구하면 $Z = 1.96$이다. 95% 신뢰수준을 확보하려면 한쪽이 47.5%, 즉 확률 0.475를 얻기 위한 Z값을 구하면 된다. [부록 1]의 Z분포표를 이용하면 0.475일 때 Z = 1.96이다. 따라서 95% 신뢰구간을 얻기 위한 공식은 다음 〈수식 6.4〉와 같다.

$$95\%\ 신뢰구간 = \overline{X} \pm 1.96 \times \sigma_{\overline{X}} \qquad \text{〈수식 6.4〉}$$

여기서, $\overline{X}$: 표본평균

$\sigma_{\overline{X}}$: 표준오차

앞의 예에서 95% 신뢰구간을 구하면 다음과 같다([그림 6.4] 참조).

$$
\begin{aligned}
95\%\ 신뢰구간 &= \overline{X} \pm 1.96 \times \sigma_{\overline{X}} \\
&= 103 \pm 1.96 \times 3 \\
&= 103 \pm 5.88 \\
&= 97.12 \sim 108.88
\end{aligned}
$$

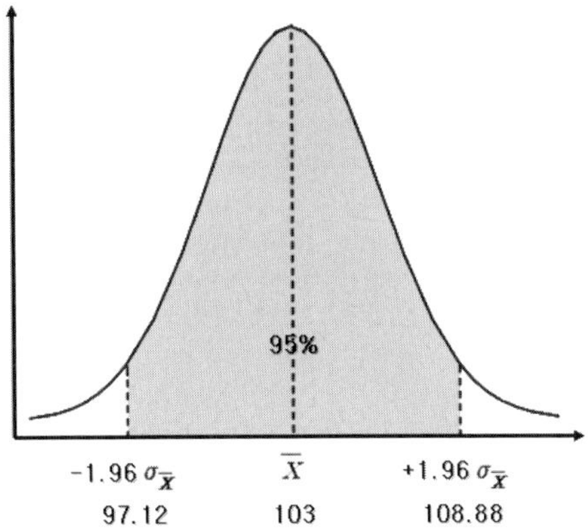

[그림 6.4] 모집단 평균을 추정하기 위한 95% 신뢰구간

즉, IQ 평균은 103점이며, 신뢰수준 95%에 표준오차 ±5.88점이다. 따라서 우리는 95% 확신을 갖고 모집단의 IQ 평균이 97.12~108.88 사이에 있다고 할 수 있다.

이번에는 좀 더 높은 신뢰수준을 확보하기 위해 99% 신뢰구간을 구해 보도록 하자. 99% 신뢰수준을 확보하려면 한쪽이 49.5%이기 때문에 Z분포표를 이용하여 0.495일 때 Z값을 구하면 된다. [부록 1]의 Z분포표를 이용하면 0.495일 때 Z = 2.58이다. 따라서 99% 신뢰구간을 얻기 위한 공식은 다음 〈수식 6.5〉와 같다.

$$99\%\ 신뢰구간 = \overline{X} \pm 2.58 \times \sigma_{\overline{X}} \qquad 〈수식\ 6.5〉$$

여기서, $\overline{X}$: 표본평균

$\sigma_{\overline{X}}$: 표준오차

앞의 예에서 99% 신뢰구간을 구하면 다음과 같다([그림 6.5] 참조).

$$
\begin{aligned}
99\%\ 신뢰구간 &= \overline{X} \pm 2.58 \times \sigma_{\overline{X}} \\
&= 103 \pm 2.58 \times 3 \\
&= 103 \pm 7.74 \\
&= 95.26 \sim 110.74
\end{aligned}
$$

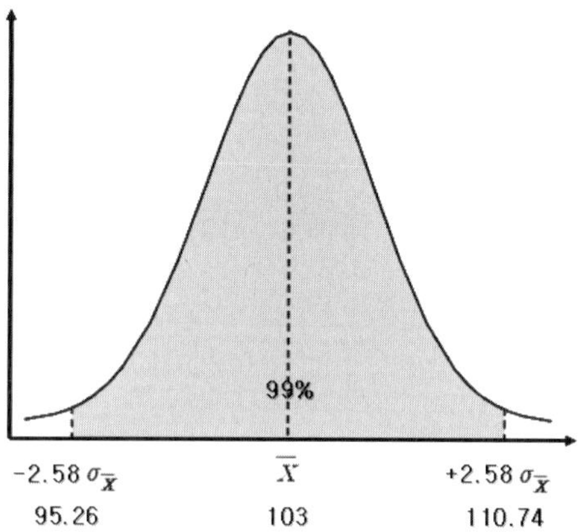

[그림 6.5] 모집단 평균을 추정하기 위한 99% 신뢰구간

따라서 우리는 99% 확신을 갖고 모집단의 IQ 평균이 95.26~110.74 사이에 있다고 할 수 있다. 여기서 우리는 높은 신뢰수준을 갖는 값일수록 신뢰구간이 넓다는 것을 알 수 있다.

결국 우리는 어떠한 신뢰수준에 대해서도 다음 〈수식 6.6〉과 같은 공식에 의해 신뢰구간을 추정할 수 있다.

$$신뢰구간 = \overline{X} \pm Z \cdot \sigma_{\overline{X}} \qquad 〈수식\ 6.6〉$$

여기서, $\overline{X}$: 표본평균

Z : 신뢰수준에 해당하는 Z값

$\sigma_{\overline{X}}$: 표준오차

위의 신뢰구간을 구하는 공식에서 $Z \cdot \sigma_{\overline{X}}$를 표본오차라 한다. 즉, 표본오차는 신

뢰수준에 해당하는 Z값에 표준오차($\sigma_{\overline{X}}$)를 곱해서 얻은 값이다. 신뢰수준이 높으면 Z값이 커지기 때문에 표준오차가 같더라도 표본오차는 커지게 된다.

지금까지 우리는 표준오차, 즉 표본평균들의 표준편차($\sigma_{\overline{X}}$)를 알 수 있다는 가정을 하였다. 그러나 실제로 많은 사람들은 한두 번 조사에 의해 모집단의 평균을 추정하고자 하기 때문에 표본평균들의 표준편차($\sigma_{\overline{X}}$)를 알기가 어렵다. 따라서 표본평균들의 표준편차를 구하기 위해 모집단의 표준편차를 표본수의 제곱근으로 나누어 다음 〈수식 6.7〉의 공식을 이용한다.

$$\sigma_{\overline{X}} = \frac{\sigma}{\sqrt{N}} \qquad \text{〈수식 6.7〉}$$

여기서, $\sigma_{\overline{X}}$: 표준오차

σ : 모집단의 표준편차

N : 표본수

이 공식의 원리는 표본수(N)가 클수록 표준오차는 작아지고, 표본수가 무한대로 커지면 거의 0에 가까우며, 표본수가 1일 때는 $\sigma_{\overline{X}} = \sigma$, 즉 표준오차가 모집단의 표준편차와 같게 된다는 것이다.

따라서 신뢰구간을 작게 하여 좀 더 정밀하게 모집단의 평균을 추정하기 위해서는 표준오차를 작게 해야 하며, 표준오차를 작게 하기 위해서는 표본수 N를 크게 할 필요가 있다.

앞의 예, 즉 36명인 표본의 평균에 의해 1,000명인 모집단의 평균을 추론하고자 할 경우, 모집단의 표준편차(σ)가 18이라면 $N=36$이기 때문에 표준오차, 즉 표본평균들의 표준편차는 다음과 같이 구할 수 있다.

$$\sigma_{\overline{X}} = \frac{18}{\sqrt{36}} = \frac{18}{6} = 3$$

표본평균, 표본수, 모집단의 표준편차를 알고 있을 때 신뢰구간을 구하는 방법을 예를 들어 살펴보고자 한다.

예 제 1

어느 병원에서 1년 동안 암으로 진단을 받은 환자가 1,000명이었다. 이들 환자가 암으로 진단받은 후 평균 며칠 후에 죽게 되는가를 조사하고자 한다. 이 경우 100명의 환자를 조사하여 그 결과에 의해 모집단의 환자들이 암 진단 후 평균적으로 며칠 생존하는가를 추정하고자 한다. 표본의 평균 생존일수가 200일이었고, 모집단의 표준편차가 30일 이었을 때 98% 신뢰수준에서 모집단 평균의 신뢰구간을 구하여라.

풀 이

① 98% 신뢰구간에 대한 Z값을 구한다.

0.98 ÷ 2 = 0.49, 즉 0.49일 때 Z = 2.33

② 공식을 이용하여 표준오차 $\sigma_{\overline{X}}$를 구한다.

$$\sigma_{\overline{X}} = \frac{\sigma}{\sqrt{N}} = \frac{30}{\sqrt{100}} = \frac{30}{10} = 3$$

③ 신뢰구간을 구한다.

$$\begin{aligned} 98\%\ \text{신뢰구간} &= \overline{X} \pm 2.33 \times \sigma_{\overline{X}} \\ &= 200 \pm 2.33 \times 3 \\ &= 200 \pm 6.99 \\ &= 193.01 \sim 206.99 \end{aligned}$$

따라서 평균 생존기간이 200일이고, 신뢰수준 98%에, 표본오차 ± 6.99일이다. 결국 98% 신뢰수준을 가지고 모집단의 평균 생존기간이 193.01~206.99일이라고 말할 수 있다.

2) t분포에 의한 신뢰구간

신뢰구간을 구하기 위해서는 표준오차($\sigma_{\overline{X}}$)를 알아야 하는데, 표준오차는 모집단의 표준편차(σ)를 표본수의 제곱근($\sqrt{N}$)으로 나눈 〈수식 6.7〉의 공식에 의해 구할 수 있음을 앞에서 살펴보았다.

그러나 현실적으로 우리는 모집단의 표준편차(σ)를 알 수 있는 경우가 많지 않기 때문에 모집단의 표준편차(σ) 대신에 표본의 표준편차(S)를 이용하며, Z분포 대신에 t분포에 의해 신뢰구간을 구하게 된다.

t분포에 의해 신뢰구간을 구하는 방법을 이해하기 쉽게 설명하기 위해 다음과 같은 내용을 살펴보고자 한다.

- 표본의 표준편차를 이용하여 표준오차를 구하는 방법
- t분포
- t분포에 의한 신뢰구간 계산

(1) 표본의 표준편차를 이용한 표준오차를 구하는 방법

표준오차($\sigma_{\overline{X}}$)를 구하기 위해서는 모집단의 표준편차(σ)를 알아야 하는데, 모집단의 표준편차를 모르는 경우가 많으며, 이 경우 모집단의 표준편차 대신에 표본의 표준편차(S)를 이용한다. 그러나 표본의 표준편차는 모집단의 표준편차보다 약간 작기 때문에($S < \sigma$) 모집단의 표준편차를 표본의 표준편차로 대체하면 표준오차가 약간 작아진다.

표본의 분산 및 표준편차가 모집단의 분산 및 표준편차보다 작아지는 이유는 표본의 분산 및 표준편차는 모집단의 평균(μ) 대신 표본에서 추출된 사례의 값들에 의해 재조정된 평균($\overline{X}$)을 기준으로 표준편차를 구하기 때문에 모집단의 분산 및 표준편차보다 약간 작아진다.

표본의 분산 및 표준편차를 모집단의 분산 및 표준편차와 동일하게 하기 위해서는 표본의 분산 및 표준편차의 축소된 부분을 증대시킬 필요가 있다. 축소된 부분을 증대시키기 위해 다음 공식에서와 같이 각 관찰값(X)에서 평균($\overline{X}$)을 뺀 값을 N 대신에 $N-1$로 나누어 분산 및 표준편차를 구한다.

$$\text{분산 : } \hat{\sigma^2} = \frac{\sum(X - \overline{X})^2}{N-1}$$

$$\text{표준편차 : } \hat{\sigma} = \sqrt{\frac{\sum(X - \overline{X})^2}{N-1}} = \sqrt{\frac{\sum(X - \overline{X})^2}{N-1}} \times \frac{\sqrt{N}}{\sqrt{N}}$$

$$= \sqrt{\frac{\sum(X - \overline{X})^2}{N}} \times \sqrt{\frac{N}{N-1}} = S \times \sqrt{\frac{N}{N-1}}$$

여기서, $\hat{\sigma}$: 모집단의 표준편차를 정확하게 나타내도록 된 수정표준편차

이 경우 표본수가 크면 수정된 부분은 의미가 미미하다. 즉, 표본의 수정분산 및 수정표준편차($\hat{\sigma^2}$, $\hat{\sigma}$)는 표본의 분산 및 표준편차(S^2, S)와 거의 같게 된다. 이는 위의 공식에서 표본의 수 N이 커지면 N으로 나누나 $N-1$로 나누나 별 차이가 없기

때문이다.

수정표준편차($\hat{\sigma}$)을 이용하여 수정표준오차를 구하면 다음 〈수식 6.8〉과 같다.

$$\widehat{\sigma_{\overline{X}}} = \frac{\hat{\sigma}}{\sqrt{N}} = \frac{S \times \sqrt{N}\sqrt{N-1}}{\sqrt{N}} = \frac{S}{\sqrt{N-1}} \qquad \text{〈수식 6.8〉}$$

그러나 표본의 표준편차(S)를 이용하여 구했다는 점을 쉽게 나타내기 위해 대신 다음 〈수식 6.9〉와 같이 $S_{\overline{X}}$를 사용한 공식을 이용한다.

$$S_{\overline{X}} = \frac{S}{\sqrt{N-1}} \qquad \text{〈수식 6.9〉}$$

(2) t분포

표본의 표준편차(S)에 의해 수정표준오차($S_{\overline{X}}$)를 구하고 이를 통해 신뢰구간을 추정하고자 할 때에는 Z분포 대신에 t분포를 이용한다.

Z분포는 표본평균분포를 표준정규분포로 변환한 것으로, 각 표본의 평균들($\overline{X}$)이 표본평균들의 평균($\overline{\overline{X}}=\mu$)으로부터 몇 표준오차($\sigma_{\overline{X}}$) 떨어져 있는가에 의해 각 값들을 구한다.

t분포에서는 각 표본의 평균들($\overline{X}$)이 표본평균들의 평균($\overline{\overline{X}}=\mu$)으로부터 몇 수정표준오차($S_{\overline{X}}$) 떨어져 있는가에 의해 각 값들을 구한다. Z분포와 t분포의 관계는 〈수식 6.10〉과 같이 나타낼 수 있다.

$$Z = \frac{\overline{X} - \mu}{\sigma_{\overline{X}}} \quad \cdots\cdots \quad t = \frac{\overline{X} - \mu}{S_{\overline{X}}} \qquad \text{〈수식 6.10〉}$$

t분포의 모양은 Z분포와 유사한 종모양의 정규분포이나 Z분포보다 약간 넓게 퍼져 있다. t분포의 모양은 자유도(Degree of Freedom : df)에 따라 다르다. 자유도에 따른 t분포표를 그려 보면 [그림 6.6]과 같다.

[그림 6.6]에서 보는 것과 같이 t분포는 자유도가 커짐에 따라 표준정규분포에 가까워지고 자유도가 무한히 클 때 t분포는 표준정규분포, 즉 Z분포와 같게 된다. 이는 표본수가 많아질수록 t분포는 Z분포에 가까워진다는 것을 의미한다.

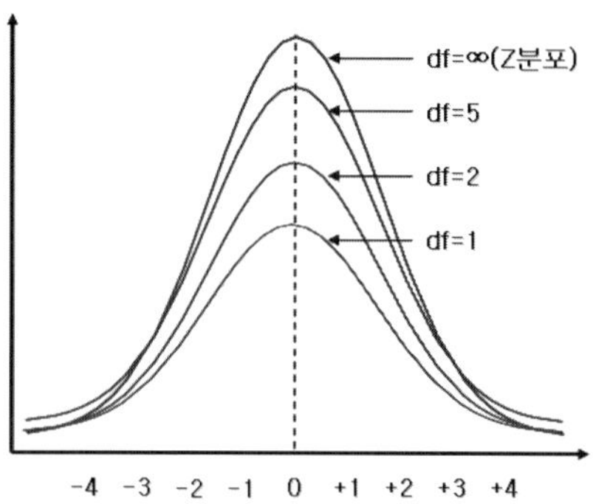

[그림 6.6] 자유도에 따른 t분포

부록의 Z분포표와 t분포표를 비교해 보면 두 분포의 관계를 쉽게 알 수 있다. Z분포표에서 95% 신뢰수준을 얻기 위한 Z값은 1.96(0.95 / 2=0.475일 때 Z값)임을 알 수 있다. t분포표에서 95% 신뢰수준(α = 0.05 / 2 = 0.025)을 얻기 위한 t값은 자유도가 2이면 4.403이고, 자유도가 3이면 3.182이며, 자유도가 무한대로 크면 1.96으로 Z값과 같게 됨을 알 수 있다. 이와 같이 같은 유의수준을 확보하고자 할 경우 표본이 커질수록 t값은 작아지며, Z값에 가까워진다.

기본 용어

- **자유도(自由度, degree of freedom)** : df로 표시하며 표본수 N에서 1을 뺀 수이다. 자유도란 자유롭게 값을 선택할 수 있는 사례의 수를 의미한다.
  [예] 사례가 5인 집단의 평균을 알았을 때 4사례의 값을 알게 되면 나머지 한 사례의 값은 자동적으로 정해진다. 즉, 자유롭게 값을 선택할 수 있는 사례의 수는 $N-1=4$이다.

(3) t분포에 의한 신뢰구간 계산

t분포에 의한 신뢰구간을 계산하는 공식은 다음 〈수식 6.11〉과 같다.

$$\text{신뢰구간} = \overline{X} \pm t \cdot S_{\overline{X}} \qquad \text{〈수식 6.11〉}$$

여기서, $\overline{X}$: 표본평균

t : 신뢰수준에 해당하는 t값

$S_{\overline{X}}$: 수정표준오차

t분포에 의해 신뢰구간을 계산하는 방법은 Z분포에 의해 신뢰구간을 계산하는 방법과 같은 원리이다. 다만 Z값 대신에 t값을, $\sigma_{\overline{X}}$ 대신에 $S_{\overline{X}}$을 사용하는 점이 다르다.

t분포표에 의해 t값을 구하기 위해서는 2가지 정보가 필요하다. 첫째는 자유도, 즉 표본수에서 1을 뺀 값을 알아야 하고, 둘째는 유의수준을 나타내는 알파(α)값을 알아야 한다.

예를 들면, 표본수 30에 신뢰수준 95%에서의 t값을 알고자 한다면, 자유도는 $30-1=29$이고, 유의수준은 $\alpha = 1-0.95 = 0.05$이며 양쪽꼬리이기 때문에 $\alpha / 2 = 0.025$이다.

t분포표(단측검증)에서 $df = 29$와 $\alpha / 2 = 0.025$가 만나는 곳을 찾으면 $t = 2.045$이다. 그러나 [부록 2]의 t분포표(양측검증)에서 $\alpha = 0.05$는 t분포표(단측검증)에서 $\alpha = 0.025$와 같다. t값 2.045는 95% 신뢰수준에서 Z값 1.96보다 0.085 더 크다.

표본수가 50으로 크게 되면 자유도는 49이다. 하지만 t분포표를 보면 자유도가 40 다음에 60인 경우만 나타나 있다. 따라서 자유도가 49인 경우의 정확한 t값은 알 수 없고, 다만 자유도 40일 때 t값 2.021과 자유도 60일 때 t값 2.000 사이에 있다는 것만 알 수 있다. 이 경우 좀 더 안전하게 하기 위해 자유도 40일 때의 t값 2.021을 선택하는 것이 좋다.

자유도가 30이 넘으면 자유도 1차이에 대한 t값의 차이가 매우 미미하기 때문에 각 자유도에 따른 t값이 주어져 있지 않고 자유도 40, 60, 120일 때만 t값이 주어져 있다. t분포표(양측검증)를 보면 $\alpha = 0.05$에서 자유도가 1이면 $t = 12.706$, 2이면 $t = 4.303$, 3이면 $t = 3.182$로 자유도 1차이에 t값이 많이 차이가 나지만 자유도가 커짐에 따라 t값의 감소는 미미해진다. 결국 자유도가 무한대로 커지면 $t = 1.96$으로 Z값과 같게 된다.

예 제 2

담배를 피우는 사람들의 처음 담배를 피우기 시작한 평균연령을 알아보기 위해 26명을 표본추출하여 조사해 본 결과 평균 20.5세였고 표준편차가 3세였다. 95% 신뢰수준에서 모집단의 처음 담배 피우기 시작한 평균연령의 신뢰구간을 구하여라.

풀 이

① 신뢰수준 95%에 해당하는 t값을 구한다. t값을 구하기 위해서는 자유도(df)와 유의수준(α)을 알아야 한다.

자유도(df) = 26−1 = 25

유의수준(α) = 1−0.95 = 0.05

t = 2.060

② 수정표준오차($S_{\overline{X}}$) 값을 〈수식 6.9〉를 이용하여 구한다.

$$S_{\overline{X}} = \frac{S}{\sqrt{N-1}} = \frac{3}{\sqrt{26-1}} = \frac{3}{5} = 0.6$$

③ 신뢰구간을 〈수식 6.11〉를 이용하여 구한다.

$$\begin{aligned}\text{신뢰구간} &= \overline{X} \pm t \cdot S_{\overline{X}} \\ &= 20.5 \pm 2.060 \times 0.6 \\ &= 20.5 \pm 1.236 \\ &= 19.264 \sim 21.736\end{aligned}$$

따라서 처음 담배 피우는 평균연령은 20.5세이고, 신뢰수준 95%에 표본오차(신뢰구간) ± 1.236년이다. 즉, 우리는 95% 확신을 갖고 처음 담배를 피우는 평균연령이 19.264세에서 21.736세 사이에 있다고 할 수 있다.

3) 비율에 의한 신뢰구간

지금까지 우리는 표본의 평균에 의해 모집단의 평균을 추정하는 것을 살펴보았다. 그러나 우리는 표본의 비율에 의해 모집단의 비율(π : 그리스 문자 파이로 표시)을 추론할 때가 많이 있다.

예를 들면, 100명의 표본을 추출하여 학교체벌에 대해 조사한 결과 60%가 찬성을 하였다. 이 경우 우리는 100% 확신을 갖고 우리 국민 60%가 체벌에 찬성한다고 할 수는 없다. 역시 이 경우에는 95%, 99% 등 신뢰구간을 이용하여 모집단의 찬성비율을 추정할 수밖에 없다. 비율에 의한 신뢰구간을 계산하는 공식은 〈수식 6.12〉와 같다.

$$\text{신뢰구간} = P \pm Z \cdot \sigma_P \qquad \text{〈수식 6.12〉}$$

여기서, P : 표본에서 얻은 비율

Z : 신뢰수준에 해당하는 Z값
σ_P : 비율의 표준오차

비율에 의한 신뢰구간을 구하는 방법은 모집단의 평균에 대한 신뢰구간을 구하는 것과 같으나, $\overline{X}$ 대신에 P를, $\sigma_{\overline{X}}$ 대신에 σ_P를 이용한다는 점에서 다르다. 모집단 찬성비율(π)을 알 경우 σ_P를 구하는 공식은 〈수식 6.13〉과 같다.

$$\sigma_P = \sqrt{\frac{\pi(1-\pi)}{N}}$$ 〈수식 6.13〉

여기서, σ_P : 비율의 표준오차
π : 모집단에서 얻은 비율
N : 표본수

그러나 우리는 모집단의 찬성비율(π)을 알기 어렵기 때문에 표본의 찬성비율(P)을 이용할 수밖에 없으며, 다음 〈수식 6.14〉와 같이 π 대신에 P를 사용하여 비율의 수정표준오차(S_P)를 구한다.

$$S_P = \sqrt{\frac{P(1-P)}{N}}$$ 〈수식 6.14〉

여기서, S_P : 비율의 수정표준오차
P : 표본에서 얻은 비율
N : 표본수

이 경우 단일모집단 평균추정의 경우와 다른 점은 분모에 $N-1$ 대신에 N을 그대로 사용하고, Z분포를 사용한다는 점이다. 즉, 비율분포는 이항분포(二項分布, Binomial Distribution)이기 때문에 t분포를 사용하지 않고 표본수도 크다는 전제하에서 Z분포를 사용한다. 이는 표본수 N이 커지면 중심극한정리(中心極限定理, Central Limit Theorem)에 의해 표본평균들이 정규분포 형태를 취하듯 표본의 찬성비율($P=\overline{P}$)들이 정규분포 형태를 취하기 때문이다. 따라서 표본의 찬성비율을 이용하여 신뢰구간을 계산하는 공식은 〈수식 6.15〉와 같다.

$$신뢰구간 = P \pm Z \cdot S_P \qquad \langle수식\ 6.15\rangle$$

여기서, P : 표본에서 얻은 비율

Z : 신뢰수준에 해당하는 Z값

S_P : 비율의 수정표준오차

기본 용어

- **이항실험(二項實驗)** : n회의 독립적인 베르누이 시행(Bernoulli Trial)을 통해 원하는 횟수의 성공이 나타날 확률을 측정하는 것을 말한다.
- **이항확률변수(二項確率變數)** : 총 시행 중 성공의 사건이 발생할 횟수 또는 실패의 사건이 발생할 횟수
- **이항분포(二項分布, Binomial Distribution)** : 이항확률변수의 확률분포
  [예] 동전을 5번 던져서 앞면이 1번 나올 확률이나 2번 나올 확률 등
- **베르누이 시행(Bernoulli Trial)** : 어떤 시행의 결과가 오직 2가지로 구성되어 있을 때 기대하던 결과가 나올 때를 성공이라 하고, 기대하지 않은 결과가 나올 때를 실패라 한다. 이와 같이 한 번의 시행에서 2가지 결과만을 기대하는 시행을 말한다.
  [조건] ① 각 시행의 결과는 성공과 실패 중의 하나이다.
  ② 각 시행에서 성공확률 p는 일정하다. 또한 성공확률 p와 실패확률 q를 합하면 1이 된다.
  ③ 각 시행은 서로 독립적이다.
- **중심극한정리(中心極限定理, Central Limit Theorem)** : 표본수가 클수록 표본평균분포는 정규분포에 가까워지며, 표본평균분포의 평균은 모집단의 평균과 같고, 표본평균분포의 표준편차는 모집단의 표준편차를 표본수의 제곱근으로 나눈 것과 같다는 것이다.

예 제 3

대학생 100명을 대상으로 표본추출하여 수업시간에 핸드폰 벨이 울렸을 때 제재를 가하는 것에 대한 의견조사를 실시했더니 찬성이 70명, 반대가 30명이었다. 95% 신뢰수준에서 찬성에 대한 신뢰구간을 구하여라.

풀 이

① P값을 구한다.

$$P = \frac{70}{100} = 0.7$$

② 95%인 경우 Z값을 구한다.

$Z = 1.96$

③ 비율의 수정표준오차(S_P)를 구한다.

$$S_P = \sqrt{\frac{P(1-P)}{N}} = \sqrt{\frac{0.7(1-0.7)}{100}} = \sqrt{\frac{0.21}{100}} = 0.0458$$

④ 신뢰구간을 구한다.

$$\begin{aligned} 95\%\ \text{신뢰구간} &= P \pm Z \cdot S_P \\ &= 0.70 \pm 1.96 \times 0.0458 \\ &= 0.70 \pm 0.0898 \\ &= 0.6102 \sim 0.7898 \end{aligned}$$

따라서 제재를 가하는 것에 대한 찬성률은 70%이고, 95% 신뢰수준에 표본오차±8.98%이다. 즉, 95% 확신을 갖고 찬성률이 61.02%~78.98% 사이라고 말할 수 있다.

5. 표본크기

표본크기(Sample Size)는 모집단으로부터 추출한 표집단위의 총수이다. 표본의 수는 모집단의 크기와 동질성 여부에 의해 좌우된다. 모집단의 크기가 아주 작을 경우에는 전수조사(全數調査, Population Study)를 하는 것이 바람직하며, 모집단이 동질적인 개체들로 구성되어 있는 경우에는 어느 개체를 표본으로 하더라도 대표성을 유지하는데 큰 어려움이 없을 것이다.

표본크기를 결정하는 방법으로는 통계적 기법에 의해 최적의 표본크기를 파악하는 이론적 결정요인(내적 결정요인)과 조사의 적절성과 관련된 표본의 크기를 결정하는데 고려해야 할 실제적 결정요인(외적 결정요인)이 있다.

1) 이론적 결정요인

표본크기의 이론적 결정요인은 모집단의 분산(分散, Variance)이 알려져 있는 경우에 적용하는 신뢰구간 접근법과 모집단의 분산이 알려져 있지 않는 경우에 적용하는 가설검증 접근법이 있다.

(1) 신뢰구간 접근법

신뢰구간의 크기가 표본의 크기와 분산의 정도에 의해 결정되는 점을 역으로 이용하여 표본의 크기를 산정하는 방법이다. 통계적으로 표본의 크기를 정하기 위해서는 추정치의 허용오차를 어느 정도로 할 것인가를 결정하여야 하며, 이것이 정해지면 허용오차를 신뢰도 구간의 형식으로 표현한다. E를 표본평균의 허용 가능한 오차, 즉 표본오차(정확도, 허용오차)라 하자.

(a) 모집단의 표준편차(σ)를 알고 있을 때 표본의 크기 결정

[표본오차 = 신뢰수준 × 표준오차]의 관계를 활용하여 표본의 크기(n)를 다음 〈수식 6.16〉과 같은 공식을 이용하여 결정한다.

$$E = Z\frac{\sigma}{\sqrt{n}} \Rightarrow n = \frac{Z^2}{E^2} \times \sigma^2 \qquad \langle 수식\ 6.16\rangle$$

여기서, E : 표본오차,
σ : 모집단의 표준편차,
n : 표본크기,
Z : 신뢰도 계수

예 제 4

표본에 의해 모집단의 수능시험 평균을 추정한다고 할 경우 신뢰수준을 95% 확보하고, 표본오차를 ±5점 이내로 한 평균을 구하고자 한다면, 표본수를 최소한 얼마로 해야 할 것인가? 단, 모집단의 표준편차(σ)를 과거 수능시험들의 표준편차에 의해 추정하여 그 값이 50점이었다고 가정하자.

풀 이

① 각 신뢰수준을 확보하기 위한 Z값은 Z분포표에 의해 구하며, 95%의 신뢰수준을 확보하기 위한 Z =1.96이다.

② 표본오차(E) = 5, 모집단의 표준편차(σ) = 50을 〈수식 6.16〉의 공식에 대입하면 다음과 같이 최소한의 표본의 크기(n)를 계산할 수 있다.

$$n = \frac{Z^2}{E^2} \times \sigma^2 = \frac{1.96^2}{5^2} \times 50^2 = 384.16$$

③ 최소한의 필요한 표본의 크기는 385명이다.

(b) 모집단의 표준편차(σ)를 모르고 있을 때 표본의 크기 결정

일반적으로 모집단의 표준편차(σ)의 값을 모르는 경우가 많기 때문에 표본의 표준편차(S)를 대신 이용해야 할 경우가 많다. 즉, 모집단의 표준편차를 모르고 있어 표본의 표준편차를 사용하는 경우 표본의 크기는 다음 〈수식 6.17〉과 같은 공식을 이용하여 결정한다.

$$E = t\frac{S}{\sqrt{n-1}} \Rightarrow n = \frac{t^2}{E^2} \times S^2 + 1 \qquad \text{〈수식 6.17〉}$$

여기서, E : 표본오차,
S : 표본의 표준편차,
n : 표본의 크기,
t : 신뢰도 계수

예 제 5

표본에 의해 모집단의 수능시험 평균을 추정한다고 할 경우 신뢰수준을 95% 확보하고, 표본오차를 ±5점 이내로 한 평균을 구하고자 한다면, 표본 수를 최소한 얼마로 해야 할 것인가? 단, 모집단의 표준편차(σ)를 모르기 때문에 예비조사를 통해 표본의 표준편차(S)가 49.8점이었다고 가정하자.

풀 이

① 이 경우 95% 신뢰수준을 확보하기 위한 t값을 알기 위해서는 자유도(degree of freedom, 즉 $n-1$, n : 표본 수)를 알아야 하는데, 아직 표본 수를 모르기 때문에 자유도를 구할 수 없고, 정확한 t값을 구할 수 없다.
② 그러나 표본 수가 120명보다 크면 t값은 1.98이므로(t분포표 이용) 표본 수가 120명 이상일 것으로 예상되면 t = 1.98을 사용해도 무방하다.
③ 따라서 표본오차 = 5, 표본의 표준편차 = 49.8, t = 1.98을 〈수식 6.17〉의 공식에 대입하면 다음과 같이 최소한의 표본의 크기를 계산할 수 있다.

$$n = \frac{t^2}{E^2} \times S^2 + 1 = \frac{1.98^2}{5^2} \times 49.8^2 + 1 \fallingdotseq 389.91$$

④ 최소한으로 필요한 표본의 크기는 390명이다.

(c) 표본의 비율에 의해 모집단의 비율을 추정하여 표본 크기 결정

일정한 신뢰수준과 표본오차를 확보하는 수준에서 표본의 비율에 의해 모집단의 비율을 추정하여 최소한의 표본의 크기를 구하는 경우 다음 〈수식 6.18〉의 공식을 이용한다.

$$E = Z\sqrt{\frac{P(1-P)}{n}} \qquad \text{〈수식 6.18〉}$$

여기서, E : 표본오차,
Z : 신뢰도 계수,
n : 표본의 크기,
P : 표본의 비율

예제 6

표본에 의해 모집단의 사회복지재정 확충에 대한 국민들의 찬성비율을 추정한다고 할 경우 신뢰수준을 95% 확보하고 표본오차를 ±3% 이내로 한 찬성비율을 구하고자 한다면, 표본 수를 최소한 얼마로 해야 할 것인가? 단, 과거의 조사에 의해 찬성비율이 약 60%였다고 가정하자.

풀이

① 각 신뢰수준을 확보하기 위한 Z값은 Z분포표에 의해 구하며, 95%의 신뢰수준을 확보하기 위한 Z값은 1.96이다.
② 표본오차 = ± 3%, P = 0.6을 〈수식 6.18〉의 공식에 대입하면 다음과 같이 최소한의 표본의 크기를 계산할 수 있다.

$$E = Z\sqrt{\frac{P(1-P)}{n}} \Rightarrow 0.03 = 1.96\sqrt{\frac{0.6(1-0.6)}{n}},$$
$$\frac{0.03}{1.96} = \sqrt{\frac{0.24}{n}}, \quad 0.0002343 = \frac{0.24}{n},$$
$$n = \frac{0.24}{0.0002343} \fallingdotseq 1024.3$$

③ 최소한의 필요한 표본의 크기는 1,025명이다.

(2) 가설검증 접근법

제1종 오류(Type I Error)와 제2종 오류(Type II Error)의 최대 허용치를 정하고, 이를 통하여 표본의 수를 결정하는 방법이다. 이 방법은 제1종 오류가 나타날 확률(α)과 제2종 오류가 일어날 확률(β)를 정하고 이에 따른 값을 구하고, 모집단의 표준편차를 추정하여 표본의 크기를 결정하게 된다.

영가설에 나타난 모집단의 평균을 μ_0, 그리고 연구가설에서 나타난 모집단의 평균을 μ_1이라고 하면, 각각의 가설이 맞는다고 가정할 때의 분포로부터 표본의 크기(n)를 다음 〈수식 6.19〉와 같은 공식에 의해 산정할 수 있다.

$$\mu_0 \text{ 분포에서 } \mu_0 + Z_\alpha \frac{\sigma}{\sqrt{n}}, \; \mu_1 \text{ 분포에서 } \mu_1 + Z_\beta \frac{\sigma}{\sqrt{n}}$$

$$n = \frac{(Z_\alpha + Z_\beta)^2 \sigma^2}{(\mu_1 - \mu_0)^2}$$

〈수식 6.19〉

예제 7

독거노인의 고독감을 해소하기 위해 적용한 프로그램이 효과가 있는지를 검증한다고 가정하자. 일반적으로 새로운 프로그램을 개발하는데 적지 않은 노력이 필요하다. 그런데 기존 프로그램보다 더 좋은 새로운 프로그램을 개발했다고 하자. 연구자는 이 프로그램이 노인의 고독감을 해소하는데 효과가 있다는 것을 증명하고 싶어 할 것이다. 여기서 효과의 측정범위가 0~3인데, 0은 전혀 효과가 없는 것이고, 3은 매우 효과적가 있다는 것을 나타낸다. 필요한 표본크기가 어느 정도인가?

풀이

① 영가설과 연구가설을 설정한다.
- 영가설 : 프로그램 효과가 0이다(노인의 고독감이 해소되지 않았다).
- 연구가설 : 프로그램 효과가 3이다(노인의 고독감이 해소되었다).

② 제1종 오류와 제2종 오류가 일어날 확률을 정한다.
- 제1종 오류가 일어날 확률 : 0.05
- 제2종 오류가 일어날 확률 : 0.01

③ 제1종 오류와 제2종 오류에 따른 Z값을 정한다.
- 제1종 오류 0.05의 Z_{α} = 1.64
- 제2종 오류 0.01의 Z_{β} = 2.33

④ 모집단의 표본오차(σ)를 정한다.
- 효과 : 3

⑤ 표본의 크기를 〈수식 6.19〉의 공식에 대입하여 다음과 같이 계산한다.

$$n = \frac{(1.64+2.33)^2(3)^2}{(3-0)^2} = 15.7$$

⑥ 독거노인들에게 적용한 프로그램의 효과를 추정하는데 필요한 최소한의 표본 수는 16명이다.

2) 실제적 결정요인

실제상으로 표본크기를 결정함에 있어 표본추출방법, 모집단의 성격, 시간과 비용, 연구자 및 조사자의 능력 등을 고려하여 결정해야 한다. 표본의 크기를 실제적으로 결정하는데 고려해야 할 요인들을 살펴보면 다음과 같다.

(1) 모집단의 동질성 정도

모집단의 동질성(同質性, Homogeneity)이란 모집단의 구성요소들이 연구자가 연구하고자 하는 어떤 속성들을 유사하게 가지고 있는 정도를 의미한다. 따라서 모집단의 구성요소들이 유사한 속성을 많이 갖고 있다면 표본의 크기는 작아도 되지만, 모집단의 이질성(異質性, Heterogeneity)이 크다면 표본의 크기는 커야 한다.

(2) 표집방법 및 조사방법의 유형

표본의 크기는 주로 확률표본추출과 관련이 된다. 확률표본추출의 구체적인 표집방법에 따라 요구되는 신뢰도와 정확도의 수준이 달라지고, 필요한 표본의 크기도 달라진다. 연구자들이 상대적으로 이질적인 모집단에서 표집하기 보다는 가능한 동질적인 하위 모집단으로 층화시키고 표집하려고 노력하는 이유는 층화를 통해서 각 계층들 내지 소집단들이 좀 더 동질적으로 형성되어 다른 확률표본추출보다 상대적으로 적은 수의 표본으로도 모집단을 잘 대표하기 위함이다. 같은 크기의 표본일 때는 집락추출의 대표성이 가장 떨어진다. 또한 조사방법의 유형에 따라서

도 요구되는 표본의 크기는 달라진다. 실험조사나 사례조사, 또는 다른 질적조사의 경우 그들이 갖고 있는 속성상 사례수가 작을 수밖에 없는 반면에, 서베이 조사에서는 표본의 크기가 대체로 크다.

(3) 분석범주 및 변수의 수

표본의 수를 결정하려면 한 변수 내에서 분석되는 범주의 수를 고려해야 한다. 한 변수내의 범주의 수가 많아질수록 각각의 범주에 일정한 수의 표본을 확보해야 하기 때문에 전체 표본의 수는 증가하게 된다. 또한 연구하고자 하는 변수의 수가 증가할수록 표본의 크기는 더욱 커져야 한다. 왜냐하면 각 변수에 일정수의 표본이 있어야 그 변수가 통계적으로 유의미하게 분석되고 분석결과를 신뢰할 수 있기 때문이다.

(4) 이론과 표본설계

표본을 선정할 때 표본 그 자체만을 고려하기보다는 연구문제의 특성, 기존의 연구결과나 검증된 이론 등을 고려하여 표본을 선정하면 비록 작은 크기의 표본일지라도 의미 있는 정보를 충분히 제공할 수 있다. 또한 잘 구성된 표본설계를 통해 표집자 편의(Bias)가 없는 표본을 만들어 낸다면 모집단을 적절히 대표하지 못하는 큰 규모의 표본보다 정확한 정보를 제공할 수 있다.

(5) 소요되는 비용·시간·인력

표본의 크기를 결정하는데 실제적으로 가장 큰 영향을 미치는 요인은 표집에 소요되는 시간과 비용과 인력이다. 표본 하나에 대한 소요비용이 일정하다고 간주하면 표본의 크기가 클수록 비용이 증가하게 된다. 대체로 비용·시간·인력 등에 있어 표집과정에 규모의 경제가 발생하기도 한다. 즉, 대규모 표본일수록 소요되는 평균비용·평균시간·평균 인력이 줄어든다.

이러한 요인들은 설문지의 길이, 현지조사자의 수, 면접대상자의 지정여부, 조사대상자의 지리적 집중도, 응답거절률, 표집방법, 설문지 적용방법 등에 따라 차이가 있으므로 표본의 크기를 결정할 때 이러한 요인들도 고려하여야 한다.

6. SPSS를 이용한 통계처리

1) 단일모집단 평균추정 신뢰구간을 구하는 방법

연구자가 10명의 유치원에 다니는 아동들의 협동심을 조사하기 위해 아동들이 한 시간 동안에 다른 아동들과 평균 몇 번의 협동적인 행위를 하는가를 조사했더니 [표 6.3]과 같았다. 95% 신뢰수준에서 모집단 아동들의 평균협동행위 횟수의 신뢰구간을 구해보자.

[표 6.3] 유치원 아동들의 협동행위 수

	협동행위 수(X)
	2
	8
	5
	6
	8
	3
	4
	6
	8
	10
계	60

[표 6.3]에 대한 단일 모집단 평균추정 신뢰구간을 구하기 위한 원자료는 [표 6.4]와 같다.

[표 6.4] 도수분포, 분산도 및 그래프를 얻기 위한 원자료

순번	협동행위 수
1	2
2	8
3	5
4	6
5	8
6	3
7	4
8	6
9	8
10	10

2) 명령어 처리절차

단일 모집단 평균추정 신뢰구간을 구하기 위한 SPSS 통계 프로그램의 명령어 처리절차는 다음과 같다.

① SPSS 통계 프로그램([그림 6.7] 참조)의 [분석]-[평균비교]-[일표본 T 검정]을 선택한다.

[그림 6.7] 일표본 t 검증을 하기 위한 명령어

② [일표본 T 검정] 대화상자([그림 6.8] 참조)가 나타나면 {협동행위수}를 선택한 후, 버튼을 클릭하여 검정변수로 이동한다.

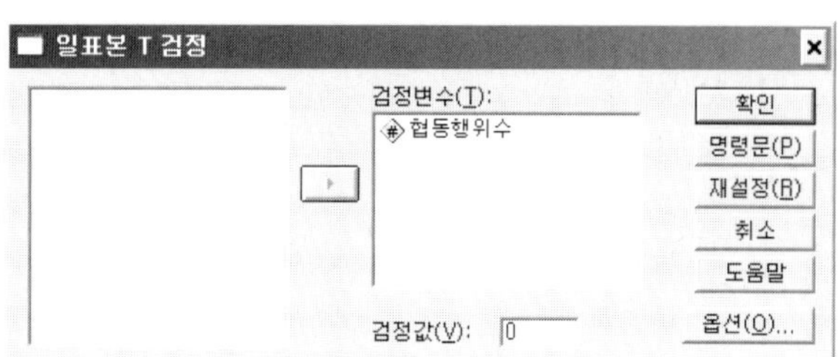

[그림 6.8] [일표본 T 검정] 대화상자

3) 산출결과 해석

[일표본 T 검정] 대화상자의 [확인] 버튼을 클릭하면 일표본 T 검정에 대한 산출결과가 [표 6.5]와 같다.

첫 번째 표는 표본의 기술통계량을 나타내는 것으로 표본은 10명이고, 평균협동행위는 6번이며, 표준편차는 2.53859이고, 표준오차(표본평균들의 표준편차)는 0.80277이다.

두 번째 표는 단일모집단의 평균을 추정하기 위한 t검증의 산출결과를 나타낸 것으로 평균은 6이고, 95% 신뢰구간은 4.1840~7.8160번 협동행위를 한다고 할 수 있다. 95% 신뢰수준에서의 표본오차 1.8160은 유의수준 α = 1 - 0.95 = 0.05, 자유도 df = N - 1 = 9일 때 기준 t값 = 2.262에 표준오차 0.80277을 곱하여 구할 수 있다.

한편 관찰 t값은 7.474이며, 유의수준 0.000으로 영가설을 기각할 수 있다. 즉, 신뢰구간에 대한 결과들은 통계적으로 유의미하다고 할 수 있다.

[표 6.5] 단일모집단 평균추정 신뢰구간에 대한 산출결과

T-검증

일표본 통계량

	N	평균	표준편차	평균의 표준오차
협동행위수	10	6.0000	2.53859	.80277

일표본 검증

	검정값 = 0					
	t	자유도	유의확률(양쪽)	평균차	차이의 95% 신뢰구간	
					하한	상한
협동행위수	7.474	9	.000	6.00000	4.1840	7.8160

연 / 습 / 문 / 제

1 표본평균분포의 특징에 대해 설명하시오.

2 아동들이 평균 몇 개월째부터 말을 할 수 있는지 알아보기 위해 아동 100명을 표본추출하여 조사한 결과 평균 18개월 만에 말을 하기 시작하였고, 모집단의 표준편차(σ)가 3개월이었다.

1) 95% 신뢰수준에서 모집단 평균의 신뢰구간을 구하여라.
2) 99% 신뢰수준에서 모집단 평균의 신뢰구간을 구하여라.

3 마티즈의 평균 연비율을 알아보기 위해 마티즈 64대를 표본추출하여 연비율을 조사했더니 1ℓ 당 38㎞를 달렸으며, 모집단의 표준편차(σ)가 4㎞이었다.

1) 95% 신뢰수준에서 모집단 평균의 신뢰구간을 구하여라.
2) 99% 신뢰수준에서 모집단 평균의 신뢰구간을 구하여라.

4 이성교제하는 대학생들이 일주일에 평균 몇 번 상대방에게 전화하는가를 알아보기 위해 37명의 대학생을 표분추출하여 조사해 본 결과 평균 20번 전화를 했고, 표준편차(S)가 6번이었다.

1) 95% 신뢰수준에서 모집단 평균의 신뢰구간을 구하여라.
2) 99% 신뢰수준에서 모집단 평균의 신뢰구간을 구하여라.

5 26명의 학생을 표본추출하여 중간고사 기간에 하루 평균 공부시간을 조사했더니 다음과 같았다.

4, 4, 3, 2, 1, 7, 6, 6, 3, 5,
6, 2, 5, 3, 9, 8, 6, 5, 1, 7,
0, 2, 6, 5, 4, 7

1) 평균, 표준편차(S), 표준오차($S_{\bar{X}}$)를 구하여라.
2) 95% 신뢰수준에서 모집단 평균의 신뢰구간을 구하여라.
3) 99% 신뢰수준에서 모집단 평균의 신뢰구간을 구하여라.

6 성인 35명을 표본추출하여 한국의 사회복지정도를 조사했더니 다음과 같았다. 사회복지정도는 10점 만점의 척도로 조사되었으며, 점수가 높을수록 긍정적인 의견을 나타낸다.

3, 4, 5, 2, 6, 7, 2, 4, 3, 1,
6, 5, 4, 8, 2, 8, 2, 4, 7, 5,
6, 3, 4, 2, 1, 7, 8, 5, 3, 4,
9, 1, 6, 3, 4

1) 평균, 표준편차(S), 표준오차($S_{\bar{X}}$)를 구하여라.

2) 95% 신뢰수준에서 모집단 평균의 신뢰구간을 구하여라.

3) 99% 신뢰수준에서 모집단 평균의 신뢰구간을 구하여라.

7 담배를 피우는 대학생 50명을 표본추출하여 처음 담배를 피운 연령을 조사했더니 다음과 같았다.

처음 담배를 피운 연령(X)	도수(f)
16	1
17	3
18	6
19	10
20	12
21	8
22	5
23	3
24	2
계	50

1) 평균, 표준편차(S), 표준오차($S_{\bar{X}}$)를 구하여라.

2) 95% 신뢰수준에서 모집단 평균의 신뢰구간을 구하여라.

3) 99% 신뢰수준에서 모집단 평균의 신뢰구간을 구하여라.

8 성인 50명을 표본추출하여 중·고등학교 학생들의 두발 자율화에 대한 의견조사를 했더니 35명이 찬성을 하고, 15명이 반대를 하였다. 95% 신뢰수준에서 찬성률에 대한 신뢰구간을 구하여라.

9 성인 100명을 표본추출하여 대학입학시험 폐지제도에 찬성여부를 조사했더니 60명이 찬성을 하고, 40명이 반대를 하였다. 99% 신뢰수준에서 찬성률에 대한 신뢰구간을 구하여라.

10 대통령 선거에 각 당 후보의 지지율을 조사하기 위해 200명의 투표권자를 표본추출하여 조사했더니 A당 후보 지지자가 110명, B당 지지자가 90명이었다. 각 당 후보자의 지지율과 95% 신뢰수준에서 표본오차를 구하여라.

제 7 장
추론통계의 개념

1. 가설검증
2. 변수의 성질에 따른 통계기법
3. 추론통계기법에 대한 논리전개

[연습문제]

이 장(章)에서는 추론통계(推論統計, Inferential Statistics)의 기본 개념을 살펴보고자 한다. 추론통계는 연구자가 조사한 자료를 분석하여 어떠한 결론 또는 추론을 내릴 수 있도록 한 통계기법으로 다음과 같이 크게 2가지로 분류할 수 있다.

- 제6장에서 다룬 내용으로 하나의 변수를 추정하는 기법, 즉 표본의 평균에 의해 모집단의 평균을 일정한 신뢰수준(예 : 95%, 99% 등)을 가지고 추정하는 통계기법이다.
- 제7장 이후에 다룰 내용으로 두 개 이상의 변수간의 관계를 검증하는 가설검증기법이다.

일반적으로 가설검증기법은 모집단에서 추출한 표본을 분석하여 모집단의 특성을 나타내는 변수간의 관계를 검증하는데 사용되지만, 때로는 모집단 전체를 조사하여 모집단의 특성을 나타내는 변수간의 관계를 검증할 때도 사용된다.

1. 가설검증

가설검증(假說檢證, Hypothesis Testing)이란 모집단의 어떤 특성에 대해 가설을 설정하고, 그 가설의 타당성 여부를 결정하는 추론과정을 말한다.

예를 들면, 담배를 피우는 사람이 폐암에 많이 걸린다든지, 컴퓨터를 많이 사용하는 사람들의 시력이 좋지 않다든지, 유전자 변형 음식을 먹는 사람들의 건강이 좋지 않다든지 등 여러 가지 가설을 설정하고 그 가설이 참인지 아닌지를 검증하는 절차를 거친다.

1) 가설의 종류

가설(假說, Hypothesis)은 크게 영가설(零假說, Null Hypothesis)과 연구가설(研究假說, Research Hypothesis)이 있다.

영가설은 귀무가설(歸無假說)이라고도 하는데, 영가설은 "두 개 이상의 모집단 또는 변수간에 차이가 없다." 또는 "독립변수가 종속변수에 영향을 미치지 않는다."

라고 가정하는 것을 말한다.

예를 들면, “남녀 간에 IQ 점수에 차이가 없다.” 또는 “성별이 IQ 점수에 영향을 미치지 않는다.”라고 가정하는 경우 이를 영가설이라 한다.

가설검증의 경우 영가설이 많이 사용된다. 연구자가 조사를 시작할 때는 두 집단 간에 차이가 있을지 없을지 모르는 상태이다. 그러나 연구자는 두 집단간에 차이가 없다고 가정을 한 후, 통계처리 결과에 의해 영가설을 채택하든지 기각하게 된다. 영가설을 기호로 표시하면 〈수식 7.1〉과 같다.

$$H_0 : \mu_1 = \mu_2$$ 〈수식 7.1〉

여기서, H_0 : 영가설
μ_1 : 첫 번째 모집단의 평균
μ_2 : 두 번째 모집단의 평균

연구가설은 대립가설(對立假說, Alternative Hypothesis)이라고도 하는데, 영가설과 반대로 가설을 설정하는 것을 말한다. 즉, “두 개 이상의 모집단 또는 변수간에 차이가 있다.” 또는 “독립변수가 종속변수에 영향을 미친다.”라고 가정하는 것을 의미한다.

예를 들면, “남녀 간에 IQ 점수에 차이가 있다.” 또는 “성별이 IQ 점수에 영향을 미친다.”라고 가정하는 경우 이를 연구가설이라 한다.

연구가설은 연구자가 두 집단간에 차이가 있을 것이라는 확신을 많이 가질 때 주로 사용한다. 연구가설을 기호로 표시하면 〈수식 7.2〉와 같다.

$$H_1 : \mu_1 \neq \mu_2$$ 〈수식 7.2〉

여기서, H_1 : 연구가설
μ_1 : 첫 번째 모집단의 평균
μ_2 : 두 번째 모집단의 평균
$\neq$: 같지 않다는 표시

2) 유의수준과 임계치

(1) 유의수준

가설검증의 경우 두 모집단으로부터 각각 표본을 추출하여 두 표본 간에 차이가 있을 때, 두 모집단간에 차이가 있다고 추론한다. 그런데 두 표본 간에 어느 정도 차이가 있을 때, 두 모집단간에 차이가 있다고 할 수 있는가?

이렇게 차이가 나는지 여부를 결정하는 기준값을 산정하는데 기초가 되는 값을 유의수준(有意水準, Significance Level)이라고 하며, 알파(α)로 표시한다.

예를 들면, 95% 신뢰수준을 가지고 표본 차이에 의해 모집단에 차이가 나는지 여부를 결정하고자 할 때, 유의수준 $\alpha = 1 - 0.95 = 0.05$이다. 95% 신뢰수준을 가지고 판단하겠다는 것은 95% 이상의 확신이 있을 때는 모집단간에 차이가 난다고 결론을 내리겠다는 것이며, 이는 5% 미만의 오류는 표본추출과정에서 나타날 수 있는 오류로서, 그 정도의 오류는 감수하겠다는 의미이다. 따라서 유의수준은 가설검증에서 용납될 수 있는 오류의 정도를 의미하며, 유의수준 $\alpha = 1 -$ 신뢰수준이라 할 수 있다.

(2) 임계치

주어진 유의수준에서 영가설의 채택(採擇, Accept)과 기각(棄却, Reject)에 관련된 결정을 할 때, 기준이 되는 점을 임계치(臨界値, Critical Value)라 한다. 즉, 위에서 ±0.025(α / 2) 지점이 임계치이다.

[그림 7.1]의 (a)에서 $\alpha = 0.05$일 때 Z값은 1.96이며, 두 표본간의 차이를 계산한 Z값이 1.96보다 클 때에는 빗금 친 영역에 있게 될 것이며, 이는 결국 두 모집단간에 차이가 있다고 결론을 내릴 때 5% 미만의 오류를 범할 수 있다는 것이다. 따라서 Z값이 1.96보다 클 때에는 영가설을 기각할 수 있다. 이와 같이 빗금 친 부분을 영가설을 기각할 수 있는 영역이라 하여 기각영역(棄却領域, Rejection Area)이라 한다. 즉, 두 모집단간에 차이가 없다고 영가설을 기각해도 유의수준으로 설정한 5% 미만의 오류를 범할 수 있는 영역이다.

[그림 7.1]의 (b)는 99% 신뢰수준을 기준으로 했을 때, 즉 $\alpha = 0.01$일 때의 Z값은 2.58이므로 Z값이 2.58보다 큰 영역이 기각영역이 된다. 따라서 99% 신뢰수준을 설정한 경우에는 두 표본간의 차이를 계산한 Z값이 2.58보다 클 때에만 영가설을

기각할 수 있다. 결국 유의수준이란 일정한 신뢰수준을 확보할 수 있는 수준으로 α = 1 − 신뢰수준으로 계산하며, 유의수준에 해당하는 Z값이 영가설을 기각 또는 채택할 수 있는 기준이 된다.

유의수준은 연구자가 임의로 설정할 수 있다. 정밀한 조사결과를 원할 때는 α = 0.01, α = 0.001 등 낮은 유의수준으로 설정함으로써 오류의 범위를 1% 또는 0.1%로 줄일 수 있으며, 관대한 조사결과를 원할 때는 α = 0.1, α = 0.2 등 높은 유의수준을 설정할 수 있다. 그러나 대부분의 연구에서는 α = 0.05나 α = 0.01을 많이 사용한다.

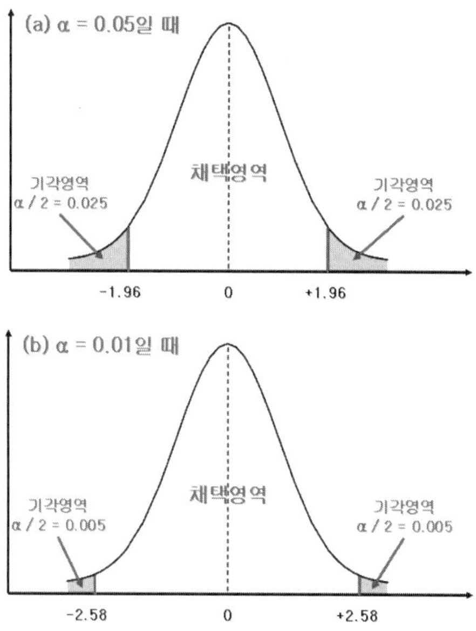

[그림 7.1] 유의수준과 기각영역

3) 양측검증과 단측검증

(1) 양측검증

모집단간에 어떤 특성에 대해 차이가 있는가를 검증하고자 할 때, 조사를 시작하는 단계에서는 차이가 있는지 없는지 모르기 때문에 일단 차이가 없다고 하는 영가설을 설정한 후, 통계처리 결과에 의해 영가설을 채택하든지 기각하게 된다.

두 표본 차이에 의해서 두 모집단간에 차이가 있는지를 검증하고자 할 때, 한 표본의 평균이 다른 표본의 평균보다 매우 크거나 매우 작을 때, 우리는 두 모집단간에 차이가 난다고 추론하게 된다.

예를 들면, 남녀 간에 IQ 점수에 차이가 난다고 할 때 남자가 여자보다 현저히 IQ 점수가 높아서 차이가 날 수도 있고, 현저히 낮아서 차이가 날 수도 있다. 즉, 처음에 연구를 시작할 때는 남자가 여자보다 IQ 점수가 현저히 높을 경우와 낮을 경우를 모두 고려해야 한다. 이와 같이 기각영역으로 한 표본의 평균이 다른 표본의 평균보다 현저히 낮거나 현저히 높은 경우를 고려할 때, 이를 양측검증(兩側檢證, Two-tailed Test)이라 한다.

[그림 7.2]의 기각영역 A는 한 표본의 평균이 다른 표본의 평균보다 현저히 작아서 영가설을 기각할 수 있는 영역이고, 기각영역 B는 한 표본의 평균이 다른 표본의 평균보다 현저하게 커서 영가설을 기각할 수 있는 영역이다. 양측검증의 경우 한쪽의 기각영역은 α / 2이다.

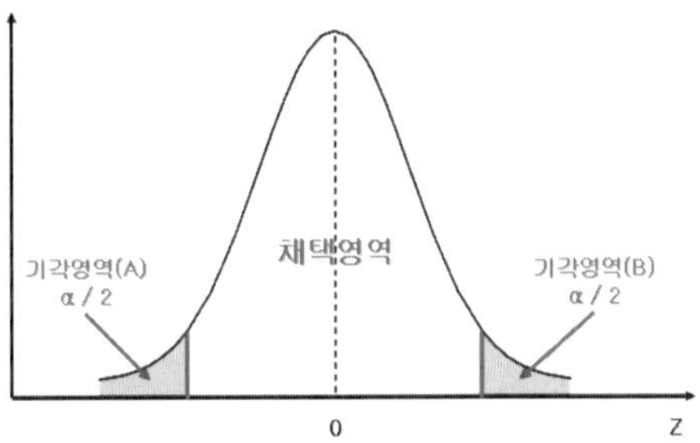

[그림 7.2] 양측검증의 기각영역

(2) 단측검증

연구를 시작할 때, 한 집단의 평균이 다른 집단의 평균보다 크다는 것을 분명히 알지만 두 집단간에 현저히 차이가 날만큼 큰지 아닌지를 몰라 두 집단간의 차이를 검증할 때는 현저히 작게 차이가 날 가능성에 대한 부분은 검증할 필요가 없고 현저히 크게 차이가 날 부분만 검증하면 될 것이다. 이와 같이 기각영역을 한쪽에만 설정하는 것을 단측검증(斷側檢證, One-tailed Test)이라 한다.

예를 들면, 초등학교 1학년과 3학년 간에 신장에 차이가 있는지를 검증하고자 할 때에는 3학년이 1학년보다 작은 경우는 고려할 필요가 없고 큰 경우만 고려하면 될 것이다.

[그림 7.3]에서 보는 것과 같이 단측검증의 경우에는 기각영역이 한쪽에만 있고,

기각영역도 α이다. 따라서 단측검증의 경우에는 좀 더 쉽게 영가설을 기각할 수 있다.

두 표본의 차이에 의해 두 모집단간에 차이가 있는지를 검증하고자 할 때에는 한 집단이 다른 집단보다 현저하게 커서 차이가 날 수도 있고, 작아서 차이가 날 수도 있으므로 일반적으로 양측검증을 사용한다. 그러나 한 집단이 다른 집단보다 크거나 작은 것을 분명히 알면서 두 집단간에 통계적으로 일정 신뢰수준 이상 차이가 나는지를 검증하고자 할 때에는 단측검증을 사용한다.

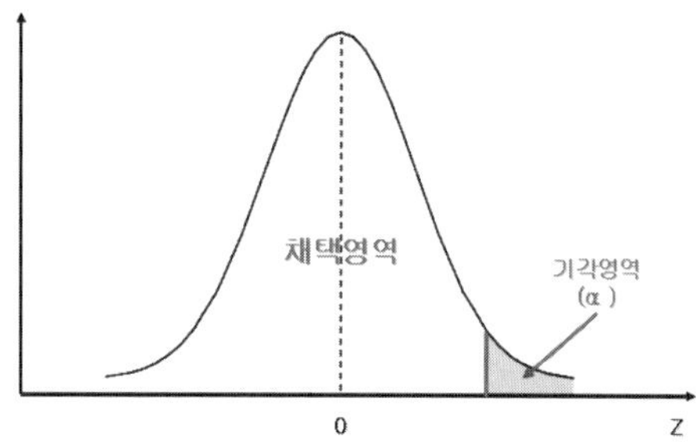

[그림 7.3] 단측검증의 기각영역

4) 가설검증의 오류

(1) 제1종 오류

우리는 일정한 유의수준을 설정하고, 그 유의수준 하에서 영가설을 채택하거나 기각하게 된다. 일정한 유의수준 하에서 영가설을 기각할 때, 항상 일정한 수준의 오류를 범할 가능성이 내포되어 있다.

예를 들면, 95% 신뢰수준을 확보하기 위해 유의수준 $\alpha = 0.05$를 설정했다면, 우리는 5% 이내의 오류를 범할 가능성이 있다. 즉, 두 모집단간에 실제로 차이가 없어 영가설을 채택해야 하는 이를 기각함으로써 범할 수 있는 오류가 5%라는 것이다.

이와 같이 영가설을 채택해야 하는데, 이를 기각함으로써 범하는 오류를 제1종 오류(Type Ⅰ Error)라 한다. 제1종 오류는 영가설을 기각할 때만 발생할 수 있고 오류를 범할 가능성이 유의수준에 따라 다르므로 이를 알파(α) 오류라고도 한다.

예를 들면, 유의수준 0.05에서 영가설을 기각했을 때 오류를 범할 수 있는 확률은 5%이고, 유의수준 0.01에서 영가설을 기각했을 때 오류를 범할 수 있는 확률은

1%이다.

제1종 오류는 유의수준 α와 일치하므로 제1종 오류를 적게 범하기 위해서는 유의수준을 작게 할 필요가 있다. 전체를 1이라고 한다면 옳은 영가설을 기각함으로써 발생할 수 있는 오류는 α이고, 옳은 영가설을 올바르게 채택할 가능성은 $1 - \alpha$이다.

(2) 제2종 오류

일정한 유의수준 하에서 영가설을 채택할 때도 항상 일정한 오류를 범할 가능성이 내포되어 있다.

예를 들면, 두 집단간에 실제로 차이가 있어 영가설을 기각해야 하는데 이를 채택하는 경우에는 오류를 범하게 된다. 이와 같이 영가설을 기각해야 하는데, 이를 채택함으로써 발생하는 오류를 제2종 오류(Type II Error)라 하고, 베타(β) 오류라고도 한다.

제1종 오류와 반대로 제2종 오류는 유의수준이 적어짐에 따라 그 발생 가능성이 커진다. 예를 들면, 유의수준 0.05일 때에 비해 0.01일 때 영가설을 기각할 수 있는 영역은 적어지게 되며, 이로 인해 기각해야 영가설을 채택할 가능성이 높아진다. 따라서 제2종 오류를 적게 하기 위해서는 유의수준을 크게 할 필요가 있다. 전체를 1이라고 한다면 옳지 않은 영가설을 채택함으로써 발생할 수 있는 오류는 β이고, 옳지 않은 영가설을 올바르게 기각할 가능성은 $1 - \beta$이다.

이와 같이 제1종 오류와 제2종 오류를 범할 가능성은 반비례 관계에 있어 제1종 오류를 줄이려고 하면 제2종 오류가 커질 수 있고, 제2종 오류를 줄이려고 하면 제1종 오류가 커질 수 있다.

그러나 우리가 연구를 할 때 영가설을 설정하는 이유는 이를 기각하기 위해서, 즉 독립변수가 종속변수에 영향을 미친다는 것을 검증하기 위해서 설정했다고 볼 수 있다. 따라서 영가설을 기각할 때 범할 수 있는 오류를 몇 %까지 허용할 것인가를 생각하고 α값을 정해야 할 것이다. 지금까지의 설명한 것을 정리하면 [표 7.1]과 같다.

[표 7.1] 가설검증에 수반되는 제1종 오류와 제2종 오류

결정	영가설(귀무가설) : H_0	
	참(True)	거짓(False)
기각	제1종 오류(α오류)	옳은 결정
기각하지 않음	옳은 결정	제2종 오류(β오류)

◆ 제1종 오류 : 영가설이 참인데도 이를 기각하는 오류를 말하며, 이를 비유적으로 말하면 무죄인데 유죄로 판명하는 경우를 말한다.
◆ 제2종 오류 : 영가설이 거짓인데도 이를 기각하지 않는 오류를 말하며, 이를 비유적으로 말하면 유죄인데 무죄로 판명하는 경우를 말한다.

[표 7.1]를 예를 들어 설명하면 제1종 오류와 제2종 오류에 대한 이해가 더 쉬울 것이다. 남녀 간에 IQ 점수에 차이가 없는 것이 참이라고 하자. 즉, 실제로 남녀 간에 IQ 점수에 차이가 없다고 하자. 이때 영가설을 채택하면 오류를 범하지 않은 옳은 결정이다. 그러나 영가설을 기각하면 오류를 범하게 될 것이며, 이를 제1종 오류라 한다.

이번에는 남녀 간에 IQ 점수에 실제로 차이가 있다고 하자. 이때 영가설을 기각하면 오류를 범하지 않은 옳은 결정이다. 그러나 영가설을 채택하면 오류를 범하게 될 것이며, 이를 제2종 오류라 한다.

2. 변수의 성질에 따른 통계기법

가설검증을 위해 사용되는 통계기법들은 여러 가지가 있다. 우리가 자료를 분석하고자 할 때 맨 먼저 생각해야 할 것은 이러한 여러 가지 방법 중 어떤 통계기법을 사용할 것인가를 결정하는 것이다. 이는 분석하고자 하는 자료의 성격, 즉 자료의 독립변수와 종속변수가 어떤 성질의 것인가에 따라 사용해야 할 통계기법이 다르다는 것이다. 독립변수와 종속변수의 성질에 따라 사용해야 할 기본적인 통계기법들은 [표 7.2]와 같다.

[표 7.2] 변수의 성질에 따른 통계기법

<table>
<tr><th colspan="2" rowspan="2">구분</th><th colspan="2">독 립 변 수</th></tr>
<tr><th>비연속적 변수(명목, 서열)</th><th>연속적 변수(등간, 비율)</th></tr>
<tr><td rowspan="2">종속변수</td><td>비연속적 변수
(명목, 서열)</td><td>• 카이스퀘어(x^2) 검증
• x^2 이외의 두 변수간의 인과관계 검증 :
– Median 검증, Mann-Whitney U검증
– Kruskal-Wallis H검증
– Wilcoxon Singed-Rank 검증
• 상관관계분석
– 명목변수 : 파이계수, 개연성 계수, 람다
– 서열변수 : 스페어만 순위차 상관계수, 감마</td><td>• 판별분석</td></tr>
<tr><td>연속적 변수
(등간, 비율)</td><td>• t검증 : 독립변수가 2집단일 때
• 분산분석 : 독립변수가 3집단 이상일 때</td><td>• 상관관계분석
(피어슨의 상관관계)
• 회귀분석</td></tr>
</table>

우선 독립변수가 비연속적 변수일 때를 살펴보자.

예를 들면, 남녀 간에 담배 피우는데 차이가 있는가를 검증하고자 할 경우 독립변수가 명목변수로 비연속적 변수이고 종속변수도 명목변수로 비연속적 변수이므로 카이스퀘어검증(Chi-square Test : x^2)을 사용한다.

남녀 간의 수학성적에 차이가 있는가를 검증하고자 할 경우, 독립변수는 비연속적 변수이면서 남녀 2집단이고, 수학성적은 연속적 변수이므로 t검증(t $Test$)을 사용한다.

어느 대학의 1, 2, 3, 4학년 간에 토익성적에 차이가 있는가를 검증하고자 할 경우에는 독립변수는 비연속적 변수이면서 4개 집단이고, 종속변수는 연속적 변수이므로 분산분석(分散分析, Analysis of Variance : ANOVA)을 사용한다.

다음에 독립변수가 연속적 변수일 때를 살펴보자.

예를 들면, 교육연수에 따라 취업여부에 차이가 있는가를 검증하고자 할 경우에는 독립변수는 연속적 변수이고, 종속변수는 비연속적 변수이므로 판별분석(判別分析, Discriminant Analysis)을 사용한다.

신장과 몸무게와의 관계를 분석하고자 할 경우에는 신장과 몸무게를 재는 척도가 모두 연속적 변수이므로 상관관계분석(相關關係分析, Correlation Analysis)을 사용한다.

교육연수가 임금에 영향을 미치는가를 검증할 때에는 독립변수인 교육연수가 연속적 변수이고, 종속변수인 임금도 연속적 변수이면서 교육연수가 독립변수이고, 임금이 종속변수라는 것을 알 수 있기 때문에 회귀분석(回歸分析, Regression Analysis)을 사용한다.

상관관계분석이 회귀분석과 다른 점은 상관관계의 경우 독립변수와 종속변수의 구분이 없다는 것이다. 즉, 키와 몸무게에 영향을 미치는 것인지, 몸무게가 키에 영향을 미치는 것인지 모르고 다만 키와 몸무게 간에 상관관계가 있는가를 검증하는 것이다.

각 통계기법을 사용하기 위해서는 위에서 설명한 독립변수와 종속변수의 성질뿐만 아니라 다른 여러 가지 부수적인 요건들이 충족되어야 한다. 그러나 여러 가지 요건 중에서 독립변수와 종속변수의 성질이 어느 통계기법을 사용해야 하는가를 결정하는데 제일 중요한 요건이다.

3. 추론통계기법에 대한 논리전개

제8장부터 다룰 각각의 통계기법에 대해 다음과 같은 순서에 의해 논리를 전개해 나가고자 한다.

첫째, 각 통계기법에 사용될 수 있는 자료의 요건을 검토한다. 즉, 각 통계기법을 다룰 때 자료가 어떤 요건을 갖추고 있을 때 그 통계기법을 사용할 수 있는가를 검토한다.

둘째, 각 통계기법의 기본원리, 즉 어떤 원리에 의해 각 통계기법들이 만들어졌는가를 파악한다. 특히 통계기법에서 관찰 x^2값, t값, F값 등을 구하는 공식이 어떤 원리에 의해 만들어졌는가를 파악한다.

셋째, 수치를 이용하여 가설을 검증한다. 즉, 각 통계기법을 적용하기에 알맞은 자료를 사용하여 변수간의 관계를 직접 계산을 통하여 검증한다. 변수간의 가설을 다음 순서에 의해 검증한다.

① 영가설(H_0) 또는 연구가설(H_1)을 설정한다. 이 경우 주로 영가설을 많이 이용한다. 즉, 독립변수가 종속변수에 영향을 미치지 않는다. 또는 두 변수 사이에

차이가 없다고 가정한다.

② 각 통계기법에 의한 관찰 x^2값, t값, F값을 계산한다. 관찰 x^2값, t값, F값은 2개 이상의 집단간의 차이를 나타내는 값으로 관찰 x^2값, t값, F값이 클수록 2개 이상 집단간에 차이가 많이 나타난다는 것을 의미한다.

③ 부록의 x^2분포표, t분포표, F분포표를 이용하여 기준 x^2값, t값, F값을 구한다. 관찰 x^2값, t값, F값을 구한 후에 그 값이 어느 정도 커야 두 집단간에 유의미한 차이가 난다고 할 수 있는가를 결정할 수 있는 기준이 있어야 하는데, 이를 기준 x^2값, t값, F값이라 한다. 기준 x^2값, t값, F값을 구하기 위해서는 신뢰수준(예 : 95%, 99%)을 얼마로 할 것인가를 먼저 결정해야 한다. 신뢰수준이 높을수록 기준 x^2값, t값, F값은 커진다.

④ 관찰 x^2값, t값, F값과 기준 x^2값, t값, F값을 비교하여 영가설의 채택 또는 기각을 결정한다. 예를 들면, 관찰 x^2값이 기준 x^2값보다 클 때는 두 집단간의 차이가 기준으로 정한 값(예 : 95%, 99% 등의 신뢰수준을 확보할 수 있는 기준값)보다 크다는 것을 의미한다. 따라서 두 집단간에 큰 차이가 난다고 할 수 있으므로 영가설을 기각한다. 반면에 관찰 x^2값, t값, F값이 기준 x^2값, t값, F값보다 작을 때는 두 개 이상의 집단간의 차이가 일정한 신뢰수준을 확보할 수 있는 기준값보다 작다고 할 수 있으므로 영가설을 채택한다. 이를 정리하면 다음과 같다.

- 관찰 x^2값, t값, F값 > 기준 x^2값, t값, F값 : 영가설 기각
- 관찰 x^2값, t값, F값 < 기준 x^2값, t값, F값 : 영가설 채택

넷째, SPSS 프로그램을 활용하여 가설을 검증한다. 즉, 컴퓨터 SPSS 프로그램을 이용하여 결과를 산출하고 해석하는 방법을 설명하고, 수치를 이용하여 계산한 결과와 일치여부를 점검한다.

연 / 습 / 문 / 제

1. 추론통계란 무엇이며, 추론통계에는 어떤 통계기법들이 있는가를 설명하시오.

2. 영가설과 연구가설을 비교하여 설명하시오.

3. 유의순준과 임계치와의 관계를 설명하시오.

4. 양측검증과 단측검증을 비교하여 설명하시오.

5. 제1종 오류와 제2종 오류를 비교하여 설명하시오.

6. 독립변수와 종속변수가 모두 비연속적 변수일 때 사용될 수 있는 통계기법을 나열하여 간략하게 설명하시오.

7. t검증과 분산분석이 사용될 수 있는 경우를 예를 들어 설명하시오.

8. 상관관계분석과 회귀분석이 사용될 수 있는 경우를 예를 들어 설명하시오.

제 8 장
t 검증

1. 두 모집단의 평균차이 검증
2. 동일 표본의 평균차이 검증
3. 두 모집단의 비율차이 검증
4. SPSS를 이용한 검증

[연습문제]

이 장(章)에서는 두 모집단에 대한 표본의 평균차이에 의해 두 모집단의 평균에 차이가 있는가를 검증해 보고자 한다. 먼저 두 모집단의 평균차이에 대한 가설검증을 살펴보고, 이어서 동일한 표본을 두 번 검사했을 때의 평균차이에 대한 가설검증 및 두 모집단의 비율차이에 대한 가설검증을 살펴보고자 한다.

1. 두 모집단의 평균차이 검증

1) t 검증의 주요요건

t검증을 사용하기 위해서는 다음과 같이 분석하고자 하는 자료가 몇 가지의 요건을 갖추어야 한다.

① 독립변수는 비연속적 변수(명목변수, 서열변수)이며, 종속변수는 연속적 변수(등간변수, 비율변수)이어야 한다. 이때 독립변수는 반드시 2개의 집단이어야 한다. 이 요건은 가장 중요한 요건으로 엄격히 충족되어야 한다. 다만 서열변수는 때때로 연속적 변수로 취급되어 t검증을 사용할 수 있다.
② 두 모집단의 분포가 모두 정규분포이어야 한다. 이 요건은 각 집단의 표본이 30개 이상이면 일반적으로 t검증이 가능하며, 조사자는 모집단의 분포형태를 정확히 모르기 때문에 표본크기를 크게 함으로써 충족시킬 수 있다.
③ 각 모집단의 분산은 동일하여야 한다. 이 요건은 두 집단의 표본크기를 같게 함으로써 어느 정도 충족시킨다고 볼 수 있다.

위의 요건들 중에 ②와 ③은 표본을 크게 하고 두 표본의 크기를 같게 하면 충족되었다고 볼 수 있으며, ①은 t검증의 사용여부를 결정하는 가장 중요한 요건이다.

2) t 검증의 기본원리

(1) 평균차이의 분포

어느 연구자가 30세 이상의 성인을 대상으로 결혼한 사람과 독신인 사람 간에

생의 만족도에 차이가 있는가를 검증하고자 한다. 무수히 많은 30세 이상의 결혼한 사람과 독신인 사람들로 구성된 모집단이 있다고 하자. 연구자는 만족도를 측정하기 위해서 100점 만점의 설문지를 만들었다. 모집단으로부터 결혼한 사람과 독신인 사람 50명을 표본으로 추출하여 설문지에 의해 조사한 결과 결혼한 사람들의 평균은 62점이었으며, 독신인 사람들의 평균은 59점이었다. 결혼한 사람들이 독신인 사람들보다 만족도에 있어 3점이 높은데, 이는 두 집단간에 실제로 만족도에 차이가 있어서 그런 차이가 났는지, 표본추출과정에서의 오류 때문에 나타난 차이인지를 알 수가 없다.

일단 결혼한 모집단과 독신인 모집단간에 만족도에 차이가 없으며, 두 집단 모두 만족도 평균이 60점이라고 가정하자($\mu_1 = \mu_2 = 60$). 두 집단으로부터 50명씩 표본추출하여 평균을 냈더니 위와 같이 결혼한 집단은 62점, 독신인 집단은 59점이었다. 이 경우 두 모집단간에는 차이가 없는데, 두 표본의 평균에 3(62-59)점의 차이가 난 것은 결혼한 모집단으로부터는 만족도가 높은 사람들이, 독신인 모집단으로부터는 만족도가 낮은 사람들이 추출되었기 때문일 것이다.

다시 두 모집단으로부터 50명씩 표본추출하여 평균을 냈더니 결혼한 집단은 58점, 독신인 집단은 62점이었다. 이번에 두 집단간의 평균차이 -4 (58- 62)점은 첫번째와는 반대로 결혼한 모집단으로부터는 만족도가 낮은 사람들이, 독신인 모집단으로부터는 만족도가 높은 사람들이 추출되었기 때문일 것이다.

이렇게 두 모집단으로부터 50명씩 표본추출을 하는 것을 100번하여 두 집단간의 차이를 구한 것을 정리했더니 [표 8.1]과 같았다. 만약 두 집단간에 차이가 없다는 영가설이 사실이라면 두 집단간의 평균차이 분포는 좌우대칭인 정규분포에 가깝고, 평균은 0에 가까울 것이다. 왜냐하면 두 집단간의 차이는 표본추출에 의한 오류에 따른 것이기 때문이다. 즉, 수없이 표본추출을 하였을 경우 양과 음의 분포는 서로 상쇄되어 거의 0이 될 것이기 때문이다.

[표 8.1]의 평균은 -0.01로 0에 가까우나 약간의 차이가 있고, 이를 그림으로 나타내면 [그림 8.1]과 같이 거의 정규분포에 가까우나 완전한 정규분포가 되지는 않는다. 그러나 두 모집단으로부터 50명씩 표본추출하는 것을 무수히 많이 한다면 두 집단의 평균차이들의 평균($\overline{\overline{X_1} - \overline{X_2}}$)은 0이 될 것이고, 두 집단의 평균차이 분포는 완전한 정규분포곡선이 될 것이다.

$$\overline{\overline{X_1} - \overline{X_2}} = \frac{\sum f(\overline{X_1} - \overline{X_2})}{N} = \frac{-1}{100} = -0.01$$

[표 8.1] 100쌍에 대한 두 표본의 평균차이 분포

평균차이($\overline{X_1} - \overline{X_2}$)	도수(f)	$f(\overline{X_1} - \overline{X_2})$
6	1	6
5	3	15
4	5	20
3	8	24
2	11	22
1	14	14
0	16	0
−1	14	−14
−2	10	−20
−3	9	−27
−4	5	−20
−5	3	−15
−6	1	−6
계	100	−1

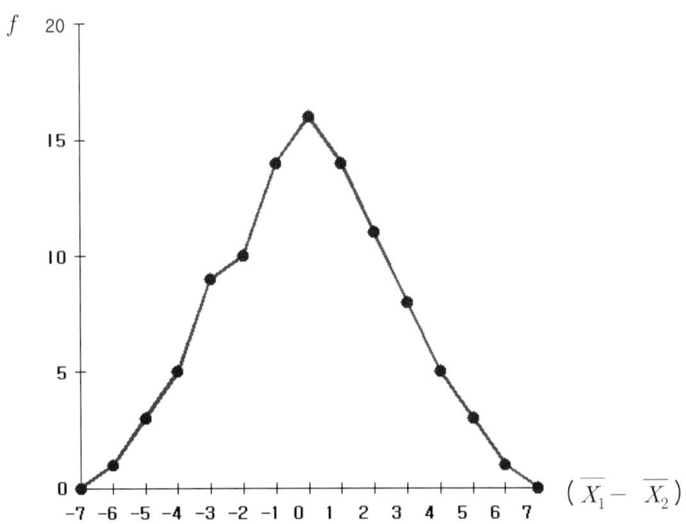

[그림 8.1] 100쌍에 대한 두 표본집단의 평균차이 그래프

(2) 평균차이분포의 가설검증

a) *Z*분포에서의 검증

우리는 제5장에서 관찰값이 평균으로부터 몇 표준편차 떨어져 있는가를 계산함으로써 확률을 파악할 수 있었으며, 제6장에서 표본평균이 표본평균들의 평균으로부터 몇 표준편차 떨어져 있는가를 계산함으로써 확률을 파악할 수 있었다.

여기서는 두 표본평균차이가 표본평균차이들의 평균으로부터 몇 표준편차 떨어져 있는가를 계산함으로써 확률을 파악해 보고자 한다.

우리는 앞에서 두 모집단으로부터 표본추출을 무수히 많이 하였을 경우, 두 집단 간의 평균차이분포는 정규분포곡선이 된다는 것을 살펴보았다. 따라서 표본평균들의 평균($\overline{\overline{X_1} - \overline{X_2}}$)으로부터 ±1 표준편차($\sigma_{\overline{X_1} - \overline{X_2}}$) 사이가 전체의 68.26%를 차지하며, ±2 표준편차($\sigma_{\overline{X_1} - \overline{X_2}}$) 사이가 전체의 95.54%를 차지한다는 것을 알 수 있다. 한편 전체의 95%를 차지하기 위한 영역은 평균으로부터 ±1.96 표준편차(0.95 ÷ 2 = 0.475일 때 Z = 1.96) 사이라는 것도 알 수 있다.

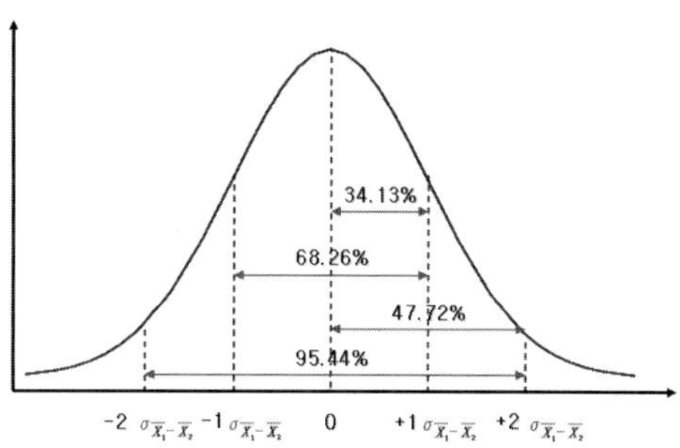

[그림 8.2] 표본평균차이의 분포

제5장과 제6장에서 논의되었던 *Z*값 계산 공식과 본 장의 평균차이분포에서 *Z*값 계산 공식은 같은 원리에 의해 만들어진 것으로서 한 사례의 관찰값이 모집단 평균으로부터 몇 표준편차 떨어져 있는가를 계산하는 공식은 〈수식 8.1〉과 같다.

$$Z = \frac{X - \mu}{\sigma} \qquad \text{〈수식 8.1〉}$$

여기서, X : 한 사례의 관찰값

μ : 모집단의 평균

σ : 모집단의 표준편차

또한 한 표본평균이 표본평균들의 평균으로부터 몇 표준편차 떨어져 있는가를 계산하는 공식은 〈수식 8.2〉와 같다.

$$Z = \frac{\overline{X} - \overline{\overline{X}}}{\sigma_{\overline{X}}} = \frac{\overline{X} - \mu}{\sigma_{\overline{X}}} \qquad \text{〈수식 8.2〉}$$

여기서, $\overline{X}$: 한 표본의 평균

$\overline{\overline{X}} = \mu$: 표본평균들의 평균 = 모집단의 평균

$\sigma_{\overline{X}}$: 표본평균들의 표준편차

한편 두 표본평균차이가 두 표본평균차이들의 평균으로부터 몇 표준편차 떨어져 있는가를 계산하는 공식은 〈수식 8.3〉과 같다.

$$Z = \frac{(\overline{X_1} - \overline{X_2}) - (\overline{\overline{X_1} - \overline{X_2}})}{\sigma_{\overline{X_1} - \overline{X_2}}} = \frac{(\overline{X_1} - \overline{X_2}) - 0}{\sigma_{\overline{X_1} - \overline{X_2}}} = \frac{\overline{X_1} - \overline{X_2}}{\sigma_{\overline{X_1} - \overline{X_2}}} \qquad \text{〈수식 8.3〉}$$

여기서, $\overline{X_1} - \overline{X_2}$: 두 표본의 평균차이

$\overline{\overline{X_1} - \overline{X_2}}$: 두 표본평균차이들의 평균

$\sigma_{\overline{X_1} - \overline{X_2}}$: 두 표본평균차이들의 표준편차

앞의 예에서 두 표본을 추출해서 각각 만족도의 평균을 계산한 결과 결혼한 집단의 평균은 62, 독신인 집단의 평균은 57이었으며, 두 표본평균차이들의 표준편차 ($\sigma_{\overline{X_1} - \overline{X_2}}$)가 2였다면 다음과 같은 Z값을 얻을 수 있다. 이와 같이 실제 조사에 의해 얻어진 Z값을 관찰 Z값이라 한다.

$$Z = \frac{\overline{X_1} - \overline{X_2}}{\sigma_{\overline{X_1} - \overline{X_2}}} = \frac{62 - 57}{2} = \frac{5}{2} = 2.5$$

Z분포표에서 $Z = 2.5$일 때 0.4938이므로 [그림 8.3]에서 오른쪽 꼬리부분은 0.0062이다. 또한 왼쪽 꼬리부분도 0.0062가 될 것이며, 양쪽을 모두 합하면 0.0124가 될 것이다.

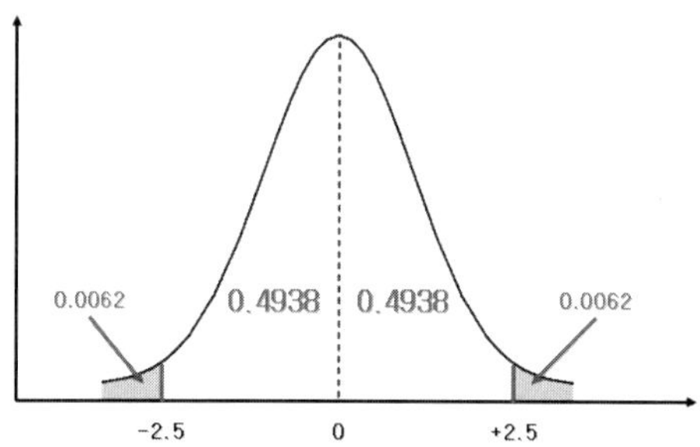

[그림 8.3] 표본평균차이분포에서의 Z값에 따른 확률

이는 100개의 표본평균차이들 중에서 약 1.2개가 $Z > 2.5$ 또는 $Z < -2.5$ 영역에 있을 것이며, 약 98.8개가 $-2.5 < Z < 2.5$ 사이에 있을 것이다. 즉, 오류에 의해서 두 표본평균차이가 5 이상이나 5 이하가 될 확률은 1.2%, 100번 중에 약 1.2번 정도가 될 것이다.

따라서 두 표본을 추출해서 그들의 표본차이의 Z값이 2.5일 때 두 모집단의 평균에 차이가 난다고 결정하면 1.2%의 오류를 범하게 될 것이다. 또한 양쪽의 꼬리부분이 영가설을 기각했을 때 범할 수 있는 오류의 비율이므로, 이 경우 영가설을 기각했을 때 범할 수 있는 오류의 비율이 1.2%가 된다고 설명할 수 있다.

이 원리를 다른 예를 들어 설명하면, $Z = 0$일 때 두 모집단의 평균에 차이가 난다고 결정하면 100% 오류를 범하게 될 것이다. 왜냐하면 $Z = 0$이면 전혀 차이가 나지 않는데, 이를 차이가 난다고 결정했기 때문이다.

위의 내용들을 요약하면 두 표본평균차이의 Z값이 커질수록 두 모집단의 평균에 차이가 난다고 결론을 내릴 때 더 작은 오류를 범하게 된다. 그러면 Z값이 어느 정도 클 때 우리는 모집단의 평균에 차이가 난다고 결론을 내릴 수 있을까? 이 기준을 정해 주는 것이 기준 Z값이다. 기준 Z값은 연구자가 어느 정도 신뢰수준을 확보하기를 원하느냐에 다르며, Z분포표를 이용하여 구한다.

예를 들면, 95% 신뢰수준을 확보하기 위한 기준 Z값은 1.96(0.95 ÷ 2 = 0.475, 0.475일 때 Z = 1.96)이며, 99% 신뢰수준을 확보하기 위한 Z값은 2.58(0.99 ÷ 2 = 0.495, 0.495일 때 Z = 2.58)이다.

위의 예에서 95% 신뢰수준을 확보하기를 원하는 경우에는 관찰 Z값 2.5가 기준 Z값 1.95보다 크기 때문에 두 모집단의 평균에 차이가 난다고 결론을 내릴 수 있다. 즉, 모집단의 평균에 차이가 나지 않는다는 영가설을 기각할 수 있다. 왜냐하면 95% 신뢰수준을 확보하기를 원한다면 5% 미만의 오류를 범하는 것이 허용된다는 의미인데, 관찰 Z값이 2.5일 때 두 모집단의 평균에 차이가 난다고 결론을 내리면 1.2%의 오류를 범하기 때문이다.

그러나 99% 신뢰도를 확보하기를 원하는 경우에는 관찰 Z값 2.5가 기준 Z값 2.58보다 적기 때문에 두 모집단의 평균에 차이가 난다고 결론을 내릴 수 없다. 즉, 이 경우에는 두 모집단간의 평균에 차이가 나지 않는다는 영가설을 채택해야 한다. 왜냐하면 99% 신뢰수준을 확보하기를 원한다면 1% 미만의 오류를 범하는 것이 허용된다는 의미인데, 관찰 Z값 2.5일 때 두 모집단의 평균에 차이가 난다고 결론을 내리면, 1.2%의 오류를 범하기 때문이다.

결론적으로 우리는 다음과 같이 관찰 Z값과 기준 Z값을 비교하여 영가설의 채택 또는 기각여부를 결정한다.

- 관찰 Z값 > 기준 Z값일 때 : 영가설 기각
- 관찰 Z값 < 기준 Z값일 때 : 영가설 채택

예제 1

남녀 간에 임금에 차이가 있는가를 검증하기 위해 남녀 각각 100명씩 표본을 추출하여 조사한 결과 남녀 월평균임금은 각각 180만원과 160만원이었고, 두 표본평균차이들의 표준편차($\sigma_{\overline{X}_1-\overline{X}_2}$)는 15만원이었다. 신뢰수준 95%에서 남녀 모집단의 월 평균임금에 차이가 있는지 검증하여라.

풀이

① 영가설을 세운다.

H_0 : $\mu_1 = \mu_2$(남녀 간에 월 평균임금에 차이가 없다.)

② 〈수식 8.3〉를 이용하여 관찰 Z값을 계산한다.

$$Z = \frac{\overline{X_1} - \overline{X_2}}{\sigma_{\overline{X_1}-\overline{X_2}}} = \frac{180 - 160}{15} = \frac{20}{15} = 1.33$$

③ 95% 신뢰수준을 확보하기 위한 기준 Z값을 구한다.
0.95 ÷ 2 = 0.475, 0.475일 때 Z = 1.96(Z분포표를 이용하여 구함)

④ 관찰 Z값과 기준 Z값을 비교한다.
관찰 Z값 1.33이 기준 Z값 1.96보다 작으므로 영가설을 채택한다. 즉, 남녀 간의 월 평균임금에 차이가 없다고 해석할 수 있다.

---

b) t분포에서의 검증

관찰 Z값을 구하기 위해서는 두 표본평균차이들의 표준편차($\sigma_{\overline{X_1}-\overline{X_2}}$)를 알아야 한다. 그러나 두 표본평균차이들의 표준편차를 구하기 위해서는 두 모집단으로부터 두 표본을 추출하는 것을 무수히 많이 한 후에야 알 수 있기 때문에 현실적으로 두 표본평균차이들의 표준편차($\sigma_{\overline{X_1}-\overline{X_2}}$)를 구하는 것은 불가능하다.

우리는 두 모집단으로부터 두 표본을 한 번 추출하여 이 자료에 의해 두 모집단의 평균에 차이가 나는가를 검토해 보기를 원한다. 따라서 두 표본평균차이들의 표준편차($\sigma_{\overline{X_1}-\overline{X_2}}$)를 한 번 추출한 두 표본의 자료에 의해 구할 수 있는 방법이 강구되어야 할 것이다. 두 표본평균차이들의 표준편차($\sigma_{\overline{X_1}-\overline{X_2}}$)를 대체할 수 있는 공통표준오차($S_{\overline{X_1}-\overline{X_2}}$)를 구하는 공식은 〈수식 8.4〉와 같다.

$$S_{\overline{X_1}-\overline{X_2}} = \sqrt{\left(\frac{N_1S_1^2+N_2S_2^2}{N_1+N_2-2}\right)\left(\frac{1}{N_1}+\frac{1}{N_2}\right)} = \sqrt{\left(\frac{N_1S_1^2+N_2S_2^2}{N_1+N_2-2}\right)\left(\frac{N_1+N_2}{N_1N_2}\right)} \quad \text{〈수식 8.4〉}$$

여기서, $S_{\overline{X_1}-\overline{X_2}}$: 두 표본의 공통표준오차

S_1^2 : 표본 1의 분산(표준편차의 제곱)

S_2^2 : 표본 2의 분산(표준편차의 제곱)

N_1 : 표본 1의 표본수

N_2 : 표본 2의 표본수

위 공식은 각 표본의 분산에 의해 두 표본의 공통표준오차를 구하는 것으로서 각 표본의 분산에 각각의 표본수를 곱해 줌으로써 각 표본의 가중치가 고려되었다. 또한 S_1, S_2에 의해 σ_1, σ_2를 추론한 것이기 때문에 전체 표본의 자유도인 $(N_1-1)+(N_2-1) = N_1+N_2-2$로 나누어 주었으며, 표본수만큼 가중치를 고려했기 때문에 $\left(\frac{1}{N_1}+\frac{1}{N_2}\right)$을 곱해 주었다.

한편 표본평균차이들의 표준편차($\sigma_{\overline{X_1}-\overline{X_2}}$)를 모를 경우에는 Z분포 대신 t분포를 이용하며, t값을 구하는 공식은 〈수식 8.5〉와 같다.

$$t = \frac{\overline{X_1}-\overline{X_2}}{S_{\overline{X_1}-\overline{X_2}}} \qquad \text{〈수식 8.5〉}$$

여기서, $\overline{X_1}$: 표본 1의 평균

$\overline{X_2}$: 표본 2의 평균

$S_{\overline{X_1}-\overline{X_2}}$: 두 표본의 공통표준오차

그러면 t분포를 이용하여 두 모집단의 평균에 차이가 있는가를 예를 들어 검증해 보자.

예 제 2

어느 연구자가 진보적인 부모와 보수적인 부모 간의 자녀들에 대한 관용성에 차이가 있는가를 검증해 보고자 한다. 진보적인 부모 25명을 표본으로 추출하여 평균과 표준편차를 구했더니 60점, 12점이었으며, 보수적인 부모 35명을 표본으로 추출하여 평균과 표준편차를 구했더니 49점, 14점이었다. 이 경우 두 집단간에 차이가 있는지를 신뢰수준 95%에서 검증하여라. 두 모집단의 분포는 정규분포임을 가정한다.

풀 이

① 영가설을 세운다.

$H_0 \ : \ \mu_1 = \mu_2$

② 〈수식 8.5〉를 이용하여 관찰 t값을 구한다.

$$t = \frac{\overline{X_1} - \overline{X_2}}{S_{\overline{X_1} - \overline{X_2}}}$$

$\overline{X_1} = 60$, $\overline{X_2} = 49$는 알 수 있으나, 공통표준오차($S_{\overline{X_1} - \overline{X_2}}$)를 모르기 때문에 t값을 구하기 위해서는 먼저 공통표준오차($S_{\overline{X_1} - \overline{X_2}}$)를 구하고, 이 값을 〈수식 8.5〉에 대입하여 t값을 구한다.

$$S_{\overline{X_1} - \overline{X_2}} = \sqrt{\left(\frac{N_1 S_1^2 + N_2 S_2^2}{N_1 + N_2 - 2}\right)\left(\frac{N_1 + N_2}{N_1 N_2}\right)}$$

$$= \sqrt{\left(\frac{25 \times 12^2 + 35 \times 14^2}{25 + 35 - 2}\right)\left(\frac{25 + 35}{25 \times 35}\right)}$$

$$= \sqrt{\left(\frac{3,600 + 6,860}{58}\right)\left(\frac{60}{875}\right)} = \sqrt{12.3665} = 3.52$$

$$\therefore t = \frac{\overline{X_1} - \overline{X_2}}{S_{\overline{X_1} - \overline{X_2}}} = \frac{60 - 49}{3.52} = \frac{11}{3.52} = 3.125$$

③ 신뢰수준 95%를 확보하기 위한 기준 t값을 구한다.

t분포표를 이용하여 t값을 구하기 위해서는 유의수준을 나타내는 α와 자유도(df)를 알아야 한다. 95% 신뢰수준을 확보하기 위한 α값은 1 − 0.95 = 0.05이며, 자유도는 $(N_1 - 1) + (N_2 - 1) = N_1 + N_2 - 2$ = 25 + 35 - 2 = 58이다. 자유도가 58일 때의 t값이 없으므로 58 바로 밑에 수 40일 때의 t값을 구하면 된다.

α = 0.05, df = 40일 때 t = 2.021이다.

④ 관찰 t값과 기준 t값을 비교한다.

관찰 t값 3.125가 기준 t값 2.021보다 크므로 영가설을 기각한다. 즉, 진보적인 부모와 보수적인 부모 사이에 자녀들에 대한 관용성에 차이가 있다고 볼 수 있다.

예제 3

어느 연구자가 남녀 간의 임금에 차이가 있는가를 연구하기 위해 남녀 각각 10명의 표본을 추출하여 조사한 결과 다음과 같은 자료([표 8.2])를 얻었다. 이 자료를 이용하여 남녀 간의 임금에 실제로 차이가 있는가를 신뢰수준 95%에서 검증하여라.

[표 8.2] 성별에 따른 월임금(단위 : 만원)

남자($\overline{X_1}$)	여자($\overline{X_2}$)
110	90
130	100
140	140
100	100
150	70
200	80
80	100
180	110
160	90
150	120
1,400	1,000

풀 이

① 영가설을 세운다.

H_0 : $\mu_1 = \mu_2$(μ_1 : 남자의 평균임금, μ_2 : 여자의 평균임금)

② 〈수식 8.5〉를 이용하여 관찰 t값을 계산한다.

$$t = \frac{\overline{X_1} - \overline{X_2}}{S_{\overline{X_1} - \overline{X_2}}}$$

ⓐ 남녀 평균임금($\overline{X_1}$, $\overline{X_2}$)을 계산한다.

$$\overline{X_1} = \frac{\sum X_1}{N_1} = \frac{1{,}400}{10} = 140$$

$$\overline{X_2} = \frac{\sum X_2}{N_2} = \frac{1{,}000}{10} = 100$$

ⓑ 남녀의 공통표준오차($S_{\overline{X_1} - \overline{X_2}}$)를 계산한다.

$$S_{\overline{X_1} - \overline{X_2}} = \sqrt{\left(\frac{N_1 S_1^2 + N_2 S_2^2}{N_1 + N_2 - 2}\right)\left(\frac{N_1 + N_2}{N_1 N_2}\right)}$$

공통표준오차($S_{\overline{X_1} - \overline{X_2}}$)를 구하기 위해서는 S_1^2, S_2^2을 구한 후, 이를 위의 공식에 대입하면 된다. S_1^2, S_2^2을 구하기 위해서는 [표 8.2]에 다음과 같이 X_1^2, X_2^2 칸을 만들어 합계를 구한 후, 공식에 대입하면 된다.

남자($\overline{X_1}$)	여자($\overline{X_2}$)	X_1^2	X_2^2
110	90	12,100	8,100
130	100	16,900	10,000
140	140	19,600	19,600
100	100	10,000	10,000
150	70	22,500	4,900
200	80	40,000	6,400
80	100	6,400	10,000
180	110	32,400	12,100
160	90	25,600	8,100
150	120	22,500	14,400
1,400	1,000	208,000	103,600

$$S_1^2 = \frac{\sum X_1^2}{N_1} - \overline{X_1}^2 = \frac{208,000}{10} - 140^2 = 1,200$$

$$S_2^2 = \frac{\sum X_2^2}{N_2} - \overline{X_2}^2 = \frac{103,600}{10} - 100^2 = 360$$

$$S_{\overline{X_1}-\overline{X_2}} = \sqrt{\left(\frac{N_1 S_1^2 + N_2 S_2^2}{N_1 + N_2 - 2}\right)\left(\frac{N_1 + N_2}{N_1 N_2}\right)}$$

$$= \sqrt{\left(\frac{10 \times 1,200 + 10 \times 360}{10 + 10 - 2}\right)\left(\frac{10 + 10}{10 \times 10}\right)} = 13.17$$

ⓒ 공식을 이용하여 관찰 t값을 계산한다.

$$t = \frac{\overline{X_1} - \overline{X_2}}{S_{\overline{X_1}-\overline{X_2}}} = \frac{140 - 100}{13.17} = 3.04$$

③ 기준 t값을 계산한다.

t값을 구하기 위해서는 유의수준(α)과 자유도(df)를 알아야 한다.

ⓐ 유의수준(α) 계산한다.

신뢰수준 95%이므로 α = 1 - 0.95 = 0.05이다.

ⓑ 자유도(df)를 계산한다.

df = $N_1 + N_2 - 2$ = 10 + 10 - 2 = 18이다.

ⓒ t분포표를 이용하여 t값을 구한다.

α = 0.05, df = 18일 때, t = 2.101이다.

④ 관찰 t값과 기준 t값을 비교한다.

관찰 t값 3.04가 기준 t값 2.101보다 크므로 영가설을 기각한다. 즉, 남녀 간에 임금의 차이가 있다고 할 수 있다.

예 제 4

어느 연구자가 스트레스가 술 소비량에 영향을 미치는가를 조사하기 위해서 성인 25명을 표본추출하였다. 먼저 25명에 대해 스트레스를 받은 정도를 조사하여 스트레스를 적게 받은 사람 15명과 스트레스를 많이 받은 사람 10명 두 집단으로 나누었다. 이들에 대해 소비량을 10점 만점의 척도로 조사한 결과 다음과 같은 자료([표 8.3])를 얻었다. 신뢰수준 99%에서 두 집단간에 술 소비량에 차이가 있는지를 검증하여라.

[표 8.3] 스트레스별 술 소비량

스트레스를 적게 받은 집단($\overline{X_1}$)	스트레스를 많이 받은 집단($\overline{X_2}$)
2	3
5	4
4	2
5	6
3	7
4	5
4	8
6	4
3	6
2	5
5	
3	
2	
7	
5	
60	50

풀 이

① 영가설을 세운다. 즉, 스트레스를 적게 받은 사람과 많이 받은 사람 간에 술 소비량이 같다고 가정한다.

$H_0 \ : \ \mu_1 = \mu_2$

μ_1 : 스트레스를 적게 받은 사람들의 평균 술 소비량

μ_2 : 스트레스를 많이 받은 사람들의 평균 술 소비량

② 〈수식 8.5〉를 이용하여 관찰 t값을 계산한다.

$$t = \frac{\overline{X_1} - \overline{X_2}}{S_{\overline{X_1} - \overline{X_2}}}$$

ⓐ 스트레스를 적게 받은 사람들과 많이 받은 사람들의 평균($\overline{X_1}$, $\overline{X_2}$)을 계산한다.

$$\overline{X_1} = \frac{\sum X_1}{N_1} = \frac{60}{15} = 4$$

$$\overline{X_2} = \frac{\sum X_2}{N_2} = \frac{50}{10} = 5$$

ⓑ 스트레스를 적게 받은 사람들과 많이 받은 사람들의 공통표준오차($S_{\overline{X_1}-\overline{X_2}}$)를 계산한다.

$$S_{\overline{X_1}-\overline{X_2}} = \sqrt{\left(\frac{N_1S_1^2+N_2S_2^2}{N_1+N_2-2}\right)\left(\frac{N_1+N_2}{N_1N_2}\right)}$$

먼저 S_1^2, S_2^2을 구한 후, 공통표준오차($S_{\overline{X_1}-\overline{X_2}}$)를 구한다. 다음과 같이 [표 8.3]에 X_1^2, X_2^2 칸을 만들어 합계를 구한 후, 공식에 대입하면 쉽게 S_1^2, S_2^2를 구할 수 있다.

스트레스를 적게 받은 집단($\overline{X_1}$)	스트레스를 많이 받은 집단($\overline{X_2}$)	X_1^2	X_2^2
2	3	4	9
5	4	25	16
4	2	16	4
5	6	25	36
3	7	9	49
4	5	16	25
4	8	16	64
6	4	36	16
3	6	9	36
2	5	4	25
5		25	
3		9	
2		4	
7		49	
5		25	
60	50	272	280

$$S_1^2 = \frac{\sum X_1^2}{N_1} - \overline{X_1}^2 = \frac{272}{15} - 4^2 = 18.13 - 16 = 2.13$$

$$S_2^2 = \frac{\sum X_2^2}{N_2} - \overline{X_2}^2 = \frac{280}{10} - 5^2 = 28 - 25 = 3$$

$$S_{\overline{X_1}-\overline{X_2}} = \sqrt{\left(\frac{N_1S_1^2+N_2S_2^2}{N_1+N_2-2}\right)\left(\frac{N_1+N_2}{N_1N_2}\right)}$$

$$= \sqrt{\left(\frac{15\times2.13+10\times3}{15+10-2}\right)\left(\frac{15+10}{15\times10}\right)} = 0.67$$

ⓒ 공식을 이용하여 관찰 t값을 계산한다.

$$t = \frac{\overline{X_1} - \overline{X_2}}{S_{\overline{X_1}-\overline{X_2}}} = \frac{4-5}{0.67} = -1.49$$

③ 기준 t값을 계산한다.

t값을 구하기 위해서는 유의수준(α)과 자유도(df)를 알아야 한다.

ⓐ 유의수준(α) 계산한다.
신뢰수준 99%이므로 α = 1 - 0.99 = 0.01이다.

ⓑ 자유도(df)를 계산한다.
$df = N_1 + N_2 - 2$ = 15 + 10 - 2 = 23이다.

ⓒ t분포표를 이용하여 t값을 구한다.
α = 0.01, df = 23일 때, t = 2.807이다.

④ 관찰 t값과 기준 t값을 비교한다.
관찰 t값 $|-1.49|$ 가 기준 t값 2.807보다 작으므로 영가설을 채택한다. 즉, 스트레스를 적게 받은 사람과 많이 받은 사람간에 술 소비량에 차이가 없다고 할 수 있다. 또는 스트레스는 알코올 소비량에 영향을 미치지 않는다고 할 수 있다.

2. 동일표본의 평균차이 검증

우리는 때때로 동일한 표본에 대해 다른 시점에서 조사해서 그 결과를 비교해 보아야 할 경우가 있다.

예를 들면, 폭력을 긍정적으로 다룬 영화가 아동들의 폭력에 대한 태도에 영향을 미치는가를 분석하기 위해 폭력 영화를 보기 전에 아동들의 폭력에 대한 태도를 조사하고, 폭력 영화를 본 후에 폭력에 대한 태도를 다시 조사해서 두 조사 결과에 차이가 나는지를 검토해 보는 경우 등이다.

동일표본을 반복해서 그 차이를 검증하는 경우 t값을 구하기 위한 공식은 〈수식 8.6〉과 같다.

$$t = \frac{\overline{X_1} - \overline{X_2}}{S_{\overline{D}}}$$

$$S_{\overline{D}} = \frac{S_D}{\sqrt{N-1}} \qquad \text{〈수식 8.6〉}$$

$$S_D = \sqrt{\frac{\sum (D-\overline{D})^2}{N}} = \sqrt{\frac{\sum D^2}{N} - \overline{D}^2} = \sqrt{\frac{\sum D^2}{N} - (\overline{X_1} - \overline{X_2})^2}$$

여기서, $S_{\overline{D}}$: 전후 관찰값 평균차이들의 표준편차(표준오차)

S_D : 한 표본의 전후 관찰값 차이들의 표준편차

D : 전후 관찰값의 차이

$\overline{D}$: 전후 관찰값 차이들의 평균

N : 표본수

예제 5

장애인 봉사활동이 장애인에 대한 긍정적인 인식을 강화시켜 주는데 기여하는가를 조사하기 위해 10명의 학생을 표본추출하여 장애인 봉사활동 전에 장애인에 대한 인식을 조사하고, 봉사활동 후에 인식을 조사했더니 다음과 같은 자료([표 8.4])를 얻었다. 장애인에 대한 인식을 조사하는 설문지는 10점 만점 척도이며, 점수가 높을수록 장애인에 대한 인식이 긍정적임을 나타낸다. 신뢰수준 95%에서 장애인 봉사활동 전후의 점수 차이를 검증하여라.

[표 8.4] 장애인 봉사활동 전후의 장애인에 대한 인식 점수

학생	X_1(봉사활동 전)	X_2(봉사활동 후)
영수	2	3
수환	3	5
기영	5	4
순이	4	5
다정	4	5
순정	6	4
길동	2	4
시원	7	8
수빈	1	1
소애	3	4
	37	43

풀이

① 영가설을 세운다.

영가설(H_0) : "장애인 봉사활동이 장애인에 대한 인식에 영향을 미치지 않는다."라고 가정한다.

H_0 : $\mu_1 = \mu_2$(μ_1 : 봉사활동 전 평균점수, μ_2 : 봉사활동 후 평균점수)

② 다음의 공식을 이용하여 관찰 t값을 계산한다.

$$t = \frac{\overline{X_1} - \overline{X_2}}{S_{\overline{D}}}$$

$$S_{\overline{D}} = \frac{S_D}{\sqrt{N-1}}$$

$$S_D = \sqrt{\frac{\sum(D - \overline{D})^2}{N}} = \sqrt{\frac{\sum D^2}{N} - \overline{D}^2} = \sqrt{\frac{\sum D^2}{N} - (\overline{X_1} - \overline{X_2})^2}$$

ⓐ 봉사활동 전후의 장애인에 대한 인식의 평균을 구한다.

$$\overline{X_1} = \frac{37}{10} = 3.7, \quad \overline{X_2} = \frac{43}{10} = 4.3$$

ⓑ 봉사활동 전후 점수 차이들에 대한 표준편차를 구한다. 먼저 $D = X_1 - X_2$, $D^2 = (X_1 - X_2)^2$ 칸을 만들어 그 합계를 구한 후 공식에 대입하면 쉽게 구할 수 있다.

$$S_D = \sqrt{\frac{\sum D^2}{N} - (\overline{X_1} - \overline{X_2})^2} = \sqrt{\frac{18}{10} - (3.7 - 4.3)^2}$$

$$= \sqrt{1.8 - 0.36} = 1.2$$

학생	X_1(봉사활동 전)	X_2(봉사활동 후)	$D = X_1 - X_2$	$D^2 = (X_1 - X_2)^2$
영수	2	3	−1	1
수환	3	5	−2	4
기영	5	4	1	1
순이	4	5	−1	1
다정	4	5	−1	1
순정	6	4	2	4
길동	2	4	−2	4
시원	7	8	−1	1
수빈	1	1	0	0
소애	3	4	−1	1
	37	43	−6	18

ⓒ 봉사활동 전후 점수 차이들에 대한 표준오차를 구한다.

$$S_{\overline{D}} = \frac{S_D}{\sqrt{N-1}} = \frac{1.2}{\sqrt{10 - 1}} = 0.4$$

ⓓ 공식을 이용하여 t값을 구한다.

$$t = \frac{\overline{X_1} - \overline{X_2}}{S_{\overline{D}}} = \frac{3.7 - 4.3}{0.4} = -1.5$$

③ 기준 t값을 구함

ⓐ α값을 구함 : $\alpha = 1 - 0.95 = 0.05$

ⓑ 자유도(df)를 구함 : $N - 1 = 10 - 1 = 9$

ⓒ t분포표를 이용하여 t값을 구함

$\alpha = 0.05$, $df = 9$일 때 $t = 2.262$

④ 관찰 t값과 기준 t값을 비교함

관찰 t값 $|-1.5|$가 기준 t값 2.262보다 작으므로 영가설을 채택한다. 즉, 봉사활동이 장애인에 대한 인식에 영향을 미치지 않는다고 할 수 있다.

예 제 6

한 사회복지사가 자폐증 아동을 치료하는 방법의 효과를 검증하기 위해 6명의 자폐증 아동을 표본추출하여 치료 전에 하루에 몇 번이나 다른 사람과 상호작용하는가를 관찰하고, 6개월간 치료 후에 다시 몇 번이나 상호작용하는가를 조사한 결과([표 8.5])가 다음과 같았다. 신뢰수준 95%에서 치료 전후에 상호작용 횟수에 차이가 있는지, 치료가 효과적인지를 검증하여라.

[표 8.5] 치료 전후의 상호작용 횟수

아동	X_1(치료전 상호작용 횟수)	X_2(치료후 상호작용 횟수)
1	3	4
2	2	5
3	4	6
4	1	3
5	0	3
6	2	6
	12	27

풀 이

① 영가설을 세운다.

영가설(H_0) : 즉, 치료 전후에 상호작용 수에 차이가 없다고 가정한다.

$H_0 : \mu_1 = \mu_2$(μ_1 : 치료 전 상호작용 평균수, μ_2 : 치료 후 상호작용 평균수)

② 다음의 공식을 이용하여 관찰 t값을 계산한다.

$$t = \frac{\overline{X_1} - \overline{X_2}}{S_{\overline{D}}}$$

$$S_{\overline{D}} = \frac{S_D}{\sqrt{N-1}}$$

$$S_D = \sqrt{\frac{\sum(D - \overline{D})^2}{N}} = \sqrt{\frac{\sum D^2}{N} - \overline{D}^2} = \sqrt{\frac{\sum D^2}{N} - (\overline{X_1} - \overline{X_2})^2}$$

ⓐ 치료 전후의 상호작용 평균수를 구한다.

$$\overline{X_1} = \frac{12}{6} = 2, \quad \overline{X_2} = \frac{27}{6} = 4.5$$

ⓑ 치료 전후 상호작용차이들에 대한 표준편차를 구한다. 먼저 $D = X_1 - X_2$, $D^2 = (X_1 - X_2)^2$ 칸을 만들어 그 합계를 구한 후 공식에 대입하면 쉽게 구할 수 있다.

$$S_D = \sqrt{\frac{\sum D^2}{N} - (\overline{X_1} - \overline{X_2})^2} = \sqrt{\frac{43}{6} - (2 - 4.5)^2}$$

$$= \sqrt{7.17 - 6.25} = 0.96$$

아동	X_1(치료전 상호작용 횟수)	X_2(치료후 상호작용 횟수)	$D = X_1 - X_2$	$D^2 = (X_1 - X_2)^2$
1	3	4	−1	1
2	2	5	−3	9
3	4	6	−2	4
4	1	3	−2	4
5	0	3	−3	9
6	2	6	−4	16
	12	27	−15	43

ⓒ 치료 전후 상호작용 차이들에 대한 표준오차를 구한다.

$$S_{\overline{D}} = \frac{S_D}{\sqrt{N-1}} = \frac{0.96}{\sqrt{6 - 1}} = 0.43$$

ⓓ 공식을 이용하여 t값을 구한다.

$$t = \frac{\overline{X_1} - \overline{X_2}}{S_{\overline{D}}} = \frac{2 - 4.5}{0.43} = -5.81$$

③ 기준 t값을 구함

ⓐ α값을 구함 : $\alpha = 1 - 0.95 = 0.05$

ⓑ 자유도(df)를 구함 : $N - 1 = 6 - 1 = 5$

ⓒ t분포표를 이용하여 t값을 구함

$\alpha = 0.05$, $df = 5$일 때 $t = 2.571$

④ 관찰 t값과 기준 t값을 비교함

관찰 t값 $|-5.81|$가 기준 t값 2.571보다 작으므로 영가설을 기각한다. 즉, 자폐증 치료 전후의 상호작용 수에 차이가 있다. 또는 그 치료방법이 자폐증 치료에 효과가 있다고 할 수 있다.

3. 두 모집단의 비율차이 검증

우리는 두 모집단의 평균 대신에 비율에 차이가 있는가를 검증해야 할 때가 많이 있다.

예를 들면, 선거철에 두 정당의 지지율에 차이가 있는지를 검증한다든지, 남녀 간에 독신생활을 원하는 비율에 차이가 있는지를 검증하는 것을 검토해 보는 경우 등이다.

비율차이 검증은 두 집단의 평균차이 대신에 비율차이를 검증하는 것이다. 따라서 평균차이를 검증하는 공식과는 달리 $\overline{X_1}$, $\overline{X_2}$ 대신에 P_1, P_2를 사용하고, $\sigma_{\overline{X_1}-\overline{X_2}}$ 대신에 $\sigma_{P_1-P_2}$를 사용한다는 점이 다르며, 그 공식은 〈수식 8.7〉과 같다.

$$Z = \frac{P_1 - P_2}{\sigma_{P_1-P_2}}$$

$$\sigma_{P_1-P_2} = \sqrt{\pi^*(1-\pi^*)\left(\frac{N_1+N_2}{N_1N_2}\right)} \qquad \pi^* = \frac{N_1\pi_1 + N_2\pi_2}{N_1+N_2}$$

〈수식 8.7〉

여기서, P_1 : 표본 1의 비율

P_2 : 표본 2의 비율

$\sigma_{P_1-P_2}$: 두 모집단 비율의 공통표준오차

π^* : 두 모집단 비율의 평균(두 모집단의 공통비율)

N_1 : 표본 1의 사례수

N_2 : 표본 2의 사례수

π_1 : 모집단 1의 비율

π_2 : 모집단 2의 비율

그러나 우리는 두 모집단의 찬성비율 π_1과 π_2를 알기 어렵기 때문에 두 표본의 찬성비율 P_1과 P_2를 이용할 수밖에 없으며, 이 경우 다음 〈수식 8.8〉의 공식을 이용한다.

$$Z = \frac{P_1 - P_2}{S_{P_1 - P_2}}$$

〈수식 8.8〉

$$S_{P_1 - P_2} = \sqrt{P^*(1-P^*)\left(\frac{N_1+N_2}{N_1N_2}\right)} \qquad P^* = \frac{N_1\pi_1 + N_2\pi_2}{N_1+N_2}$$

여기서, P_1 : 표본 1의 비율

P_2 : 표본 2의 비율

$S_{P_1 - P_2}$: 두 표본 비율의 공통표준오차

P^* : 두 표본 비율의 평균(두 표본의 공통비율)

N_1 : 표본 1의 사례수

N_2 : 표본 2의 사례수

$S_{P_1 - P_2}$를 구하는 공식은 제6장에서 모집단 비율을 추정하는 신뢰구간을 구할 때 사용된 비율의 표준오차 $S_P = \sqrt{\frac{P(1-P)}{N}}$과 같은 원리에 의해 만들어진 것이다. 한 표본의 비율 P 대신에 두 표본의 공통비율 P^*을 이용한 점과 $\frac{1}{N}$ 대신에 $\left(\frac{1}{N_1}+\frac{1}{N_2}\right) = \left(\frac{N_1+N_2}{N_1N_2}\right)$를 곱해 준 것이 다르다.

한편 이 경우 두 표본의 비율 공통표준오차($S_{P_1 - P_2}$)를 사용했음에도 t분포 대신 Z분포를 사용한다는 점에서 두 모집단의 평균차이 검증과 다르다. 즉, 비율분포는 이항분포이기 때문에 t분포를 사용하지 않고 표본수(N)가 크다는 전제하게 Z분포를 사용한다. 이는 중심극한정리에 의해 비율들(P_1, P_2)이 정규분포 형태를 취하기 때문이다.

두 모집단의 비율차이를 예를 들어 검증해 보도록 하자.

예 제 7

진보적인 성향을 가진 사람과 보수적인 성향을 가진 사람을 각각 50명씩 표본추출하여 통일비용을 부담하더라도 조기통일을 원하는가를 조사한 결과 진보적인 사람들의 60%, 보수적인 사람들의 40%가 찬성을 하였다. 신뢰수준 95%에서 두 집단의 찬성비율에 차이가 있는지 검증하여라.

풀 이

① 영가설을 세운다. 즉, 두 집단의 찬성비율에 차이가 없다고 가정한다.

$H_0 \; : \; \pi_1 = \pi_2$

(π_1 : 진보적인 모집단의 찬성비율, π_2 : 보수적인 모집단의 찬성비율, 모집단의 비율은 μ 대신에 π를 사용한다.)

② 다음 공식을 이용하여 관찰 Z값을 계산한다.

$$Z = \frac{P_1 - P_2}{S_{P_1 - P_2}}$$

$$S_{P_1 - P_2} = \sqrt{P^*(1-P^*)\left(\frac{N_1 + N_2}{N_1 N_2}\right)}$$

$$P^* = \frac{N_1 \pi_1 + N_2 \pi_2}{N_1 + N_2}$$

ⓐ P^* 값을 구한다.

$$P^* = \frac{N_1 \pi_1 + N_2 \pi_2}{N_1 + N_2} = \frac{50 \times 0.6 + 50 \times 0.4}{50 + 50} = \frac{50}{100} = 0.5$$

ⓑ $S_{P_1 - P_2}$ 값을 구한다.

$$S_{P_1 - P_2} = \sqrt{P^*(1-P^*)\left(\frac{N_1 + N_2}{N_1 N_2}\right)} = \sqrt{0.5(1-0.5)\left(\frac{50+50}{50 \times 50}\right)}$$

$$= \sqrt{0.5 \times 0.5 \times 0.04} = 0.1$$

ⓒ Z값을 구한다.

$$Z = \frac{P_1 - P_2}{S_{P_1 - P_2}} = \frac{0.6 - 0.4}{0.1} = 2$$

③ 기준 Z값을 구한다.

0.95 ÷ 2 = 0.475, 0.475일 때 Z = 1.96

④ 관찰 Z값과 기준 Z값을 비교한다.

관찰 Z값 2가 기준 Z값 1.96보다 크므로 영가설을 기각한다. 즉, 진보적인 사람과 보수적인 사람 간에 통일비용을 부담하더라도 조기통일을 원하는가에 대한 찬성비율에 차이가 있다고 할 수 있다.

예 제 8

어느 도시에서 실직자 소득보장사업에 시예산의 2%를 사용하기로 한 정책에 대해 그 지역주민 중 고소득자와 저소득자 간에 찬성비율에 차이가 있는가를 검증하려고 한다. 고소득자 80명, 저소득자 120명을 표본추출하여 조사한 결과 다음과 같은 결과([표 8.6])를 얻었다. 신뢰수준 95%에서 두 집단의 찬성비율에 차이가 있는지 검증하여라.

[표 8.6] 실업자 소득보장 정책에 대한 찬반 분포

구분	고소득자	저소득자	전체
표 본 수	80	120	200
찬성자수	44	78	122
찬성비율	0.55	0.65	0.61

풀 이

① 영가설을 세운다. 즉, 시의 정책에 대해 고소득자와 저소득자 간의 찬성비율에 차이가 없다고 가정한다.

$H_0 \ : \ \pi_1 = \pi_2$

② 다음 공식을 이용하여 관찰 Z값을 계산한다.

$$Z = \frac{P_1 - P_2}{S_{P_1 - P_2}}$$

$$S_{P_1 - P_2} = \sqrt{P^*(1-P^*)\left(\frac{N_1 + N_2}{N_1 N_2}\right)}$$

$$P^* = \frac{N_1\pi_1 + N_2\pi_2}{N_1 + N_2}$$

ⓐ P^* 값을 구한다.

$$P^* = \frac{N_1\pi_1 + N_2\pi_2}{N_1 + N_2} = \frac{80 \times 0.55 + 120 \times 0.65}{80 + 120} = \frac{122}{200} = 0.61$$

ⓑ $S_{P_1 - P_2}$ 값을 구한다.

$$S_{P_1 - P_2} = \sqrt{P^*(1-P^*)\left(\frac{N_1 + N_2}{N_1 N_2}\right)} = \sqrt{0.61(1-0.61)\left(\frac{80+120}{80 \times 120}\right)}$$

$$= \sqrt{0.61 \times 0.39 \times 0.02} = 0.07$$

ⓒ Z값을 구한다.

$$Z = \frac{P_1 - P_2}{S_{P_1 - P_2}} = \frac{0.55 - 0.65}{0.07} = -1.43$$

③ 기준 Z값을 구한다.

0.95 ÷ 2 = 0.475, 0.475일 때 Z = 1.96

④ 관찰 Z값과 기준 Z값을 비교한다.

관찰 Z값 |-1.43|이 기준 Z값 1.96보다 작으므로 영가설을 채택한다. 즉, 실업자 소득보장을 위한 시의 정책에 대해 고소득층과 저소득층 간에 찬성비율에 차이가 없다고 할 수 있다.

4. SPSS를 이용한 검증

1) t검증

[표 8.2]의 자료를 이용하여 SPSS 통계 프로그램으로 t검증을 하는 방법을 살펴보도록 한다. [표 8.2]의 t검증을 위한 원자료는 [표 8.3]과 같다.

[표 8.3] 성별에 따른 월임금에 대한 t검증의 원자료

순번	성별	임금	순번	성별	임금
1	1	110	11	2	90
2	1	130	12	2	100
3	1	140	13	2	140
4	1	100	14	2	100
5	1	150	15	2	70
6	1	200	16	2	80
7	1	80	17	2	100
8	1	180	18	2	110
9	1	160	19	2	90
10	1	150	20	2	120

2) 명령어 처리절차

성별에 따른 월임금에 대한 t검증을 위한 SPSS 통계 프로그램의 명령어 처리절차는 다음과 같다.

① SPSS 통계 프로그램([그림 8.4] 참조)의 [분석]-[평균비교]-[독립표본 T 검정]을 선택한다.

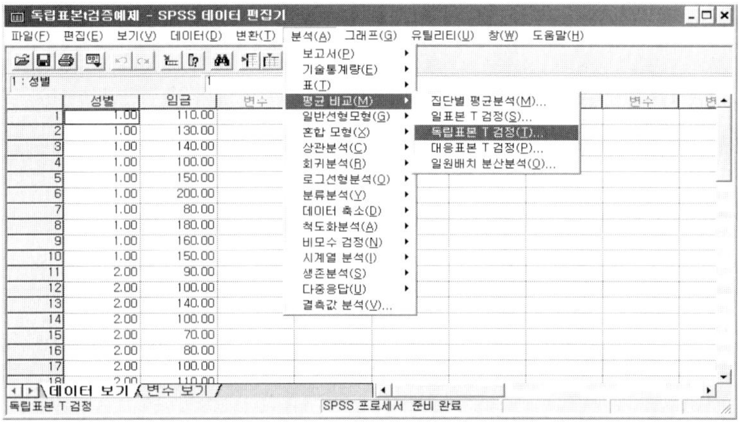

[그림 8.4] 독립표본 t검증을 위한 명령어

② [독립표본 T 검정] 대화상자([그림 8.5] 참조)가 나타나면 {임금}을 선택한 후, [▸] 버튼을 클릭하여 검정변수로 이동하고, {성별}을 선택한 후, [▸] 버튼을 클릭하여 집단변수로 이동한다.

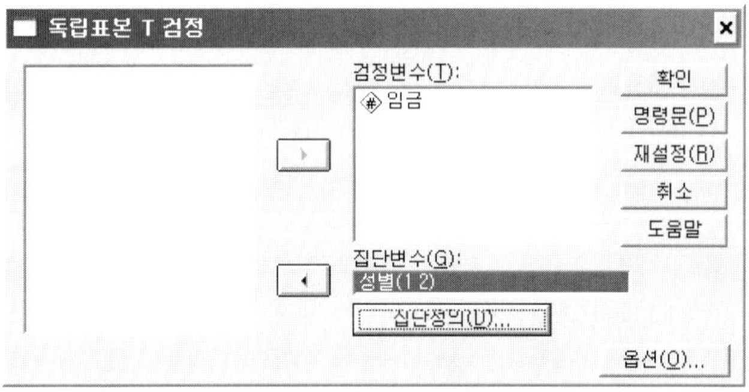

[그림 8.5] [독립표본 T 검정] 대화상자

3) 산출결과 해석

[독립표본 T 검정] 대화상자([그림 8.5] 참조)의 [확인] 버튼을 클릭하면 독립표본 T 검정에 대한 산출결과가 [표 8.4]와 같다.

[표 8.4] 독립표본 t검증에 대한 산출결과

T-검증

집단통계량					
성별		N	평균	표준편차	평균의 표준오차
임금	남자	10	140.0000	36.5148	11.5470
	여자	10	100.0000	20.0000	6.3246

독립표본 검증										
		Levene의 등분산 검정		평균의 동일성에 대한 t-검정						
		F	유의확률	t	자유도	유의확률(양쪽)	평균차	차이의 표준오차	차이의 95% 신뢰구간	
									하한	상한
임금	등분산이 가정됨	3.041	.098	3.038	18	.007	40.0	13.2	12.3	67.7
	등분산이 가정되지 않음			3.038	14	.009	40.0	13.2	11.8	68.2

첫 번째 표는 집단통계량을 나타내는 것으로 표본의 크기는 남자 10명, 여자 10명이며, 평균은 남자 140만원, 여자 100만원이고, 표준편차는 남자는 36만 5,148원, 여자는 20만원이고, 표준오차는 남자는 11만 5,470원, 여자는 6만 3,246원이다.

남녀 두 집단의 등분산 검증(Levene's Test)을 보면, 유의수준 0.098로 신뢰수준 95%를 확보하는 수준의 유의수준 0.05보다 크므로 영가설을 채택해야 한다. 즉, 분산의 정도가 같다는 영가설을 기각할 경우 9.8%의 오류를 범하기 때문에(5% 이상의 오류를 범하기 때문에) 분산의 정도가 같다는 영가설을 채택해야 한다. 따라서 남녀 두 집단은 등분산을 가지고 있다고 할 수 있다.

t검증 산출결과를 살펴보면, 두 집단이 등분산이 가정된 경우(Equal Variances Assumed)와 등분산이 가정되지 않은 경우(Equal Variances not Assumed)의 결과가 나타나 있다. 이 경우에는 등분산 검증에서 분산의 정도가 같다는 영가설이 채택되었으므로 등분산이 가정된 경우의 산출결과를 이용하면 된다.

이 경우 관찰 t값은 3.038이고, 자유도 df는 18이며, 양측검증의 유의수준은 0.007이다. 이는 영가설을 기각할 때, 즉 남녀 간에 임금의 차이가 없다는 가설을 기각할 때 0.7%의 오류를 범할 수 있다는 것이다. 다른 말로 바꾸면 우리는 99.3%의 확신을 갖고 남녀 간에 임금의 차이가 있다고 할 수 있다. 따라서 95%의 신뢰수준을 기준으로 할 경우 임금에 차이가 있다고 할 수 있다.

컴퓨터(SPSS 통계 프로그램)에 의한 산출결과와 수치를 이용한 계산결과를 비교해 보면, 컴퓨터 산출결과의 관찰 t값 3.038은 수치를 이용하여 계산한 관찰 t값 3.04와 거의 비슷하다. 수치를 이용한 경우 기준 t값(95% 신뢰수준의 경우)은 2.101이었다. 그러나 컴퓨터는 기준 t값을 나타내 주지 않고 유의수준만 나타내 주고 있다. 이는 연구자마다 설정한 유의수준(α)이 다르므로 기준 t값을 제공해 주기가 곤란하기 때문이다. 즉, 수치를 이용한 경우는 관찰 t값과 기준 t값을 비교하여 영가설을 기각/채택 여부를 결정하였으나, 컴퓨터 산출결과는 유의수준에 의해 영가설을 기각/채택 여부를 결정한다. 컴퓨터 산출결과의 유의수준이 연구자가 설정한 유의수준보다 작을 때 영가설을 기각할 수 있다. 이 경우에는 컴퓨터 산출결과의 유의수준 0.007이 기준으로 설정한 유의수준 0.05(95%의 신뢰수준에서의 α값)보다 작으므로 영가설을 기각할 수 있다. 결과적으로 수치를 이용한 계산결과와 컴퓨터에 의한 산출결과가 동일하다.

연 / 습 / 문 / 제

1 남녀 고등학생 간에 수능시험 성적에 차이가 있는가를 검증하기 위해 남녀 각각 200명씩 표본추출하여 조사한 결과 남학생의 평균은 280점이었고, 여학생의 평균은 265점이었다. 한편 남녀 각각 200명씩 표본추출을 수없이 많이 해서 계산한 결과 두 표본평균차이들의 표준편차($\sigma_{\overline{X}_1-\overline{X}_2}$)가 10점이었다는 것을 알 수 있었다. 신뢰수준 95%에서 남녀 모집단의 수능시험 성적에 차이가 있는지를 검증하여라.

2 한 연구자가 부모의 사회 경제적 지위에 따라 동일한 범죄를 저지른 청소년들에 대한 형량에 차이가 있는가를 연구해 보기 위해 청소년 범죄자를 부모의 사회 경제적 지위가 높은 집단과 낮은 집단으로 분류한 후 각각 10명씩 표본추출하여 형량을 조사한 결과 다음 표와 같았다. 이 경우 두 집단 각각 10명씩 표본추출을 수없이 많이 해서 표본평균차이들의 표준편차($\sigma_{\overline{X}_1-\overline{X}_2}$)가 0.7개월이라는 것을 알았다면, 신뢰수준 95%에서 부모의 사회 경제적 지위에 따라 동일한 범죄를 저지른 청소년 범죄의 형량에 차이가 있는지를 검증하여라.

부모의 사회 경제적 지위가 높은 집단의 형량(X_1)	부모의 사회 경제적 지위가 낮은 집단의 형량(X_2)
8	9
10	13
9	11
12	8
9	11
10	12
8	6
5	10
7	8
6	10
84	98

3 스트레스가 알코올 소비량에 미치는 영향을 대해 분석하기 위해 한 대학의 학생들 중에서 100명을 표본추출하여 스트레스 여부를 측정했더니 60명이 대학생활을 하면서 스트레스를 받는다고 하였고, 40명이 스트레스를 받지 않는다고 하였다. 각 집단의 표본대상에 대해 월 술소비량을 조사하였더니 스트레스를 받는 집단의 학생들은 평균 소비량 2홉들이 기준으로 4병을 마셨으며, 스트레스를 받지 않는 집단의 학생들은 평균 3병을 마셨고, 이들 두 집단의 표준편차는 각각 0.8병, 0.6병이었다. 신뢰수준 95%에서 두 집단간에 술소비량에 차이가 있는지를 검증하여라.

4 한 연구자가 수강과목에 대한 흥미가 결석에 미치는 영향을 분석하기 위해 수강과목에 흥미를 갖는 학생과 흥미를 갖지 않은 집단 중에서 각각 10명씩 표본추출하여 한 학기 동안 결석시간수를 조사한 결과 다음과 같았다. 90% 신뢰수준에서 수강과목에 흥미를 느끼는 집단과 흥미를 느끼지 않는 집단간에 결석일수에 차이가 나는가를 검증하여라.

흥미를 가진 집단(X_1)	흥미를 갖지 않은 집단(X_2)
1	3
2	2
2	4
3	3
0	1
2	0
3	2
1	3
0	4
4	5
18	27

5 본인이 원하는 전공을 선택한 학생들과 본인이 원하지 않는 전공을 선택한 학생들의 대학생활 만족도에 차이가 있는가를 검증하기 위해 각각의 집단에서 15명씩 표본추출하여 10점 만점의 만족도를 측정하였더니 다음과 같았다. 신뢰수준 99%에서 두 집단의 학생 간에 대학생활의 만족도에 차이가 있는가를 검증하여라.

원하는 전공을 선택한 학생(X_1)	원하지 않는 전공을 선택한 학생(X_2)
9	5
7	2
6	4
8	3
4	7
8	4
7	6
6	3
10	6
5	7
6	8
9	4
5	5
8	6
7	5
105	75

6 이성 간에 대화하는 동안 남녀 간에 미소 짓는 횟수에 차이가 있는가를 검증해 보려고 한다. 8쌍의 남녀들이 커피숍에서 30분 동안 대화하면서 미소 짓는 횟수를 관찰해 본 결과 다음과 같았다. 신뢰수준 95%에서 남녀 간에 미소 짓는 횟수에 차이가 있는가를 검증하여라.

남자(X_1)	여자(X_2)
7	15
12	19
4	17
9	16
9	17
10	14
11	16
10	10
72	124

7 한 연구자가 아파서 결근했을 때 임금지급 여부가 노동자들의 결근 횟수에 영향을 미치는가를 연구하기 위해 아파서 결근했을 때 임금을 받는 노동자들 중에서 10명을 표본추출하고, 아파서 결근했을 때 임금을 받지 못하는 노동자들 중에서 8명을 표본추출하여 그들의 1년간 결근 결과를 조사했더니 다음과 같았다. 95% 신뢰수준을 확보하는 수준에서 두 집단간에 결근 횟수에 차이가 있는지를 검증하여라.

임금을 지급받는 노동자(X_1)	임금 지급받지 못하는 노동자(X_2)
3	2
2	1
1	0
0	1
1	0
2	2
2	3
3	1
4	
2	
20	10

8 한 연구자가 타이프 교육훈련이 타이프 속도에 영향을 미치는가를 분석하기 위해 10명의 학생을 표본추출하여 교육훈련 전에 1분에 몇 자를 타이프하는가를 조사하고, 2개월간 교육훈련 후 1분에 몇 자를 타이프하는가를 조사했더니 다음과 같았다. 95% 신뢰수준에서 교육훈련이 타이프 속도에 영향을 미치는지를 검증하여라.

학생	교육훈련 전(X_1)	교육 훈련 후(X_2)
1	17	32
2	10	19
3	15	28
4	12	22
5	9	20
6	8	15
7	13	23
8	13	24
9	12	23
10	11	24
	120	230

9 장애인 시설에서의 자원봉사활동이 장애인 편견에 대해 긍정적으로 영향을 미치는가를 검사하기 위해 12명의 학생을 표본추출하여 자원봉사활동 전과 1개월 동안의 자원봉사 후의 장애인에 대한 편견의 정도를 측정한 결과 다음과 같았다. 편견에 대한 척도는 10점 만점으로 점수가 높을수록 편견이 높음을 나타낸다. 99% 신뢰수준에서 자원봉사활동을 전후해서 편견에 차이가 있는가, 즉 자원봉사활동이 편견에 영향을 미치는가를 단측검증으로 검증하여라.

학생	자원봉사 전(X_1)	자원봉사 후(X_2)
1	7	4
2	6	2
3	5	2
4	4	3
5	9	6
6	8	5
7	6	3
8	3	1
9	7	5
10	8	4
11	7	3
12	8	4
	78	42

10 대통령 선거에서 대통령을 지지한 사람과 지지하지 않은 사람간에 대통령 업무수행평가에 대해 잘하고 있다는 비율에 차이가 있는가를 조사하고자 한다. 대통령을 지지한 사람 600명 중 75%가 잘한다고 응답했으며, 대통령을 지지하지 않은 사람 400명 중 66%가 잘한다고 응답했다면, 95% 신뢰수준에서 두 집단간에 잘한다는 비율에 차이가 있는지를 검증하여라.

11 65세 이상의 노인과 65세 미만인 사람 간에 무료 또는 실비의 노인복지시설 건립에 대한 찬성 여부를 조사했더니, 65세 이상 노인집단 300명 중 270명이 찬성을 했고, 65세 미만인 비노인집단 500명 중 350명이 찬성을 했다. 99% 신뢰수준에서 두 집단간에 무료 또는 실비의 노인복지시설 건립에 대한 찬성비율에 차이가 있는지를 검증하여라.

제 9 장 분산분석

1. 분산분석의 주요요건
2. 분산분석의 기본원리
3. 분산분석의 사후검증
4. SPSS를 이용한 검증

[연습문제]

이 장(章)에서는 3개 이상 집단간에 차이가 있는가를 검증하는 기법으로 분산분석(分散分析, Analysis of Variance : ANOVA)에 대해 살펴보고자 한다. 이를 위해 우선 분산분석의 주요요건에 대해 살펴본 후, 그 기본원리를 파악해 보고자 한다. 그리고 수치를 이용한 검증과정을 이해한 후, 분산분석의 사후검증에 대한 내용을 살펴보고자 한다.

1. 분산분석의 주요요건

t 검증은 평균의 차이를 이용하여 두 집단간의 차이를 검증하는 기법인데, 분산분석은 분산의 차이를 이용하여 3개 이상의 집단의 차이를 검증하는 통계기법이다. 분산분석을 사용하기 위해서는 다음과 같이 분석하고자 하는 자료가 몇 가지의 요건을 갖추어야 한다.

① 독립변수는 비연속적 변수(명목변수, 서열변수)이며, 종속변수는 연속적 변수(등간변수, 비율변수)이어야 한다. 이때 독립변수는 반드시 3개 이상의 집단이어야 한다. 이 요건은 가장 중요한 요건으로 엄격히 충족되어야 한다. 다만 서열변수는 때때로 연속적 변수로 취급하여 분산분석을 사용할 수 있다.

② 두 모집단의 분포가 모두 정규분포이어야 한다. 이 요건은 각 집단의 표본이 20~30개 이상이면 분산분석이 가능하다는 견해가 있다. 조사자는 모집단의 분포형태를 정확히 모르기 때문에 가능한 각 집단의 표본크기를 20~30개 이상으로 하는게 좋다.

③ 각 모집단의 분산은 동일하여야 한다. 이 요건은 각 집단의 표본크기를 같게 함으로써 어느 정도 충족시킨다고 볼 수 있다.

위의 요건들 중에 ②와 ③은 표본을 크게 하고 두 표본의 크기를 같게 하면 충족되었다고 볼 수 있으며, ①은 분산분석의 사용여부를 결정하는 가장 중요한 요건이다.

2. 분산분석의 기본원리

분산분석은 총분산을 집단내 분산과 집단간 분산으로 나누어 그들간의 비율에 의해 집단간의 차이를 검증하는 통계기법이다.

예를 들면, 1학년, 2학년 3학년, 4학년간에 토익성적에 차이가 있는지를 검증해 보고자 한다. 이때 전체 분산을 2가지 분산, 즉 집단내 분산과 집단간 분산으로 나누어 파악해 볼 수 있다.

1) 집단내 분산

집단내 분산은 [그림 9.1]과 같이 X_1(1학년), X_2(2학년), X_3(3학년), X_4(4학년) 각각 학생들의 점수가 각 집단의 평균점수 $\overline{X_1}$, $\overline{X_2}$, $\overline{X_3}$, $\overline{X_4}$로부터 떨어진 거리를 제곱해서 그들의 합을 구한 후, 4개 집단의 총합을 집단내 자유도($df = N - K$, N : 전체 표본수, K : 집단수)로 나누어 구한 값이다.

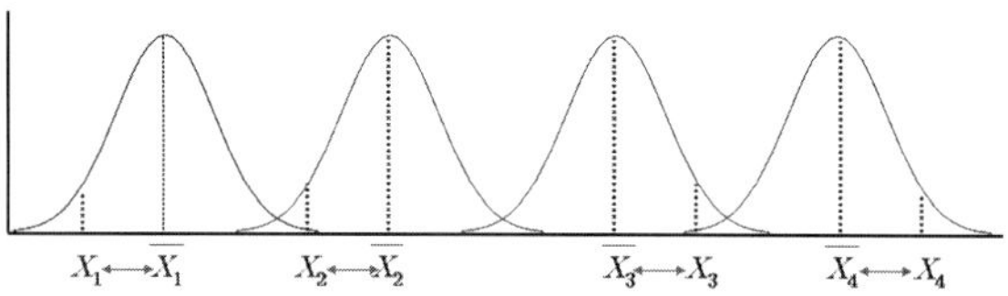

[그림 9.1] 4개 집단의 집단내 분산

이와 같이 각 사례들이 그 소속집단의 평균으로부터 떨어진 값을 제곱해서 합하고, 각 집단의 합들을 합한 것을 집단내 자유도로 나눈 것을 집단내 편차자승의 평균(MS_w:Within-groups Mean Square)이라 한다.

2) 집단간 분산

집단간 분산은 [그림 9.2]와 같이 각 집단의 평균 $\overline{X_1}$, $\overline{X_2}$, $\overline{X_3}$, $\overline{X_4}$가 집단 전체의 평균 $\overline{X}$로부터 떨어진 거리를 제곱해서 집단간 자유도($df = K - 1$, K : 집단수)로 나누어 구한 값이다.

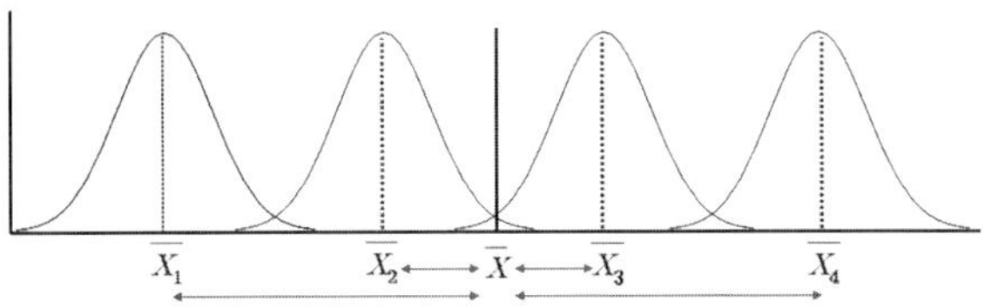

[그림 9.2] 4개 집단의 집단간 분산

이와 같이 각 집단의 평균이 전체 평균으로부터 떨어진 값을 제곱해서 집단간 자유도로 나눈 것을 집단간 편차자승의 평균(MS_b : Between-groups Mean Square)이라 한다.

분산분석에서 각 집단간의 차이를 검증하기 위해 F값을 활용하며, F값을 구하는 방법에 대해 살펴보기로 한다.

3) F값을 구하는 방법

(1) 편차자승의 합

편차자승의 합은 총 편차자승의 합(SS_t : Total Sum of Squares), 집단간 편차자승의 합(SS_w : Within-groups Sum of Squares), 집단내 편차자승의 합(SS_b : Between-groups Sum of Squares) 3가지로 분류할 수 있다.

총 편차자승의 합(SS_t)은 각 관찰값(X)에서 집단 전체의 평균($\overline{X}$)을 빼서 제곱한 값들을 더한 것으로서, 그 공식은 〈수식 9.1〉과 같다.

$$SS_t = \sum(X_t - \overline{X_t})^2 = \sum X_t^{\,2} - N_t\overline{X_t}^{\,2} \qquad \text{〈수식 9.1〉}$$

여기서, SS_t : 총 편차자승의 합

$\sum X_t^{\,2}$: 모든 관찰값들을 제곱해서 합한 것

N_t : 총 표본수

$\overline{X_t}$: 집단 전체의 평균

집단내 편차자승의 합(SS_w)은 각 집단별로 각 집단내의 관찰값에서 그 집단의 평균을 빼서 제곱한 것을 더한 값을 구한 후, 그렇게 집단별로 구한 값들을 더한 값

으로서, 그 공식은 〈수식 9.2〉와 같다.

$$SS_w = \sum\sum(X_g - \overline{X}_g)^2 = \sum\left(\sum X_g^{\ 2} - N_g\overline{X}_g^{\ 2}\right) \quad \langle 수식\ 9.2\rangle$$

여기서, SS_w : 집단내 편차자승의 합

$\sum X_g^{\ 2}$: 각 집단의 관찰값들을 제곱해서 합한 것

N_g : 각 집단의 표본수

$\overline{X}_g$: 각 집단의 평균

집단간 편차자승의 합(SS_b)은 각 집단의 평균에서 집단 전체의 평균을 빼서 제곱한 값을 더한 것으로서 그 공식은 〈수식 9.3〉과 같다.

$$SS_b = \sum N_g(X_g - \overline{X}_t)^2 = \sum N_g\overline{X}_g^{\ 2} - N_t\overline{X}_t^{\ 2}$$

$$\text{또는 } SS_b = SS_t - SS_w \quad \langle 수식\ 9.3\rangle$$

여기서, SS_b : 집단간 편차자승의 합

$\sum N_g\overline{X}_g^{\ 2}$: 각 집단의 사례수에 각 집단 평균의 제곱을 곱한 값들의 합

N_t : 총 표본수, $\overline{X}_t$: 집단 전체의 평균

총 편차자승의 합(SS_t)은 집단내 편차자승의 합(SS_w)과 집단간 편차자승의 합(SS_b)을 더한 것과 같다. 따라서 집단간 편차자승의 합(SS_b)은 총 편차자승의 합(SS_t)에서 집단내 편차자승의 합(SS_w)을 빼서 구할 수 있다.

(2) 편차자승의 평균

편차자승의 평균은 편차자승의 합을 자유도(df)로 나누어 계산한 값으로서 집단간 편차자승의 평균(MS_b)과 집단내 편차자승의 평균(MS_w)으로 분류할 수 있다.

집단간 편차자승의 평균(MS_b)은 집단간 편차자승의 합(SS_b)을 집단간 자유도(df_b)로 나누어 계산한 값으로서 그 공식은 〈수식 9.4〉와 같다.

$$MS_b = \frac{SS_b}{df_b} \quad \langle 수식\ 9.4\rangle$$

여기서, MS_b : 집단간 편차자승의 평균

SS_b : 집단간 편차자승의 합

df_b : 집단간 자유도

집단내 편차자승의 평균(MS_w)은 집단내 편차자승의 합(SS_w)을 집단내 자유도(df_w)로 나누어 계산한 값으로서 그 공식은 〈수식 9.5〉와 같다.

$$MS_w = \frac{SS_w}{df_w} \qquad \langle\text{수식 9.5}\rangle$$

여기서, MS_w : 집단내 편차자승의 평균

SS_w : 집단내 편차자승의 합

df_w : 집단내 자유도

집단간 자유도(df_b)는 집단수(K)에서 1을 뺀 값으로써 그 공식은 〈수식 9.6〉과 같다.

$$df_b = K - 1 \qquad \langle\text{수식 9.6}\rangle$$

여기서, df_b : 집단간 자유도

K : 집단수

집단내 자유도(df_w)는 전체 표본수(N)에서 집단수(K)만큼 뺀 값으로서 그 공식은 〈수식 9.7〉과 같다.

$$df_w = N - K \qquad \langle\text{수식 9.7}\rangle$$

여기서, df_w : 집단내 자유도

N : 전체 표본수

K : 집단수

(3) 관찰 F값 계산

관찰 F값은 집단간 편차자승의 평균(MS_b)을 집단내 편차자승의 평균(MS_w)으로 나누어 구하며, 그 공식은 〈수식 9.8〉과 같다.

$$F = \frac{MS_b}{MS_w} \qquad \text{〈수식 9.8〉}$$

여기서, MS_b : 집단간 편차자승의 평균
MS_w : 집단내 편차자승의 평균

4) F 검증

관찰 F값을 구한 후, 영가설을 채택해야 할 것인가, 기각해야 할 것인가를 결정해야 한다. 관찰 F값이 클수록 집단들간에 차이가 많이 난다고 할 수 있다. 그런데 어느 정도 커야 집단들간에 차이가 난다고 할 수 있을까? 이러한 기준을 제공해 주는 것이 기준 F값이다.

기준 F값은 부록의 F분포표를 이용하여 구한다. 기준 F값을 구하기 위해서는 신뢰수준 또는 유의수준(α)의 값과 자유도(df)를 알아야 한다. 자유도(df)는 집단간 자유도(df_b)와 집단내 자유도(df_w)를 알아야 기준 F값을 구할 수 있다.

관찰 F과 기준 F값이 구해지면, 이들을 비교하여 영가설을 기각 또는 채택할 수 있는데, 그 기준은 다음과 같다.

- 관찰 F값 $>$ 기준 F값 : 영가설 기각
- 관찰 F값 $<$ 기준 F값 : 영가설 채택

예 제 1

어느 지역사회에 A, B, C 3개 고등학교가 있는데 이들 학교에서 10개월 동안 매월 학교폭력 건수를 조사한 결과 [표 9.1]과 같았다. 신뢰수준 95%에서 학교별로 학교폭력 발생에 차이가 나는지를 검증하여라.

[표 9.1] 학교별 학교폭력 발생 현상

A학교(X_1)	X_1^2	B학교(X_2)	X_2^2	C학교(X_3)	X_3^2
3	9	2	4	3	9
2	4	4	16	8	64
4	16	6	36	7	49
5	25	5	25	6	36
3	9	7	49	6	36

A학교(X_1)	X_1^2	B학교(X_2)	X_2^2	C학교(X_3)	X_3^2
2	4	4	16	8	64
4	16	6	36	5	25
3	9	5	25	4	16
3	9	3	9	7	49
1	1	3	9	6	36
30	102	45	225	60	384

풀 이

① 영가설을 세운다. 즉, 학교별로 학교폭력 발생에 차이가 없다고 가정한다.

$H_0 \; : \; \mu_1 = \mu_2 = \mu_3$

② 관찰 F값을 계산한다.

ⓐ 학교별 평균폭력발생수($\overline{X_1}$, $\overline{X_2}$, $\overline{X_3}$)와 전체 평균폭력발생수($\overline{X_t}$)를 계산한다.

$$\overline{X_1} = \frac{30}{10} = 3$$

$$\overline{X_2} = \frac{45}{10} = 4.5$$

$$\overline{X_3} = \frac{60}{10} = 6$$

$$\overline{X_t} = \frac{30+45+60}{30} = 4.5$$

ⓑ 총 편차자승의 합을 계산한다.

$$SS_t = \sum X_t^2 - N_t \overline{X_t}^2$$
$$= (102+225+384) - 30 \times 4.5^2 = 711 - 30 \times 20.25 = 103.5$$

ⓒ 집단내 편차자승의 합을 계산한다.

$$SS_w = \sum\left(\sum X_g^2 - N_g \overline{X_g}^2\right)$$
$$= (102 - 10 \times 3^2) + (225 - 10 \times 4.5^2) + (384 - 10 \times 6^2)$$
$$= 12 + 22.5 + 24 = 58.5$$

ⓓ 집단간 편차자승의 합을 계산한다.

$$SS_b = SS_t - SS_w = 103.5 - 58.5 = 45$$

ⓔ 집단내 자유도를 계산한다.

$$df_w = N - K = 30 - 3 = 27$$

ⓕ 집단간 자유도를 계산한다.

$$df_b = K - 1 = 3 - 1 = 2$$

ⓖ 집단내 편차자승의 평균을 계산한다.

$$MS_w = \frac{SS_w}{df_w} = \frac{58.5}{27} = 2.17$$

ⓗ 집단간 편차자승의 평균을 계산한다.

$$MS_b = \frac{SS_b}{df_b} = \frac{45}{2} = 22.5$$

ⓘ 관찰 F값을 계산한다.

$$F = \frac{MS_b}{MS_w} = \frac{22.5}{2.17} = 10.37$$

③ 기준 F값을 구한다.

ⓐ 유의수준(α) 값을 구한다.

95% 신뢰수준이므로 α = 1 - 0.95 = 0.05

ⓑ 집단내 자유도와 집단간 자유도를 구한다.

$df_w = N - K = 30-3 = 27$

$df_b = K - 1 = 3-1 = 2$

ⓒ 기준 F값을 구한다.

α = 0.05, df_w = 27, df_b = 2일 때, F = 3.35

④ 관찰 F값과 기준 F값을 비교한다.

관찰 F값 10.37이 기준 F값 3.35보다 크므로 영가설을 기각할 수 있다. 즉 A, B, C 세 학교 간에 학교폭력발생에 차이가 있다고 할 수 있다.

예 제 2

어느 조사자가 가로등의 밝기가 안전에 대한 느낌, 즉 공포감을 감소시켜 주는 정도를 측정하고자 한다. 조사자는 A, B, C 세 지역을 선정한 후 A지역에는 밝은 가로등 50m 간격으로 설치하고, B지역에는 밝기가 중간 정도인 가로등을 100m 간격으로 설치하고, C지역에는 밝기가 약한 가로등을 200m 간격으로 설치한 후, 몇 개월 후에 각 지역에서 8명씩 표본을 추출하여 안전에 대한 느낌을 조사한 결과 [표 9.2]와 같다. 10점 만점의 척도를 이용했으며 점수가 높을수록 안도감이 높다는 것을 나타낸다. 신뢰수준 95%에서 세 지역간에 차이가 나는지 분산분석에 의해 검증하여라.

[표 9.2] 가로등 밝기에 따른 안도감

A지역(X_1)	X_1^2	B지역(X_2)	X_2^2	C지역(X_3)	X_3^2
6	36	5	25	3	9
4	16	4	16	3	9
6	36	5	25	4	14
5	25	6	36	1	1
3	9	2	4	2	4

A지역(X_1)	$X_1{}^2$	B지역(X_2)	$X_2{}^2$	C지역(X_3)	$X_3{}^2$
6	36	5	25	3	9
4	16	4	16	3	9
6	36	5	25	4	14
5	25	6	36	1	1
3	9	2	4	2	4
7	49	7	49	2	4
9	81	6	36	2	4
8	64	5	25	3	9
48	316	40	216	20	56

풀 이

① 영가설을 세운다. 즉 A, B, C 세 지역에 사는 주민들 간에 안도감에 차이가 없다고 가정한다.

$H_0 \ : \ \mu_1 = \mu_2 = \mu_3$

② 관찰 F값을 계산한다.

ⓐ 세 지역 주민의 안도감 평균($\overline{X_1}$, $\overline{X_2}$, $\overline{X_3}$)과 전체 주민의 안도감 평균($\overline{X_t}$)를 계산한다.

$$\overline{X_1} = \frac{48}{8} = 6$$

$$\overline{X_2} = \frac{40}{8} = 5$$

$$\overline{X_3} = \frac{20}{8} = 2.5$$

$$\overline{X_t} = \frac{48+40+20}{24} = 4.5$$

ⓑ 총 편차자승의 합을 계산한다.

$$SS_t = \sum X_t{}^2 - N_t \overline{X_t}{}^2$$
$$= (316+216+56) - 24 \times 4.5^2 = 588 - 486 = 102$$

ⓒ 집단내 편차자승의 합을 계산한다.

$$SS_w = \sum\left(\sum X_g{}^2 - N_g \overline{X_g}{}^2\right)$$
$$= (316 - 8 \times 6^2) + (216 - 8 \times 5^2) + (56 - 8 \times 2.5^2)$$
$$= 28 + 16 + 6 = 50$$

ⓓ 집단간 편차자승의 합을 계산한다.

$$SS_b = SS_t - SS_w = 102 - 50 = 52$$

ⓔ 집단내 자유도를 계산한다.

$df_w = N - K = 24-3 = 21$

ⓕ 집단간 자유도를 계산한다.

$df_b = K - 1 = 3-1 = 2$

ⓖ 집단내 편차자승의 평균을 계산한다.

$$MS_w = \frac{SS_w}{df_w} = \frac{50}{21} = 2.38$$

ⓗ 집단간 편차자승의 평균을 계산한다.

$$MS_b = \frac{SS_b}{df_b} = \frac{52}{2} = 26$$

ⓘ 관찰 F값을 계산한다.

$$F = \frac{MS_b}{MS_w} = \frac{26}{2.38} = 10.92$$

③ 기준 F값을 구한다.

ⓐ 유의수준(α) 값을 구한다.

95% 신뢰수준이므로 α = 1 - 0.95 = 0.05

ⓑ 집단내 자유도와 집단간 자유도를 구한다.

$df_w = N - K = 24-3 = 21$

$df_b = K - 1 = 3-1 = 2$

ⓒ 기준 F값을 구한다.

α = 0.05, df_w = 21, df_b = 2일 때, F = 3.47

④ 관찰 F값과 기준 F값을 비교한다.

관찰 F값 10.92가 기준 F값 3.47보다 크므로 영가설을 기각할 수 있다. 즉 가로등의 밝기에 따라 주민들이 느끼는 안도감에 차이가 있다고 할 수 있다.

3. 분산분석의 사후검증

세 집단 이상을 분석할 때 F검증에 의해 집단들 전체에 차이가 난다고 할 경우, 정확하게 어떤 집단과 어떤 집단들 사이에 차이가 있는지를 검토해 볼 필요가 있다.

예를 들면, 가로등의 밝기에 따라 주민들이 느끼는 안도감에 차이가 난다는 것을 알아냈는데 그 차이가 어느 집단과 어느 집단 사이에 있는지 밝혀낼 필요가 있다.

즉 A지역과 B지역, A지역과 C지역, B지역과 C지역 중 어느 지역들 간에는 차이가 있고, 어느 지역들 간에는 차이가 없는지를 밝힐 필요가 있다.

이와 같이 F검증을 한 후에 2집단들 간의 차이를 검증하는 것을 분산분석의 사후검증(事後檢證, Post-Hoc Test)이라 한다. 사후검증을 위한 방법으로는 Tukey's HSD 검증기법과 Scheffe 검증기법이 있다. Tukey's HSD 검증기법은 집단의 크기가 같을 때 주로 사용하며, Scheffe 검증기법은 집단의 크기가 다를 때 사용된다. Tukey's HSD 검증기법은 F검증에 의해 집단들 전체의 차이가 난다고 할 경우, 어느 집단과 어느 집단 사이에 진정으로 의미 있는 차이(Honestly Significant Difference : HSD)가 있는지를 검증하기 위해 사용된다.

Tukey's HSD 검증기법에 의해 두 집단간 평균의 차이를 HSD값과 비교해서 두 집단간 평균의 차이가 HSD값보다 클 때는 두 집단간에 통계적으로 의미있는 차이가 난다고 해석할 수 있다. 즉, HSD값은 두 집단간에 의미 있는 차이가 있는가를 결정해 주는 기준값으로써 그 HSD값을 구하는 공식은 〈수식 9.10〉과 같다.

$$HSD = q\sqrt{\frac{MS_w}{N_g}} \qquad \text{〈수식 9.10〉}$$

여기서, q : 부록의 q분포표에서 유의수준, 집단내 자유도, 집단수에 의해 구해지는 값

MS_w : 집단내 편차자승의 평균

N_g : 각 집단의 표본수(일반적으로 각 집단의 표본수가 동일한 경우에 사용되지만, 표본수가 동일하지 않은 경우에는 두 집단 표본수의 평균을 사용한다.)

예 제 3

[예제 2]에 의해 가로등의 밝기에 따라 주민들이 느끼는 안도감에 차이가 난다는 것을 확인하였다. 그러나 좀 더 명확하게 A, B, C 지역 중에 어느 집단과 어느 집단 사이에 의미 있는 차이가 나는지를 검토해 보자.

풀 이

① 집단들의 평균을 구한 후 집단평균들의 차이를 나타내는 값을 [표 9.3]과 같이 만든다.

[표 9.3] 집단간 평균의 차이

구분	C지역($\overline{X_3}$ = 2.5)	B지역($\overline{X_2}$ = 5.0)	A지역($\overline{X_1}$ = 6.0)
C지역($\overline{X_3}$ = 2.5)	–	2.5	3.5
B지역($\overline{X_2}$ = 5.0)	–	–	1.0
A지역($\overline{X_1}$ = 6.0)	–	–	–

② HSD값을 구한다.

ⓐ q분포표를 이용하여 q값을 구한다.

q값을 구하기 위해서는 집단내 자유도, 집단수, 유의수준 값을 알아야 한다.

- 집단내 자유도 : $df_w = N - K = 24 - 3 = 21$
- 집단수 : $K = 3$
- 유의수준 : $\alpha = 0.05$

q분포표를 보면 집단내 자유도 21이 없으므로 그 바로 아래인 20을 이용한다. 따라서 q = 3.58이다.

ⓑ 〈수식 9.10〉를 이용하여 HSD값을 구한다.

$$HSD = q\sqrt{\frac{MS_w}{N_g}} = 3.58\sqrt{\frac{2.38}{8}} = 3.58 \times 0.545 = 1.95$$

③ [표 9.3]의 두 집단간의 평균들의 차이 값과 HSD값을 비교한다.

ⓐ C지역($\overline{X_3}$)과 B지역($\overline{X_2}$)의 평균의 차이 2.5는 HSD값 1.95보다 크므로 C지역과 B지역은 주민들의 안도감에 의미 있는 차이가 있다고 할 수 있다.

ⓑ C지역($\overline{X_3}$)과 A지역($\overline{X_1}$)의 평균의 차이 3.5는 HSD값 1.95보다 크므로 C지역과 A지역은 주민들의 안도감에 의미 있는 차이가 있다고 할 수 있다.

ⓒ B지역($\overline{X_2}$)과 A지역($\overline{X_1}$)의 평균의 차이 1.0은 HSD값 1.95보다 작으므로 B지역과 A지역은 주민들의 안도감에 의미 있는 차이가 없다고 할 수 있다.

4. SPSS를 이용한 검증

1) 분산분석

[표 9.2]의 자료를 이용하여 SPSS 통계 프로그램으로 분산분석하는 방법을 살펴보도록 한다. [표 9.2]의 분산분석을 위한 원자료는 [표 9.3]과 같다.

[**표 9.3**] 가로등 밝기에 따른 안도감에 대한 분산분석의 원자료

순번	지역	안도감	순번	지역	안도감	순번	지역	안도감
1	1	6	9	2	5	17	3	3
2	1	4	10	2	4	18	3	3
3	1	6	11	2	5	19	3	4
4	1	5	12	2	6	20	3	1
5	1	3	13	2	2	21	3	2
6	1	7	14	2	7	22	3	2
7	1	9	15	2	6	23	3	2
8	1	8	16	2	5	24	3	3

2) 명령어 처리절차

가로등 밝기에 따른 안도감에 대한 분산분석을 위한 SPSS 통계 프로그램의 명령어 처리절차는 다음과 같다.

① SPSS 통계 프로그램([그림 9.3] 참조)의 [분석]-[평균비교]-[일원배치 분산분석]을 선택한다.

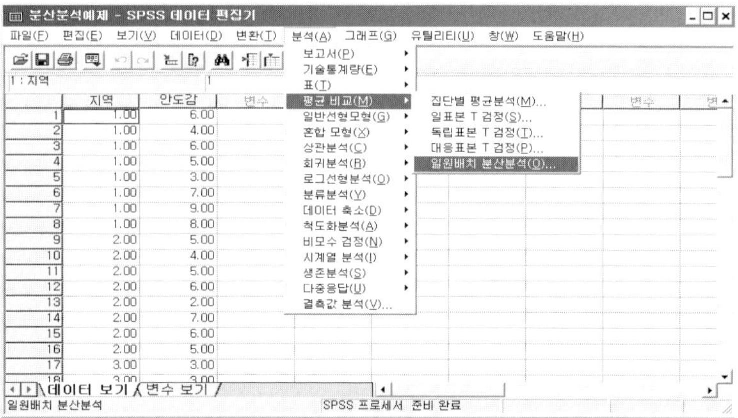

[그림 9.3] 분산분석을 위한 명령어

② [일원배치 분산분석] 대화상자([그림 9.4] 참조)가 나타나면 {안도감}을 선택한 후, ▸ 버튼을 클릭하여 종속변수로 이동하고, {지역}을 선택한 후, ▸ 버튼을 클릭하여 요인으로 이동한다.

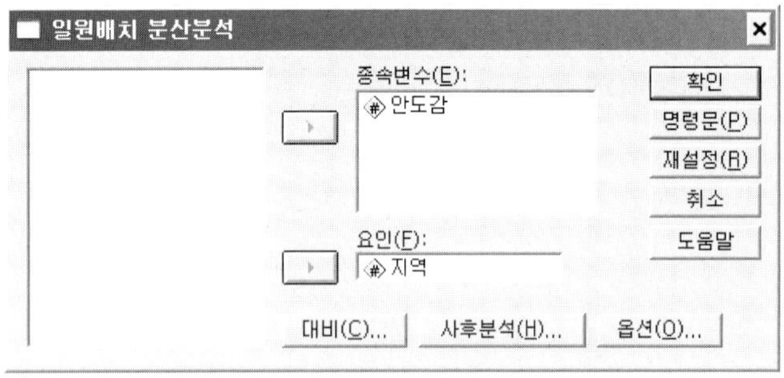

[그림 9.4] [일원배치 분산분석] 대화상자

③ [일원배치 분산분석] 대화상자의 하단에 있는 [사후분석] 버튼을 클릭하면 [그림 9.5]와 같이 [일원배치 분산분석: 사후분석-다중비교] 대화상자가 나타난다. 이 대화상자에서 [Tukey] 항목을 체크한 후, [계속] 버튼을 클릭한다.

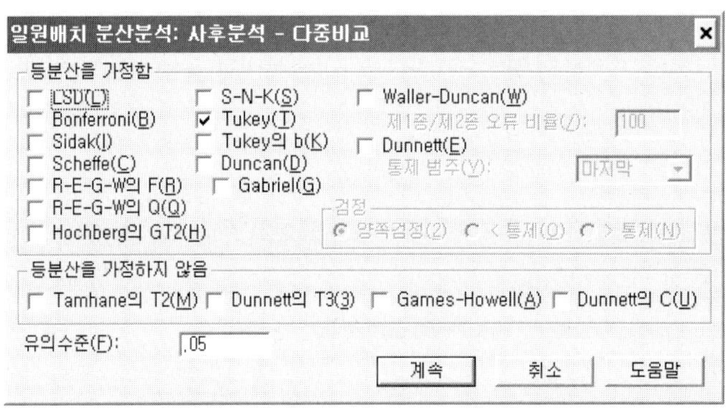

[그림 9.5] [일원배치 분산분석: 사후분석-다중비교] 대화상자

④ [일원배치 분산분석] 대화상자의 하단에 있는 [옵션] 버튼을 클릭하면 [그림 9.6]과 같이 [일원배치 분산분석: 옵션] 대화상자가 나타난다. 이 대화상자에서 [기술통계] 항목과 [분산 및 동질성 검정] 항목을 체크한 후, [계속] 버튼을 클릭한다.

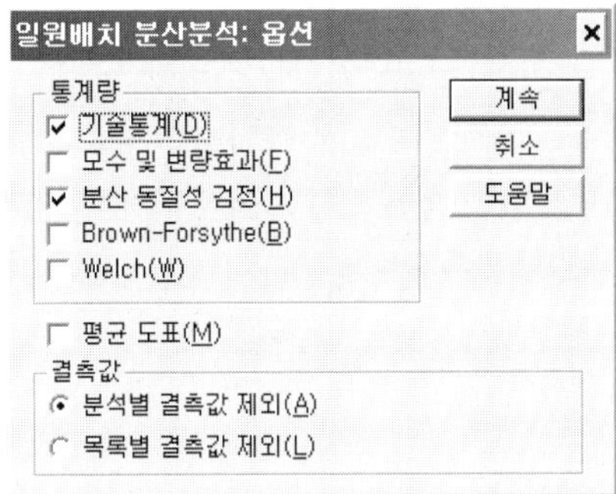

[그림 9.6] [일원배치 분산분석: 옵션] 대화상자

3) 산출결과 해석

[일원배치 분산분석] 대화상자의 [확인] 버튼을 클릭하면 일원배치 분산분석에 대한 산출결과가 [표 9.4]와 같다.

[표 9.4] 일원배치 분산분석에 대한 산출결과

일원배치 분산분석

기술통계

안도감

	N	평균	표준편차	표준오차	평균에 대한 95% 신뢰구간		최소값	최대값
					하한값	상한값		
A지역	8	6.0000	2.00000	.70711	4.3280	7.6720	3.00	9.00
B지역	8	5.0000	1.51186	.53452	3.7361	6.2639	2.00	7.00
C지역	8	2.5000	.92582	.32733	1.7260	3.2740	1.00	4.00
합계	24	4.5000	2.10589	.42986	3.6108	5.3892	1.00	9.00

분산의 동질성에 대한 검정

안도감

Levene 통계량	자유도1	자유도2	유의확률
1.256	2	21	.305

분산분석

안도감

	제곱합	자유도	평균제곱	F	유의확률
집단-간	52.000	2	26.000	10.920	.001
집단-내	50.000	21	2.381		
합계	102.000	23			

사후검증

다중비교 종속변수: 안도감 Tukey HSD						
(I) 지역	(J) 지역	평균차 (I–J)	표준오차	유의확률	95% 신뢰구간	
					하한값	상한값
A지역	C지역	1.00000	.77152	.413	–.9447	2.9447
	B지역	3.50000*	.77152	.001	1.5553	5.4447
B지역	A지역	–1.0000	.77152	.413	–2.9447	.9447
	C지역	2.50000*	.77152	.010	.5553	4.4447
B지역	A지역	–3.5000*	.77152	.001	–5.4447	–1.5553
	C지역	–2.5000*	.77152	.010	–4.4447	–.5553

* .05 수준에서 평균차가 큽니다.

동일 집단군

안도감 Tukey HSD[a]			
지역	N	유의수준 = .05에 대한 부집단	
		1	2
C지역	8	2.5000	
B지역	8		5.0000
A지역	8		6.0000
유의확률		1.000	.413

동일 집단군에 있는 집단에 대한 평균이 표시됩니다.
a. 조화평균 표본 크기 = 8.000을(를) 사용

첫 번째 표는 기술통계량을 나타내는 것으로 표본의 크기는 A, B, C 지역 각각 8이며, 평균은 A지역 6, B지역 5, C지역 2.5이며, 표준편차는 A지역 2, B지역 1.51186, C지역 0.92582이다.

두 번째 표는 A, B, C 3지역 간의 등분산을 측정한 것으로 유의수준 0.305이기 때문에 영가설을 채택할 수 있다. 즉 A, B, C 3지역은 등분산을 가지고 있다고 할 수 있다.

세 번째 표인 분산분석의 산출결과를 살펴보면, 집단간 편차자승의 합(SS_b)은 52, 편차자승의 평균(MS_b)은 26이며, 집단내 편차자승의 합(SS_w)은 50, 편차자승의 평균(MS_w)은 2.381이다. 관찰 F값은 10.92이고 유의수준은 0.001로, 이는 영가설을 기각할 때 0.1%의 오류를 범할 수 있다는 것이다. 95% 신뢰수준을 기준으로 할 경우 5% 미만의 오류를 범하면 영가설을 기각할 수 있으므로 이 경우 영가설을 기각할 수 있다. 따라서 95% 신뢰수준을 기준으로 할 경우 3지역 간에 주민들의 안도감에 차이가 난다고 할 수 있다.

네 번째 표인 사후검증의 산출결과를 살펴보면 다음과 같다.

① A지역과 B지역 간에는 유의수준이 0.413으로 영가설을 기각할 때 41.3%의 오류를 범할 수 있으며, 이는 기준으로 5% 이상의 오류를 범하므로 영가설을 채택해야 한다. 즉, 두 지역 주민들의 안도감에 차이가 나지 않는다고 할 수 있다.

② A지역과 C지역 간에는 유의수준이 0.001로 영가설을 기각할 때 0.1%의 오류를 범할 수 있으며, 이는 기준으로 정한 5% 미만의 오류를 범하므로 영가설을 기각할 수 있다. 즉, 두 지역 주민들의 안도감에 차이가 난다고 할 수 있다.

③ B지역과 C지역 간에는 유의수준 0.01로 영가설을 기각할 때 1%의 오류를 범할 수 있으며, 이는 기준으로 정한 5% 미만의 오류를 범하므로 영가설을 기각할 수 있다. 즉, 두 지역 주민들의 안도감에 차이가 난다고 할 수 있다.

컴퓨터에 의한 산출결과와 수치를 이용한 계산결과를 비교해 보면, 컴퓨터 에 의한 산출결과의 관찰 *F*값은 10.920으로 수치를 이용한 계산결과와 같음을 알 수 있다. 또한 컴퓨터에 의한 산출결과나 수치를 이용한 계산결과 모두 영가설을 기각할 수 있도록 되어 있어 동일한 결론을 얻을 수 있다.

사후검증의 경우에도 컴퓨터에 의한 산출결과나 수치를 이용한 계산결과 모두 A지역과 B지역 간에는 주민들의 안도감에 차이가 없고, A지역과 C지역, B지역과 C지역 간에는 주민들의 안도감에 차이가 나는 것으로 나타나 동일한 결론을 얻을 수 있다.

연 / 습 / 문 / 제

1. 한 회사에서 판매사원을 18명 모집한 후, 이들을 6명씩 3개 집단으로 나누어 제1집단에는 전화판매방법, 제2집단에는 직접판매방법, 제3집단에는 인터넷판매방법을 교육시킨 후 판매활동에 참여하도록 하였다. 이들이 판매활동을 개시한 후 2개월 동안에 판매한 양을 조사했더니 다음과 같았다. 신뢰수준 95%에서 이들 3집단간의 판매량에 차이가 있는가를 검증하여라.

전화판매방법(X_1)	직접판매방법(X_2)	인터넷판매방법(X_3)
6	6	9
6	8	10
7	7	12
7	8	8
4	9	9
9	4	6
39	42	54

2. 대학생들의 주거형태가 그들의 행복감에 미치는 영향을 분석하기 위해 자취하는 학생들, 기숙사에 거주하는 학생들, 자기집에 거주하는 학생들 중에서 각각 8명씩 표본추출하여 행복감을 조사한 결과 다음과 같았다. 행복감을 측정하는 척도는 10점 만점이고, 점수가 높을수록 행복감이 높은 것을 의미한다. 95% 신뢰수준에서 이들 3집단간의 행복감에 차이가 있는가를 검증하여라.

자취(X_1)	기숙사(X_2)	자기집(X_3)
3	4	4
2	2	5
4	6	6
3	5	3
5	4	5
4	3	6
1	5	5
2	7	8
24	36	42

3. 직업에 대한 만족도가 생의 행복감에 영향을 미치는가를 조사하기 위해 30명을 표본추출하여 직업에 대한 만족도에 따라 집단을 분류해 본 결과 크게 만족 6명, 만족 8명, 불만족 9명, 크게 불만족 7명이었으며, 각 집단에 속한 사람들의 행복감을 조사한 결과 다음과 같았다. 행복감을 측정하기 위한 척도는 10점 만점이고, 점수가 높을수록 행복감이 높은 것을 의미한다. 신뢰수준 99%에서 4집단간의 행복지수에 차이가 있는가를 검증하여라.

크게 만족(X_1)	만족(X_2)	불만족(X_3)	크게 불만족(X_4)
9	6	4	2
7	6	6	3
7	7	4	1
8	6	6	3
8	5	5	4
6	5	7	3
	9	5	5
	4	3	
		5	
45	48	45	21

4. 초등학생, 중학생, 고등학생, 대학생들 간에 수업시간 외의 하루 평균 공부시간에 차이가 나는지를 분석하기 위해 각 집단별로 6명씩 표본추출하여 수업시간 외의 하루 평균 공부시간을 조사했더니 다음과 같았다. 99% 신뢰수준에서 각 집단간에 수업시간 외의 하루 평균 공부시간에 차이가 나는지를 분산분석에 의해 검증하여라.

초등학생(X_1)	중학생(X_2)	고등학생(X_3)	대학생(X_4)
2	3	3	3
1	2	2	3
0.5	2.5	4	2
1	2	4	4
2	1.5	5	5
2.5	4	6	1
9	15	24	18

5 대도시(특별시 및 광역시), 중소도시, 읍면지역 주민들을 각각 5명씩 표본추출하여 이들에 대해 이웃과의 상호작용을 조사한 결과 다음과 같았다. 상호작용에 대한 척도는 10점 만점이며, 점수가 높을수록 상호작용이 활발하다는 것을 의미한다. 95% 신뢰수준에서 3집단간에 차이가 나는지를 분산분석에 의해 검증하고, 어느 집단간에 진정으로 의미 있는 차이가 나는지를 사후검증하여라.

대도시(X_1)	중소도시(X_2)	읍면지역(X_3)
2	7	8
4	5	7
3	5	7
4	4	5
7	4	9
20	25	36

6 연령별로 컴퓨터 이용시간에 차이가 나는지를 분석하기 위해 10대, 20대, 30대, 40대, 50대별로 각각 5명씩 표본추출하여 하루 평균 컴퓨터 이용시간을 조사했더니 다음과 같았다. 95% 신뢰수준에서 각 집단간에 컴퓨터 이용시간에 차이가 있는가를 분산분석에 의해 검증하고, 어느 집단간에 진정으로 의미 있는 차이가 나는지를 사후검증하여라.

10대(X_1)	20대(X_2)	30대(X_3)	40대(X_4)	50대(X_5)
2	3	5	3	1
1	2	3	3	0.5
2	5	3	2.5	2
1.5	4	4	2.5	1
2.5	4	1	1	0.5
9	18	16	12	5

제 10 장
비모수 통계검증

이 장(章)에서는 비연속적 변수일 때 사용되는 대표적인 통계기법인 카이스퀘어(x^2) 검증, 중앙치(Median) 검증, 맨-휘트니(Mann-Whitney) 검증, 윌콕슨(Wilcoxon) 순위 검증, 크러스칼-왈리스(Kruskal-Wallis) 검증에 대해 살펴보고자 한다.

제8장과 제9장에서 살펴본 t검증과 F검증은 종속변수가 연속적(등간변수, 비율변수) 변수이고, 모집단이 정규분포이며 등분산성을 가져야 하는 등의 요건을 요구하고 있다. 반면에 비연속적 변수 검증기법들은 이러한 가정이나 요건을 요구하지 않는다. 비연속적 변수 검증기법들은 다음과 같은 경우에 유용하게 활용될 수 있다.

- 단일집단 검증에는 주로 카이스퀘어(x^2) 검증이 사용되고, 명목변수와 서열변수의 자료에 모두 사용된다.
- 두 집단간 차이검증에는 카이스퀘어(x^2) 검증, 중앙치 검증, 맨-휘트니 U 검증, 윌콕슨 순위 검증이 사용되며, 서열변수의 자료에만 사용된다.
- 셋 이상 집단간 차이검증에는 크러스칼-왈리스 검증이 주로 사용되며, 서열변수의 자료에만 사용된다.

1. 카이스퀘어 검증

카이스퀘어 검증(Chi-Square Test : x^2)은 독립변수와 종속변수가 모두 비연속적(명목변수, 서열변수) 변수일 때 사용한다.

예를 들면, 남녀 간에 담배 피우는데 차이가 있는가, 청소년을 가진 부모와 청소년을 가지지 않은 부모 간에 청소년 프로그램을 개발·운영하는 데 대한 찬성 정도에 차이가 있는가, 종교에 따라 자녀양육방법(예 : 관대, 보통, 엄격)에 차이가 있는가 등을 검증할 때 주로 카이스퀘어(x^2) 검증을 사용한다.

카이스퀘어(x^2) 검증기법은 크게 일원 x^2 검증(One-Way Chi-Square Test)과 이원 x^2 검증(Two-Way Chi-Square Test)으로 분류할 수 있다.

1) 일원 x^2검증

일원 x^2 검증(One-Way Chi-Square Test)은 한 변수에 대한 조사에서 관찰도수

(Observed Frequency)가 각 응답범주 간에 균등하게 분산되어 있는가를 검증하기 위한 통계기법이다.

예를 들면, 시험문제 50문제에 대해 정답이 응답범주 A, B, C, D, E에 다음과 같이 분포되어 있다고 가정하자. 이때 정답이 각 응답범주 간에 균등하게 분산되어 있는지 아닌지를 검증하는데 일원 x^2 검증을 사용한다.

A : 14개, B : 13개, C : 5개, D : 10개, E : 8개

이때 관찰도수(Observed Frequency : f_o)란 실제 조사에서 얻어진 도수를 말한다. 응답범주 간에 정답수가 균등하게 분산되어 있는지 아닌지에 대한 영가설(Null Hypothesis)과 연구가설(Research Hypothesis)을 다음과 같이 세울 수 있다.

- 영가설 : 응답범주 A, B, C, D, E에 정답수가 균등하게 분산되어 있다.
- 연구가설 : 응답범주 A, B, C, D, E에 정답수가 균등하게 분산되어 있지 않다.

카이스퀘어(x^2) 검증을 하기 전에는 응답범주 간에 정답수가 균등하게 분산되어 있는지 아닌지를 모르기 때문에 일단 영가설을 세우고 검증결과에 의해 영가설을 채택하든지 기각할 수 있다.

만약 영가설이 참이라면, 즉 응답범주 간에 정답수가 균등하게 분산되어 있다면 어떤 분산형태를 가지고 있을까? 응답범주가 5개이므로 각 범주에 20%씩 정답수가 분산되어 있을 것이며, 문항이 50개 이므로 한 응답범주에 50 × 0.2 = 10개씩 분산되어 있을 것이다.

이와 같이 영가설 하에서 균등하게 분배될 것으로 기대되는 도수를 기대도수(Expected Frequency : f_e)라 한다. 각 범주 간에 정답수가 균등하게 분배되어 있다는 영가설의 기대도수는 다음과 같다.

A : 10개, B : 10개, C : 10개, D : 10개, E : 10개

카이스퀘어(x^2) 검증은 관찰도수(f_o)와 기대도수(f_e) 사이의 차이를 통해 각 응답범주간에 정답수가 균등하게 분산되어 있는 정도를 파악하도록 해준다. 즉, 카이스퀘어(x^2) 검증은 관찰빈도와 영가설하의 기대빈도간의 차이를 파악하는 것으로서, x^2값을 구하는 공식은 〈수식 10.1〉과 같다.

$$x^2 = \sum \frac{(f_o - f_e)^2}{f_e}$$ 〈수식 10.1〉

여기서, f_o : 각 응답범주의 관찰도수

f_e : 각 응답범주의 기대도수

카이스퀘어(x^2) 검증의 원리는 관찰도수와 영가설하의 기대도수의 비교를 통해 설명될 수 있다. 만약 모든 응답범주의 관찰도수가 영가설하의 기대도수와 같다면 모든 범주에서 $f_o = f_e$가 되어 x^2값이 0이 될 것이다. 이 경우 각 응답범주 간에 차이가 나지 않는다는 영가설을 채택하게 된다.

만약 각 응답범주 간에 관찰도수가 영가설하의 기대도수와 거의 같다면, x^2값은 아주 작을 것이다. 이 경우 각 응답범주 간에 차이를 표본오차에 따른 차이로 간주하고 영가설을 역시 채택할 수 있다.

그러나 각 응답범주의 관찰도수가 기대도수와 큰 차이가 나는 경우에는 x^2값을 커진다. 이 경우 x^2값이 오류에 의한 차이로 보기에는 너무 큰 값일 경우가 있으며, 이때는 영가설을 기각해야 한다. 이와 같이 x^2값이 얼마나 클 때 영가설을 기각할 수 있는가를 결정해 주는 값이 기준 x^2값이다.

위의 예를 x^2검증 절차에 따라 검증해 보도록 하자.

① 영가설을 세운다. 즉, 응답범주 A, B, C, D, E에 정답수가 균등하게 분산되어 있다.

② 관찰 x^2값을 계산한다.

ⓐ 각 범주의 기대도수(f_e)를 계산한다.

$$f_e = 50 \times \frac{1}{5} = 10$$

ⓑ 요약표를 작성한다.

응답범주	관찰도수(f_o)	기대도수(f_e)	$(f_o - f_e)$	$(f_o - f_e)^2$
A	14	10	4	16
B	13	10	3	9
C	5	10	−5	25
D	10	10	0	0
E	8	10	−2	4

ⓒ 〈수식 10.1〉를 이용하여 관찰 x^2값을 계산한다.

$$x^2 = \sum \frac{(f_o - f_e)^2}{f_e}$$

$$= \frac{16}{10} + \frac{9}{10} + \frac{25}{10} + \frac{0}{10} + \frac{4}{10} = 1.6 + 0.9 + 2.5 + 0.4 = 5.4$$

③ 기준 x^2값을 구한다.

ⓐ 유의수준(α) 값을 구한다.

α = 1 - 0.95 = 0.05

ⓑ 자유도(df)를 구한다.

$df = K-1$ = 5 - 1 = 4

ⓒ 부록의 x^2분포표를 이용하여 기준 x^2값을 구한다.

α = 0.05, df = 4일 때 x^2 = 9.49

④ 관찰 x^2값과 기준 x^2값을 비교한다.

관찰 x^2값 5.4가 기준 x^2값 9.49보다 작으므로 영가설을 채택한다. 즉, 관찰도수가 각 응답범주에 골고루 분포되어 있다고 할 수 있다.

예 제 1

대학생 100명을 표본추출하여 전공을 선택하는데 누구의 영향력이 가장 컸는가를 조사한 결과 [표 10.1]과 같았다. 신뢰수준 95%를 확보하는 수준에서 가장 크게 영향력을 미친 사람들이 골고루 분포되어 있는가를 검증하여라.

[표 10.1] 전공 선택에 가장 크게 영향을 미친 사람들의 분포

응답범주	관찰도수(f_o)
본 인	40
부모님	25
선생님	20
선 배	15

풀 이

① 영가설을 세운다. 즉, 전공을 선택하는데 여러 사람의 영향력에 차이가 없었다고 가정한다.

② 관찰 x^2값을 계산한다.

ⓐ 각 범주의 기대도수(f_e)를 계산한다.

$f_e = 100 \times \frac{1}{4} = 25$

ⓑ 요약표를 작성한다.

응답범주	관찰도수(f_o)	기대도수(f_e)	$(f_o - f_e)$	$(f_o - f_e)^2$
본 인	40	25	15	225
부모님	25	25	0	0
선생님	20	25	−5	25
선 배	15	25	−10	100

ⓒ 〈수식 10.1〉을 이용하여 관찰 x^2값을 계산한다.

$$x^2 = \sum \frac{(f_o - f_e)^2}{f_e}$$

$$= \frac{225}{25} + \frac{0}{25} + \frac{25}{25} + \frac{100}{25}$$

$$= 9 + 0 + 1 + 4 = 14$$

③ 기준 x^2값을 구한다.

ⓐ 유의수준(α) 값을 구한다.

α = 1−0.95 = 0.05

ⓑ 자유도(df)를 구한다.

$df = K - 1$ = 4 - 1 = 3

ⓒ 부록의 x^2분포표를 이용하여 기준 x^2값을 구한다.

α = 0.05, df = 3일 때 x^2 = 7.81

④ 관찰 x^2값과 기준 x^2값을 비교한다.

관찰 x^2값 14가 기준 x^2값 7.81보다 크므로 영가설을 기각한다. 즉, 전공을 선택하는 데 가장 크게 영향을 미친 사람들이 다르게 분포되어 있다고 할 수 있다. 또는 전공 선택에 본인의 의사가 다른 사람들의 영향보다 더 결정적인 영향을 미친다고 할 수 있다.

2) 이원 x^2검증

이원 x^2검증은 관찰도수와 기대도수를 비교하여 독립변수의 집단들 간에 종속변수 범주간의 분포가 차이를 나타내는지를 검증하는 것이다.

예를 들면, 남녀 간에 담배 피우는 도수분포에 차이가 있는가를 검토한다고 하자. 이때 남녀 두 세트의 관찰도수와 기대도수를 검토해야 한다. 두 변수간의 도수분포는 [표 10.2]와 같이 교차분포표(Cross-Tabulation)로 나타낼 수 있다.

[표 10.2] 성별에 따른 흡연도수(관찰교차도수분포표)

흡연여부 \ 성별	남	여	계
담배 피움	30	15	45
담배 안 피움	20	35	55
계	50	50	100

교차도수분포표는 독립변수 집단들 간에 종속변수 범주간의 분포에 차이가 있는가를 나타내 주고 있다. 이와 같이 교차분포표에서 독립변수의 집단들 간에 종속변수 범주간의 분포에 의미 있는 차이가 나는지를 검증하는 것을 이원 x^2검증이라 한다. 따라서 이원 x^2검증에서 x^2값을 구하는 공식은 〈수식 10.2〉와 같다.

$$x^2 = \sum \frac{(f_o - f_e)^2}{f_e} \qquad \langle 수식\ 10.2 \rangle$$

여기서, f_o : 각 셀(Cell)의 관찰도수

f_e : 각 셀(Cell)의 기대도수

예를 들면, [표 10.2]를 이용하여 남녀 간에 담배를 피우는 정도에 차이가 있는지에 대해 x^2검증을 해보기로 하자.

첫째, 영가설을 세운다. 즉, 남녀 간에 담배 피우는데 차이가 없다고 가정한다.

둘째, 이원 x^2검증은 관찰도수와 기대도수를 비교하여 두 집단간에 의미있는 차이가 나는지를 검증하는 것이다. 관찰도수와 기대도수를 비교하기 위해서는 각 셀의 기대도수를 구해야 하는데, 이를 구하는 공식은 〈수식 10.3〉과 같다.

$$각\ 셀의\ 기대도수 = \frac{L \times C}{N} \qquad \langle 수식\ 10.3 \rangle$$

여기서, L : 셀을 포함하고 있는 줄의 총도수

C : 셀을 포함하고 있는 칸의 총도수

N : 총도수

ⓐ 셀의 기대도수 $= \frac{45 \times 50}{100} = 22.5$

ⓑ 셀의 기대도수 $= \frac{45 \times 50}{100} = 22.5$

ⓒ 셀의 기대도수 $= \frac{55 \times 50}{100} = 27.5$

ⓓ 셀의 기대도수 $= \frac{55 \times 50}{100} = 27.5$

각 셀의 기대도수를 교차도수분포표로 나타내면 [표 10.3]과 같다.

[표 10.3] 성별에 따른 흡연도수(기대교차도수분포표)

흡연여부 \ 성별	남	여	계
담배 피움	ⓐ 22.5	ⓑ 22.5	45
담배 안 피움	ⓒ 27.5	ⓓ 27.5	55
계	50	50	100

셋째, 관찰도수와 기대도수를 알게 되었으므로 이를 〈수식 10.2〉에 대입하여 관찰 x^2값을 다음과 같이 계산할 수 있다.

$$\begin{aligned} x^2 &= \sum \frac{(f_o - f_e)^2}{f_e} \\ &= \frac{(30-22.5)^2}{22.5} + \frac{(15-22.5)^2}{22.5} + \frac{(20-27.5)^2}{27.5} + \frac{(35-27.5)^2}{27.5} \\ &= 2.5 + 2.5 + 2.05 + 2.05 = 9.1 \end{aligned}$$

관찰도수와 기대도수 간에 차이가 클 때에는 x^2값이 크며, 이는 두 집단간에 담배 피는 정도에 차이가 크다는 것을 의미한다. 그런데 어느 정도 x^2값이 커야 의미 있는 차이가 난다고 할 수 있는가? 이러한 기준을 제공해 주는 것이 기준 x^2값이다.

넷째, 기준 x^2값을 구하기 위해서는 유의수준(α), 자유도(df)를 알아야 한다. 위의 예에서 신뢰수준 95%라고 하면, $\alpha = 1 - 0.95 = 0.05$이다. 한편 자유도(df)를 구하는 공식은 〈수식 10.4〉와 같다.

$df \ = (r-1)(c-1)$ 〈수식 10.4〉

여기서, r : 관찰도수분포의 줄 수
c : 관찰도수분포의 칸 수

따라서 자유도 $df \ = (r-1)(c-1) = (2\text{-}1)(2\text{-}1) = 1$이다. x^2분포표를 이용하여 $\alpha = 0.05$, $df = 1$일 때 기준 x^2값을 구하면, $x^2 = 3.84$이다. 이때 x^2검증에서는 단측검증만이 의미를 갖게 된다. 즉, x^2값은 관찰도수와 기대도수의 차이를 제곱한 것인 $(f_o - f_e)^2$의 합을 기대도수(f_e)로 나눈 값이 항상 양의 값을 가지므로 단측검증을 사용하여야 한다.

다섯째, 관찰 x^2값과 기준 x^2값을 비교하여 영가설의 채택과 기각 여부를 결정한다. 관찰 x^2값 9.1이 기준 x^2값 3.84보다 크므로 영가설을 기각할 수 있다. 즉, 남녀 간에 담배 피우는데 차이가 있다고 볼 수 있다.

예 제 2

30대 부모와 50대인 부모 각각 30명을 표본추출하여 교육적인 체벌의 찬반여부를 조사했더니 [표 10.4]와 같았다. 신뢰수준 95%를 확보하는 수준에서 30대와 50대 부모 간에 교육적인 체벌을 찬성하는데 차이가 있는지를 검증하여라.

[표 10.4] 연령에 따른 체벌 찬성도수

체벌여부 \ 연령	30대	50대	계
체벌 찬성	14	18	32
체벌 반대	16	12	28
계	30	30	60

풀 이

① 영가설을 세운다. 즉, 30대와 50대간에 교육적인 체벌을 찬성하는데 차이가 없다고 가정한다.

② 관찰 x^2값을 계산한다.

ⓐ 각 셀의 기대도수를 구한다.

체벌여부 \ 연령	30대	50대	계
체벌 찬성 체벌 반대	㉮ 16 ㉰ 14	㉯ 16 ㉱ 14	32 28
계	30	30	60

㉮ 셀의 기대도수 = $\frac{32 \times 30}{60} = 16$

㉯ 셀의 기대도수 = $\frac{32 \times 30}{60} = 16$

㉰ 셀의 기대도수 = $\frac{28 \times 30}{60} = 14$

㉱ 셀의 기대도수 = $\frac{28 \times 30}{60} = 14$

ⓑ 〈수식 10.2〉를 이용하여 관찰 x^2값을 계산한다.

$$x^2 = \sum \frac{(f_o - f_e)^2}{f_e}$$

$$= \frac{(14-16)^2}{16} + \frac{(18-16)^2}{16} + \frac{(16-14)^2}{14} + \frac{(12-14)^2}{14}$$

$$= 0.25 + 0.25 + 0.29 + 0.29 = 1.08$$

③ 기준 x^2값을 구한다.

ⓐ 유의수준(α)을 구한다.

α = 1 - 0.95 = 0.05

ⓑ 자유도(df)를 구한다.

$df = (r-1)(c-1)$ = (2-1)(2-1) = 1

ⓒ 부록의 x^2분포표를 이용하여 기준 x^2값을 구한다.

α = 0.05, df = 1일 때 기준 x^2값은 3.84이다.

④ 관찰 x^2값과 기준 x^2값을 비교한다.

관찰 x^2값 1.08이 기준 x^2값 3.84보다 작으므로 영가설을 채택한다. 즉, 30대와 50대 간에 교육적인 체벌을 찬성하는데 차이가 없다고 할 수 있다.

3) 기대도수가 작을 때 수정방법

x^2검증도 표본의 크기에 대해서는 일정한 요건을 요구한다. 그 이유는 극단적으

로 작은 표본은 잘못된 결과를 초래할 가능성이 많기 때문이다.

일반적으로 기대도수가 5미만인 경우가 있을 때에는 x^2검증을 사용하는데 주의할 것을 요구하고 있다. 어떤 학자들은 모든 기대도수가 5이상이어야 한다고 주장하고, 다른 학자들은 대부분의 기대도수가 5이상이어야 한다고 주장한다. 그러나 x^2검증을 사용할 수 있는지에 대한 결정은 5보다 작은 기대도수가 얼마나 크게 x^2값에 영향을 미치느냐에 달려 있다.

예를 들면, 남녀 간에 자살하는데 사용하는 무기 또는 방법에 대해 조사한 결과 [표 10.5]와 같았다.

[표 10.5] 성별에 따른 자살방법의 도수

자살방법 \ 성별	남자	여자	계
독약 사용	26 (26.6)	12 (11.4)	38
투신	30 (25.9)	7 (11.1)	37
칼이나 총기 사용	12 (10.5)	3 (4.5)	15
목매달음	2 (7.0)	8 (3.0)	10
계	70	30	100

주 : ( )안은 기대도수

[표 10.5]에서 여자가 목매달아 자살하는 경우의 관찰도수는 8이고, 기대도수는 3이다. 이 경우 전체 관찰 x^2에 기여하는 값은 다음과 같다.

$$\frac{(f_o - f_e)^2}{f_e} = \frac{(8-3)^2}{3} = 8.33$$

따라서 다른 7개 셀의 값들이 얼마인지에 관계없이 여자가 목매달아 자살하는 셀의 x^2값 8.33만으로도 영가설을 기각할 수 있다. 즉, 유의수준 $\alpha = 0.05$, $df = (r-1)(c-1)$ = (4-1)(2-1) = 3일 때, 기준 x^2값은 7.81로 여자가 목매달아 자살하는 셀의 관찰 x^2값 8.33보다 작아 영가설을 기각할 수 있다.

여기서 문제인 것은 분모인 기대도수 3이 작은 값이기 때문에 분자를 이 작은 값으로 나누면 분수값이 커지게 되어 결과에 많은 오류를 초래하게 될 수 있다는 것이다. 이러한 이유 때문에 기대도수가 작을 때에는 특별한 고려를 해야 한다는 것이다.

이와 같이 5보다 작은 기대도수가 있을 때는 심각한 문제를 야기할 수 있으므로 해당되는 항목을 통합하거나 폐지해야 한다. 그러나 서로 다른 항목들을 통합하는 것은 문제가 있을 수 있으므로 항목들을 통합할 때에는 논리적으로 타당한 경우에 한정해야 할 것이다.

위의 예의 경우, "칼이나 총기 사용"과 "목매달음"을 하나로 통합하여 "기타" 항목으로 할 수도 있다. 칼이나 총기 사용과 목매달음을 기타 항목으로 묶을 경우 [표 10.6]과 같이 나타낼 수 있으며, 이 경우 모든 셀의 기대도수가 5보다 크게 된다.

[표 10.6] 성별에 따른 자살방법의 도수 : 항목이 통합된 경우

자살방법 \ 성별	남자	여자	계
독약 사용	26 (26.6)	12 (11.4)	38
투신	30 (25.9)	7 (11.1)	37
기타	14 (17.5)	11 (7.5)	25
계	70	30	100

특히 2×2 도수분포표에서는 모든 기대도수가 5이상일 것이 요구된다. 한편 2×2 분포표에서는 기대도수가 10미만일 때도 잘못된 결과를 야기할 수가 있다. 따라서 2×2 도수분포표에서 5이상이고 10미만인 기대도수가 하나라도 있는 경우에는 야테스의 교정(Yates's Correction)이 이용된다. 야테스의 교정공식은 〈수식 10.5〉와 같다.

$$x^2 = \sum \frac{(|f_o - f_e| - 0.5)^2}{f_e} \qquad \text{〈수식 10.5〉}$$

따라서 야테스의 교정공식은 관찰도수에서 기대도수를 뺀 값에서 0.5를 더 빼서 제곱한 것을 기대도수로 나눈 후, 그 값들을 합한 것이므로 x^2값이 작아지게 된다.

예를 들면, 남녀 대학생 35명을 표본추출하여 이성교제와 학업성적과의 관계를 조사한 결과 [표 10.7]과 같았다.

[표 10.7] 이성교제에 따른 성적별 도수

성적 \ 교제여부	교제	비교제	계
평균 3.0 이상	15 (12)	6 (9)	21
평균 3.0 미만	5 (8)	9 (6)	14
계	20	15	35

[표 10.7]의 경우 관찰 x^2값을 계산하면 다음과 같다.

$$x^2 = \sum \frac{(f_o - f_e)^2}{f_e}$$

$$= \frac{(15-12)^2}{12} + \frac{(6-9)^2}{9} + \frac{(5-8)^2}{8} + \frac{(9-6)^2}{6}$$

$$= 0.75 + 1 + 1.125 + 1.5 = 4.375$$

원래공식을 이용하면 관찰 x^2값 4.375가 기준 x^2값 3.84($\alpha = 0.05$, $df = 1$일 때)보다 크므로 영가설을 기각할 수 있다. 즉, 이성교제 여부에 따라 학업성적에 차이가 있다. 또는 이성교제를 하는 학생들의 성적이 이성교제를 하지 않는 학생들의 성적보다 좋다고 할 수 있다.

그러나 2×2 도수분포표이면서 5이상이며 10미만인 기대도수가 3개나 있으므로 야테스의 교정공식을 이용하여 x^2값을 구할 필요가 있다. 야테스의 교정공식을 이용하여 x^2값을 계산하면 다음과 같다.

$$x^2 = \sum \frac{(|f_o - f_e| - 0.5)^2}{f_e}$$

$$= \frac{(|15-12|-0.5)^2}{12} + \frac{(|6-9|-0.5)^2}{9} + \frac{(|5-8|-0.5)^2}{8} + \frac{(|9-6|-0.5)^2}{6}$$

$$= 0.52 + 0.69 + 0.78 + 1.04 = 3.03$$

야테스의 교정공식을 이용하여 계산한 관찰 x^2값 3.03은 기준 x^2값 3.84보다 작으므로 영가설을 채택하게 된다. 즉, 이성교제 여부에 따라 학업성적에 차이가 없다고 할 수 있다.

2. 중앙치 검증

중앙치 검증은 모집단으로부터 추출한 두 집단간에 차이가 있는가를 중앙치를 이용하여 검증하는 기법이므로 서열변수의 경우에 이용된다. 한편 등간변수, 비율변수의 경우에도 서열을 정할 수 있기 때문에 이 통계기법을 이용할 수 있다. 중앙치 검증을 위한 순서는 다음과 같다.

① 두 집단의 표본들을 혼합해서 크기 순서로 배열하여 중앙치를 구한다.
② 각 집단에서 중앙치보다 큰 값을 가지는 것과 작은 값을 가지는 것의 수를 파악하여 교차도수분포표를 작성한다.
③ 교차도수분포표상의 수들의 대해 x^2검증을 실시한다. 이 경우에도 기대도수가 5미만인 경우에는 신중을 기해야 하며, 특히 2×2 분포표에서는 한 항목이라도 기대도수가 5이상 10미만인 경우가 있는 경우에는 야테스의 교정(Yates's Correction) 공식을 이용해야 한다.

예 제 3

남녀 간에 교통법규 위반을 비교하기 위해 남자 14명, 여자 13명을 표본추출하여 지난 3개월 동안의 법규위반을 조사했더니 [표 10.8]과 같았다. 신뢰수준 95%를 확보하는 수준에서 남녀 간에 교통법규 위반에 차이가 있는지를 검증하여라.

[표 10.8] 남녀별 교통법규 위반도수

집단1		집단2	
남자	여자	남자	여자
5	10	6	2
7	13	5	13
10	8	4	9
14	12	9	10
6	11	2	7
3	8	3	12
4	5	6	

풀 이

① 두 표본을 합한 후, 중앙치를 구한다. 먼저 두 표본을 합하여 낮은 값에서 높은 값으로 배열하면 다음과 같다.

2 2 3 3 4 4 5 5 5 6 6 6 7 ⑦ 8 8 9 9 10 10 10 11 12 12 13 13 14

중앙치의 위치 : $\frac{N+1}{2} = \frac{27+1}{2} = 14$이며, 즉 중앙치는 14번째의 관찰값 7이다.

② 각 표본에서 중앙치보다 큰 값과 중앙치 이하인 값을 가진 수를 나타내는 교차도수분포표를 작성한다. [표 10.9]와 같이 중앙치보다 큰 값을 가지는 수가 남자는 14명 중 3명, 여자는 13명 중 10명이며, 중앙치 이하인 수는 남자는 14명 중 11명, 여자는 13중 3명이다.

[표 10.9] 남녀별 교통법규 위반 교차도수분포표

위반도수 \ 성별	남자	여자	계
중앙치보다 큰 값	3 (6.74)	10 (6.26)	13
중앙치 이하	11 (7.26)	3 (6.74)	14
계	14	13	27

③ 각 셀의 기대도수를 계산한다.

ⓐ 상단 왼쪽의 셀 : $f_e = \dfrac{13 \times 14}{27} = 6.74$

ⓑ 상단 오른쪽의 셀 : $f_e = \dfrac{13 \times 13}{27} = 6.26$

ⓒ 하단 왼쪽의 셀 : $f_e = \dfrac{14 \times 14}{27} = 7.26$

ⓓ 하단 오른쪽의 셀 : $f_e = \dfrac{14 \times 13}{27} = 6.74$

④ 공식을 이용하여 관찰 x^2값을 계산한다.

$$x^2 = \sum \frac{(|f_o - f_e| - 0.5)^2}{f_e} = \frac{(|3-6.74|-0.5)^2}{6.74} + \frac{(|10-6.26|-0.5)^2}{6.26} +$$

$$\frac{(|11-7.26|-0.5)^2}{7.26} + \frac{(|3-6.74|-0.5)^2}{6.74} = 1.56+1.68+1.45+1.56 = 6.25$$

⑤ 기준 x^2값을 계산한다.

신뢰수준 95%일 때 α = 1-0.95 = 0.05, $df = (r-1)(c-1)$ = (2-1)(2-1) = 1

α = 0.05, df = 1일 때 기준 x^2 = 3.84

⑥ 관찰 x^2값과 기준 x^2값을 비교한다.

관찰 x^2값 6.25가 기준 x^2값 3.84보다 크므로 영가설을 기각한다. 즉, 남녀 간에 교통법규 위반에 차이가 있다. 또는 여자가 남자보다 교통법규 위반을 많이 한다고 할 수 있다.

집단이 3개 이상인 경우에도 같은 논리에 의해 중앙치 검증을 할 수 있다. 이 경우에도 모든 집단의 표본을 합해서 중앙치를 구한 후, 각 집단별로 중앙치보다 큰

값의 수와 중앙치 이하인 값의 수를 교차도수분포표를 작성하여 x^2검증을 실시한다. 만약 3집단이라면 2×3 분포표가 될 것이며, 4집단이라면 2×4 분포표가 될 것이다. 이 분포표에서 각 셀의 기대도수를 구하고, 이를 공식에 대입하여 관찰 x^2값을 구한 후 기준 x^2값과 비교하여 영가설의 채택여부를 결정한다.

중앙치 검증은 중앙치를 기준으로 하여 사례수를 비교하였을 뿐, 그 사례들의 구체적인 순위는 고려하지 않았기 때문에 검증력이 떨어진다. 이러한 문제점을 보완하고 좀더 검증력을 높일 수 있도록 고안된 것이 맨-휘트니(Mann-Whitney) U검증이다.

3. 맨-휘트니 U 검증

맨-휘트니 U검증은 중앙치 검증과 같이 서열변수의 경우에 사용되며, t검증의 대안으로 고안된 것이다. 그러나 중앙치 검증과 달리 맨-휘트니 U검증은 모든 사례들의 순위를 고려하기 때문에 좀 더 높은 검증력을 가지고 있다. 맨-휘트니 U검증의 순서는 다음과 같다.

① 두 집단의 전체 자료에 대해 관찰값이 작은 것부터 큰 것 순으로 순위를 부여한다.

② 각 집단의 순위를 합산하여 각 집단의 순위합(R_1, R_2)을 구한다.

③ R_1, R_2와 N_1, N_2를 이용하여 관찰 U값을 계산한다. 관찰 U값을 구하기 위한 공식은 〈수식 10.5〉와 같다.

$$U_1 = N_1N_2 + \frac{N_1(N_1+1)}{2} - \sum R_1$$
$$U_2 = N_1N_2 + \frac{N_2(N_2+1)}{2} - \sum R_2$$
〈수식 10.5〉

④ U_1과 U_2 중 작은 값은 선택하여 U분포표의 기준 U값과 비교하여 가설의 채택, 기각여부를 결정한다.

예 제 4

맞벌이부부 가정의 자녀들이 그렇지 않은 가정의 자녀들보다 청소년 비행에 빠질 가능성이 높다는 주장이 있다. 이를 검증하기 위해 맞벌이부부 가정의 자녀 10명과 부모 중 한 사람만 직업을 가정의 자녀 12명을 표본추출하여 지난 3년간 비행상태를 조사했더니 [표 10.10]과 같았다. 비행은 5점척도 20문항으로 조사했기 때문에 비행을 전혀 하지 않은 사람은 20점이며, 비행을 가장 심각하게 저지른 사람은 100점이 될 것이다. 신뢰수준 95%를 확보하는 수준에서 두 집단간 청소년의 비행에 차이가 있는가를 검증하여라.

[표 10.10] 맞벌이부부 가정 여부에 따른 비행

맞벌이부부 가정의 자녀	맞벌이부부가 아닌 가정의 자녀
94	75
75	68
78	25
70	38
63	56
83	97
34	65
88	33
81	75
52	84
	52
	48
$N_1 = 10$	$N_2 = 12$

풀 이

① 두 집단의 모든 사례들을 통합해서 가장 낮은 값부터 가장 높은 값 순으로 순위를 정한다. 이때 같은 점수가 2개 이상인 경우에는 이들의 순위를 모두 더해서 같은 순위를 가진 사례수로 나눈 값이 그들의 순위가 된다. 예를 들면, 52점은 순위가 6위와 7위이므로 (6 + 7) / 2 = 6.5가 되며, 75점은 13위, 14위, 15위이므로 (13 + 14 + 15) / 3 = 14가 된다. [표 10.10]에 대한 순위를 정리하면 [표 10.11]과 같다.

[표 10.11] 맞벌이부부 가정 여부에 따른 비행 순위

맞벌이부부 가정의 자녀	순위	맞벌이부부가 아닌 가정의 자녀	순위
94	21	75	14 (14)
75	14 (13)	68	11
78	16	25	1
70	12	38	4
63	9	56	8
83	18	97	22

맞벌이부부 가정의 자녀	순위	맞벌이부부가 아닌 가정의 자녀	순위
34	3	65	10
88	20	33	2
81	17	75	14 (15)
52	6.5 (6)	84	19
		52	6.5 (7)
		48	5
N_1 = 10	$\sum R_1$ = 136.5	N_2 = 12	$\sum R_2$ = 116.5

② <수식 10.5>를 이용하여 U_1과 U_2값을 계산한다.

$$U_1 = N_1N_2 + \frac{N_1(N_1+1)}{2} - \sum R_1$$

$$= 10 \times 12 + \frac{10(10+1)}{2} - 136.5$$

$$= 120 + 55 - 136.5 = 38.5$$

$$U_2 = N_1N_2 + \frac{N_2(N_2+1)}{2} - \sum R_2$$

$$= 10 \times 12 + \frac{12(12+1)}{2} - 116.5$$

$$= 120 + 78 - 116.5 = 81.5$$

③ U_1과 U_2 중 작은 값을 부록의 U분포표의 기준 U값과 비교한다.

ⓐ U_1과 U_2 중 작은 값은 U_1으로 38.5이다

ⓑ 부록의 U분포표를 이용하여 기준 U값을 구한다.

U분포표는 양측검증과 단측검증 두 가지가 있다. 여기서 양측검증 분포표를 이용하면 작은 집단의 사례수 N_1을 상단에서 찾고, 큰 집단의 사례수 N_2를 좌측에서 찾아서 서로 만나는 곳에 있는 29가 기준 U값이다.

ⓒ U_1값과 기준 U값을 비교한다.

맨-휘트니 U검증은 다른 검증의 경우와 반대로 관찰 U값이 기준 U값보다 작아야 영가설을 기각할 수 있다. 그 이유는 두 집단간에 차이가 별로 나지않는 경우에는 U_1값과 U_2값에 별로 차이가 나지 않는다는 것이며, 이 경우에는 U_1값과 U_2값 중 작은 값이 커지기 때문이다.

여기서는 관찰 U_1값 38.5가 기준 U값 29보다 크므로 영가설을 채택한다. 즉, 맞벌이부부 가정의 자녀가 부부 중 한사람만 직업을 갖고 있는 가정의 자녀들보다 비행에 빠질 가능성이 많다고 할 수 없다.

4. 윌콕슨 순위 검증

윌콕슨 순위 검증(Wilcoxon Matched-Pairs Signed-Ranks Test)은 짝을 이룬 관찰값들이 서로 차이가 나는지를 검증하는 방법이다.

윌콕슨 순위 검증은 모집단의 분포가 정규분포일 필요는 없으나, 변수가 최소한 서열변수이어야 하며, 명목변수의 경우에는 사용할 수 없다.

윌콕슨 순위 검증은 서열변수에 사용하므로 연속적 변수인 등간변수나 비율변수를 사용하는 t검증보다 검증력은 약간 떨어지지만 그 사용범위는 넓다고 할 수 있다. 윌콕슨 순위 검증의 순서는 다음과 같다.

① 두 집단의 짝 간에 차이를 구한 후 이를 절대값을 취해 그 차이가 적은 값에서 큰 값 순서로 순위를 부여한다.

② 원래 짝 간의 차이가 양인 경우의 순위들의 합(T_1)을 구하고, 음인 경우의 순위들의 합(T_2)을 구한다.

③ 두 개의 합 중 큰 값을 윌콕슨 분포표의 상한 T값과 비교하여 영가설 채택여부를 결정한다. 이 경우 관찰 T값이 윌콕슨 분포표의 상한 T값보다 클 때에는 영가설을 기각하고 작을 때는 영가설을 채택한다. 또한 두 개의 합 중 작은 값을 윌콕슨 분포표의 하한 T값과 비교하여 영가설 채택여부를 결정할 수 있다. 이 경우에는 관찰 T값이 윌콕슨 분포표의 하한 T값보다 작을 때 영가설을 기각하고 클 때는 영가설을 채택한다.

예 제 5

서울과 진주의 생활여건을 비교하기 위해 12개 항목에 대해 조사한 결과 [표 10.12]와 같았다. 각 항목은 100점 만점으로 측정했으며 점수가 높을수록 생활여건이 좋다는 것을 의미한다. 신뢰수준 95%를 확보하는 수준에서 두 지역의 생활여건에 차이가 있는가를 검증하여라.

[표 10.12] 서울과 진주의 생활여건 점수

항목	서울(X_1)	진주(X_2)
주택보급률	65	76
취업률	88	85
교육시설	80	71

항목	서울(X_1)	진주(X_2)
문화시설	87	79
의료시설	89	82
교통문제	62	79
사회복지시설	63	61
공공행정서비스	62	67
물가	72	75
지역공동체의식	71	80
환경문제	62	80
범죄문제	72	78

풀 이

① 각 항목별로 두 짝의 차이(d)를 계산하여 $d = X_1 - X_2$난에 기입한다.

② 두 짝의 차이(d)에 절대값 $|d|$을 취한다.

③ 절대값의 크기 순위에 따라 가장 작은 값에서 큰 값 순으로 순위를 부여한다. 이때 d = 0인 경우는 자료에서 제외시키며, $|d|$의 값이 동일한 경우는 이들 순위의 평균치를 구하여 각 순위를 부여한다. 예를 들면, $|d|$ = 3인 경우가 2개 있기 때문에 순위는 (2 + 3) / 2 = 2.5이다.

④ 각 항목별 순위를 양(+)인 순위와 음(-)인 순위로 구분하여 기록한 후 그 합계를 구한다. 이상의 내용을 정리하면 [표 10.13]과 같다.

⑤ 양(+)인 순위와 음(-)인 순위의 합계 중 큰 값을 선택해서 윌콕슨 T분포표의 상한 T값과 비교하여 영가설의 채택, 기각 여부를 결정한다.

[표 10.13] 서울과 진주의 생활여건 점수 순위

항목	서울(X_1)	진주(X_2)	d	$\|d\|$	r순위	+순위	−순위
주택보급률	65	76	−11	11	10		10
취업률	88	85	3	3	2.5	2.5	
교육시설	80	71	9	9	8.5	8.5	
문화시설	87	79	8	8	7	7	
의료시설	89	82	7	7	6	6	
교통문제	62	79	−17	17	11		11
사회복지시설	63	61	2	2	1	1	
공공행정서비스	62	67	−5	5	4		4
물가	72	75	−3	3	2.5		2.5
지역공동체의식	71	80	−9	9	8.5		8.5
환경문제	62	80	−18	18	12		12
범죄문제	72	78	−6	6	5		5
						$+T$=25	$-T$=53

여기서는 음(-)인 순위의 합이 크므로 이를 선택하며, 음인 순위의 합 53이 상한 T값 61(유의수준 $\alpha = 0.05$, $N = 12$)보다 작으므로 영가설을 채택한다. 즉, 서울과 진주의 생활여건에 차이가 없다고 할 수 있다.

한편 양(+)인 순위와 음(-)인 순위의 합계 중 작은 값을 선택해서 윌콕슨 T분포표의 하한 T값과 비교하여 영가설 채택, 기각 여부를 결정할 수 있다. 여기서는 양(+)인 순위의 합 25가 하한 T값 17보다 크므로 영가설을 채택한다.

5. 크러스칼-왈리스 검증

크러스칼-왈리스 검증은 맨-휘트니 U검증과 마찬가지로 각 집단의 순위를 비교하여 집단간에 차이가 있는가를 결정하는 통계기법으로 변수가 최소한 서열변수이어야 하며, 명목변수의 경우에는 사용할 수 없다.

맨-휘트니 U검증은 두 집단을 비교하는 데 사용하는 반해, 크러스칼-왈리스 검증은 3집단 이상을 비교하는데 사용된다. 따라서 크러스칼-왈리스 검증은 분산분석의 대안으로 사용된다. 크러스칼-왈리스 검증의 순서는 다음과 같다.

① 모든 집단의 전체 관찰값에 대해 작은 값부터 큰 값 순서로 순위를 부여한다.
② 각 집단의 순위를 합산하여 각 집단의 순위합(R_1, R_2, R_3, …)을 구한다.
③ R_1, R_2, R_3, …와 N_1, N_2, N_3, …를 이용하여 H값을 구한다. H값을 구하기 위한 공식은 〈수식 10.6〉과 같다.

$$H = \frac{12}{N(N+1)} \sum \left(\frac{\left(\sum R_i\right)^2}{n_i} \right) - 3(N+1) \qquad \text{〈수식 10.6〉}$$

여기서, N : 총도수
n : 각 집단의 도수
$\sum R_i$: 각 집단의 순위의 합

④ 관찰 H값과 H분포표의 기준 H값을 비교하여 영가설 채택여부를 결정한다. 이때 집단수가 4이상이거나 표본수가 6이상이면 기준값으로 x^2값을 이용한다.

예 제 6

폭력적인 영상물이 아동들의 폭력행위에 미치는 영향을 분석하기 위해 12명의 아동을 표본추출하여 4명씩 3개 집단 A, B, C로 나눈 후 A집단에는 폭력행위를 한 아동이 상을 받는 영화를 보여주고, B집단에는 폭력행위를 한 아동이 벌을 받는 영화를 보여주고, C집단에는 아무런 영화도 보여주지 않은 다음, 3개 집단의 아동들이 하루 동안 같이 놀면서 다른 아동들에게 나타난 폭력행위 수를 조사한 결과 [표 10.14]와 같았다. 신뢰수준 95%를 확보하는 수준에서 3집단간에 폭력행위에 차이가 있는가를 검증하여라.

[표 10.14] 3집단간의 폭력행위 도수

A집단(X_1)	B집단(X_2)	C집단(X_3)
20	14	12
15	9	10
17	8	9
18	11	7

풀 이

① 3집단의 모든 사례들을 통합해서 가장 낮은 값부터 가장 높은 값 순으로 순위를 부여한다. [표 10.14]에 순위를 표기하면 [표 10.15]와 같다.

② 각 집단의 순위를 합산하여 각 집단의 순위의 합을 구한다.

$R_1 = 42,\ R_2 = 19.5,\ R_3 = 16.5$

[표 10.15] 3집단간의 폭력행위 도수 순위

A집단(X_1)	순위	B집단(X_2)	순위	C집단(X_3)	순위
20	12	14	8	12	7
15	9	9	3.5	10	5
17	10	8	2	9	3.5
18	11	11	6	7	1
	R_1=42		R_2=19.5		R_3=16.5

③ 〈수식 10.6〉를 이용하여 관찰 H값을 계산한다.

$$H = \frac{12}{N(N+1)}\sum\left(\frac{(\sum R_i)^2}{n_i}\right) - 3(N+1)$$

$$= \frac{12}{12(12+1)}\left(\frac{42^2}{4}+\frac{19.5^2}{4}+\frac{16.5^2}{4}\right) - 3(12+1)$$

$$= \frac{12}{156}\left(\frac{1,764}{4}+\frac{380.25}{4}+\frac{272.25}{4}\right) - 3\times 13$$

$$= 46.47 - 39 = 7.47$$

④ H분포표를 이용하여 기준 H값을 구한다.
K(집단수) = 3, $n_1 = n_2 = n_3 = 4$이고, 95% 신뢰수준을 확보하기 위해서는 유의수준 α = 0.05인데, 0.05가 없으므로 그보다 바로 아래인 0.049일 때의 H값을 구하면 5.6923이다.

⑤ 관찰 H값과 기준 H값을 비교한다.
관찰 H값 7.47이 기준 H값 5.6923보다 크므로 영가설을 기각한다. 즉, 3집단간에 폭력행위에 차이가 있다고 할 수 있다.

6. SPSS를 이용한 검증

1) 카이스퀘어(x^2) 검증

[표 10.4]의 자료를 이용하여 SPSS 통계 프로그램으로 카이스퀘어(x^2) 검증 방법을 살펴보도록 한다. [표 10.4]의 카이스퀘어 검증을 위한 원자료는 [표 10.5]와 같다.

[표 10.5] 연령에 따른 체벌 찬성도수에 대한 x^2 검증의 원자료

순번	연령	체벌여부	순번	연령	체벌여부	순번	연령	체벌여부
1	1	1	21	1	2	41	2	1
2	1	1	22	1	2	42	2	1
3	1	1	23	1	2	43	2	1
4	1	1	24	1	2	44	2	1
5	1	1	25	1	2	45	2	1
6	1	1	26	1	2	46	2	1
7	1	1	27	1	2	47	2	1
8	1	1	28	1	2	48	2	1
9	1	1	29	1	2	49	2	2
10	1	1	30	1	2	50	2	2
11	1	1	31	2	1	51	2	2
12	1	1	32	2	1	52	2	2
13	1	1	33	2	1	53	2	2
14	1	1	34	2	1	54	2	2
15	1	2	35	2	1	55	2	2
16	1	2	36	2	1	56	2	2
17	1	2	37	2	1	57	2	2
18	1	2	38	2	1	58	2	2
19	1	2	39	2	1	59	2	2
20	1	2	40	2	1	60	2	2

2) 명령어 처리절차

연령에 따른 체벌 찬성도수에 대한 카이스퀘어 검증을 위한 SPSS 통계 프로그램의 명령어 처리절차는 다음과 같다.

① SPSS 통계 프로그램([그림 10.1] 참조)의 [분석]-[기술통계량]-[교차분석]을 선택한다.

[그림 10.1] 카이스퀘어 검증을 위한 명령어

② [교차분석] 대화상자([그림 10.2] 참조)가 나타나면 {체벌여부}를 선택한 후, [▸] 버튼을 클릭하여 행으로 이동하고, {연령}을 선택한 후, [▸] 버튼을 클릭하여 열로 이동한다.

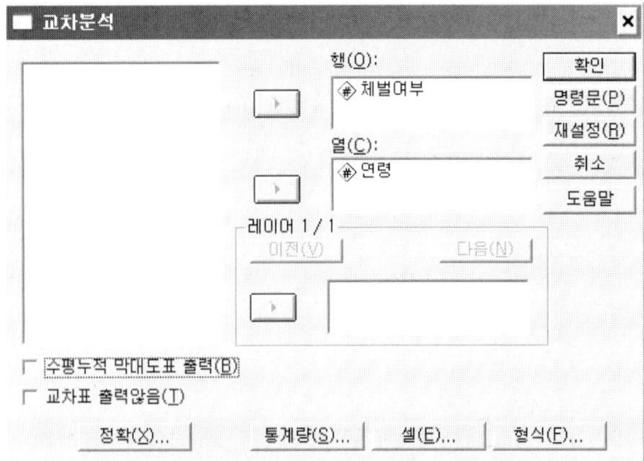

[그림 10.2] [교차분석] 대화상자

③ [교차분석] 대화상자의 하단에 있는 [통계량] 버튼을 클릭하면 [그림 10.3]과 같이 [교차분석: 통계량] 대화상자가 나타난다. 이 대화상자에서 [카이제곱] 항목을 체크한 후, [계속] 버튼을 클릭한다.

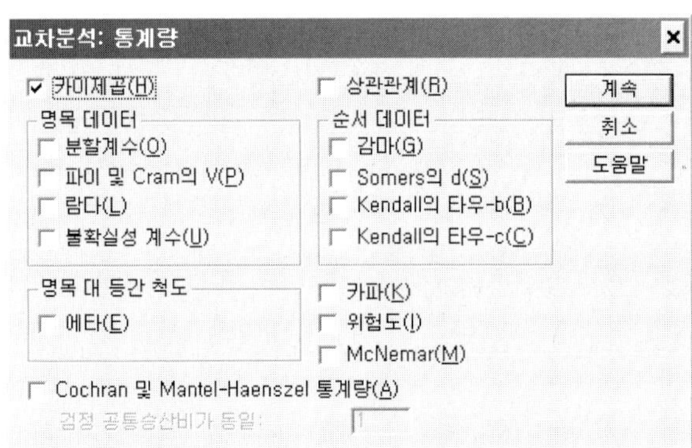

[그림 10.3] [교차분석: 통계량] 대화상자

④ [교차분석] 대화상자의 하단에 있는 [셀] 버튼을 클릭하면 [그림 10.4]와 같이 [교차분석: 셀 출력] 대화상자가 나타난다. 이 대화상자에서 [빈도] 란에 있는 [관측빈도]와 [기대빈도] 항목을 체크하고, [퍼센트] 란에 있는 [행]과 [열] 항목을 체크한 후, [계속] 버튼을 클릭한다.

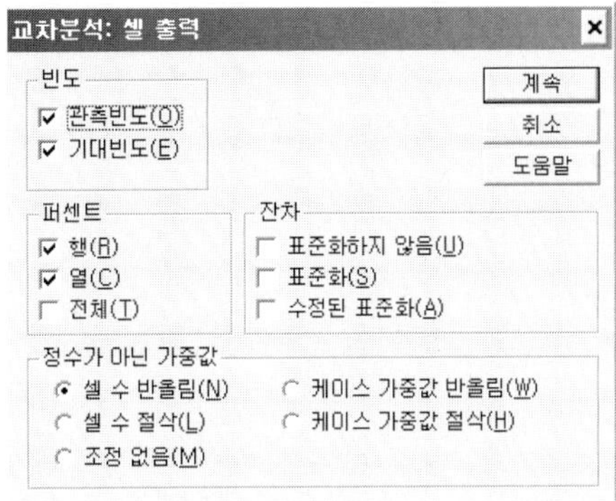

[그림 10.4] [교차분석: 셀 출력] 대화상자

3) 산출결과 해석

[교차분석] 대화상자의 [확인] 버튼을 클릭하면 카이스퀘어 검증에 대한 산출결과가 [표 10.6]과 같다.

[표 10.6] 카이스퀘어 검증에 대한 산출결과

교차분석

케이스 처리 요약

	케이스					
	유효		결측		전체	
	N	퍼센트	N	퍼센트	N	퍼센트
체벌여부 * 연령	60	100.0%	0	.0%	60	100.0%

체벌여부 * 연령 교차표

			연령		전체
			30대	40대	
체벌여부	체벌찬성	빈도	14	18	32
		기대빈도	16.0	16.0	32.0
		체벌여부의 %	43.8%	56.3%	100.0%
		연령의 %	46.7%	60.0%	53.3%
	체벌반대	빈도	16	12	28
		기대빈도	14.0	14.0	28.0
		체벌여부의 %	57.1%	42.9%	100.0%
		연령의 %	53.3%	40.0%	46.7%
전체		빈도	30	30	60
		기대빈도	30.0	30.0	60.0
		체벌여부의 %	50.0%	50.0%	100.0%
		연령의 %	100.0%	100.0%	100.0%

카이제곱 검증					
	값	자유도	점근 유의확률 (양측검정)	정확한 유의확률 (양측검정)	정확한 유의확률 (단측검정)
Pearson 카이제곱	1.071[b]	1	.301		
연속수정[a]	.603	1	.438		
우도비	1.075	1	.300		
Fisher의 정확한 검정				.438	.219
선형 대 선형결합	1.054	1	.305		
유효 케이스 수	60				

a. 2× 2 표에 대해서만 계산됨

b. 0 셀(.0%)은(는) 5보다 작은 기대빈도를 가지는 셀입니다. 최소 기대빈도는 14.0입니다.

카이스퀘어 검증에 대한 산출결과에서 체벌여부*연령 교차표의 첫 번째 셀에는 네 개의 숫자가 있는데, 첫 번째 숫자는 관찰빈도이고, 두 번째 숫자는 기대빈도이며, 세 번째 숫자는 체벌에 찬성하는 사람 중 30대가 차지하는 비율이고, 네 번째 숫자는 30대 중에서 체벌에 찬성하는 비율이다. 두 번째, 세 번째, 네 번째 셀의 숫자도 같은 방법으로 해설할 수 있다. 연령별로 찬성 비율을 보면 30대는 46.7%, 50대는 60%로 50대가 13.3% 높음을 알 수 있다.

카이스퀘어 검증결과를 살펴보면, 카이스퀘어 값은 1.071이고, 자유도 df는 1이며, 유의수준은 0.301이다. 유의수준 0.301은 우리가 영가설, 즉 연령별로 교육적인 체벌을 찬성하는 데 차이가 없다는 가설을 기각할 경우 30.1%의 오류를 범할 수 있다는 것이다. 우리는 95% 신뢰수준, 즉 5% 이하의 오류를 범할 때만 영가설을 기각할 수 있다고 가정했기 때문에 이 경우에는 영가설을 기각할 수 없다. 따라서 영가설을 채택해야 하며, 연령별로 교육적인 체벌을 찬성하는데 차이가 없다고 할 수 있다. 즉, 40대가 30대보다 찬성 비율이 13.3% 높지만 이러한 차이는 통계적으로 유의미한 차이가 아니라는 것이다.

컴퓨터에 의한 산출결과와 수치를 이용한 계산결과를 비교해 보면, 컴퓨터에 의한 산출결과의 경우 관찰 x^2 = 1.071이 수치를 이용한 검증결과의 관찰 x^2 = 1.072와 비슷하다. 또한 컴퓨터에 의한 산출결과나 수치를 이용한 경우 모두 영가설을 채택해야 한다는 점에서 동일한 결론을 얻을 수 있다.

연 / 습 / 문 / 제

❶ 한 회사에서 5가지 종류의 음료수를 만들어 100명의 고객에게 맛을 보게 한 후, 제일 맛이 좋은 것을 선택하도록 하였더니 다음과 같았다. 95% 신뢰수준에서 각 음료수 간에 맛의 차이가 있는가를 검증하여라.

음료수	도수(f_o)
A	28
B	18
C	14
D	24
E	16

❷ 남녀 간에 선호하는 술의 종류에 차이가 있는가를 검증하기 위해 남자 20명, 여자 18명에 대해 소주와 맥주 중에서 선호하는 술을 선택하도록 하였더니 다음과 같았다. 95% 신뢰수준에서 야테스의 교정공식을 이용하여 남녀 간에 선호하는 술에 차이가 있는가를 검증하여라.

구분	남자	여자	계
소주	12	6	18
맥주	8	12	20
계	20	18	38

❸ 20~30대, 40~50대, 60대 이상 간에 선호하는 TV 방송프로그램에 대해 조사했더니 다음과 같았다. 95% 신뢰수준에서 각 집단간에 선호 프로그램에 차이가 있는가를 검증하여라.

구분	20~30대	40~50대	60대 이상	계
스포츠	22	10	8	30
뉴 스	10	18	12	40
드라마	8	7	15	30
계	40	35	35	100

❹ 의사나 의대생을 가진 가족 성원들과 의사나 의대생을 갖지 않은 가족 성원들 간에 의약분업에 대해 다른 의견을 가지고 있는가를 분석하기 위해 의사나 의대생을 가진 가족 성원 13명과 그렇지 않은 가족 성원 15명을 표본추출하여 의견을 조사했더니 다음과 같았다. 의견조사는 (1) 적극반대, (2) 반대, (3) 그저 그렇다, (4) 찬성, (5) 적극찬성으로 구성된 5점 서열척도를 사용했으며, 점수가 높을수록 찬성의 정도가 높음을 나타낸다. 중앙치 검증에 의해 95% 신뢰수준에서 두 집단간에 차이가 있는지를 검증하여라.

의사나 의대생을 가진 가족 성원	의사나 의대생을 갖지 않은 가족 성원
1	4
2	3
3	5
1	4
2	4
4	5
2	4
1	2
5	1
1	4
2	3
1	4
2	4
	5
	3

5. 고등학생 20명을 표본추출하여 12명에게는 음주가 건강에 해롭다는 교육을 시키고, 8명에게는 건강에 크게 해를 끼치지 않으면서 스트레스를 잘 해소시키고 사교를 위해서는 필요하다는 교육을 시킨 후 각각에게 6개월 동안 몇 번 술을 마셨는가를 조사했더니 다음과 같았다. 95% 신뢰수준에서 맨-휘트니 U검증에 의해 두 집단간에 차이가 나는지를 검증하여라.

건강에 해롭다는 교육을 받은 집단	건강에 해롭지 않다는 교육을 받은 집단
0	7
5	12
7	35
15	9
10	18
30	16
2	0
1	4
0	
8	
12	
3	

6 남녀 고등학생 간에 성적을 비교하기 위해 9개 과목의 남녀 평균점수를 조사했더니 다음과 같았다. 95% 신뢰수준에서 윌콕슨 순위 검증에 의해 남녀 간에 성적의 차이가 나는지를 검증하여라.

과목	남자(X_1)	여자(X_2)
국어	70	75
영어	74	72
수학	76	69
과학	74	70
사회	72	70
기술	72	69
가정	70	74
한문	69	71
도덕	71	70

7 중졸, 고졸, 대졸자를 각각 6명씩 표본추출하여 직업만족도를 조사했더니 다음과 같았다. 직업만족도는 10점 만점 척도로 조사되었으며, 점수가 높을수록 만족도가 높음을 의미한다. 95% 신뢰수준에서 크러스칼-왈리스 검증에 의해 각 집단간의 직업만족도에 차이가 있는지를 검증하여라.

중졸	고졸	대졸
6	4	8
3	7	9
2	8	7
4	3	6
1	2	3
2	6	5

제 11 장
상관관계분석[I]

이 장(章)에서는 두 변수가 모두 연속적 변수일 때 사용되는 피어슨의 상관계수(Pearson's Correlation Coefficient)에 대한 내용을 살펴보고자 한다. 이를 위해 우선 상관관계분석의 주요요건에 대해 살펴본 후, 가장 많이 사용되는 피어슨의 상관계수를 설명하고, 그 기본원리를 파악해 보고자 한다. 그리고 산포도 검증의 중요성과 부분상관관계에 대해 살펴보고자 한다.

1. 상관관계분석의 주요요건

상관관계분석(相關關係分析, Correlation Analysis)을 하기 위해서는 다음과 같은 몇 가지의 요건을 갖추어야 한다.

① 두 변수가 모두 연속적(등간변수, 비율변수) 변수이어야 한다. 따라서 한 변수라도 비연속적(명목변수, 서열변수) 변수일 때는 상관관계분석을 사용할 수 없다. 그러나 서열변수인 경우에는 때때로 연속적 변수로 취급되어 상관관계분석을 사용할 수 있다.

② 두 변수의 관계는 직선관계, 즉 1차 함수관계이어야 한다. 두 변수간의 관계가 곡선인 경우, 예를 들면 연령과 식사량과의 관계(일정 연령까지는 정의 상관관계가 있지만, 그 이후에는 부의 상관관계가 있는 곡선임) 등의 경우에는 상관관계분석을 사용할 수 없다.

③ 두 변수가 모집단에서 정규분포를 가져야 한다. 특히 표본수가 적을 경우에는 모집단이 정규분포를 가질 것이 강력히 요구된다. 그러나 표본수가 30이상일 때는 정규분포의 요건이 충족된 것으로 간주되어 상관관계분석를 이용할 수 있다.

상관관계분석은 독립변수와 종속변수가 없다는 점에서 다른 통계기법과 다르다. 즉, 두 변수가 얼마나 상호관련되어 있는가만 분석할 뿐이다. 어느 변수가 어느 변수에 영향을 미치는지를 분석하지 않는다.

따라서 키와 몸무게와의 관계, 국어성적과 영어성적과의 관계와 같이 독립변수와 종속변수의 관계가 불분명하고, 두 변수의 상호관련성만을 파악하고자 할 때 상관관계분석을 주로 사용한다.

2. 상관계수

상관관계분석에서는 두 변수 사이의 관련성의 방향과 크기를 수치로 표현하는데, 이를 상관계수(相關係數, Correlation Coefficient)라고 한다.

보통 상관계수는 피어슨의 상관계수(Pearson's Correlation Coefficient)라고도 부르며 r로 표시한다. 상관계수의 크기는 $-1.00 \leq r \leq +1.00$이며 상관계수 r의 절대값이 클수록 높은 상관관계를 가졌다는 것을 의미한다. 상관관계수 r가 $+1.00$일 때는 정(正)의 방향으로 완전한 상관관계를 가졌다는 것을 의미하며, 상관계수 r가 -1.00일 때는 부(不)의 방향으로 완전한 상관관계를 가졌다는 의미이다. 이를 정리하면 다음과 같다.

−1.00 : 완전 부의 상관관계
−0.60 : 강한 부의 상관관계
−0.30 : 중간 부의 상관관계
−0.10 : 약한 부의 상관관계
0 : 상관관계가 없음
+0.10 : 약한 정의 상관관계
+0.30 : 중간 정의 상관관계
+0.60 : 강한 정의 상관관계
+1.00 : 완전 정의 상관관계

따라서 두 변수간의 상관관계를 나타내는 산포도와 상관계수(r)는 [그림 11.1]과 같은 유형들이 있을 수 있다.

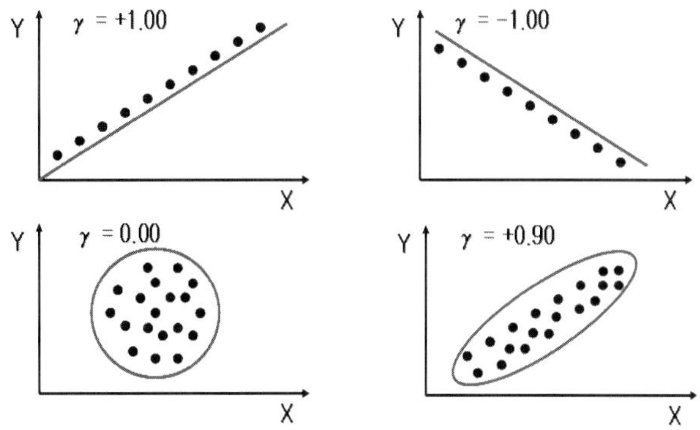

[그림 11.1] 두 변수간의 상관관계를 나타내는 산포도와 상관계수

두 변수 X와 Y가 밀접한 상관관계를 가질수록 X, Y를 나타내는 점들이 그래프의 한 직선상에 놓이게 되는 것을 알 수 있다. [그림 11.2]를 보면 두 그래프 모두 교육의 증가와 수입의 증가가 정의 상관관계가 있음을 알 수 있다. 그러나 두 그래프 중 (a)의 경우가 (b)의 경우보다 점들이 직선상에 밀집되어 있으며 높은 상관관계를 가지고 있음을 나타내고 있다. 즉, 이 그래프에 의하면 남자의 경우가 여자의 경우보다 교육연수와 소득 간에 더 밀집한 상관관계가 있다고 할 수 있다.

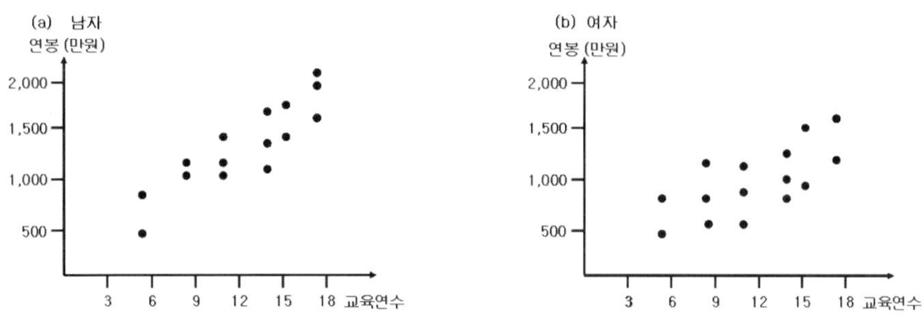

[그림 11.2] 교육연수와 소득과의 관계

또한 상관계수는 양의 값을 가질 수도 있고 음의 값을 가질 수도 있다. 한 변수 X의 값이 커질 때 다른 변수 Y의 값도 커지면 양의 값을 갖게 되며, 한 변수 X의 값이 커질 때 다른 변수 Y의 값이 작아지면 음의 값을 갖게 된다.

그러나 교육연수와 비합리적 사고와는 음의 상관계수를 갖는다고 할 수 있다. 이는 교육연수가 많을수록 비합리적 사고를 적게 하기 때문이다. 두 변수가 양의 상관계수를 갖든 음의 상관계수를 갖든 [그림 11.3]과 같이 두 변수 X, Y를 나타내는 점들이 그 점들의 중앙을 지나는 직선상에 밀집되어 있음을 볼 수 있다. 양의 상관계수를 갖는 경우에는 우상으로 향하는 직선상에 밀집되어 있고, 음의 상관계수를 갖는 경우에는 우하로 향하는 직선상에 밀집되어 있다.

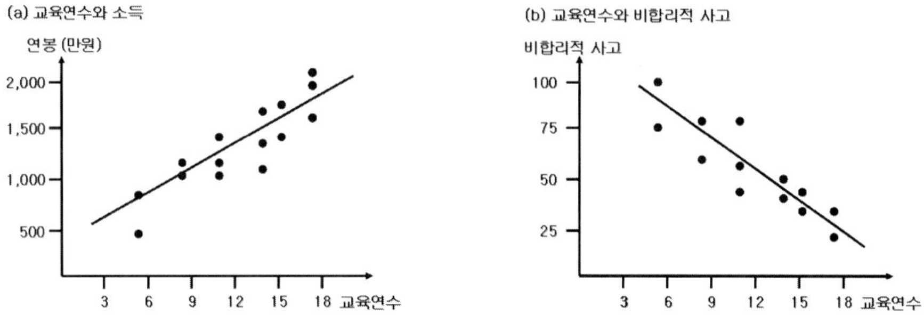

[그림 11.3] 교육연수와 소득 및 교육연수와 비합리적인 사고와의 관계

3. 상관관계분석의 기본원리

상관계수 r는 두 변수 X, Y의 공분산을 X의 분산과 Y의 분산을 곱한 값의 제곱근으로 나눈 값으로, 이를 구하는 공식은 〈수식 11.1〉과 같다.

$$r = \frac{X\text{와 } Y\text{의 공분산}}{\sqrt{X\text{의 분산} \times Y\text{의 분산}}} = \frac{Cov(X,\ Y)}{\sqrt{S_X{}^2 \times S_Y{}^2}}$$

$$= \frac{\dfrac{\sum(X-\overline{X})(Y-\overline{Y})}{N}}{\sqrt{\dfrac{\sum(X-\overline{X})^2}{N} \times \dfrac{\sum(Y-\overline{Y})^2}{N}}} \qquad \langle\text{수식 } 11.1\rangle$$

$$= \frac{\sum XY - N\overline{X}\overline{Y}}{\sqrt{\left(\sum X^2 - N\overline{X}^2\right)\left(\sum Y^2 - N\overline{Y}^2\right)}}$$

공분산(公分散, Covariance)이란 두 변수 X, Y가 각각의 평균 $\overline{X}$와 $\overline{Y}$로부터 떨어

진 거리를 곱한 값의 합을 사례수(N)로 나눈 값으로 공분산이 클수록 X, Y 간에 관계가 밀접하다고 할 수 있다.

그러나 공분산의 크기는 변수를 측정하는 데 사용한 단위가 달라짐에 따라 큰 차이를 나타내기 때문에 이를 표준화할 필요가 있다.

예를 들면, 키와 몸무게의 상관관계를 분석하고자 할 경우 키의 단위를 ㎝, 몸무게의 단위를 ㎏으로 나타낸 경우보다 키의 단위를 ㎜, 몸무게의 단위를 g으로 나타낸 경우 공분산이 커진다.

공분산을 표준화하기 위해 공분산의 값을 X의 분산과 Y의 분산을 곱한 값의 제곱근으로 나눈 값이 상관계수 r이다. 즉, 한 변수 X가 체계적으로 변하는 경우 다른 변수 Y도 따라서 체계적으로 변할 때, 다시 말해 공분산의 값이 커질 때 상관계수 r값은 커지며, 각 변수의 분산이 작아질수록 상관계수 r값은 작아진다.

예 제 1

국어성적과 영어성적의 상관관계를 분석하기 위해 고등학생 10명씩 표본추출하여 그들의 국어성적과 영어성적을 조사한 결과 [표 11.1]과 같았다. 95% 신뢰수준에서 국어성적과 영어성적 간에 상관관계를 검증하여라.

[표 11.1] 국어성적과 영어성적

국어성적(X)	영어성적(Y)
2	4
4	8
9	5
8	9
6	7
5	7
6	6
5	5
7	6
3	3
55	60

풀 이

① 영가설을 세운다. 즉, 고등학생 모집단의 국어성적과 영어성적 간에 상관관계가 없다고 가정한다. 이때 모집단의 상관관계는 ρ(rho)로 표시한다.

② 〈수식 11.1〉을 이용하여 관찰 r값을 계산한다.

$$r = \frac{\sum XY - N\overline{X}\overline{Y}}{\sqrt{\left(\sum X^2 - N\overline{X^2}\right)\left(\sum Y^2 - N\overline{Y^2}\right)}}$$ 에서

$\overline{X}$, $\overline{Y}$, $\sum XY$, $\sum X^2$, $\sum Y^2$을 알 수 없기 때문에 이들을 먼저 구한 후, 공식에 대입하여 r값을 계산한다.

ⓐ 국어성적의 평균($\overline{X}$)과 영어성적의 평균($\overline{Y}$)을 계산한다.

$$\overline{X} = \frac{55}{10} = 5.5,\quad \overline{Y} = \frac{60}{10} = 6$$

ⓑ X^2, Y^2, XY 칸을 만들어 각각 그 합을 구한다.

국어성적(X)	영어성적(Y)	X^2	Y^2	XY
2	4	4	16	8
4	8	16	64	32
9	5	81	25	45
8	9	64	81	72
6	7	36	49	42
5	7	25	49	35
6	6	36	36	36
5	5	25	25	25
7	6	49	36	42
3	3	9	9	9
55	60	345	390	346

ⓒ 〈수식 11.1〉을 이용하여 관찰 r값을 계산한다.

$$r = \frac{\sum XY - N\overline{X}\overline{Y}}{\sqrt{\left(\sum X^2 - N\overline{X^2}\right)\left(\sum Y^2 - N\overline{Y^2}\right)}}$$

$$= \frac{346 - 10 \times 5.5 \times 6}{\sqrt{(345 - 10 \times 5.5^2)(390 - 10 \times 6^2)}}$$

$$= \frac{346 - 330}{\sqrt{42.5 \times 30}} = \frac{16}{35.71} = 0.45$$

③ 기준 r값을 구한다.

기준 r값을 구하기 위해서는 유의수준 α와 자유도 df를 알아야 한다.

ⓐ 유의수준을 구한다.

95% 신뢰수준을 확보해야 하므로 유의수준 α = 1 - 0.95 = 0.05

ⓑ 자유도를 구한다.

상관관계의 경우 자유도를 구하는 공식은 $df = N-2$이다. 즉, 변수 X와 변수 Y에서 자유도에 해당되지 않는 사례 1개씩을 각각 빼야 하기 때문에 $N-2$가 된다.

$df = N-2$ = 10 - 2 = 8

ⓒ 부록의 r분포표를 이용하여 기준 r값을 구한다.

α = 0.05, df = 8일 때, 기준 r값은 0.6319이다.

④ 관찰 r값과 기준 r값을 비교한다.
관찰 r값 0.45가 기준 r값 0.6319보다 작으므로 영가설을 채택한다. 즉, 국어성적과 영어성적은 상관관계가 없다고 할 수 있다.

예 제 2

중간고사 성적과 기말고사 성적이 상관관계가 있는가를 검증하기 위해 학생 12명을 표본 추출하여 중간고사 및 기말고사 성적을 조사한 결과 [표 11.2]와 같았다. 95% 신뢰수준을 확보하는 수준에서 중간고사 성적과 기말고사 성적에 상관관계가 있는지를 검증하여라.

[표 11.2] 중간고사 및 기말고사 성적

중간고사(X)	기말고사(Y)
92	94
64	78
80	70
68	66
56	50
64	64
80	78
94	90
54	58
70	66
68	65
74	73
864	852

풀 이

① 영가설을 세운다. 즉, 중간고사 성적과 기말고사 성적 간에 상관관계가 없다고 가정한다.
$H_0 \ : \rho = 0$

② 〈수식 11.1〉을 이용하여 관찰 r값을 계산한다.

ⓐ 중간고사 성적의 평균($\overline{X}$)과 기말고사 성적의 평균($\overline{Y}$)을 계산한다.

$$\overline{X} = \frac{864}{12} = 72, \ \overline{Y} = \frac{852}{12} = 71$$

ⓑ X^2, Y^2, XY 칸을 만들어 각각 그 합을 구한다.

중간고사(X)	기말고사(Y)	X^2	Y^2	XY
92	94	8,464	8,836	8,648
64	78	4,096	6,084	4,992
80	70	6,400	4,900	5,600
68	66	4,624	4,356	4,488
56	50	3,136	2,500	2,800
64	64	4,096	4,096	4,096
80	78	6,400	6,084	6,240
94	90	8,836	8,100	8,460
54	58	2,916	3,364	3,132
70	66	4,900	4,356	4,620
68	65	4,624	4,225	4,420
74	73	5,476	5,329	5,402
864	852	63,968	62,230	62,898

ⓒ 〈수식 11.1〉을 이용하여 관찰 r값을 계산한다.

$$r = \frac{\sum XY - N\overline{X}\overline{Y}}{\sqrt{\left(\sum X^2 - N\overline{X^2}\right)\left(\sum Y^2 - N\overline{Y^2}\right)}}$$

$$= \frac{62{,}898 - 12 \times 72 \times 71}{\sqrt{(63{,}968 - 12 \times 72^2)(62{,}230 - 12 \times 71^2)}}$$

$$= \frac{62{,}898 - 61{,}344}{\sqrt{1{,}770 \times 1{,}738}} = \frac{1{,}544}{1748.97} = 0.89$$

③ 기준 r값을 구한다.

기준 r값을 구하기 위해서는 유의수준 α와 자유도 df를 알아야 한다.

ⓐ 유의수준을 구한다.

95% 신뢰수준을 확보해야 하므로 유의수준 α = 1 - 0.95 = 0.05

ⓑ 자유도를 구한다.

상관관계의 경우 자유도를 구하는 공식은 $df = N-2$이다. 즉, 변수 X와 변수 Y에서 자유도에 해당되지 않는 사례 1개씩을 각각 빼야 하기 때문에 $N-2$가 된다.

$df = N-2$ = 12 - 2 = 10

ⓒ 부록의 r분포표를 이용하여 기준 r값을 구한다.

α = 0.05, df = 10일 때, 기준 r값은 0.5760이다.

④ 관찰 r값과 기준 r값을 비교한다.

관찰 r값 0.89가 기준 r값 0.5760보다 크므로 영가설을 기각한다. 즉, 중간고사 성적과 기말고사 성적은 상관관계가 있다고 할 수 있다.

4. 산포도 검증

표본 한두 개의 특별한 사례들 때문에 상관관계에 큰 변화가 초래되는 경우가 있다. 이러한 사례들을 쉽게 찾아내어 올바른 결론을 내릴 수 있도록 도와주는 것을 산포도(散布度, Scatter Plot) 검증이라 한다.

예를 들면, IMF 관리체제로 실업률이 높았던 1998년에 7대 도시의 살인율과 자살률을 조사한 결과 [표 11.3]과 같았다. 살인율과 자살률은 인구 10만명당 살해된 자와 자살한 자를 나타낸다.

[표 11.3] 7대 도시의 살인율과 자살률

도시	살인율(X)	자살률(Y)
서울(A)	4.3	17.6
부산(B)	4.2	12.5
대구(C)	3.7	11.8
인천(D)	3.6	9.8
광주(E)	3.2	14.1
대전(F)	2.9	11.8
울산(G)	5.4	8.5
계	27.3	86.1

[표 11.3]의 자료에 대한 산포도를 나타내면 [그림 11.4]와 같다.

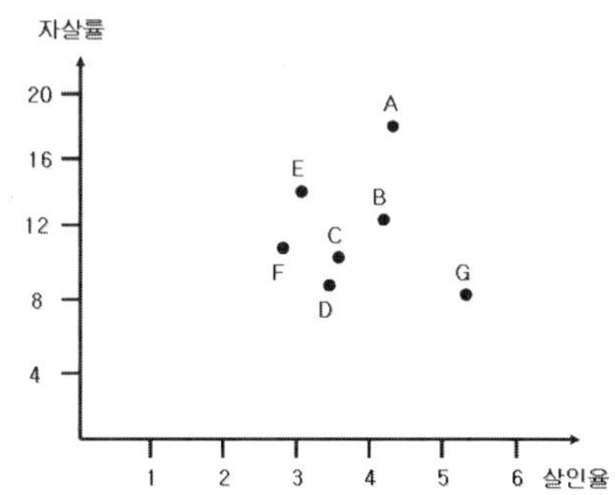

[그림 11.4] 7대 도시의 살인율과 자살률의 산포도

[표 11.3]의 자료에 대해 피어슨의 상관계수 r값을 구해보도록 하자. 상관계수 r

값을 구하기 위해서는 살인율의 평균 $\overline{X}$와 자살률의 평균 $\overline{Y}$를 구하고, X^2, Y^2, XY 칸을 다음과 같이 만들어 $\sum X^2$, $\sum Y^2$, $\sum XY$를 구한 후 그 결과를 〈수식 11.1〉에 대입한다.

도시	살인율(X)	자살률(Y)	X^2	Y^2	XY
서울(A)	4.3	17.6	18.49	309.76	75.68
부산(B)	4.2	12.5	17.64	156.25	52.50
대구(C)	3.7	11.8	13.69	139.24	43.66
인천(D)	3.6	9.8	12.96	96.04	35.28
광주(E)	3.2	14.1	10.24	198.81	45.12
대전(F)	2.9	11.8	8.41	139.24	34.22
울산(G)	5.4	8.5	29.16	72.25	45.90
계	27.3	86.1	110.59	1,111.59	332.36

① 살인율의 평균($\overline{X}$)과 자살률의 평균($\overline{Y}$)을 계산한다.

$$\overline{X} = \frac{27.3}{7} = 3.9$$

$$\overline{Y} = \frac{86.1}{7} = 12.3$$

② 〈수식 11.1〉을 이용하여 관찰 r값을 계산한다.

$$r = \frac{\sum XY - N\overline{X}\overline{Y}}{\sqrt{\left(\sum X^2 - N\overline{X}^2\right)\left(\sum Y^2 - N\overline{Y}^2\right)}}$$

$$= \frac{332.36 - 7 \times 3.9 \times 12.3}{\sqrt{(110.59 - 7 \times 3.9^2)(1{,}111.59 - 7 \times 12.3^2)}}$$

$$= \frac{332.36 - 335.79}{\sqrt{4.12 \times 52.56}} = \frac{-3.43}{14.72} = -0.23$$

상관계수 r = -0.23으로 살인율과 자살률 간에 부의 상관관계가 있는 것으로 나타났다. 연구자는 경제적인 문제로 고통을 받는 사람들이 많을수록 살인을 해서라도 물건을 훔치거나 자살을 할 가능성이 많기 때문에 두 변수간에 정의 상관관계가 있을 것으로 생각했다. 그러나 결과는 반대로 두 변수간에 부의 상관관계가 있는 것으로 나타났다.

그러나 [그림 11.3]의 산포도를 보면 울산(G)의 경우 다른 도시의 경우와 상당히 다른 현상이 나타나고 있음을 알 수 있다. 울산을 제외한 6개 도시는 살인율과 자살률이 정의 상관관계를 갖고 있으나, 울산의 경우에는 다른 형태를 갖고 있다. 즉,

살인율은 7대 도시 중 제일 높은데 자살률은 제일 낮은 것으로 나타나 있다. 따라서 극한값을 가진 울산의 경우가 전체 도시들의 살인율과 자살률의 관계를 왜곡시키고 있다.

이러한 문제를 해소하기 위해 울산을 제외한 6대 도시의 상관계수 r값을 구해보도록 하자. 상관계수 r값을 구하기 위해서는 [표 11.4]와 같이 울산을 제외한 표를 만들어 $\overline{X}$, $\overline{Y}$, $\sum X^2$, $\sum Y^2$, $\sum XY$를 구한 후, 이를 〈수식 11.1〉에 대입하면 될 것이다.

① 살인율의 평균($\overline{X}$)과 자살률의 평균($\overline{Y}$)을 계산한다.

$$\overline{X} = \frac{21.9}{6} = 3.65, \quad \overline{Y} = \frac{77.6}{6} = 12.93$$

[표 11.4] 6대 도시의 살인율과 자살률

도시	살인율(X)	자살률(Y)	X^2	Y^2	XY
서울(A)	4.3	17.6	18.49	309.76	75.68
부산(B)	4.2	12.5	17.64	156.25	52.50
대구(C)	3.7	11.8	13.69	139.24	43.66
인천(D)	3.6	9.8	12.96	96.04	35.28
광주(E)	3.2	14.1	10.24	198.81	45.12
대전(F)	2.9	11.8	8.41	139.24	34.22
계	21.9	77.6	81.43	1,039.34	286.46

② 〈수식 11.1〉을 이용하여 관찰 r값을 계산한다.

$$r = \frac{\sum XY - N\overline{X}\,\overline{Y}}{\sqrt{\left(\sum X^2 - N\overline{X}^2\right)\left(\sum Y^2 - N\overline{Y}^2\right)}}$$

$$= \frac{286.46 - 6 \times 3.65 \times 12.93}{\sqrt{(81.43 - 6 \times 3.65^2)(1{,}039.34 - 6 \times 12.93^2)}}$$

$$= \frac{286.46 - 283.167}{\sqrt{1.495 \times 36.2306}} = \frac{3.293}{7.36} = 0.45$$

울산을 제외한 6대 도시의 경우 살인율과 자살률간의 상관계수 r = 0.45의 정의 상관관계가 있는 것으로 나타났다. 이와 같이 특별한 사례들을 포함하느냐 배제하느냐에 따라 다른 결론이 나올 수 있는데, 이와 같은 사례들을 이상치(以上値, Outlier, 또는 極限値)라고 한다.

산포도 검증은 이러한 이상치들을 찾아내는 데 크게 도움을 준다. 한편 연구자는 이상치가 나온 특수한 상황을 고려하여 이상치를 포함시킬 것인지 배제할 것인지를 결정해야 할 것이다.

5. 부분상관관계

지금까지 두 변수간의 상관관계를 살펴보았다. 그러나 제 3의 변수가 미치는 영향을 통제했을 때 두 변수간의 상관관계는 어떻게 변할 것인가를 생각해 볼 필요가 있다. 이와 같이 영향을 미칠 수 있는 다른 변수들을 통제한 후, 두 변수간의 순수한 상관관계를 부분상관관계(部分相關關係, Partial Correlation)라 한다.

제 3의 변수를 통제했을 때 두 변수간의 관계가 변할 수 있다는 것을 [그림 11.5]의 산포도를 통해 쉽게 이해할 수 있다.

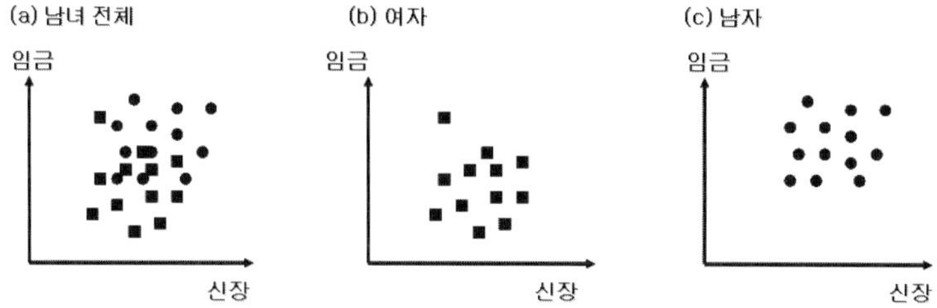

[그림 11.5] 성별을 통제한 후의 신장과 임금과의 관계

예를 들면, 어느 연구자가 외모, 특히 신장과 임금과의 상관관계를 조사한 결과 (a)와 같이 정의 상관관계가 있는 것으로 나타났다. 이 결과에 의하면 신장이 클수록 임금을 많이 받는 것으로 나타났다.

이번에는 제 3의 변수 성별을 통제해서 신장과 임금과의 상관관계를 분석해 보았더니 여자의 경우는 (b)와 같이 남자의 경우는 (c)와 같이 나타났다. (b)와 (c)에 나타난 것과 같이 남녀 각각 분리해서 신장과 임금과의 분석했을 때는 두 변수간에 관계가 없는 것으로 나타났다. 여자의 경우에는 신장이 작으며 임금도 적고, 남자의 경우에는 신장이 크며 임금도 많기 때문에 남녀를 분리했을 때는 상관관계가 없지만 남녀를 합하면 정의 상관관계를 갖게 된 것이다. 이와 같이 제 3의 변수를 고려하지 않을 때 연구자는 잘못된 결론을 내릴 수 있다.

부분상관관계는 제 3의 변수의 영향력을 통제한 후의 두 변수간의 상관관계를 의미하며, 부분상관관계를 수치로 나타낸 것이 부분상관계수이다. 부분상관계수도 단순상관계수와 같이 $-1.00 \le r \le +1.00$의 사이에 있다. 제 3의 변수 Z를 통제한 후 변수 X와 Y간의 부분상관계수를 구하는 공식은 〈수식 11.2〉와 같다.

$$r_{XY.Z} = \frac{r_{XY} - r_{XZ}r_{YZ}}{\sqrt{1-r_{XZ}^2}\sqrt{1-r_{YZ}^2}} \qquad \text{〈수식 11.2〉}$$

$r_{XY.Z}$에서 점 뒤의 Z는 통제변수이고, 점 앞의 XY는 상관관계가 측정되어야 할 변수들을 나타낸 것이다. 부분상관계수는 3개의 상관계수, 즉 X와 Y변수, X와 Z 변수, Y와 Z변수간의 상관계수를 기초로 해서 구하게 된다.

예를 들면, 연령을 통제한 상태에서 신장과 몸무게의 부분상관계수를 계산해 보자. 신장(X), 몸무게(Y), 연령(Z) 간의 상관관계 행렬이 [표 11.5]와 같다.

[표 11.5] 신장, 몸무게 및 연령의 상관관계 행렬

	신장(X)	몸무게(Y)	연령(Z)
신 장(X)	1.00	0.92	0.85
몸무게(Y)		1.00	0.80
연 령(Z)			1.00

[표 11.5]에서 보는 바와 같이 신장과 몸무게 간에 정의 상관관계가 있을 뿐만 아니라 신장과 연령, 몸무게와 연령 간에도 정의 상관관계가 있다. 이 경우 연령을 통제한 후의 신장과 몸무게의 부분상관계수를 〈수식 11.2〉를 이용하여 계산해 보자.

$$r_{XY.Z} = \frac{r_{XY} - r_{XZ}r_{YZ}}{\sqrt{1-r_{XZ}^2}\sqrt{1-r_{YZ}^2}}$$

$$= \frac{0.92 - 0.85 \times 0.80}{\sqrt{1-0.85^2}\sqrt{1-0.80^2}} = \frac{0.24}{0.5268 \times 0.6} = \frac{0.24}{0.3161} = 0.76$$

제 3의 변수 연령을 통제하지 않았을 때에는 신장과 몸무게 간의 상관계수(r_{XY})가 0.92였으나, 연령을 통제한 후의 부분상관계수($r_{XY.Z}$)는 0.76으로 약간 작아지게 되었다. 이는 신장과 몸무게의 상관계수 0.92 중에 0.16(0.92-0.76)이 연령에 의한

것이었음을 의미한다.

이번에는 제 3의 변수를 통제했을 때 부분상관계수가 커지는 경우를 살펴보자. 예를 들면, 교육연수(X), 임금(Y), 연령(Z)에 대한 상관관계 행렬이 [표 11.6]과 같다고 가정하자.

[표 11.6] 교육연수, 임금 및 연령의 상관관계 행렬

	교육연수(X)	임금(Y)	연령(Z)
교육연수(X)	1.00	0.45	−0.35
임 금(Y)		1.00	0.60
연 령(Z)			1.00

이 경우 연령(Z)을 통제한 교육연수와 임금과의 부분상관계수($r_{XY.Z}$)를 계산해 보자.

$$r_{XY.Z} = \frac{r_{XY} - r_{XZ}r_{YZ}}{\sqrt{1-r_{XZ}^2}\sqrt{1-r_{YZ}^2}}$$

$$= \frac{0.45 - (-0.35)\times 0.60}{\sqrt{1-(-0.35)^2}\sqrt{1-0.60^2}} = \frac{0.66}{0.9367\times 0.8} = \frac{0.66}{0.7494} = 0.88$$

연령을 통제하지 않았을 때 교육연수와 임금과의 상관계수(r_{XY})는 0.45였으나, 연령을 통제한 후의 부분상관계수($r_{XY.Z}$)는 0.88로 상승하였다. 이는 연령이 많은 사람들 중에는 교육연수가 낮으면서도 경력이 많아 임금이 높은 사람이 많기 때문에, 이들의 교육연수와 임금과의 상관관계를 그만큼 약화시킨다는 것이다. 따라서 연령을 통제한 후의 교육연수와 임금과의 순수한 상관관계는 더 커진다는 것이다.

다음으로 두 변수의 상관관계를 파악해 보았을 때는 정의 상관계수를 가지나, 제 3의 변수를 통제했을 때는 부의 상관계수를 가지는 경우를 살펴보자. 예를 들면, 고등학생 100명을 표본추출하여 과외수업(X), 성적(Y), 공부를 열심히 하려고 하는 성취욕구(Z)에 대한 상관관계 행렬을 조사한 결과 [표 11.7]과 같았다.

[표 11.7] 과외수업, 성적 및 성취욕구의 상관관계 행렬

	과외수업(X)	성적(Y)	성취욕구(Z)
과외수업(X)	1.00	0.40	0.50
성 적(Y)		1.00	0.85
성취욕구(Z)			1.00

이 경우 성취욕구(Z)를 통제한 과외수업과 성적과의 부분상관계수($r_{XY.Z}$)를 계산해 보자.

$$r_{XY.Z} = \frac{r_{XY} - r_{XZ}r_{YZ}}{\sqrt{1-r_{XZ}^2}\sqrt{1-r_{YZ}^2}}$$

$$= \frac{0.40 - (0.50)\times 0.85}{\sqrt{1-(0.50)^2}\sqrt{1-0.85^2}} = \frac{0.40-0.425}{0.8660\times 0.5268} = \frac{-0.025}{0.4562} = -0.055$$

성취욕구를 통제하지 않았을 때 과외수업과 성적과의 상관계수는 0.40으로 정의 상관관계가 있었으나, 성취욕구를 통제한 후 과외수업과 성적과의 부분상관계수는 −0.055로 미미한 부의 상관관계가 있는 것으로 나타났다. 즉, 과외수업 후 성적이 좋아졌지만 그것은 과외수업의 순수한 영향이라기보다는 과외수업을 하는 학생들이 대부분 강한 성취욕구를 가지고 있고, 그러한 강한 성취욕구에 의해 영향을 받은 것이라고 볼 수 있다.

제 3의 변수를 통제했을 때 부분상관계수는 제 3의 변수를 통제하지 않았을 때의 단순상관계수보다 작아질 수도 있고 커질 수도 있으며, 정의 상관관계가 부의 상관관계가 되기도 하고, 부의 상관관계가 정의 상관관계가 되기도 한다. 결국 부분상관계수는 영향을 미칠 수 있는 다른 변수들을 통제한 후의 두 변수간의 순수한 상관관계를 파악할 수 있도록 해준다.

6. SPSS를 이용한 검증

1) 상관관계분석

[표 11.2]의 자료를 이용하여 SPSS 통계 프로그램으로 상관관계분석 방법을 살펴보도록 한다. [표 11.2]의 상관관계분석을 위한 원자료는 [표 11.8]과 같다.

[표 11.8] 중간고사 및 기말고사 성적에 대한 상관관계분석의 원자료

순번	중간고사	기말고사	순번	중간고사	기말고사
1	92	94	7	80	78
2	64	78	8	94	90
3	80	70	9	54	58
4	68	66	10	70	66
5	56	50	11	68	65
6	64	64	12	74	73

2) 명령어 처리절차

연령에 따른 체벌 찬성도수에 대한 카이스퀘어 검증을 위한 SPSS 통계 프로그램의 명령어 처리절차는 다음과 같다.

① SPSS 통계 프로그램([그림 11.6] 참조)의 [분석]-[상관분석]-[이변량 상관계수]를 선택한다.

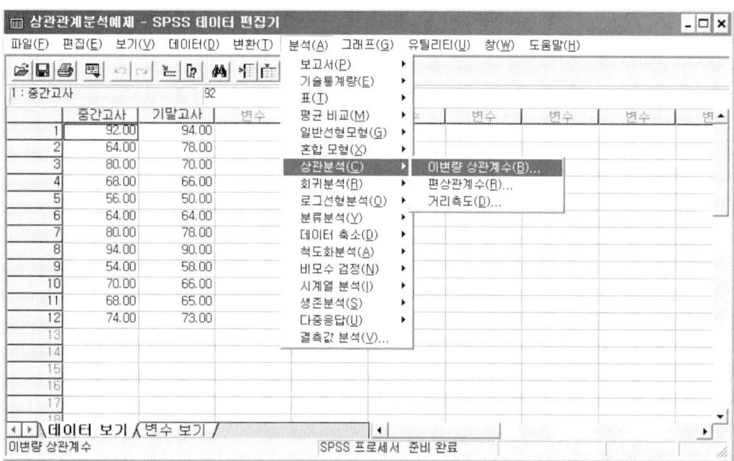

[그림 11.6] 상관관계분석을 위한 명령어

② [이변량 상관계수] 대화상자([그림 11.7] 참조)가 나타나면 {중간고사}와 {기말고사}를 선택한 후, ▸ 버튼을 클릭하여 변수로 이동한다. 또한 [상관계수]란에 있는 [Pearson] 항목을 체크한다.

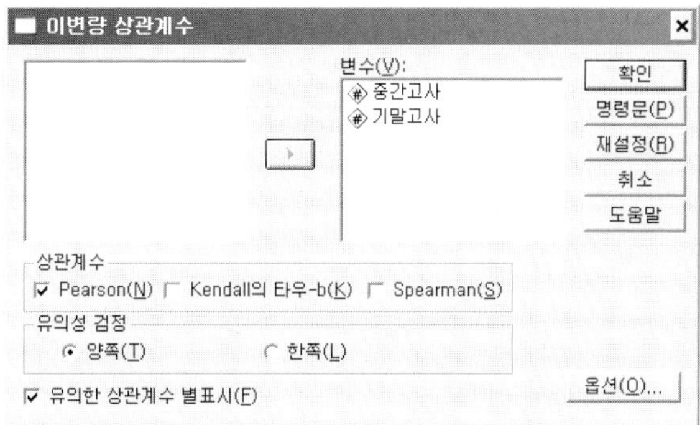

[그림 11.7] [이변량 상관계수] 대화상자

③ [이변량 상관계수] 대화상자의 하단에 있는 [옵션] 버튼을 클릭하면 [그림 11.8]과 같이 [이변량 상관계수: 옵션] 대화상자가 나타난다. 이 대화상자에서 [평균과 표준편차] 항목을 체크한 후, [계속] 버튼을 클릭한다.

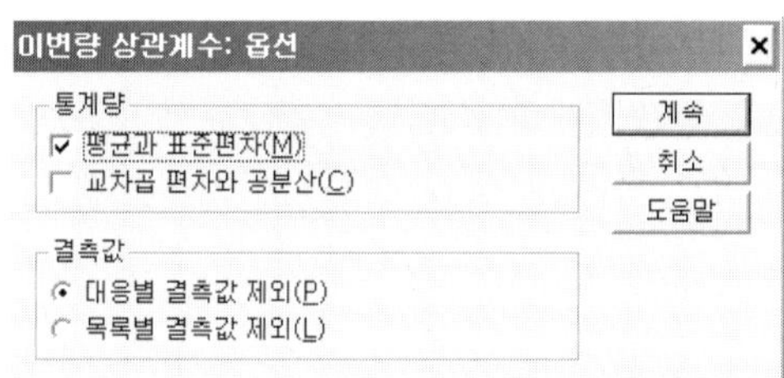

[그림 11.8] [교차분석: 통계량] 대화상자

3) 산출결과 해석

[이변량 상관계수] 대화상자의 [확인] 버튼을 클릭하면 상관관계분석에 대한 산출결과가 [표 11.9]와 같다.

[표 11.9] 상관관계분석에 대한 산출결과

상관계수

기술통계량			
	평균	표준편차	N
중간고사	72.0000	12.64911	12
기말고사	71.0000	12.56981	12

상관계수			
		중간고사	기말고사
중간고사	Pearson 상관계수	1.000	.889**
	유의확률 (양쪽)		.000
	N	12	12
기말고사	Pearson 상관계수	.889**	1.000
	유의확률 (양쪽)	.000	
	N	12	12

**. 상관계수는 0.01 수준(양쪽)에서 유의합니다.

첫 번째 표는 기술통계량을 나타낸 것으로 평균은 중간고사가 72.0, 기말고사가 71.0이며, 표준편차는 중간고사가 12.64911, 기말고사가 12.56981이다.

두 번째 표는 상관계수를 나타낸 것으로 중간고사 성적과 기말고사 성적의 상관계수는 0.889이며, 유의수준은 0.000이고, 사례수는 12이다. 따라서 영가설, 즉 중간고사 성적과 기말고사 성적 간에 관계가 없다는 가설을 기각할 경우 0%의 오류를 범할 수 있다는 것이다. 95% 신뢰수준에서는 5% 미만의 오류를 범할 때 영가설을 기각할 수 있기 때문이다. 이 경우 영가설을 기각할 수 있다. 즉, 중간고사 성적과 기말고사 성적은 상관관계가 있다고 할 수 있다.

컴퓨터에 의한 산출결과와 수치를 이용한 계산결과를 비교해 보면, 컴퓨터에 의한 산출결과의 상관계수 γ = 0.889로 수치를 이용한 계산결과의 상관계수 0.89와 거의 같다. 또한 컴퓨터에 의한 산출결과나 수치를 이용한 계산결과 모두 영가설을 기각할 수 있어 동일한 결론을 얻을 수 있다.

연 / 습 / 문 / 제

1 65세 이상의 노인들 중에서 10명을 표본추출하여 건강상태와 행복감을 측정하였더니 다음과 같았다. 건강상태와 행복감을 측정하기 위한 척도는 10점 만점이고 점수가 높을수록 건강상태와 행복감이 높은 것을 의미한다. 건강상태와 행복감 간에 상관계수를 구하고, 99% 신뢰수준에서 건강상태와 행복감 간에 상관관계가 있는가를 검증하여라.

응답자	건강상태(X)	행복감(Y)
1	3	5
2	7	8
3	2	3
4	4	4
5	5	6
6	6	7
7	4	5
8	5	5
9	6	7
10	5	6
계	47	56

2 대학생 중 12명을 표본추출하여 얼마나 많은 친한 친구를 가지고 있는가와 하루 평균 몇 시간 친구와 같이 지냈는가 조사했더니 다음과 같았다. 친한 친구 수와 친구와 같이 지내는 시간과의 상관계수를 구하고, 95% 신뢰수준에서 두 변수간의 상관관계를 검증하여라.

친구 수(X)	친구와 같이 지내는 시간(Y)
2	2
4	3
1	2
3	1.5
5	3
2	1
3	2
1	0.5
3	2
4	2
3	2
5	3
36	24

3 대도시 지역주민들의 삶의 형태, 즉 한 지역에 거주한 기간과 잘 알고 지내는 지역주민 수와의 관계를 파악하기 위해 8명의 표본을 추출하여 현재 거주지역에서 몇 년을 거주했는가와 얼마나 많은 이웃과 알고 지내는가를 조사했더니 다음과 같았다. 거주기간과 잘 알고 지내는 이웃 수와의 상관계

수를 구하고, 95% 신뢰수준에서 두 변수간의 상관관계를 검증하여라.

거주기간(X)	알고 지내는 이웃 수(Y)
5	2
1	1
2	3
3	2
8	4
6	2
3	3
4	3
32	20

4 실직자 중 10명을 표본추출하여 실직 개월 수와 직장을 잡기 위해 회사에 지원한 횟수를 조사했더니 다음과 같았다. 실직 개월 수와 구직활동 수 간의 상관계수를 구하고, 99% 신뢰수준에서 두 변수간의 상관관계를 검증하여라.

실직 개월 수(X)	구직활동 수(Y)
2	3
6	4
7	5
4	2
6	3
10	5
5	3
6	2
5	2
4	1
55	30

5 대학생 중 9명을 표본추출하여 신장과 신발 크기를 조사했더니 다음과 같았다. 신장과 신발 크기와 상관계수를 구하고, 99% 신뢰수준에서 두 변수간의 상관관계를 검증하여라.

신장(X)	신발 크기(Y)
175	27.5
173	26
170	25
172	26
174	27
173	26
168	25
178	29
174	27
1,557	238.5

6 성인 12명을 대상으로 조사한 통계자료에 의해 흡연과 폐암, 흡연과 연령, 폐암과 연령과의 관계가 다음과 같았다. 이 자료를 이용하여 연령을 통제했을 때 흡연과 폐암과의 부분상관계수를 구하여 연령을 통제하지 않았을 때의 상관계수와 비교하고, 99% 신뢰수준에서 흡연과 폐암의 상관관계 및 연령을 통제했을 때의 부분상관관계를 검증하여라.

	흡연(X)	폐암(Y)	연령(Z)
흡연(X)	1.00	0.55	0.32
폐암(Y)		1.00	0.94
연령(Z)			1.00

제 12 장 상관관계분석[II]

1. 스페어만의 순위차 상관계수
2. 구드만과 크러스칼의 감마계수
3. 파이계수
4. 개연성계수
5. 람다계수

[연습문제]

이 장(章)에서는 피어슨의 상관계수 r를 구할 수 없을 때, 다음과 같은 두 변수간의 상관관계를 측정할 수 있는 통계기법들을 살펴보고자 한다.

- 두 변수가 서열변수일 때 스페어만의 순위차 상관계수(Spearman's Rank-Order Correlation Coefficient), 구드만과 크러스칼의 감마계수(Goodman's and Kruskal's Gamma Coefficient) 등이 사용된다.
- 두 변수가 명목변수일 때 파이계수(Pie Coefficient), 개연성계수(Contingency Coefficient), 람다계수(Lambda Coefficient) 등이 사용된다.

1. 스페어만의 순위차 상관계수

스페어만의 순위차 상관계수(Spearman's Rank-Order Correlation Co- efficient)는 두 서열변수의 순위의 일치도를 파악하는 상관계수이다. 따라서 두 서열변수의 일치도가 높을 때는 상관계수가 크고, 일치도가 낮을 때는 상관계수가 적다.

이 통계기법은 두 변수가 모두 서열변수일 때 사용된다. 그러나 등간변수나 비율변수의 경우에도 서열을 정할 수 있기 때문에 사용할 수 있다. 스페어만의 순위차 상관계수를 구하는 공식은 〈수식 12.1〉과 같다.

$$r_s = 1 - \frac{6\sum D^2}{N(N^2 - 1)} \qquad \text{〈수식 12.1〉}$$

여기서, r_s : 순위차 상관계수

D : 두 변수 X, Y 간의 순위의 차이

N : 총 사례수

예 제 1

어느 연구자가 10명의 성인을 표본추출하여 경제적 지위와 사회적 지위를 조사한 결과 [표 12.1]과 같았다. 95% 신뢰수준에서 스페어만의 순위차 상관계수에 의해 상관관계를 검증하여라.

[표 12.1] 경제적 지위와 사회적 지위의 순위

응답자	경제적 지위 순위(X)	사회적 지위 순위(Y)
A	1	2
B	2	1
C	3	4
D	4	5
E	5	3
F	6	6
G	7	9
H	8	8
I	9	7
J	10	10

풀이

① 영가설을 세운다. 즉, 경제적 지위와 사회적 지위는 상관관계가 없다.

② 두 변수 X, Y 간의 차이 자승, 즉 D^2을 계산하기 위해 [표 12.2]와 같이 표를 정리한다.

[표 12.2] 경제적 지위와 사회적 지위의 순위 차이

응답자	경제적 지위 순위(X)	사회적 지위 순위(Y)	$D(X-Y)$	D^2
A	1	2	−1	1
B	2	1	1	1
C	3	4	−1	1
D	4	5	−1	1
E	5	3	2	4
F	6	6	0	0
G	7	9	−2	4
H	8	8	0	0
I	9	7	2	4
J	10	10	0	0
				16

③ 관찰 순위차 상관계수를 〈수식 12.1〉을 이용하여 계산한다.

$$r_s = 1 - \frac{6\sum D^2}{N(N^2-1)}$$

$$= 1 - \frac{6\times 16}{10(10^2-1)} = 1 - \frac{96}{990} = 1-0.097 = 0.903$$

④ 기준 순위차 상관계수 r_s를 구한다.

ⓐ 유의수준(α)을 구한다.

95% 신뢰수준을 확보해야 하므로 α = 1 - 0.95이다.

ⓑ 총 사례수(N)를 구한다.

N = 10

ⓒ 부록의 r_s분포표를 이용하여 기준 r_s를 구한다.

α = 0.05, N = 10일 때 기준 r_s = 0.648이다.

⑤ 관찰 r_s값과 기준 r_s값을 비교한다.

관찰 r_s값 0.903이 기준 r_s값 0.648보다 크므로 상관관계가 없다는 영가설을 기각한다. 즉, 경제적 지위와 사회적 지위는 상관관계가 있다고 볼 수 있다.

예 제 2

어느 조사자가 출석률과 성적과의 상관관계를 분석하기 위해 12명의 표본을 추출하여 조사한 결과 [표 12.3]과 같았다. 95% 신뢰수준에서 스페어만의 순위차 상관계수에 의해 상관관계를 검증하여라.

[표 12.3] 출석률과 성적의 순위

응답자	출석률 순위(X)	성적(점수)	성적 순위(Y)
A	1	95	1
B	2	90	2
C	3	85	4
D	4	90	3
E	5	80	6
F	6	82	5
G	7	70	8
H	8	70	9
I	9	75	7
J	10	70	10
K	11	60	12
L	12	65	11

풀 이

① 영가설을 세운다. 즉, 출석률과 성적과는 상관관계가 없다.

② 순위를 다음과 같이 조정한 후, 변수간의 순위차이를 정리하면 [표 12.4]와 같다.

ⓐ 성적순위 2, 3이 동점이므로 다음과 같이 순위를 조정한다.

$$\frac{2+3}{2} = 2.5$$

ⓑ 성적순위 8, 9, 10이 동점이므로 다음과 같이 순위를 조정한다.

$$\frac{8+9+10}{3} = 9$$

[표 12.4] 출석률과 성적의 순위 차이

응답자	출석률 순위(X)	성적 순위(Y)	$D(X-Y)$	D^2
A	1	1	0	0
B	2	2.5	−0.5	0.25
C	3	4	−1	1
D	4	2.5	1.5	2.25
E	5	6	−1	1
F	6	5	1	1
G	7	9	−2	4
H	8	9	−1	1
I	9	7	2	4
J	10	9	1	1
K	11	12	−1	1
L	12	11	1	1
				16

③ 관찰 순위차 상관계수를 〈수식 12.1〉을 이용하여 계산한다.

$$r_s = 1 - \frac{6\sum D^2}{N(N^2-1)}$$

$$= 1 - \frac{6\times 17.5}{12(12^2-1)} = 1 - \frac{105}{1,716} = 1-0.061 = 0.939$$

④ 기준 순위차 상관계수 r_s를 구한다.

ⓐ 유의수준(α)을 구한다.

95% 신뢰수준을 확보해야 하므로 α = 1 - 0.95이다.

ⓑ 총 사례수(N)를 구한다.

N = 12

ⓒ 부록의 r_s분포표를 이용하여 기준 r_s를 구한다.

α = 0.05, N = 12일 때 기준 r_s = 0.591이다.

⑤ 관찰 r_s값과 기준 r_s값을 비교한다.

관찰 r_s값 0.939가 기준 r_s값 0.591보다 크므로 상관관계가 없다는 영가설을 기각한다. 즉, 출석률과 성적과는 상관관계가 있다고 볼 수 있다.

2. 구드만과 크러스칼의 감마계수

구드만과 크러스칼의 감마계수(Goodman's and Kruskal's Gamma Co-efficient)는 두 변수가 서열변수이면서 동일한 순위의 사례들을 많이 포함하고 있는 경우에 주로 사용되는 통계법이다.

구드만과 크러스칼의 감마계수는 2×3, 3×3 등의 교차분포를 이루는 관찰자료들을 분석할 때 많이 이용된다. 구드만과 크러스칼의 감마계수를 구하는 공식은 〈수식 12.2〉와 같다.

$$G = \frac{\sum f_a - \sum f_i}{\sum f_a + \sum f_i} \qquad \text{〈수식 12.2〉}$$

여기서, G : 감마계수

f_a : 응답방향이 일치한 경우의 도수(Frequence of Agreement)

f_i : 응답방향이 불일치한 경우의 도수(Frequence of Inversion)

예 제 3

사회계층(상, 중, 하)과 생의 만족감(높음, 보통, 낮음)과의 상관관계를 검증하기 위해 20명을 표본추출하여 조사한 결과 [표 12.5]와 같은 교차분포표를 얻었다. 95% 신뢰수준을 확보하는 수준에서 구드만과 크러스칼의 감마계수를 검증하여라.

[표 12.5] 사회계층과 생의 만족감에 대한 교차분포표

생의 만족감(Y)	사회계층(X)		
	상위	중간	하위
높음	3	2	2
보통	2	4	1
낮음	1	2	3

풀 이

① 영가설을 세운다. 즉, 사회계층과 생의 만족감 간에는 상관관계가 없다고 가정한다.

② 응답방향이 일치한 쌍의 도수(f_a)를 구한다.

f_a를 구하는 방법은 제일 위, 제일 왼쪽 방에서부터 시작한다. 제일 위, 제일 왼쪽 방

(만족감이 높고, 상층인 방)의 도수는 3이며, 이 3에다 이보다 아래에 있으면서 오른쪽에 있는 방들의 도수를 곱한다. 이와 같은 절차를 계속해서 응답방향이 일치한 쌍의 도수를 구하며, 이를 정리하면 다음과 같다.

상위계층, 높은 만족감 : 3× (4+1+2+3) = 30
중간계층, 높은 만족감 : 2× (1+3) = 8
상위계층, 보통 만족감 : 2× (2+3) = 10
중간계층, 보통 만족감 : 4× 3 = 12
계 60

③ 응답방향이 불일치한 쌍의 도수(f_i)를 구한다.

f_i를 구하는 방법은 제일 위, 제일 오른쪽 방에서부터 시작한다. 제일 위, 제일 오른쪽 방(만족감이 높고, 하층인 방)의 도수는 2이며, 이 2에다 이보다 왼쪽에 있으면서 아래에 있는 방들의 도수를 곱한다. 이와 같은 절차를 계속해서 응답방향이 불일치한 쌍의 도수를 구하며, 이를 정리하면 다음과 같다.

하위계층, 높은 만족감 : 2× (4+2+2+1) = 18
중간계층, 높은 만족감 : 2× (2+1) = 6
하위계층, 보통 만족감 : 1× (2+1) = 3
중간계층, 보통 만족감 : 4× 1 = 4
계 31

④ 감마계수 G값을 〈수식 12.2〉를 이용하여 계산한다.

$$G = \frac{\sum f_a - \sum f_i}{\sum f_a + \sum f_i} = \frac{60-31}{60+31} = \frac{29}{91} = 0.319$$

⑤ 감마계수 G값을 Z값으로 전환한다.

감마검증, 즉 두 변수간에 상관관계가 없다는 영가설의 채택여부를 결정하기 위해서는 먼저 감마계수 G값을 Z값으로 전환해야 하며, Z값을 구하기 위한 공식은 〈수식 12.3〉과 같다.

$$Z = G\sqrt{\frac{|\sum f_a - \sum f_i|}{N(1 - G^2)}} \qquad \text{〈수식 12.3〉}$$

여기서, G : 감마계수
f_a : 응답방향이 일치한 경우의 도수
f_i : 응답방향이 불일치한 경우의 도수
N : 사례수

$$Z = G\sqrt{\frac{|\sum f_a - \sum f_i|}{N(1-G^2)}}$$

$$= 0.319\sqrt{\frac{|60-31|}{20(1-0.319^2)}} = 0.319\sqrt{\frac{29}{20\times 0.8982}}$$

$$= 0.319\sqrt{1.6143} = 0.319\times 1.271 = 0.405$$

⑥ 기준 Z값을 구한다.

95% 신뢰수준을 확보하기를 원한다면 유의수준 α = 0.05이고, 이때 Z = 1.96이다.

⑦ 관찰 Z값과 기준 Z값을 비교한다.

관찰 Z값 0.405가 기준 Z값 1.96보다 작으므로 두 변수간에 상관관계가 없다는 영가설을 채택한다. 즉, 사회계층과 생의 만족감 간에는 상관관계가 없다고 할 수 있다.

3. 파이계수

파이계수(Pie Coefficient)는 두 변수가 명목변수이면서 2×2 교차분포표를 이루고 있을 때 사용되는 통계기법이다.

2×2 교차분포표의 경우 카이스퀘어(x^2) 검증에 의해 독립변수에 따라 종속변수에 차이가 있는가를 살펴보았다. 반면에 파이계수에 의해 두 변수간의 상관관계를 분석해 볼 수 있다.

2×2 교차분포표의 두 변수간의 상관관계를 나타내는 파이계수를 구하는 공식은 〈수식 12.3〉과 같다.

$$\phi = \sqrt{\frac{x^2}{N}} \qquad \text{〈수식 12.3〉}$$

여기서, ϕ : 파이계수

x^2 : 카이스퀘어 값

N : 총 사례수

예 제 4

남자 60명과 여자 40명을 표본추출하여 흡연 여부를 조사한 결과 [표 12.6]과 같은 교차분포표를 얻었다. 95% 신뢰수준을 확보하는 수준에서 성별과 흡연과의 상관관계를 검증하여라.

[표 12.6] 성별에 따른 흡연 도수

성별 / 흡연여부	남자	여자	계
담배 피움	40	15	55
담배 안피움	20	25	45
계	60	40	100

풀 이

① 영가설을 세운다. 즉, 성별과 흡연 간에는 상관관계가 없다고 가정한다.

② 파이계수를 구하기 위해서는 먼저 x^2을 구해야 하며, x^2을 구하는 공식은 다음과 같다.

$$x^2 = \sum \frac{(f_o - f_e)^2}{f_e}$$

x^2을 구하기 위해서는 먼저 각 셀의 기대도수를 구한 후, 이를 공식에 대입한다.

ⓐ 각 셀의 기대도수를 구한다.

상단 좌측 셀 $= \frac{55 \times 60}{100} = 33$, 상단 우측 셀 $= \frac{55 \times 40}{100} = 22$

하단 좌측 셀 $= \frac{45 \times 60}{100} = 27$, 하단 우측 셀 $= \frac{45 \times 40}{100} = 18$

ⓑ 관찰도수와 기대도수를 공식에 대입하여 x^2값을 계산한다.

$$x^2 = \sum \frac{(f_o - f_e)^2}{f_e}$$

$$= \frac{(40-33)^2}{33} + \frac{(15-22)^2}{22} + \frac{(20-27)^2}{27} + \frac{(25-18)^2}{18}$$

$$= \frac{49}{33} + \frac{49}{22} + \frac{49}{27} + \frac{49}{18} = 1.48 + 2.23 + 1.81 + 2.72 = 8.24$$

③ x^2, N을 〈수식 12.3〉을 이용하여 파이계수(ϕ)를 계산한다.

$$\phi = \sqrt{\frac{x^2}{N}} = \sqrt{\frac{8.24}{100}} = \sqrt{0.0824} = 0.29$$

파이계수 0.29는 성별과 흡연여부 간에 약한 중간정도의 정의 상관관계에 있다는 것을 나타낸다. 파이계수에 대한 검증은 카이스퀘어 검증방법을 이용한다. 즉, 관찰 x^2값과 부록의 x^2분포표에 의해 기준 x^2값을 비교하여 영가설 채택 또는 기각 여부를 결정한다.

④ 기준 x^2값을 구한다.

ⓐ 유의수준(α)을 구한다. 95% 신뢰수준을 확보해야 하므로 α = 1−0.95 = 0.05이다.

ⓑ 자유도(df)를 구한다. $df = (r-1)(c-1)$ = (2−1)(2−1) = 1이다.

ⓒ 부록의 x^2분포표를 이용하여 기준 x^2를 구한다.

α = 0.05, df = 1일 때, 기준 x^2값은 3.84이다.

⑤ 관찰 x^2값과 기준 x^2값을 비교한다.

관찰 x^2값 8.24가 기준 x^2 3.84보다 크므로 영가설을 기각한다. 즉, 성별과 흡연 간에는 통계적으로 유의미한 상관관계가 있다고 할 수 있다.

4. 개연성계수

개연성계수(Contingency Coefficient)는 두 변수가 명목변수이면서 2×2 교차분포표보다 더 큰 교차분포표의 상관관계를 분석하는 데 사용되는 통계기법이다. 개연성계수를 구하는 공식은 〈수식 12.4〉와 같다.

$$C = \sqrt{\frac{x^2}{N + x^2}} \qquad \text{〈수식 12.4〉}$$

여기서, C : 개연성계수

x^2 : 카이스퀘어 값

N : 총 사례수

예 제 5

종교와 가치관과의 상관관계를 알아보기 위해 기독교 40명, 천주교 30명, 불교 30명을 표본추출하여 가치관을 조사한 결과 [표 12.7]과 같은 교차분포표를 얻었다. 95% 신뢰수준을 확보하는 수준에서 종교와 가치관과의 상관관계를 검증하여라.

[표 12.7] 종교에 따른 가치관의 도수

가치관 \ 종교	기독교	천주교	불교	계
보수적	㉮ 17	㉯ 7	㉰ 11	35
중도적	㉱ 12	㉲ 8	㉳ 10	30
진보적	㉴ 11	㉵ 15	㉶ 9	35
계	40	30	30	100

풀 이

① 영가설을 세운다. 즉, 종교와 가치관 간에는 상관관계가 없다고 가정한다.

② 개연성계수를 구하기 위해서는 먼저 x^2을 구해야 하며, x^2을 구하는 공식은 다음과 같다.

$$x^2 = \sum \frac{(f_o - f_e)^2}{f_e}$$

x^2을 구하기 위해서는 먼저 각 셀의 기대도수를 구한 후, 이를 공식에 대입한다.

ⓐ 각 셀의 기대도수를 구한다.

㉮번 셀 $= \frac{35 \times 40}{100} = 14$, ㉯번 셀 $= \frac{35 \times 30}{100} = 10.5$

㉰번 셀 $= \frac{35 \times 30}{100} = 10.5$, ㉱번 셀 $= \frac{30 \times 40}{100} = 12$

㉲번 셀 $= \frac{30 \times 30}{100} = 9$, ㉳번 셀 $= \frac{30 \times 30}{100} = 9$

㉴번 셀 $= \frac{35 \times 40}{100} = 14$, ㉵번 셀 $= \frac{35 \times 30}{100} = 10.5$

㉶번 셀 $= \frac{35 \times 30}{100} = 10.5$

ⓑ 관찰도수와 기대도수를 공식에 대입하여 x^2값을 계산한다.

$$\begin{aligned} x^2 &= \sum \frac{(f_o - f_e)^2}{f_e} \\ &= \frac{(17-14)^2}{14} + \frac{(7-10.5)^2}{10.5} + \frac{(11-10.5)^2}{10.5} + \frac{(12-12)^2}{12} + \frac{(8-9)^2}{9} \\ &+ \frac{(10-9)^2}{9} + \frac{(11-14)^2}{14} + \frac{(15-10.5)^2}{10.5} + \frac{(9-10.5)^2}{10.5} \\ &= \frac{9}{14} + \frac{12.25}{10.5} + \frac{0.25}{10.5} + \frac{0}{12} + \frac{1}{9} + \frac{1}{9} + \frac{9}{14} + \frac{20.25}{10.5} + \frac{2.25}{10.5} \\ &= 0.64 + 1.17 + 0.02 + 0 + 0.11 + 0.11 + 0.64 + 1.93 + 0.21 = 4.83 \end{aligned}$$

③ x^2, N을 〈수식 12.3〉를 이용하여 개연성계수(C)를 계산한다.

$$C = \sqrt{\frac{x^2}{N + x^2}} = \sqrt{\frac{4.83}{100+4.83}} = \sqrt{0.046} = 0.21$$

개연성계수 0.21은 종교와 가치관간에 약한 중간정도의 정의 상관관계에 있다는 것을 나타낸다. 개연성계수에 대한 검증은 카이스퀘어 검증방법을 이용한다. 즉, 관찰 x^2값과 부록의 x^2분포표에 의해 기준 x^2값을 비교하여 영가설 채택 또는 기각 여부를 결정한다.

④ 기준 x^2값을 구한다.

ⓐ 유의수준(α)을 구한다. 95% 신뢰수준을 확보해야 하므로 α = 1−0.95 = 0.05이다.

ⓑ 자유도(df)를 구한다. $df = (r-1)(c-1)$ = (3−1)(3−1) = 4이다.

ⓒ 부록의 x^2분포표를 이용하여 기준 x^2를 구한다.

α = 0.05, df = 4일 때, 기준 x^2값은 9.49이다.

⑤ 관찰 x^2값과 기준 x^2값을 비교한다.

관찰 x^2값 4.83이 기준 x^2 9.49보다 작으므로 영가설을 채택한다. 즉, 종교와 가치관간에는 통계적으로 유의미한 상관관계가 없다고 할 수 있다.

5. 람다계수

람다계수(Lambda Coefficient)는 두 변수가 명목변수이면서 2×2 교차분포표뿐만 아니라 그 이상의 교차분포표의 상관관계를 분석하는 데 사용되는 통계기법이다. 람다(Lambda)는 그리스 문자 λ로 표시하며, 람다값은 오류감소비율(PRE : Proportionate Reduction in Error)을 나타낸다. 즉, 한 변수의 값을 앎으로써 다른 변수의 값을 예측하는 데 줄일 수 있는 오류의 비율을 나타낸다.

예를 들면, λ = 60%이면 독립변수 값을 통해 종속변수 값을 예측하는 데 60%의 오류를 감소시킬 수 있다는 것을 의미한다. 람다(λ)를 구하는 공식은 〈수식 12.5〉와 같다.

$$\lambda = \frac{F_{iv} - M_{dv}}{N - M_{dv}} \qquad \text{〈수식 12.5〉}$$

여기서, λ : 람다계수

F_{iv} : 독립변수(Independent Variable)의 각 범주에서 가장 큰 셀의 도수들의 합

M_{dv} : 종속변수(Dependent Variable)의 각 범주별 도수 합계를 구한 값 중 가장 큰 값

예 제 6

성별과 선호하는 학문분야 간의 관계를 파악하기 위해 남자 120명과 여자 110명을 표본 추출하여 조사한 결과 [표 12.8]과 같은 교차분포표를 얻었다. 람다계수를 구하여라.

[표 12.8] 성별과 선호하는 학문분야 간의 교차분포표

선호하는 학문분야	성별		
	남자	여자	계
인문과학	20	55	75
사회과학	30	40	70
자연과학	70	15	85
계	120	110	230

풀 이

① F_{iv}를 구한다.

독립변수의 범주는 남자와 여자이며, 남자 범주에서는 자연과학 도수가 70으로 가장 크고, 여자 범주에서는 인문과학 도수가 55로 가장 크므로 F_{iv} = 70 + 55 = 125이다.

② M_{dv}를 구한다.

종속변수의 범주는 인문과학, 사회과학, 자연과학이며, 각 범주별 도수 합계는 인문과학이 75, 사회과학이 70, 자연과학이 85이다. 이 중 가장 큰 값은 자연과학의 85이므로 M_{dv} = 85이다.

③ F_{iv}, M_{dv}값을 〈수식 12.5〉를 이용하여 λ값을 계산한다.

$$\lambda = \frac{F_{iv} - M_{dv}}{N - M_{dv}} = \frac{125 - 85}{230 - 85} = \frac{40}{145} = 0.2759$$

④ 람다계수 λ = 0.2759이며, 이는 독립변수인 성별을 앎으로써 종속변수인 선호하는 학문분야를 예측하는 데 27.59%의 오류를 줄일 수 있다는 것이다.

[예제 6]에서 선호하는 학과를 알고 성별을 예측하고자 할 때의 람다계수(λ)를 다음과 같이 구할 수 있다.

① F_{iv}를 구한다.

독립변수의 범주는 인문과학, 사회과학, 자연과학이며, 각 범주에서 가장 큰 도수는 55, 40, 70이므로 F_{iv} = 55 + 40 + 70 = 165이다.

② M_{dv}를 구한다.

종속변수의 범주는 남자와 여자이며, 각 범주별 도수 합계는 남자가 120, 여자가 110이다. 이 중 가장 큰 값은 남자의 120이므로 M_{dv} = 120이다.

③ F_{iv}, M_{dv}값을 ⟨수식 12.5⟩를 이용하여 λ값을 계산한다.

$$\lambda = \frac{F_{iv} - M_{dv}}{N - M_{dv}} = \frac{165 - 120}{230 - 120} = \frac{45}{110} = 0.4091$$

④ 람다계수 λ = 0.4091이며, 이는 독립변수인 선호하는 학과를 앎으로써 종속변수인 성별을 예측하는 데 40.91%의 오류를 줄일 수 있다는 것이다.

따라서 독립변수인 선호하는 학문분야를 앎으로써 종속변수인 성별을 예측하는 경우가 독립변수인 성별을 앎으로써 종속변수인 선호하는 학문분야를 예측하는 경우보다 더 많은 오류를 감소시킬 수 있다.

람다계수(λ)를 구하는 공식에 내재되어 있는 논리는 독립변수를 앎으로써 종속변수를 예측하는 데 줄일 수 있는 오류비율과 같다.

[표 12.8]에서 만약 성별을 모른다면 어떤 사람이 선호하는 학문분야를 예측하는 데 가장 오류를 적게 범하는 선택은 자연과학일 것이다. 그 이유는 남녀를 합한 계에서 자연과학의 도수가 가장 크기 때문이다. 그러므로 독립변수를 모르는 경우 범하는 오류는 75 + 70 = 145이다.

이번에는 독립변수인 성별을 알 경우 오류를 적게 범하는 방법을 생각해 보자. 어떤 사람이 남자라는 것을 알 경우에는 그 사람의 선호하는 학문분야가 자연과학이라고 예측할 때 오류를 제일 적게 범할 것이며, 이때 범할 수 있는 오류는 20 + 30 = 50이다. 반면에 어떤 사람이 여자라는 것을 알 경우에는 그 사람의 선호하는 학문분야가 인문과학이라고 예측할 때 오류를 가장 적게 범할 것이며, 이때 범할 수 있는 오류는 40 + 15 = 55이다.

따라서 독립변수인 성별을 알 경우의 범할 수 있는 오류는 50 + 55 = 105이다. 한편 독립변수를 앎으로써 줄일 수 있는 오류의 비율은 ⟨수식 12.6⟩과 같다.

$$PRE = \frac{E_b - E_a}{E_b} \qquad \langle 수식\ 12.6\rangle$$

여기서, PRE : 오류감소비율

E_a : 독립변수를 알 경우 범하는 오류

E_b : 독립변수를 모르는 경우 범하는 오류

〈수식 12.6〉에 의해 오류감소비율(PRE)을 구하면 다음과 같으며, 〈수식 12.5〉에 의해 구한 람다계수(λ)의 값과 같다.

$$PRE = \frac{E_b - E_a}{E_b} = \frac{145 - 105}{145} = \frac{40}{145} = 0.2759$$

따라서 람다계수(λ)를 구하는 〈수식 12.5〉는 오류감소비율(PRE)을 구하는 원리에 바탕을 두고 만들어졌다고 할 수 있다. 즉, 람다계수(λ)는 독립변수를 알았을 때 종속변수를 예측하는 데 줄일 수 있는 오류비율과 같다.

예 제 7

종교 유무와 죽음에 대한 두려움과의 관계를 파악하기 위해 200명을 표본추출하여 조사한 결과 [표 12.9]와 같은 교차분포표를 얻었다. 람다계수를 구하여라.

[표 12.9] 종교 유무와 죽음에 대한 두려움의 교차분포표

죽음에 대한 두려움	종교 유무		
	유	무	계
많다.	10	70	80
조금 있다.	15	12	27
거의 없다.	85	8	93
계	110	90	200

풀 이

① F_{iv}를 구한다.

독립변수인 종교 유무 범주에서 유의 범주에서는 거의 없다가 85로 가장 크고, 무의 범주에서는 많다가 70으로 가장 크므로 F_{iv} = 85 + 70 = 155이다.

② M_{dv}를 구한다.

종속변수의 각 범주의 도수 합계는 80, 27, 93이며, 이 중 가장 큰 값이 93이므로 M_{dv} = 93이다.

③ F_{iv}, M_{dv}값을 〈수식 12.5〉를 이용하여 λ값을 계산한다.

$$\lambda = \frac{F_{iv} - M_{dv}}{N - M_{dv}} = \frac{155 - 93}{200 - 93} = \frac{62}{107} = 0.5794$$

④ 람다계수 λ = 0.5794이며, 이는 독립변수인 종교 유무를 앎으로써 종속변수인 죽음에 대한 두려움의 정도를 예측하는 데 57.94%의 오류를 줄일 수 있다는 것이다. 즉, 어떤 사람의 종교 유무를 모를 때는 그 사람의 죽음에 대한 감정을 예측할 때 죽음에 대해 두려움을 거의 가지고 있지 않다로 예측함으로써 오류를 최소화할 수 있을 것이다. 그 이유는 전체 200명 중 거의 없다고 응답한 사람이 93명으로 제일 많기 때문이다.

연 / 습 / 문 / 제

1. 수학성적에서의 순위와 국어성적에서의 순위의 상관관계를 검증해 보기 위해 10명의 학생을 표본추출하여 그 순위를 조사했더니 다음과 같았다. 스페어만의 순위차 상관계수에 의해 수학성적 순위와 국어성적 순위의 상관계수를 구하고, 95% 신뢰수준에서 두 순위 간의 상관관계를 검증하여라.

수학성적 순위(X)	국어성적 순위(Y)
1	3
2	4
3	1
4	6
5	2
6	5
7	7
8	9
9	10
10	8

2. 시골 고등학교 학생 8명을 표본추출하여 통학거리와 연간 지각 횟수를 조사했더니 다음과 같았다. 통학거리와 지각 횟수와의 상관계수를 구하고, 95% 신뢰수준에서 통학거리와 지각횟수 간에 상관관계가 있는가를 스페어만의 순위차 상관계수에 의해 검증하여라.

통학거리(Km)	지각 횟수
1	0
2.5	2
3	1
5	2
2	5
3.5	4
4	3
0.5	2

3. 거주지역과 생의 만족도와의 상관관계를 파악하기 위해 성인 50명을 표본추출하여 조사하였더니 다음과 같았다. 거주지역과 생의 만족도 간의 감마계수를 구하고, 95% 신뢰수준에서 감마검증하여라.

생의 만족도	거주지역		
	대도시	중소도시	읍면지역
만족	3	7	6
그저 그렇다	6	4	6
불만족	8	6	4

4 성인 100명을 표본추출하여 음주와 흡연상태를 4점 척도로 조사했더니 다음과 같았다. 음주와 흡연과의 감마계수를 구하고, 95% 신뢰수준에서 음주와 흡연과의 관계를 감마검증하여라.

흡연	음주			
	많이 한다	상당히 한다	조금 한다	전혀 하지 않는다
많이 한다	9	7	5	2
상당히 한다	7	8	6	5
조금 한다	4	6	7	9
전혀 하지 않는다	4	5	8	8

5 40~50대 성인 중 남자 60명, 여자 40명을 표본추출하여 핸드폰 소지 여부를 조사했더니 다음과 같았다. 성별과 핸드폰 소지와의 파이계수를 구하고, 95% 신뢰수준에서 두 변수간의 관계를 검증하여라.

핸드폰 소지 여부	성별		
	남자	여자	계
핸드폰 소지	35	15	50
핸드폰 비소지	25	25	50
계	60	40	100

6 100명의 부부를 표본추출하여 정치적 성향을 조사했더니 다음과 같았다. 부부 간의 정치적 성향관계에 대한 카이스퀘어(x^2) 및 개연성계수를 구하고, 95% 신뢰수준에서 부부 간의 정치적 성향관계를 검증하여라.

부인의 정치적 성향	남편의 정치적 성향			
	보수적	중립적	진보적	계
보수적	17	9	6	32
중립적	10	14	12	36
진보적	5	11	16	32
계	32	34	34	100

7 성인 600명을 표본추출하여 선호하는 음식과 선호하는 음악을 조사했더니 다음과 같았다. 선호하는 음식과 음악 간의 관계에 대해 선호하는 음식을 알고 선호하는 음악을 예측하는 경우와 선호하는 음악을 알고 선호하는 음식을 예측하는 경우 각각의 람다계수와 오류감소비율을 구하고, 어느 경우가 오류감소비율이 더 큰가를 판단하여라.

선호하는 음악	선호하는 음식			
	한식	일식	양식	계
대중가요	140	60	30	230
가 곡	80	70	60	210
고전음악	40	30	90	160
계	260	160	180	600

8 종교를 가진 성인 240명을 표본추출하여 종교와 흡연여부를 조사했더니 다음과 같았다. 종교와 흡연여부와의 관계를 종교를 알고 흡연여부를 예측하는 경우와 흡연여부를 알고 종교를 예측하는 경우 각각의 람다계수와 오류감소비율을 구하고, 어느 경우가 오류감소비율이 더 큰가를 판단하여라.

흡연여부	종교			
	기독교	천주교	불교	계
담배 피움	10	50	40	100
담배 안 피움	80	20	40	140
계	90	70	80	240

제 13 장
회귀분석

이 장(章)에서는 두 변수(독립변수, 종속변수)가 모두 연속적 변수(등간변수, 비율변수)일 때 사용하는 회귀분석(回歸分析, Regression Analysis)에 대한 내용을 살펴보고자 한다.

이를 위해 우선 회귀분석의 주요요건에 대해 살펴본 후, 독립변수의 변화에 따라 종속변수가 어떻게 변하는가를 예측할 수 있는 회귀식(回歸式, Regression Expression)에 대해 설명하고, 그 기본원리를 파악해 보고자 한다. 그리고 회귀식과 피어슨의 상관관계와 다중회귀분석에 대해 살펴보고자 한다.

1. 회귀분석의 주요요건

회귀분석이란 독립변수가 한 단위 변함에 따라 종속변수가 얼마나 변하는가까지 분석하는 통계기법이다.

독립변수가 1개일 때를 단순회귀분석(單純回歸分析, Simple Regression Analysis)이라 하고, 독립변수가 2개 이상일 때를 다중회귀분석(多重回歸分析, Multiple Regression Analysis)이라 한다.

예를 들면, 교육연수가 소득에 미치는 영향을 분석할 경우 단순회귀분석을 사용하고, 교육연수와 경력연수가 소득에 미치는 영향을 분석할 때에는 다중회귀분석을 사용한다. 회귀분석을 사용하기 위해서는 다음과 같은 몇 가지의 요건을 갖추어야 한다.

① 두 변수가 모두 연속적(등간변수, 비율변수) 변수이어야 한다. 따라서 한 변수라도 비연속적(명목변수, 서열변수) 변수일 때는 회귀분석을 사용할 수 없다.
② 두 변수의 관계는 직선관계, 즉 1차 함수관계이어야 한다. 두 변수간의 관계가 직선관계가 아닐 때는 회귀분석의 사용이 어려우며, 회귀분석을 사용하기 위해서는 직선관계가 되도록 변형한 후 사용해야 한다.
③ 두 변수가 모집단에서 정규분포를 가져야 한다. 그러나 정규분포를 가지지 않은 경우에도 표본수가 큰 경우, 즉 일반적으로 30이상인 경우에는 정규분포의 요건이 충족된 것으로 간주되어 회귀분석을 이용할 수 있다.

④ 독립변수와 종속변수의 구분이 있어야 한다. 상관관계분석은 두 변수가 얼마나 상호관련되어 있는가만을 분석할 뿐이며, 어느 변수가 어느 변수에 영향을 미치는가를 분석하지 않는 반면에, 회귀분석은 한 변수가 다른 변수에 미치는 영향을 분석한다. 따라서 회귀분석을 위해서는 독립변수와 종속변수의 구분이 있어야 한다.

2. 회귀식

회귀식(回歸式, Regression Expression)은 독립변수(*X*)를 알 때 가장 적은 오류(*e* : *error*)를 범하면서 종속변수(*Y*)를 예측할 수 있는 1차 방정식이다. 회귀분석에서는 독립변수(*X*)에 의해 종속변수(*Y*)를 예측하기 위해 회귀식이 이용된다.

예를 들면, 공부시간(독립변수 : *X*)이 성적(종속변수 : *Y*)에 미치는 영향을 분석하고자 할 때 〈수식 13.1〉과 같이 나타낼 수 있다.

$$Y = a + bX + e \qquad \text{〈수식 13.1〉}$$

여기서, a : Y의 절편으로 $X=0$일 때, Y에 기대되는 값

b : X의 기울기로 회귀계수라고 하며, X가 한 단위 변할 때 Y의 변화량

e : 오류로서 a와 bX에 의해 설명될 수 없는 부분

학생 10명을 표본추출하여 공부시간과 성적과의 관계를 조사한 결과 [표 13.1]과 같았다.

[표 13.1] 공부시간과 성적

공부시간(*X*)	성적(*Y*)
3	26
1	30
0	24
6	52
0	38
5	54
10	80

공부시간(X)	성적(Y)
8	96
4	62
3	58
40	520

[표 13.1]의 내용을 산포도로 나타내면 [그림 13.1]과 같다. [그림 13.1]을 통해 변수 X와 Y 사이에 상당히 강한 상관관계가 있음을 알 수 있다. 이때 각 점들의 사이를 통과하는 회귀선(回歸線, Regression Line)을 그을 수 있다.

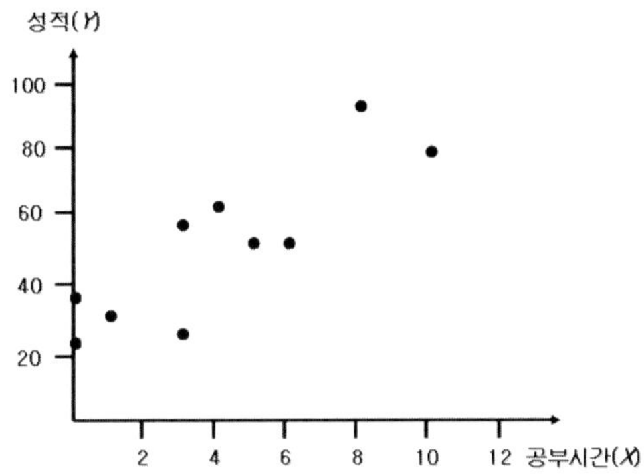

[그림 13.1] 공부시간과 성적에 대한 산포도

이 경우 산포도의 각 점으로부터 가장 가까운 직선을 구할 수 있는데 이 선을 회귀선이라 하며, 이 선을 나타내는 식을 회귀식이라 한다. 회귀식의 절편 a는 회귀선이 Y를 예측할 수 있는 식이며, 이 식에서 Y는 실제값이라기보다는 예측되는 값이므로 Y 대신에 $\hat{Y}$을 사용하고, 오류 e는 각 사례의 고유한 특성에 따른 값으로 회귀식에 의해 예측되기 어려운 값이므로 회귀식에서 제외된다. 따라서 회귀식은 다음의 ⟨수식 13.2⟩와 같이 표시한다.

$$\hat{Y} = a + bX \qquad \text{⟨수식 13.2⟩}$$

회귀식을 얻기 위해서는 a와 b의 값을 구해야 하는데, a값을 구하는 공식은 ⟨수식 13.3⟩과 같으며, b값을 구하는 공식은 ⟨수식 13.4⟩와 같다.

$$b = \frac{X,\ Y\text{의 공분산}}{X\text{의 분산}} = \frac{\sum(X-\overline{X})(Y-\overline{Y})}{\sum(X-\overline{X})^2} = \frac{\sum XY - N\overline{X}\overline{Y}}{\sum X^2 - N\overline{X}^2} \qquad \text{〈수식 13.3〉}$$

$$a = \overline{Y} - b\overline{X} \qquad \text{〈수식 13.4〉}$$

회귀식을 구할 때 주의해야 할 점은 먼저 〈수식 13.3〉을 이용하여 b값을 구한 후, 다음에 b값을 〈수식 13.4〉에 대입하여 a값을 구해야 한다.

[표 13.1]에 대한 공부시간과 성적의 자료를 이용하여 회귀식을 구해 보도록 하자.

① b값을 〈수식 13.3〉를 이용하여 구한다.

회귀식을 구하기 위해서는 먼저 b값을 구해야 하는데, b값을 구하는 공식은 $= \frac{\sum XY - N\overline{X}\overline{Y}}{\sum X^2 - N\overline{X}^2}$이므로 $\overline{X}$, $\overline{Y}$, $\sum X^2$, $\sum XY$를 구해 공식에 대입하면 된다.

ⓐ 두 변수 X, Y의 평균을 계산한다.

$$\overline{X} = \frac{40}{10} = 4,\quad \overline{Y} = \frac{520}{10} = 52$$

ⓑ [표 13.1]에 X^2과 XY 칸을 만들어 $\sum X^2$, $\sum XY$를 구한다.

공부시간(X)	성적(Y)	X^2	XY
3	26	9	78
1	30	1	30
0	24	0	0
6	52	36	312
0	38	0	0
5	54	25	270
10	80	100	800
8	96	64	768
4	62	16	248
3	58	9	174
40	520	260	2,680

ⓒ 〈수식 13.3〉을 이용하여 b값을 계산한다.

$$b = \frac{\sum XY - N\overline{X}\overline{Y}}{\sum X^2 - N\overline{X}^2} = \frac{2{,}680 - 10 \times 4 \times 52}{260 - 10 \times 4^2} = \frac{2{,}680 - 2{,}080}{260 - 160} = \frac{600}{100} = 6$$

② 〈수식 13.4〉를 이용하여 a값을 계산한다.

$$a = \overline{Y} - b\overline{X} = 52 - 6 \times 4 = 52 - 24 = 28$$

③ 〈수식 13.2〉에 a, b값을 대입하여 회귀식을 구하면 다음과 같다.

∴ 회귀식 $\hat{Y} = 28 + 6X$이다.

즉, 공부를 한 시간도 하지 않은 학생의 점수는 28점이며, 공부를 한 시간 더 할 때마다 6점씩 점수를 더 맞는다 할 수 있다.

이 회귀식을 산포도 위에 회귀선으로 나타내는 방법은 회귀식을 만족시키는 두 점을 찾아서 연결시키면 된다. 가장 찾기 쉬운 점은 Y의 절편이다. 이 점은 회귀선이 Y축을 지나는 점으로 $X=0$, $Y=a(28)$인 점이다. 찾기 쉬운 또 다른 한 점은 X값의 평균($\overline{X}$)과 Y값의 평균($\overline{Y}$)인 점이다. 즉, ($\overline{X}$, $\overline{Y}$)는 항상 회귀식을 만족시키는 점으로 회귀선 상에 있다. 따라서 (0, 28)과 (4, 52)를 지나는 선을 그리면 회귀선이 된다. 이 자료에 대한 회귀선을 그리면 [그림 13.2]와 같다.

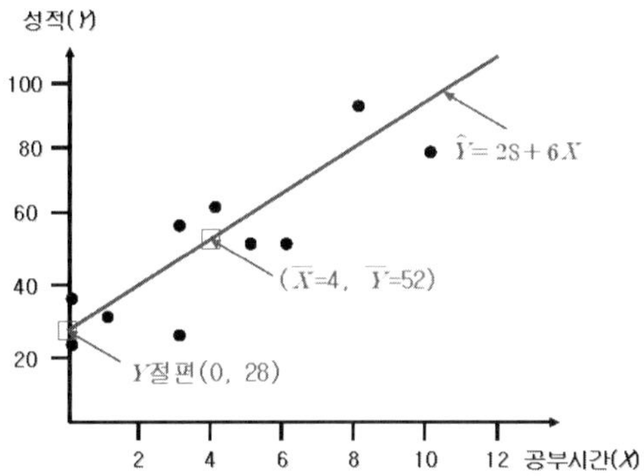

[그림 13.2] 공부시간과 성적의 회귀선

회귀선에서 Y의 절편 a는 X가 0일 때 Y의 값을 나타낸다. 공부를 1시간도 하지 않은 사람의 성적이 28점일 것을 예측할 수 있다. 그러나 [표 13.1]에 의하면 공부를 1시간도 하지 않은 두 사람 중 한 사람은 24점을 받았고, 다른 사람은 38점을 받았다. 이렇게 예측된 점수와 실제 점수 간에는 약간의 차이가 있다. 그러나 수많은 사람을 표본으로 추출하게 되면 예측된 점수와 실제 점수의 평균은 거의 같아지게 된다.

회귀계수 b는 X가 한 단위 변할 때 Y는 몇 단위 변하는가를 나타낸다. 즉, 공부를 1시간 더할 때만 6점씩 더 맞게 된다. 그러나 모든 사람들이 1시간 공부를 더할 때 6점씩 더 맞게 되지 않고 예상되는 점수와 실제 점수 간에는 일정한 차이가 있다. 그러나 수많은 사람들의 시간당 평균부가점수를 계산하면 6점에 가까워진다.

이와 같은 원리에 의해 어떤 사람의 공부시간만 알면 어느 정도 정확하게 그 사람의 점수를 알 수 있다. 예를 들면, 5시간 공부를 한 사람의 경우 예상되는 점수는 $\hat{Y} = 28 + 6 \times 5 = 58$점이다. 그러나 5시간 공부한 사람의 실제 점수는 54점이므로 예측된 점수와 실제 점수 간에는 4점의 차이가 있다. 이와 같이 예측된 점수와 실제 점수 간에는 항상 일정한 오차가 있다. 회귀식은 이러한 오차를 최소한으로 줄여서 가장 정확하게 실제값을 예측하도록 해주는 방정식이다.

3. 회귀분석의 기본원리

회귀분석에서는 독립변수(X)의 변화에 따라 종속변수(Y)가 어떻게 변하는가를 알아보기 위해 방정식 $\hat{Y} = a + bX$를 사용한다는 것을 살펴보았다.

그러나 이 방정식이 실제값을 정확하게 예측할 수 있는 방정식인지, 즉 방정식에서 X가 의미 있게 Y에게 영향을 미치는지를 검증해 볼 필요가 있다. 이러한 검증을 위해 편차자승의 합, 편차자승의 평균 및 관찰 F값을 계산하는 내용을 살펴보자.

1) 편차자승의 합

회귀분석에서 편차자승의 합은 총 편차자승의 합(SS_{tot} : Total Sum of Squares), 회귀식에 의한 편차자승의 합(SS_{reg} : Regression Sum of Squares), 오류에 의한 편차자승의 합(SS_{err} : Error Sum of Squares)으로 분류할 수 있다.

총 편차자승의 합(SS_{tot})은 각각의 오차($Y - \overline{Y}$)를 제곱해서 그 합을 구한 것으로서, 그 공식은 〈수식 13.5〉와 같다.

$$SS_{tot} = \sum(Y - \overline{Y})^2 = \sum Y^2 - N\overline{Y}^2$$ 〈수식 13.5〉

여기서, SS_{tot} : 총 편차자승의 합

Y : 실제값

$\overline{Y}$: 평균값

$Y - \overline{Y}$: 오차

N : 총 표본수

회귀식에 의한 편차자승의 합(SS_{reg})은 회귀식에 의해 설명되는 오차($\hat{Y} - \overline{Y}$)를 제곱해서 그 합을 구한 것으로써, 그 공식은 〈수식 13.6〉과 같다.

$$SS_{reg} = \sum(\hat{Y} - \overline{Y})^2$$ 〈수식 13.6〉

여기서, SS_{reg} : 회귀식에 의한 편차자승의 합

$\hat{Y}$: 예상값

$\overline{Y}$: 평균값

$\hat{Y} - \overline{Y}$: 회귀식에 의해 설명되는 오차

오류에 의한 편차자승의 합(SS_{err})은 회귀식에 의해 설명되지 않는 오차($Y - \hat{Y}$)를 제곱해서 그 합을 구한 것으로서, 그 공식은 〈수식 13.7〉과 같다.

$$SS_{err} = \sum(Y - \hat{Y})^2$$ 〈수식 13.7〉

여기서, SS_{err} : 오류에 의한 편차자승의 합

Y : 실제값

$\hat{Y}$: 예상값

$Y - \hat{Y}$: 회귀식에 의해 설명되지 않는 오차

총 편차자승의 합(SS_{tot})은 〈수식 13.8〉과 같이 회귀식에 의한 편차자승의 합(SS_{reg})과 오류에 의한 편차자승의 합(SS_{err})을 더한 것과 같다.

$$SS_{tot} = SS_{reg} + SS_{err}$$ 〈수식 13.8〉

2) 편차자승의 평균

회귀분석에서 편차자승의 평균은 편차자승의 합을 자유도(df)로 나누어 계산한 값으로써 회귀식에 의한 편차자승의 평균(MS_{reg} : Mean Square Regression)과 오류에 의한 편차자승의 평균(MS_{err} : Mean Square Error)으로 분류할 수 있다.

회귀식에 의한 편차자승의 평균(MS_{reg})은 회귀식에 의한 편차자승의 합(SS_{reg})을 회귀식의 자유도(df_{reg})로 나누어 계산한 값으로써, 그 공식은 〈수식 13.9〉와 같다.

$$MS_{reg} = \frac{SS_{reg}}{df_{reg}}$$ 〈수식 13.9〉

여기서, MS_{reg} : 회귀식에 의한 편차자승의 평균
SS_{reg} : 회귀식에 의한 편차자승의 합
df_{reg} : 회귀식의 자유도

오류에 의한 편차자승의 평균(MS_{err})은 오류에 의한 편차자승의 합(SS_{err})을 오류의 자유도(df_{err})로 나누어 계산한 값으로써, 그 공식은 〈수식 13.10〉과 같다.

$$MS_{err} = \frac{SS_{err}}{df_{err}}$$ 〈수식 13.10〉

여기서, MS_{err} : 오류에 의한 편차자승의 평균
SS_{err} : 오류에 의한 편차자승의 합
df_{err} : 오류의 자유도

회귀식의 자유도(df_{reg})는 독립변수의 수(K)와 같으며, 그 공식은 〈수식 13.11〉과 같다.

$$df_{reg} = K$$ 〈수식 13.11〉

여기서, df_{reg} : 회귀식의 자유도
K : 독립변수의 수

오류의 자유도(df_{err})는 전체 표본수(N)에서 독립변수의 수(K)만큼 뺀 후, 다시 1을 뺀 값으로써, 그 공식은 〈수식 13.12〉와 같다.

$$df_{err} = N - K - 1 \quad \text{〈수식 13.12〉}$$

여기서, df_{err} : 오류의 자유도
N : 전체 표본수
K : 독립변수의 수

3) 관찰 F값 계산

관찰 F값은 회귀식에 의한 편차자승의 평균(MS_{reg})을 오류에 의한 편차자승의 평균(MS_{err})으로 나누어 구하며, 그 공식은 〈수식 13.13〉과 같다.

$$F = \frac{MS_{reg}}{MS_{err}} \quad \text{〈수식 13.13〉}$$

여기서, F : 관찰 F값
MS_{reg} : 회귀식에 의한 편차자승의 평균(Mean Square Regression)
MS_{err} : 오류에 의한 편차자승의 평균(Mean Square Error)

[표 13.1]을 이용하여 편차자승의 합, 편차자승의 평균 및 관찰 F값을 계산한 후, 회귀식에 대한 검증을 해 보자.

① 영가설을 세운다. 즉, 공부시간은 성적에 영향을 미치지 않는다고 가정한다.
② 〈수식 13.5〉를 이용하여 총 편차자승의 합(SS_{tot})을 계산한다.

$$SS_{tot} = \sum(Y - \overline{Y})^2 = \sum Y^2 - N\overline{Y}^2$$

ⓐ 우선 성적에 대한 평균값($\overline{Y}$)을 구한다.

$$\overline{Y} = \frac{\sum Y}{N} = \frac{520}{10} = 52$$

ⓑ [표 13.1]에 Y^2 칸을 만들어 다음과 같이 $\sum Y^2$을 구한다.

공부시간(X)	성적(Y)	Y^2
3	26	676
1	30	900
0	24	576
6	52	2,704
0	38	1,444
5	54	2,916
10	80	6,400
8	96	9,216
4	62	3,844
3	58	3,364
40	520	32,040

ⓒ 〈수식 13.5〉를 이용하여 총 편차자승의 합(SS_{tot})을 계산한다.

$$SS_{tot} = \sum(Y - \overline{Y})^2 = \sum Y^2 - N\overline{Y}^2$$

$$= 32{,}040 - 10 \times 52^2 = 32{,}040 - 27{,}040 = 5{,}000$$

③ 〈수식 13.7〉을 이용하여 오류에 의한 편차자승의 합(SS_{err})을 계산한다.

$$SS_{err} = \sum(Y - \hat{Y})^2$$

[표 13.1]에 예상성적($\hat{Y}$), 실제 성적과 예상 성적의 차이($Y - \hat{Y}$), 실제 성적에서 예상 성적을 뺀 값을 제곱한 값$(Y - \hat{Y})^2$ 칸을 만들어 다음과 같이 $\sum(Y - \hat{Y})^2$을 구한다.

공부시간(X)	성적(Y)	Y^2	$\hat{Y}$	$Y-\hat{Y}$	$(Y-\hat{Y})^2$
3	26	676	46	−20	400
1	30	900	34	−4	16
0	24	576	28	−4	16
6	52	2,704	64	−12	144
0	38	1,444	28	10	100
5	54	2,916	58	−4	16
10	80	6,400	88	−8	64
8	96	9,216	76	20	400
4	62	3,844	52	10	100
3	58	3,364	46	12	144
40	520	32,040			1,400

$\therefore\ SS_{err} = 1{,}400$이다.

④ 회귀식에 의한 편차자승의 합(SS_{reg})은 총 편차자승의 합(SS_{tot})에서 오류에 의한 편차자승의 합(SS_{err})을 빼어서 구한다.

$$SS_{reg} = SS_{tot} - SS_{err} = 5{,}000 - 1{,}400 = 3{,}600$$

⑤ 〈수식 13.9〉를 이용하여 회귀식에 의한 편차자승의 평균(MS_{reg})을 계산한다. 이때 회귀식의 자유도(df_{reg})는 독립변수가 1개이므로 1이다.

$$MS_{reg} = \frac{SS_{reg}}{df_{reg}} = \frac{3,600}{1} = 3,600$$

⑥ 〈수식 13.10〉을 이용하여 오류에 의한 편차자승의 평균(MS_{err})을 계산한다. 이때 오류의 자유도(df_{err})는 다음과 같이 계산한다.

ⓐ 오류의 자유도(df_{err})를 구한다.

$$df_{err} = N - K - 1 = 10 - 1 - 1 = 8$$

ⓑ 오류에 의한 편차자승의 평균(MS_{err})을 계산한다.

$$MS_{err} = \frac{SS_{err}}{df_{err}} = \frac{1,400}{8} = 175$$

⑦ 〈수식 13.13〉을 이용하여 관찰 F값을 계산한다.

$$F = \frac{MS_{reg}}{MS_{err}} = \frac{3,600}{175} = 20.57$$

⑧ 기준 F값을 구한다.

ⓐ 유의수준(α)을 구한다.

95% 신뢰수준을 유지하기 위한 유의수준 $\alpha = 1-0.95 = 0.05$이다.

ⓑ 회귀식의 자유도(df_{reg})와 오류의 자유도(df_{err})를 구한다.

$df_{reg} = 1$, $df_{err} = 8$이다.

ⓒ 부록의 F분포표에서 기준 F값을 구한다.

$\alpha = 0.05$, $df_{reg} = 1$, $df_{err} = 8$일 때 기준 F값은 5.32이다.

⑨ 관찰 F값과 기준 F값을 비교한다.

관찰 F값 20.27이 기준 F값 5.32보다 크므로 영가설을 기각한다. 즉, 공부시간은 성적에 영향을 미친다고 할 수 있다.

4) 회귀식과 피어슨의 상관관계

회귀식을 통해 독립변수를 앎으로써 종속변수를 예측하는 데 오류를 감소시킬 수 있음을 살펴보았다. 이와 같이 회귀식에 의해 줄일 수 있는 오류감소비율(Proportionate Reduction in Error : PRE)은 〈수식 13.14〉와 같다.

$$PRE = \frac{SS_{tot} - SS_{err}}{SS_{tot}} = \frac{SS_{reg}}{SS_{tot}} \qquad \langle\text{수식 13.14}\rangle$$

이는 총 편차자승의 합(SS_{tot}) 중 회귀식에 의한 편차자승의 합(SS_{reg})의 비율과 같다. 즉, 전체 오류 중 회귀식에 의해 줄일 수 있는 오류의 비율과 같다. 앞의 예의 경우 오류감소비율을 구하면 다음과 같다.

$$PRE = \frac{SS_{reg}}{SS_{tot}} = \frac{3{,}600}{5{,}000} = 0.72$$

이는 어떤 사람의 성적을 예측하는 데 그 사람의 공부시간을 앎으로써 72% 오류를 감소시킬 수 있다는 것을 의미한다. 다시 말해 어떤 사람의 성적을 72%는 맞출 수 있고, 28%는 맞출 수 없다는 것이다.

이 오류감소비율은 다음 〈수식 13.15〉와 같이 피어슨의 상관계수(r)를 제곱한 것과 같다.

$$PRE = \frac{SS_{tot} - SS_{err}}{SS_{tot}} = \frac{SS_{reg}}{SS_{tot}} = r^2 \qquad \langle\text{수식 13.15}\rangle$$

앞의 공부시간과 성적에 대한 자료를 이용하여 결정계수 r^2을 구해 보면 다음과 같다.

$$r = \frac{\sum XY - N\overline{X}\overline{Y}}{\sqrt{\left(\sum X^2 - N\overline{X}^2\right)\left(\sum Y^2 - N\overline{Y}^2\right)}} = \frac{2{,}680 - 10 \times 4 \times 52}{\sqrt{(260 - 10 \times 4^2)(32{,}040 - 10 \times 52^2)}}$$

$$= \frac{2{,}680 - 2{,}080}{\sqrt{(260 - 160)(32{,}040 - 27{,}040)}} = \frac{600}{\sqrt{100 \times 5{,}000}} = \frac{600}{707.11} = 0.8485$$

$$\therefore\ r^2 = (0.8485)^2 = 0.72$$

즉, 피어슨의 상관계수의 제곱인 r^2값 0.72는 오류감소비율(PRE)과 같음을 알 수 있다. 결국 공부시간을 앎으로써 그 사람의 성적을 72% 예측할 수 있으며, 나머지 28%는 개인별 특성에 따른 차이이므로 공부시간만 알고서는 예측할 수 없다는 것이다.

피어슨의 상관계수의 제곱인 r^2을 결정계수(Coefficient of Determinant)라고 부른다. 즉, r^2은 Y의 총 분산 중 X에 의해 설명될 수 있는 부분의 비율을 나타낸다. 따라서 $1-r^2$은 Y의 총 분산 중 X에 의해 설명될 수 없는 부분의 비율로서 〈수식 13.16〉과 같이 나타낸다.

$$1-r^2 = \frac{SS_{err}}{SS_{tot}} \qquad \text{〈수식 13.16〉}$$

한편 총 편차자승의 합(SS_{tot})과 결정계수 r^2을 알면 회귀식에 의한 편차자승의 합(SS_{reg})을 〈수식 13.17〉과 같이 쉽게 구할 수 있다.

$$1-r^2 = \frac{SS_{err}}{SS_{tot}} = \frac{SS_{tot}-SS_{reg}}{SS_{tot}} = 1 - \frac{SS_{reg}}{SS_{tot}}$$

$$r^2 = \frac{SS_{reg}}{SS_{tot}} \qquad \text{〈수식 13.17〉}$$

$$SS_{reg} = SS_{tot} \times r^2$$

4. 수치를 이용한 검증

회귀분석의 수치를 이용한 검증과정은 크게 ① 회귀식 결정, ② 결정계수 r^2 계산, ③ 회귀식 검증으로 나누어 살펴본다.

예 제 1

교육연수가 소득에 미치는 영향을 파악하기 위해 신규 채용된 근로자 10명을 표본추출하여 교육연수와 소득을 파악한 결과 [표 13.2]와 같았다. 회귀식과 결정계수 r^2값을 구하고, 95% 신뢰수준에서 회귀식을 검증하여라.

[표 13.2] 교육연수와 소득(단위: 년, 만원)

교육연수(X)	소득(Y)
6	70
8	75
7	78
16	130
9	85

교육연수(X)	소득(Y)
12	87
12	95
6	80
10	90
14	110
100	900

풀이

1) 회귀식 결정

회귀식 $Y = a + bX$는 b를 먼저 구하고, 나중에 a를 구하며, b와 a를 구하는 공식은 다음과 같다.

$$b = \frac{\sum XY - N\overline{X}\overline{Y}}{\sum X^2 - N\overline{X}^2}$$

$$a = \overline{Y} - b\overline{X}$$

① b값을 〈수식 13.3〉을 이용하여 구한다.

회귀식을 구하기 위해서는 먼저 b값을 구해야 하는데, b값을 구하는 공식은 $= \frac{\sum XY - N\overline{X}\overline{Y}}{\sum X^2 - N\overline{X}^2}$이므로 $\overline{X}$, $\overline{Y}$, $\sum X^2$, $\sum XY$를 구해 공식에 대입하면 된다.

ⓐ 교육연수(X)와 소득(Y)의 평균을 계산한다.

$$\overline{X} = \frac{100}{10} = 10,\ \overline{Y} = \frac{900}{10} = 90$$

ⓑ [표 13.2]에 X^2, Y^2과 XY 칸을 만들어 $\sum X^2$, $\sum Y^2$, $\sum XY$를 구한다.

교육연수(X)	소득(Y)	XY	X^2	Y^2
6	70	420	36	4,900
8	75	600	64	5,625
7	78	546	49	6,084
16	130	2,080	256	16,900
9	85	765	81	7,225
12	87	1,044	144	7,560
12	95	1,140	144	9,025
6	80	480	36	6,400
10	90	900	100	8,100
14	110	1,540	196	12,100
100	900	9,515	1,106	83,928

ⓒ 〈수식 13.3〉을 이용하여 b값을 계산한다.

$$b = \frac{\sum XY - N\overline{X}\overline{Y}}{\sum X^2 - N\overline{X}^2}$$

$$= \frac{9{,}515 - 10 \times 10 \times 90}{1{,}106 - 10 \times 10^2} = \frac{9{,}515 - 9{,}000}{1{,}106 - 1{,}000} = \frac{515}{106} = 4.86$$

② [수식 13.4]를 이용하여 a값을 계산한다.

$$a = \overline{Y} - b\overline{X} = 90 - 4.86 \times 10 = 90 - 48.6 = 41.4$$

③ [수식 13.2]에 a, b값을 대입하여 회귀식을 구하면 다음과 같다.

∴ 회귀식 $\hat{Y} = 41.4 + 4.86X$이다.

즉, 교육을 1년도 받지 않았을 때 월 평균 소득은 41.4만원이며, 교육을 1년 더 받을수록 소득이 4.86만원씩 많아진다고 할 수 있다.

---

2) 결정계수 r^2 계산

① 다음 공식에 $\overline{X} = 10$, $\overline{Y} = 90$, $N = 10$, $\sum X^2 = 1{,}106$, $\sum Y^2 = 83{,}928$, $\sum XY = 9{,}515$를 대입하여 결정계수 r^2값을 계산한다.

$$r^2 = \frac{(\sum XY - N\overline{X}\overline{Y})^2}{\left(\sum X^2 - N\overline{X}^2\right)\left(\sum Y^2 - N\overline{Y}^2\right)}$$

$$= \frac{(9{,}515 - 10 \times 10 \times 90)^2}{(1{,}106 - 10 \times 10^2)(83{,}928 - 10 \times 90^2)}$$

$$= \frac{(9{,}515 - 9{,}000)^2}{106 \times 2{,}928} = \frac{265{,}225}{310{,}368} = 0.8546$$

② 따라서 어떤 사람의 교육연수를 알면 그 사람의 월 평균소득을 예측하는 데 85.46%의 오류를 감소시킬 수 있다. 즉, 어떤 사람의 교육연수를 알면 그 사람의 소득은 85.46% 정확하게 예측할 수 있다.

3) 회귀식 검증

(1) 회귀식에 대한 검증

① 영가설을 세운다. 즉, 회귀식 $\hat{Y} = 41.4 + 4.86X$가 통계적으로 유의미하지 않다고 가정한다.

② 관찰 F값을 계산한다.

ⓐ 회귀식에 의한 편차자승의 합(SS_{reg})과 오류에 의한 편차자승의 합(SS_{err})을 구한다.

㉮ 〈수식 13.5〉를 이용하여 총 편차자승의 합(SS_{tot})을 계산한다.

$$SS_{tot} = \sum Y^2 - N\overline{Y}^2$$

$$= 83,928 - 10 \times 90^2 = 83,928 - 81,000 = 2,928$$

㉯ 회귀식에 의한 편차자승의 합(SS_{reg})을 계산한다.

$$SS_{reg} = SS_{tot} \times r^2 = 2,928 \times 0.8546 = 2,502.27$$

㉰ 오류에 의한 편차자승의 합(SS_{err})을 빼어서 구한다.

$$SS_{err} = SS_{tot} - SS_{reg} = 2,928 - 2,502.27 = 425.73$$

ⓑ 회귀식의 자유도(df_{reg})와 오류의 자유도(df_{err})를 구한다.

㉮ $df_{reg} = 1$(독립변수가 1개이기 때문에)

㉯ $df_{err} = N - K - 1 = 10 - 1 - 1 = 8$

ⓒ 회귀식에 의한 편차자승의 평균(MS_{reg})과 오류에 의한 편차자승의 평균(MS_{err})을 구한다.

㉮ $MS_{reg} = \dfrac{SS_{reg}}{df_{reg}} = \dfrac{2,502.27}{1} = 2,502.27$

㉯ $MS_{err} = \dfrac{SS_{err}}{df_{err}} = \dfrac{425.73}{8} = 53.22$

ⓓ 〈수식 13.13〉를 이용하여 관찰 F값을 계산한다.

$$F = \frac{MS_{reg}}{MS_{err}} = \frac{2,502.27}{53.22} = 47.02$$

③ 기준 F값을 구한다.

ⓐ 유의수준(α)을 구한다.

95% 신뢰수준을 유지하기 위한 유의수준 $\alpha = 1 - 0.95 = 0.05$이다.

ⓑ 회귀식의 자유도(df_{reg})와 오류의 자유도(df_{err})를 구한다.

$df_{reg} = 1$, $df_{err} = 8$이다.

ⓒ 부록의 F분포표에서 기준 F값을 구한다.

$\alpha = 0.05$, $df_{reg} = 1$, $df_{err} = 8$일 때 기준 F값은 5.32이다.

④ 관찰 F값과 기준 F값을 비교한다.

관찰 F값 47.02가 기준 F값 5.32보다 크므로 영가설을 기각한다. 즉, 회귀식

$\hat{Y} = 41.4 + 4.86X$가 통계적으로 유의미하다고 할 수 있다.

(2) 회귀계수에 대한 검증

회귀계수에 대한 검증은 표본의 회귀식을 통해 얻어진 회귀계수 b를 이용해서 모집단의 회귀계수 β에 대한 가설을 검증하는 것이다. 이는 표본의 회귀계수 b, 즉 교육을 1년 더 받을 때마다 소득이 4.86만원씩 많아진다는 것이 모집단에서도 통계적으로 유의미하게 적용될 수 있는지를 검증하는 것이다.

① 영가설을 세운다. $\beta=0$, 즉 모집단의 회귀계수가 0이라고 가정한다. 다시 말해 독립변수 X와 종속변수 Y 사이에 통계적으로 의미 있는 직선관계가 없다고 가정한다.

② 관찰 t값을 계산한다. 관찰 t값을 계산하는 공식은 다음과 같다.

$$t = \frac{b - \beta}{S_b} = \frac{b}{S_b}(\beta=0\text{이라고 가정했기 때문에})$$

즉, 관찰 t값은 b를 b의 표준오차인 S_b로 나눈 값이다. 이는 β를 검증하는 과정에서 b가 일정한 경우 S_b가 커지면 β를 추리하기 위한 b의 신뢰수준이 낮아진다는 의미이다. S_b를 구하는 공식은 다음과 같다.

$$S_b = \sqrt{\frac{Y\text{의 오류에 의한편차자승의 평균}}{X\text{의 편차자승의 평균}}}$$

$$= \frac{\sqrt{\dfrac{\sum(Y-\hat{Y})^2}{N-2}}}{\sqrt{\dfrac{\sum(X-\bar{X})^2}{1}}} = \frac{\sqrt{\dfrac{(\sum Y^2 - N\overline{Y^2}\times(1-r^2)}{N-2}}}{\sqrt{\sum X^2 - \dfrac{(\sum X)^2}{N}}}$$

ⓐ S_b값을 구한다.

$$= \frac{\sqrt{\dfrac{(\sum Y^2 - N\overline{Y^2}\times(1-r^2)}{N-2}}}{\sqrt{\sum X^2 - \dfrac{(\sum X)^2}{N}}} = \frac{\sqrt{\dfrac{(83,928 - 10\times 90^2)(1-0.8546)}{10-2}}}{\sqrt{1,106 - \dfrac{10,000}{10}}}$$

$$= \frac{\dfrac{2,928\times 0.1454}{8}}{\sqrt{106}} = \frac{7.2950}{10.2956} = 0.7086$$

ⓑ 관찰 t값을 구한다.

$$t = \frac{b}{S_b} = \frac{4.86}{0.7086} = 6.86$$

③ 기준 t값을 계산한다.

$\alpha = 0.05$, $df = N - K - 1 = 10 - 1 - 1 = 8$일 때 기준 t값은 2.306이다.

④ 관찰 t값과 기준 t값을 비교한다.

관찰 t값 6.86이 기준 t값 2.306보다 크므로 영가설을 기각한다. 즉, 교육연수는 소득에 영향을 미친다고 할 수 있다. 다시 말해 교육을 1년 더 받을 때마다 소득이 4.86만원씩 많아진다는 회귀계수 b는 통계적으로 유의미하다고 할 수 있다.

예 제 2

형제 수가 청소년의 행복감에 미치는 영향을 파악하기 위해 다양한 형제 수를 가진 청소년이 골고루 포함되도록 12명을 표본추출하여 형제 수와 행복감을 조사한 결과 [표 13.3]과 같았다. 회귀식과 결정계수 r^2값을 구하고, 95% 신뢰수준에서 회귀식을 검증하여라.

[표 13.3] 형제 수와 행복감

형제 수(X)	행복감(Y)
0	2
1	7
2	4
4	6
2	5
1	3
2	6
3	9
1	4
3	5
0	5
2	7
21	63

풀 이

1) 회귀식 결정

① b값을 〈수식 13.3〉을 이용하여 구한다.

회귀식을 구하기 위해서는 먼저 b값을 구해야 하는데, b값을 구하는 공식은

$= \frac{\sum XY - N\overline{X}\overline{Y}}{\sum X^2 - N\overline{X}^2}$ 이므로 $\overline{X}$, $\overline{Y}$, $\sum X^2$, $\sum XY$를 구해 공식에 대입하면 된다.

ⓐ 형제 수(X)와 행복감(Y)의 평균을 계산한다.

$$\overline{X} = \frac{21}{12} = 1.75$$

$$\overline{Y} = \frac{63}{12} = 5.25$$

ⓑ [표 13.3]에 X^2, Y^2과 XY 칸을 만들어 $\sum X^2$, $\sum Y^2$, $\sum XY$를 구한다.

형제 수(X)	행복감(Y)	XY	X^2	Y^2
0	2	0	0	4
1	7	7	1	49
2	4	8	4	16
4	6	24	16	36
2	5	10	4	25
1	3	3	1	9
2	6	12	4	36
3	9	27	9	81
1	4	4	1	16
3	5	15	9	25
0	5	0	0	25
2	7	14	4	49
21	63	124	53	371

ⓒ 〈수식 13.3〉을 이용하여 b값을 계산한다.

$$b = \frac{\sum XY - N\overline{X}\overline{Y}}{\sum X^2 - N\overline{X}^2}$$

$$= \frac{124 - 12 \times 1.75 \times 5.25}{53 - 12 \times 1.75^2} = \frac{124 - 110.25}{53 - 36.75} = \frac{13.75}{16.25} = 0.85$$

② 〈수식 13.4〉를 이용하여 a값을 계산한다.

$$a = \overline{Y} - b\overline{X} = 5.25 - 0.85 \times 1.75 = 5.25 - 1.4875 = 3.7625$$

③ 〈수식 13.2〉에 a, b값을 대입하여 회귀식을 구하면 다음과 같다.

$\therefore$ 회귀식 $\hat{Y} = 3.76 + 0.85X$이다.

즉, 형제가 하나도 없을 때 행복감은 3.76이며, 형제가 1명씩 증가할수록 행복감은 0.85씩 증가한다고 할 수 있다.

2) 결정계수 r^2 계산

① 다음 공식에 $\overline{X} = 1.75$, $\overline{Y} = 5.25$, $N = 12$, $\sum X^2 = 53$, $\sum Y^2 = 371$,

$\sum XY = 124$를 대입하여 결정계수 r^2값을 계산한다.

$$r^2 = \frac{(\sum XY - N\overline{X}\overline{Y})^2}{(\sum X^2 - N\overline{X}^2)(\sum Y^2 - N\overline{Y}^2)}$$

$$= \frac{(124 - 12 \times 1.75 \times 5.25)^2}{(53 - 12 \times 1.75^2)(371 - 12 \times 5.25^2)}$$

$$= \frac{(124 - 110.25)^2}{(53 \times 36.75)(371 - 330.75)} = \frac{(13.75)^2}{16.25 \times 40.25} = \frac{189.0625}{654.0625} = 0.2891$$

② 따라서 어떤 사람의 형제 수를 앎으로써 그 사람의 행복감을 예측하는 데 28.91%의 오류를 감소시킬 수 있다. 즉, 어떤 사람의 형제 수를 알면 그 사람의 행복감을 예측하는 정확도를 28.91% 증가시킬 수 있다.

3) 회귀식 검증

(1) 회귀식에 대한 검증

① 영가설을 세운다. 즉, 회귀식 $\hat{Y} = 3.76 + 0.85X$가 통계적으로 유의미하지 않다고 가정한다.

② 관찰 F값을 계산한다.

ⓐ 회귀식에 의한 편차자승의 합(SS_{reg})과 오류에 의한 편차자승의 합(SS_{err})을 구한다.

㉮ 〈수식 13.5〉를 이용하여 총 편차자승의 합(SS_{tot})을 계산한다.

$$SS_{tot} = \sum Y^2 - N\overline{Y}^2$$

$$= 371 - 12 \times 5.25^2 = 371 - 330.75 = 40.25$$

㉯ 회귀식에 의한 편차자승의 합(SS_{reg})을 계산한다.

$$SS_{reg} = SS_{tot} \times r^2 = 40.25 \times 0.2891 = 11.6363$$

㉰ 오류에 의한 편차자승의 합(SS_{err})을 빼어서 구한다.

$$SS_{err} = SS_{tot} - SS_{reg} = 40.25 - 11.6363 = 28.6137$$

ⓑ 회귀식의 자유도(df_{reg})와 오류의 자유도(df_{err})를 구한다.

㉮ $df_{reg} = 1$(독립변수가 1개이기 때문에)

㉯ $df_{err} = N - K - 1 = 12 - 1 - 1 = 10$

ⓒ 회귀식에 의한 편차자승의 평균(MS_{reg})과 오류에 의한 편차자승의 평균(MS_{err})을 구한다.

㉮ $MS_{reg} = \dfrac{SS_{reg}}{df_{reg}} = \dfrac{11.6363}{1} = 11.6363$

㉯ $MS_{err} = \dfrac{SS_{err}}{df_{err}} = \dfrac{28.6137}{10} = 2.8614$

ⓓ 〈수식 13.13〉을 이용하여 관찰 F값을 계산한다.

$$F = \frac{MS_{reg}}{MS_{err}} = \frac{2,502.27}{53.22} = 47.02$$

③ 기준 F값을 구한다.

ⓐ 유의수준(α)을 구한다.

95% 신뢰수준을 유지하기 위한 유의수준 $\alpha = 1-0.95 = 0.05$이다.

ⓑ 회귀식의 자유도(df_{reg})와 오류의 자유도(df_{err})를 구한다.

$df_{reg} = 1$, $df_{err} = 10$이다.

ⓒ 부록의 F분포표에서 기준 F값을 구한다.

$\alpha = 0.05$, $df_{reg} = 1$, $df_{err} = 10$일 때 기준 F값은 4.96이다.

④ 관찰 F값과 기준 F값을 비교한다.

관찰 F값 4.07이 기준 F값 4.96보다 작으므로 영가설을 채택한다. 즉, 회귀식 $\hat{Y} = 3.76 + 0.85X$가 통계적으로 유의미하지 않다고 할 수 있다.

(2) 회귀계수에 대한 검증

회귀계수에 대한 검증은 표본의 회귀식을 통해 얻어진 회귀계수 b를 이용해서 모집단의 회귀계수 β에 대한 가설을 검증하는 것이다. 이는 표본의 회귀계수 b, 즉 형제 수가 1명씩 증가할 때마다 행복감이 0.85씩 증가한다는 것이 모집단에서도 통계적으로 유의미하게 적용될 수 있는지를 검증하는 것이다.

① 영가설을 세운다. $\beta = 0$, 즉 모집단의 회귀계수가 0이라고 가정한다. 다시 말해 독립변수 X(형제 수)와 종속변수 Y(행복감) 사이에 통계적으로 의미 있는 직선관계가 없다고 가정한다.

② 관찰 t값을 계산한다. 관찰 t값을 계산하는 공식은 다음과 같다.

$$t = \frac{b - \beta}{S_b} = \frac{b}{S_b} (\beta = 0\text{이라고 가정했기 때문에})$$

ⓐ S_b값을 구한다.

$$S_b = \frac{\sqrt{\frac{(\sum Y^2 - N\overline{Y}^2 \times (1-r^2)}{N-2}}}{\sqrt{\sum X^2 - \frac{(\sum X)^2}{N}}} = \frac{\sqrt{\frac{(371 - 12 \times 5.25^2)(1-0.2891)}{12-2}}}{\sqrt{53 - \frac{21^2}{12}}}$$

$$= \frac{\frac{40.25 \times 0.7019}{10}}{\sqrt{16.25}} = \frac{1.6916}{4.0311} = 0.4196$$

ⓑ 관찰 t값을 구한다.

$$t = \frac{b}{S_b} = \frac{0.85}{0.4196} = 2.026$$

③ 기준 t값을 계산한다.

$\alpha = 0.05$, $df = N-K-1 = 12-1-1 = 10$일 때 기준 t값은 2.228이다.

④ 관찰 t값과 기준 t값을 비교한다.

관찰 t값 2.026이 기준 t값 2.228보다 작으므로 영가설을 채택한다. 즉, 형제 수는 행복감에 영향을 미치지 않는다고 할 수 있다. 다시 말해 형제 수가 1명씩 증가할 때마다 행복감이 0.85씩 증가한다는 회귀계수 b는 통계적으로 유의미하지 않다고 할 수 있다.

5. 다중회귀분석

1) 다중회귀분석의 기본원리

다중회귀분석(多重回歸分析, Multiple Regression Analysis)이란 2개 이상의 독립변수와 하나의 종속변수와의 관계를 회귀분석하는 통계기법이다.

앞의 예에서 공부시간이 성적에 미치는 영향을 살펴보았는데, 이와 같이 하나의 독립변수가 종속변수에 미치는 영향을 분석하는 방법을 단순회귀분석(單純回歸分析, Simple Regression Analysis)이라 한다.

그러나 성적이 공부시간이라는 한 가지 변수에 의해서만 영향을 받는다고 볼 수는 없다. 성적은 지능지수, 가정환경 등 다른 요인에 의해서도 영향을 받는다고 볼 수 있다. 이러한 다른 요인들을 고려해 봄으로써 공부시간에 의해 설명할 수 없었던 28%의 분산 중 상당한 부분을 설명할 수 있을 것이다.

그러면 공부시간과 지능지수 두 가지 변수가 성적에 미치는 영향을 살펴보기로 하자. 지능지수(Z)라는 다른 한 가지 독립변수를 [표 13.1]에 더 추가할 경우 [표 13.4]와 같다.

[표 13.4] 공부시간 및 지능지수와 성적

공부시간(X)	지능지수(Z)	성적(Y)
3	91	26
1	102	30
0	83	24
6	110	52
0	107	38
5	127	54
10	125	80
8	115	96
4	107	62
3	133	58
40	1,100	520

3개의 변수에 대해서 각각 두 변수간의 피어슨의 상관계수(r_{xy}, r_{xz}, r_{yz})를 구해 보도록 하자. 이를 위해 [표 13.4]에 X^2, Y^2, Z^2, XY, XZ, YZ 칸을 추가하여 $\sum X^2$, $\sum Y^2$, $\sum Z^2$, $\sum XY$, $\sum XZ$, $\sum YZ$를 구한 후, 이를 공식에 대입하여 r_{xy}, r_{xz}, r_{yz}를 구할 수 있다.

공부시간 (X)	지능지수 (Z)	성적 (Y)	X^2	Z^2	Y^2	XZ	XY	YZ
3	91	26	9	8,281	676	273	78	2,366
1	102	30	1	10,404	900	102	30	3,060
0	83	24	0	6,889	576	0	0	1,992
6	110	52	36	12,100	2,704	660	312	5,720
0	107	38	0	11,449	1,444	0	0	4,066
5	127	54	25	16,129	2,916	635	270	6,858
10	125	80	100	15,625	6,400	1,250	800	10,000
8	115	96	64	13,225	9,216	920	768	11,040
4	107	62	16	11,449	3,844	428	248	6,634
3	133	58	9	17,689	3,364	399	174	7,14
40	1,100	520	260	123,240	32,040	4,667	2,680	59,450

공부시간(X)과 성적(Y)에 대한 피어슨의 상관계수(r_{xy})는 다음 공식에 의해 구할 수 있다.

$$r_{xy} = \frac{\sum XY - N\overline{X}\overline{Y}}{\sqrt{\left(\sum X^2 - N\overline{X^2}\right)\left(\sum Y^2 - N\overline{Y^2}\right)}}$$

$$= \frac{2{,}680 - 10 \times 4 \times 52}{\sqrt{(260 - 10 \times 4^2)(32{,}040 - 10 \times 52^2)}}$$

$$= \frac{2{,}680 - 2{,}080}{\sqrt{100 \times 5{,}000}} = \frac{600}{707.11} = 0.85$$

공부시간(X)과 지능지수(Z)에 대한 피어슨의 상관계수(r_{xz})는 다음 공식에 의해 구할 수 있다.

$$r_{xz} = \frac{\sum XZ - N\overline{X}\overline{Z}}{\sqrt{\left(\sum X^2 - N\overline{X^2}\right)\left(\sum Z^2 - N\overline{Z^2}\right)}}$$

$$= \frac{4{,}667 - 10 \times 4 \times 110}{\sqrt{(260 - 10 \times 4^2)(123{,}240 - 10 \times 110^2)}}$$

$$= \frac{4{,}667 - 4{,}400}{\sqrt{100 \times 2{,}240}} = \frac{267}{473.29} = 0.56$$

성적(Y)과 지능지수(Z)에 대한 피어슨의 상관계수(r_{yz})는 다음 공식에 의해 구할 수 있다.

$$r_{yz} = \frac{\sum YZ - N\overline{Y}\overline{Z}}{\sqrt{\left(\sum Y^2 - N\overline{Y^2}\right)\left(\sum Z^2 - N\overline{Z^2}\right)}}$$

$$= \frac{59{,}450 - 10 \times 52 \times 110}{\sqrt{(32{,}040 - 10 \times 52^2)(123{,}240 - 10 \times 110^2)}}$$

$$= \frac{59{,}450 - 57{,}200}{\sqrt{5{,}000 \times 2{,}240}} = \frac{2{,}250}{3346.64} = 0.67$$

각각의 두 변수간의 피어슨의 상관계수를 정리하면 [표 13.5]와 같다.

[표 13.5] 공부시간, 지능지수 및 성적 간의 상관계수

	공부시간(X)	지능지수(Z)	성적(Y)
공부시간(X)	1.00	0.56	0.85
지능지수(Z)	0.56	1.00	0.67
성 적(Y)	0.85	0.67	1.00

상관계수의 제곱 r^2를 결정계수라고 하며, 결정계수 r^2은 총 분산 중 독립변수에 의해 설명되는 분산의 비율이다. 즉, 결정계수 r^2은 독립변수에 의해 종속변수를 예측할 수 있는 비율이다.

따라서 공부시간(X)에 의해 성적을 72%(0.852 = 0.72)만큼 예측할 수 있으며, 지능지수(Z)에 의해 성적을 45%(0.672 = 0.45)만큼 예측할 수 있다. 그런데 이 두 개의 백분율을 더하면 117%(72% + 45%)가 되어 100%를 초과하므로 모순이 된다.

그러나 이는 공부시간과 지능지수가 성적에 미치는 영향이 중복되어 있기 때문이다. 즉, 공부를 잘 하는 학생이 지능지수가 높고, 지능지수가 높은 학생이 공부를 많이 하는 경향이 있기 때문이다. 공부시간과 지능지수의 상관계수는 0.56으로 이것이 중복적으로 성적에 영향을 미친다. 공부시간에 의해 영향을 받는 성적의 분산 72% 중 일부는 지능지수에 의해서도 영향을 받고, 지능지수에 의해 영향을 받는 성적의 분산 45% 중 일부는 공부시간에 의해서도 영향을 받는 것으로 볼 수 있다. 따라서 단순히 두 변수에 의해 설명될 수 있는 백분율을 합하는 경우 중복된 부분이 두 번 계산되게 된다.

이러한 중복된 부분이 한 번만 계산되도록 하면서 두 개 이상의 독립변수의 결합에 의한 총 영향력을 파악하도록 하는 것이 다중회귀분석이다.

단순회귀분석에서의 결정계수 r^2으로 표시되며, 이는 상관계수를 제곱한 값이다. 반면에 다중회귀분석에서의 결정계수는 R^2으로 표시되며, 이는 2개 이상의 변수를 결합한 세트의 독립변수에 의해 설명될 수 있는 종속변수에서의 분산의 비율을 나타낸다. 두 독립변수(X와 Z)의 결합과 종속변수와의 상관계수의 제곱, 즉 두 독립변수의 결합이 종속변수를 예측하는 데 오류를 줄여 주는 비율인 결정계수 R^2을 구하는 공식은 〈수식 13.18〉과 같다.

$$R^2_{y.xz} = \frac{r^2_{yx} + r^2_{yz} - 2r_{yx}r_{yz}r_{xz}}{1 - r^2_{xz}} \qquad \text{〈수식 13.18〉}$$

앞의 예에서 공부시간(X)과 지능지수(Z)의 결합에 의한 R^2을 구하면 다음과 같다.

$$R^2_{y.xz} = \frac{r^2_{yx} + r^2_{yz} - 2r_{yx}r_{yz}r_{xz}}{1 - r^2_{xz}} = \frac{(0.85)^2 + (0.67)^2 - 2 \times 0.85 \times 0.67 \times 0.56}{1 - 0.56^2}$$

$$= \frac{0.7225 + 0.4489 - 0.6378}{1 - 0.3136} = \frac{0.5336}{0.6864} = 0.78$$

따라서 공부시간과 지능지수를 모두 고려했을 때 성적에서의 분산의 78%를 설명하고 있다. 즉, 어떤 사람의 공부시간과 지능지수를 모두 앎으로써 그 사람의 성적을 78% 정확도를 가지고 예측할 수 있다. 앞에서 공부시간을 알았을 때 성적을 72% 정확도를 가지고 예측할 수 있었기 때문에 지능지수를 앎으로써 단지 6%만 더 정확도를 증가시킬 수 있게 되었다.

2) 다중회귀식

다중회귀분석에서 회귀식(Regression Expression)은 〈수식 13.19〉와 같이 나타낼 수 있다.

$$\hat{Y} = a + b_1X_1 + b_2X_2 + \cdots + b_nX_n \qquad \text{〈수식 13.19〉}$$

여기서, a : 절편
b_1 : 공부시간의 회귀계수
b_2 : 지능지수의 회귀계수

한편 다중회귀분석에서 b_1, b_2, a를 구하는 공식은 〈수식 13.20〉과 같다.

$$b_1 = \left(\frac{S_y}{S_{x1}}\right) \times \frac{r_{yx1} - r_{yx2} \times r_{x1x2}}{1 - r^2_{x1x2}}$$

$$b_2 = \left(\frac{S_y}{S_{x2}}\right) \times \frac{r_{yx2} - r_{yx1} \times r_{x1x2}}{1 - r^2_{x1x2}} \qquad \text{〈수식 13.20〉}$$

$$a = \overline{Y} - b_1\overline{X_1} - b_2\overline{X_2}$$

b_1, b_2, a를 구하기 위해서는 우선 S_y, S_{x1}, S_{x2}를 구해야 한다. $X_1 = X$, $X_2 = Z$이

고, $S_{x1} = S_x$, $S_{x2} = S_z$이며, $r_{yx1} = r_{yx}$, $r_{yx2} = r_{yz}$, $r_{x1x2} = r_{xz}$이다. 따라서 S_y, S_{x1}, S_{x2}를 구한 후, 이를 〈수식 13.18〉에 대입하면 b_1, b_2, a의 값은 다음과 같다.

$$S_y = \sqrt{\frac{\sum Y^2}{N} - \left(\frac{\sum Y}{N}\right)^2} = \sqrt{\frac{32,040}{10} - \left(\frac{520}{10}\right)^2} = 22.36$$

$$S_{x1} = \sqrt{\frac{\sum X_1^2}{N} - \left(\frac{\sum X_1}{N}\right)^2} = \sqrt{\frac{260}{10} - \left(\frac{40}{10}\right)^2} = 3.16$$

$$S_{x2} = \sqrt{\frac{\sum X_2^2}{N} - \left(\frac{\sum X_2}{N}\right)^2} = \sqrt{\frac{123,240}{10} - \left(\frac{1,100}{10}\right)^2} = 14.97$$

$$b_1 = \left(\frac{S_y}{S_{x1}}\right) \times \frac{r_{yx1} - r_{yx2} \times r_{x1x2}}{1 - r_{x1x2}^2}$$

$$= \frac{22.36}{3.16} \times \frac{0.85 - 0.67 \times 0.56}{1 - 0.56^2} = \frac{22.36}{3.16} \times \frac{0.4748}{0.6864} = 4.89$$

$$b_2 = \left(\frac{S_y}{S_{x2}}\right) \times \frac{r_{yx2} - r_{yx1} \times r_{x1x2}}{1 - r_{x1x2}^2}$$

$$= \frac{22.36}{14.97} \times \frac{0.67 - 0.85 \times 0.56}{1 - 0.56^2} = \frac{22.36}{14.97} \times \frac{0.194}{0.6864} = 0.42$$

$$a = \overline{Y} - b_1\overline{X_1} - b_2\overline{X_2} = 52 - 4.89 \times 4 - 0.42 \times 110$$

$$= 52 - 19.56 - 46.2 = -13.76$$

따라서 회귀식은 $\hat{Y} = -13.72 + 4.89X + 0.42Z$이다. 이는 공부를 한 시간도 하지 않고 지능지수가 0일 때 성적은 −13.72이며, 공부를 한 시간 더 할 때마다 성적이 4.89점씩 올라가고 지능지수가 1점 높아질수록 성적이 0.42점씩 올라간다는 것을 의미한다.

성적이 마이너스(−13.72)가 나온 것은 현실적으로 지능지수가 0인 사람이 없기 때문에 문제가 될 사항은 아니다. 이 회귀식에서는 공부를 한 시간도 하지 않았을 때 0점 이상이 되기 위해서는 지능지수가 33(13.76÷0.42) 이상이면 되기 때문에 회귀식에 큰 문제는 없다고 할 수 있다.

위의 회귀식에서 공부를 한 시간 증가했을 때 성적이 4.89점씩 올라가고 지능지수가 1점 올라갈수록 성적이 0.42점씩 올라간다는 것을 알 수 있었다. 그렇다면 공부시간이 지능지수보다 약 12배(4.89÷0.42 = 11.6) 더 성적에 영향력을 미친다고 할 수 있을까? 그러나 만약에 공부시간의 단위를 시간 대신에 분을 사용했다면 b_1의 값이 매우 작아져서(4.89÷60 = 0.0815) 오히려 지능지수보다 영향력이 더 작아지는 것으로 나타날 것이다.

이와 같이 회귀계수는 독립변수의 측정단위에 따라 달라질 수 있으므로 두 변수의 영향력이나 중요도를 비교하기 위해서는 단위를 통일시켜야 할 필요가 있다. 두 개 이상의 변수의 단위를 통일시키는 방법은 각 변수들의 값을 표준점수로 전환시키는 것이다. 표준점수로 전환된 회귀계수를 표준회귀계수라 하며, β로 표시하고, 이를 구하는 공식은 〈수식 13.21〉과 같다.

$$\beta_1 = \frac{S_{x1}}{S_y} \times b_1 = \frac{r_{yx1} - r_{yx2} \times r_{x1x2}}{1 - r^2_{x1x2}}$$

$$\beta_2 = \frac{S_{x2}}{S_y} \times b_2 = \frac{r_{yx2} - r_{yx1} \times r_{x1x2}}{1 - r^2_{x1x2}}$$

〈수식 13.21〉

위의 예에서 β_1, β_2를 구하면 다음과 같다.

$$\beta_1 = \frac{S_{x1}}{S_y} \times b_1 = \frac{3.16}{22.36} \times 4.89 = 0.69$$

$$\beta_2 = \frac{S_{x2}}{S_y} \times b_2 = \frac{14.97}{22.36} \times 0.42 = 0.28$$

따라서 지능지수를 통제했을 때 공부시간을 1표준편차 증가시키면 성적은 0.69 표준편차 상승하고, 공부시간을 통제하고 지능지수를 1표준편차 증가시키면 성적은 0.28표준편차 상승한다고 할 수 있다.

다시 말해 두 독립변수의 종속변수에 대한 영향력을 비교할 수 있는데, 공부시간이 0.69의 영향력을 가졌다면 지능지수는 0.28의 영향력을 가졌다고 할 수 있으므로 공부시간이 지능지수에 비해 2.46배(0.69÷0.28) 영향력을 가졌다고 할 수 있다.

3) 다중회귀식의 검증

다중회귀식에 대한 검증은 회귀식에 대한 검증, 회귀계수 b_1에 대한 검증, 회귀계수 b_2에 대한 검증으로 나누어 설명할 수 있다.

(1) 회귀식에 대한 검증

① 영가설을 세운다. 회귀식 $\hat{Y} = -13.72+4.89X+0.42Z$가 통계적으로 유의미하지 않다고 가정한다.

② 관찰 F값을 계산한다.

ⓐ 총 편차자승의 합(SS_{tot})을 구한다.

$$SS_{tot} = \sum Y^2 - N\overline{Y}^2 = 32,040-10\times 52^2 = 5,000$$

ⓑ 회귀식에 의한 편차자승의 합(SS_{reg})을 구한다.

$$SS_{reg} = SS_{tot}\times R^2 = 5,000\times 0.78 = 3,900$$

ⓒ 오류에 의한 편차자승의 합(SS_{err})을 구한다.

$$SS_{err} = SS_{tot} - SS_{reg} = 5,000 - 3,900 = 1,100$$

ⓓ 회귀식에 의한 편차자승의 평균(MS_{reg})을 구한다.

이때 $df_{reg}=K$이다. 여기서, K = 독립변수의 수로 2이다.

$$MS_{reg} = \frac{SS_{reg}}{df_{reg}} = \frac{3,900}{2} = 1,950$$

ⓔ 오류에 의한 편차자승의 평균(MS_{err})을 구한다.

이때 $df_{err}=N-K-1$이다. 그러므로 df_{err}=10 - 2 - 1 = 7이다.

$$MS_{err} = \frac{SS_{err}}{df_{err}} = \frac{1,100}{7} = 157.14$$

ⓕ 관찰 F값을 계산한다.

$$F = \frac{MS_{reg}}{MS_{err}} = \frac{1,950}{157.14} = 12.41$$

③ 기준 F값을 구한다.

α = 0.05, df_{reg} = 2, df_{err} = 7일 때, 기준 F값 4.74이다

④ 관찰 F값과 기준 F값을 비교한다.

관찰 F값 12.41이 기준 F값 4.74보다 크므로 영가설을 기각한다. 즉, 다중회귀식 $\hat{Y} = -13.72+4.89X+0.42Z$는 통계적으로 유의미하다고 할 수 있다.

(2) 회귀계수 b_1에 대한 검증

① 영가설을 세운다. β_1 = 0(모집단의 회귀계수인 β_1이 0이라고 가정한다). 즉, 독립변수 X(공부시간)와 종속변수 Y(성적) 사이에 통계적으로 의미 있는 직

선관계가 없다고 가정한다.

② 다음 공식에 의해 관찰 t값을 계산한다.

$$t_1 = \frac{b_1 - \beta_1}{S_{b1}} = \frac{b_1}{S_{b1}} \ (\beta_1 = 0\text{이라고 가정했기 때문에})$$

즉, t_1값은 회귀계수 b_1을 b_1의 표준오차로 나눈 값이다.

ⓐ 공식에 의해 S_{b1}을 계산한다.

$$S_{b1} = \frac{\sqrt{\frac{\sum(Y-\hat{Y})^2}{N-K-1}}}{\sqrt{\sum(X_1-\overline{X_1})^2 \times (1-r^2_{x1x2})}} = \frac{\sqrt{\frac{\left(\sum Y^2 - N\overline{Y}^2\right) \times (1-R^2)}{N-K-1}}}{\sqrt{\left(\sum X_1^2 - \frac{\left(\sum X_1\right)^2}{N}\right)(1-r^2_{x1x2})}}$$

$$= \frac{\sqrt{\frac{(32{,}040 - 10 \times 52^2)(1-0.78)}{10-2-1}}}{\sqrt{(260 - \frac{40^2}{10})(1-0.56^2)}} = \frac{\sqrt{\frac{5{,}000 \times 0.22}{7}}}{\sqrt{100 \times 0.6864}}$$

$$= \frac{12.5357}{8.2849} = 1.513$$

ⓑ 관찰 t값을 구한다.

$$t = \frac{b_1}{S_{b1}} = \frac{4.89}{1.513} = 3.232$$

③ 기준 t값을 구한다.

$\alpha = 0.05$, $df = 7$일 때, 기준 t값은 2.365이다.

④ 관찰 t값과 기준 t값을 비교한다.

관찰 t값 3.232가 기준 t값 2.365보다 크므로 영가설을 기각한다. 즉, 공부시간과 성적 간에는 통계적으로 의미 있는 직선관계가 있다고 할 수 있다. 다시 말해 공부를 한 시간 할 때마다 성적이 4.89점씩 올라간다는 회귀계수 b_1은 통계적으로 유의미하다고 할 수 있다.

(3) 회귀계수 b_2에 대한 검증

① 영가설을 세운다. $\beta_2 = 0$(모집단의 회귀계수인 β_2이 0이라고 가정한다). 즉, 독립변수 Z(지능지수)와 종속변수 Y(성적) 사이에 통계적으로 의미 있는 직선관계가 없다고 가정한다.

② 다음 공식에 의해 관찰 t값을 계산한다.

$$t_2 = \frac{b_2 - \beta_2}{S_{b2}} = \frac{b_2}{S_{b2}} \ (\beta_2 = 0\text{이라고 가정했기 때문에})$$

즉, t_2값은 회귀계수 b_2를 b_2의 표준오차로 나눈 값이다.

ⓐ 공식에 의해 S_{b2}를 계산한다.

$$S_{b2} = \frac{\sqrt{\frac{\sum(Y-\hat{Y})^2}{N-K-1}}}{\sqrt{\sum(X_2-\overline{X_2})^2 \times (1-r^2_{x1x2})}} = \frac{\sqrt{\frac{\left(\sum Y^2 - N\overline{Y^2}\right)\times(1-R^2)}{N-K-1}}}{\sqrt{\left(\sum X_2^2 - \frac{\left(\sum X_2\right)^2}{N}\right)(1-r^2_{x1x2})}}$$

$$= \frac{\sqrt{\frac{(32{,}040 - 10\times 52^2)(1-0.78)}{10-2-1}}}{\sqrt{(123{,}240 - \frac{1{,}100^2}{10})(1-0.56^2)}} = \frac{\sqrt{\frac{5{,}000\times 0.22}{7}}}{\sqrt{2{,}240\times 0.6864}}$$

$$= \frac{12.5357}{39.2114} = 0.32$$

ⓑ 관찰 t값을 구한다.

$$t = \frac{b_2}{S_{b2}} = \frac{0.42}{0.32} = 1.313$$

③ 기준 t값을 구한다.

$\alpha = 0.05$, $df = 7$일 때, 기준 t값은 2.365이다.

④ 관찰 t값과 기준 t값을 비교한다.

관찰 t값 1.313이 기준 t값 2.365보다 작으므로 영가설을 채택한다. 즉, 지능지수와 성적 간에는 통계적으로 의미 있는 직선관계가 없다고 할 수 있다. 다시 말해 지능지수가 1점 높아질수록 성적이 0.42점씩 올라간다는 회귀계수 b_2는 통계적으로 유의미하다고 할 수 없다.

6. SPSS를 이용한 검증

1) 회귀분석

[표 13.2]의 자료를 이용하여 SPSS 통계 프로그램으로 회귀분석 방법을 살펴보도

록 한다. [표 13.2]의 회귀분석을 위한 원자료는 [표 13.6]과 같다.

[표 13.6] 교육연수와 소득에 대한 회귀분석의 원자료

순번	교육연수	소득	순번	교육연수	소득
1	6	70	6	12	87
2	8	75	7	12	95
3	7	78	8	6	80
4	16	130	9	10	90
5	9	85	10	14	110

2) 명령어 처리절차

교육연수와 소득에 대한 회귀분석을 위한 SPSS 통계 프로그램의 명령어 처리절차는 다음과 같다.

① SPSS 통계 프로그램([그림 13.3] 참조)의 [분석]-[회귀분석]-[선형]을 선택한다.

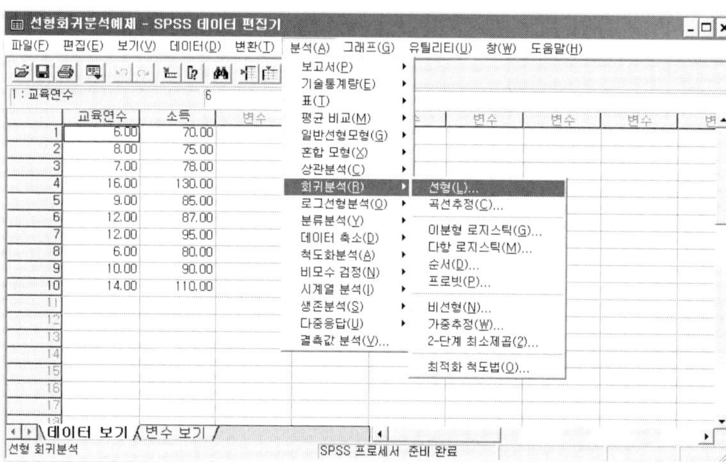

[그림 13.3] 회귀분석을 위한 명령어

② [선형 회귀분석] 대화상자([그림 13.4] 참조)가 나타나면 {소득}을 선택한 후, ▸ 버튼을 클릭하여 종속변수로 이동하고, {교육연수}를 선택한 후, ▸ 버튼을 클릭하여 독립변수로 이동한다.

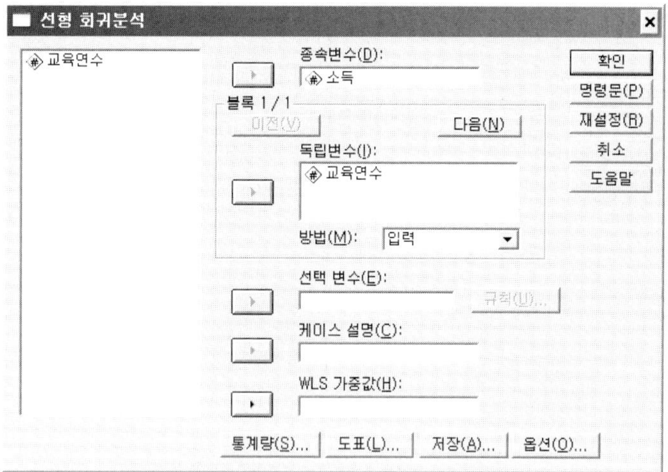

[그림 13.4] [이변량 상관계수] 대화상자

3) 산출결과 해석

[선형 회귀분석] 대화상자의 [확인] 버튼을 클릭하면 회귀분석에 대한 산출결과가 [표 13.7]과 같다.

[표 13.7] 회귀분석에 대한 산출결과

선형회귀분석

진입/제거된 변수[b]			
모형	진입된 변수	제거된 변수	방법
1	교육연수[a]	.	입력

a. 요청된 모든 변수가 입력되었습니다.

b. 종속변수: 소득

모델 요약				
모형	R	R 제곱	수정된 R 제곱	추정값의 표준오차
1	.924[a]	.855	.836	7.29621

a. 예측값: (상수), 교육연수

분산분석[b]						
모형		제곱합	자유도	평균제곱	F	유의확률
1	선형회귀분석	2502.123	1	2502.123	47.002	.000[a]
	잔차	425.877	8	53.235		
	합계	2928.000	9			

a. 예측값: (상수), 교육연수
b. 종속변수: 소득

계수[a]						
모형		비표준화 계수		표준화 계수	t	유의확률
		B	표준오차	베타		
1	(상수)	41.415	7.453		5.557	.001
	교육연수	4.858	.709	.924	6.856	.000

a. 종속변수: 소득

첫 번째 표는 진입/제거된 변수를 나타낸 것으로 독립변수(진입된 변수)는 교육연수이고, 종속변수는 소득이다.

두 번째 표는 모델 요약을 나타낸 것으로 상관계수 R = 0.924, R^2 = 0.855이다. 이는 교육연수를 알면 소득을 예측하는 데 85.5%의 오류를 감소시킬 수 있다는 것이다.

세 번째 표는 분산분석의 산출결과를 나타낸 것으로 회귀식에 의한 편차자승의 합(SS_{reg})은 2,502.123이고, 회귀식의 자유도(df_{reg})는 1이며, 회귀식에 의한 편차자승의 평균(MS_{reg})은 편차자승의 합(SS_{reg}) 2,502.123을 자유도(df_{reg}) 1로 나눈 값이므로 2,502.123이다. 반면에 오류에 의한 편차자승의 합(SS_{err})은 425.877이고, 오류의 자유도(df_{err})는 8이며, 오류에 의한 편차자승의 평균(MS_{err})은 편차자승의 합(SS_{err}) 425.877을 자유도(df_{err}) 8로 나눈 값 53.235이다. 관찰 F값은 회귀식에 의한 편차자승의 평균(MS_{reg}) 2,502.123을 오류에 의한 편차자승의 평균(MS_{err}) 52.235로 나눈 값 47.002이며, 유의수준은 0.000이다. 즉, 거의 100% 확신을 가지고 교육연수가 소득에 영향을 미친다는 회귀식이 통계적으로 유의미하다고 할 수 있다.

네 번째 표는 회귀식과 관련된 계수들을 나타낸 것으로 a(상수)는 41.415이고, b(기울기)는 4.858이다. 따라서 회귀식은 $\hat{Y} = 41.415 + 4.858X$이다. 즉, 교육연수가 0일 때 소득은 41만 4,150원이며, 교육연수가 1년씩 증가할 때마다 4만 8,580원씩 증가한다고 할 수 있다. 회귀식에서 a(상수)의 t값은 5.557이며, 유의수준은 0.001로 a값은 통계적으로 유의미하다고 할 수 있고, b(기울기)의 t값은 6.856이며, 유의수준은 0.000으로 역시 통계적으로 유의미하다고 할 수 있다.

컴퓨터에 의한 산출결과와 수치를 이용한 계산결과를 비교해 보면, 컴퓨터에 의한 산출결과 $R^2 = 0.855$로 수치를 이용한 계산결과 $R^2 = 0.8546$과 거의 같고, 컴퓨터에 의한 산출결과 $F = 47.002$도 수치를 이용한 계산결과 $F = 47.02$와 거의 같으며, 모두 영가설을 기각할 수 있어 동일한 결론을 얻을 수 있다. 또한 컴퓨터에 의한 산출결과의 회귀식 $\hat{Y} = 41.415 + 4.858X$도 수치를 이용한 계산결과의 회귀식 $\hat{Y} = 41.4 + 4.86X$와 거의 같다.

연 / 습 / 문 / 제

1 한 연구자가 과거에 유죄 판결을 받은 횟수가 동일한 범죄를 저지른 사람들의 형량에 어떤 영향을 미치는가를 분석하고자 한다. 동일한 범죄를 저지른 사람들을 10명 표본추출하여 그들이 과거에 유죄 판결을 받은 횟수와 그들이 선고받은 형량의 개월 수를 조사했더니 다음과 같았다.

과거의 유죄 판결 횟수(X)	형량의 개월 수(Y)
1	7
0	5
3	8
5	10
8	15
3	9
4	12
2	6
1	7
0	6
27	85

1) 위 자료의 산포도를 그려라.
2) 회귀식을 구하여 산포도 위에 회귀선을 그리고, 회귀선의 의미를 설명하여라.
3) 과거의 유죄 판결수가 3번일 때 예측되는 형량(형의 개월 수)을 계산하고, 실제 형량과 비교하라.
4) 오류감소비율 r^2을 구하고, 그 의미를 설명하여라.
5) 회귀분석결과의 요약표를 만들고, 95% 신뢰수준에서 회귀식을 검증하여라.

2 서울지역의 적설량과 교통사고와의 관계를 분석하기 위해 적설량에 따른 교통사고 건수를 조사했더니 다음과 같았다.

(적설량 : cm)

적설량(X)	교통사고 건수(Y)
6	3
9	7
12	6
15	8
18	12
21	4
24	10
27	8
30	15
33	12
36	10
39	7
270	102

1) 앞 자료의 산포도를 그려라.
2) 회귀식을 구하여 산포도 위에 회귀선을 그리고, 회귀선의 의미를 설명하여라.
3) 적설량이 15㎝일 때 예측 교통사고 건수를 구하고, 실제 사고 건수와의 차이를 구하여라.
4) 오류감소비율 r^2을 구하고, 그 의미를 설명하여라.
5) 회귀분석결과의 요약표를 만들고, 95% 신뢰수준에서 회귀식을 검증하여라.

3 임금이 직장만족도에 미치는 영향을 분석하기 위해 노동자 중 12명을 표본추출하여 월 평균 임금과 직장만족도를 조사했더니 다음과 같았다. 만족도는 10점 만점의 척도로 구성하였으며, 점수가 높을수록 만족도가 높음을 의미한다.

(단위 : 만원)

월 평균 임금(X)	만족도(Y)
100	3
80	5
190	10
210	7
150	6
170	8
120	5
140	6
150	4
160	6
130	7
140	5
1,740	72

1) 위 자료의 산포도를 그려라.
2) 회귀식을 구하여 산포도 위에 회귀선을 그리고, 회귀선의 의미를 설명하여라.
3) 월 평균 임금이 150일 때 예측되는 직장만족도를 구하고, 실제 만족도와 비교하여라.
4) 오류감소비율 r^2을 구하고, 그 의미를 설명하여라.
5) 회귀분석결과의 요약표를 만들고, 99% 신뢰수준에서 회귀식을 검증하여라.

4 한 연구자가 교육을 많이 받을수록 사고가 개방적인가를 분석하기 위해 10명의 표본을 추출하여 그들의 공식 교육연수와 사고의 개방성을 조사했더니 다음과 같았다. 사고의 개방성에 대한 척도는 10점 만점이며, 점수가 높을수록 개방적임을 의미한다.

교육연수(X)	개방성(Y)
6	4
12	7
9	6
10	5
16	9
12	5
16	6

교육연수(X)	개방성(Y)
12	8
14	7
11	6
118	63

1) 위 자료의 산포도를 그려라.
2) 회귀식을 구하여 산포도 위에 회귀선을 그리고, 회귀선의 의미를 설명하여라.
3) 교육연수가 12년일 때 예측되는 사고의 개방성 정도를 구하고, 실제 개방성 정도와의 차이를 구하여라.
4) 오류감소비율 r^2을 구하고, 그 의미를 설명하여라.
5) 회귀분석결과의 요약표를 만들고, 95% 신뢰수준에서 회귀식을 검증하여라.

5 옷의 가격과 판매량과의 관계를 분석하기 위해 옷의 가격에 따른 판매량을 조사했더니 다음과 같았다.

(단위 : 만원)

옷의 가격(X)	판매량(Y)
7	17
8	18
9	16
10	12
11	10
12	12
13	9
14	10
84	104

1) 위 자료의 산포도를 그려라.
2) 회귀식을 구하여 산포도 위에 회귀선을 그리고, 회귀선의 의미를 설명하여라.
3) 옷의 가격이 10만원일 때 예측되는 판매량을 구하고, 실제 판매량과의 차이를 구하여라.
4) 오류감소비율 r^2을 구하고, 그 의미를 설명하여라.
5) 회귀분석결과의 요약표를 만들고, 95% 신뢰수준에서 회귀식을 검증하여라.

6 임금과 적성일치도 두 변수가 직장만족도에 미치는 영향을 분석하기 위해 노동자 중 10명을 표본추출하여 월 평균 임금, 적성일치도, 직장만족도를 조사했더니 다음과 같았다. 적성일치도와 직장만족도는 10점 만점의 척도로 구성하였으며, 점수가 높을수록 적성일치도, 만족도가 높음을 의미한다.

월 평균 임금(X)	적성일치도(Z)	만족도(Y)
100	4	3
80	3	5
190	6	6
210	6	7
150	7	9
170	7	5
140	6	6
150	5	4
140	7	7
120	9	8
1,450	60	60

1) 월 평균 임금, 적성일치도, 만족도 간의 상관관계를 구하여라.
2) 두 독립변수인 임금과 적성일치도를 함께 고려 한 것과 종속변수와의 상관계수의 제곱 R^2을 구하고, 그 의미를 해석하여라.
3) 다중회귀식을 구하고, 그 의미를 해석하여라.
4) 표준점수로 전환된 회귀계수를 구하고, 그 의미를 해석하여라.
5) 회귀식을 검증하여라.

부 록

[부록 1] Z분포표(표준정규분포)

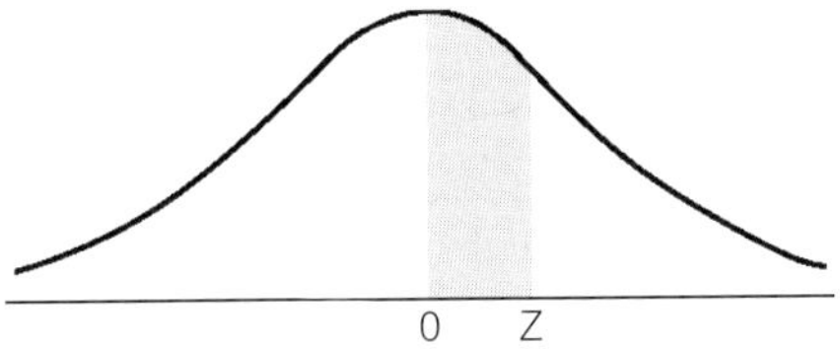

Z	.00	.01	.02	.03	.04	.05	.06	.07	.08	.09
0.0	.0000	.0040	.0080	.0120	.0160	.0199	.0239	.0279	.0319	.0359
0.1	.0398	.0438	.0478	.0517	.0557	.0596	.0636	.0675	.0714	.0753
0.2	.0793	.0832	.0871	.0910	.0948	.0987	.1026	.1064	.1103	.1141
0.3	.1179	.1217	.1255	.1293	.1331	.1368	.1406	.1443	.1480	.1517
0.4	.1554	.1591	.1628	.1664	.1700	.1736	.1772	.1808	.1844	.1879
0.5	.1915	.1950	.1985	.2019	.2054	.2088	.2123	.2157	.2190	.2224
0.6	.2257	.2291	.2324	.2357	.2389	.2422	.2454	.2486	.2518	.2549
0.7	.2580	.2612	.2642	.2673	.2704	.2734	.2764	.2794	.2823	.2852
0.8	.2881	.2910	.2939	.2967	.2995	.3023	.3051	.3078	.3106	.3133
0.9	.3159	.3186	.3212	.3238	.3264	.3289	.3315	.3340	.3365	.3389
1.0	.3413	.3438	.3461	.3485	.3508	.3531	.3554	.3577	.3599	.3621
1.1	.3643	.3665	.3686	.3708	.3729	.3749	.3770	.3790	.3810	.3830
1.2	.3849	.3869	.3888	.3907	.3925	.3944	.3962	.3980	.3997	.4015
1.3	.4032	.4049	.4066	.4082	.4099	.4115	.4131	.4147	.4162	.4177
1.4	.4192	.4207	.4222	.4236	.4251	.4265	.4279	.4292	.4306	.4319
1.5	.4332	.4345	.4357	.4370	.4382	.4394	.4406	.4418	.4429	.4441
1.6	.4452	.4463	.4474	.4484	.4495	.4505	.4515	.4525	.4535	.4545
1.7	.4554	.4564	.4573	.4582	.4591	.4599	.4608	.4616	.4625	.4633
1.8	.4641	.4649	.4656	.4664	.4671	.4678	.4686	.4693	.4699	.4706
1.9	.4713	.4719	.4726	.4732	.4738	.4744	.4750	.4756	.4761	.4764
2.0	.4772	.4778	.4783	.4788	.4793	.4798	.4803	.4808	.4812	.4817
2.1	.4821	.4826	.4830	.4834	.4838	.4842	.4846	.4850	.4854	.4857
2.2	.4861	.4864	.4868	.4871	.4875	.4878	.4881	.4884	.4887	.4890
2.3	.4893	.4896	.4898	.4901	.4904	.4906	.4909	.4911	.4913	.4916
2.4	.4918	.4920	.4922	.4925	.4927	.4929	.4931	.4932	.4934	.4936
2.5	.4938	.4940	.4941	.4943	.4945	.4946	.4948	.4949	.4951	.4952
2.6	.4953	.4955	.4956	.4957	.4959	.4960	.4961	.4962	.4963	.4964
2.7	.4965	.4966	.4967	.4968	.4969	.4970	.4971	.4972	.4973	.4974
2.8	.4974	.4975	.4976	.4977	.4977	.4978	.4979	.4979	.4980	.4981
2.9	.4981	.4982	.4982	.4983	.4984	.4984	.4985	.4985	.4986	.4986
3.0	.4986	.4987	.4987	.4988	.4988	.4989	.4989	.4989	.4990	.4990
3.1	.4990	.4991	.4991	.4991	.4992	.4992	.4992	.4992	.4993	.4993
3.2	.4993	.4994	.4993	.4994	.4994	.4994	.4994	.4995	.4995	.4995
3.3	.4995	.4995	.4995	.4996	.4996	.4996	.4996	.4996	.4996	.4997
3.4	.4997	.4997	.4997	.4997	.4997	.4997	.4997	.4997	.4998	.4998
3.5	.4998	.4998	.4998	.4998	.4998	.4998	.4998	.4998	.4998	.4998
3.6	.4998	.4998	.4999	.4999	.4999	.4999	.4999	.4999	.4999	.4999
3.7	.4999	.4999	.4999	.4999	.4999	.4999	.4999	.4999	.4999	.4999
3.8	.4999	.4999	.4999	.4999	.4999	.4999	.4999	.5000	.5000	.5000
3.9	.5000	.5000	.5000	.5000	.5000	.5000	.5000	.5000	.5000	.5000

[부록 2] t분포표(양측검증)

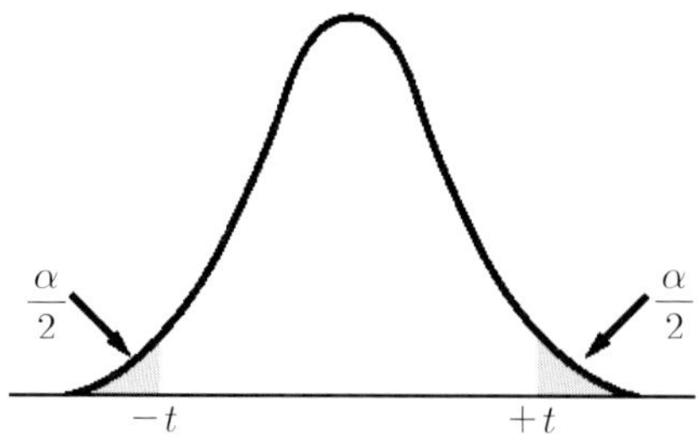

df	유의수준					
	.20	.10	.05	.02	.01	.001
1	3.078	6.314	12.706	31.821	63.657	636.619
2	1.886	2.290	4.303	6.965	9.925	31.598
3	1.638	2.353	3.182	4.541	5.841	12.941
4	1.533	2.132	2.776	3.747	4.604	8.610
5	1.476	2.015	2.571	3.365	4.032	6.859
6	1.440	1.943	2.447	3.143	3.707	5.959
7	1.415	1.895	2.365	2.998	3.499	5.405
8	1.397	1.860	2.306	2.896	3.355	5.041
9	1.383	1.833	2.262	2.821	3.250	4.781
10	1.372	1.812	2.228	2.764	3.169	4.587
11	1.363	1.796	2.201	2.718	3.106	4.437
12	1.356	1.782	2.179	2.681	3.055	4.318
13	1.350	1.771	2.160	2.650	3.012	4.221
14	1.345	1.761	2.145	2.624	2.977	4.140
15	1.341	1.753	2.131	2.602	2.947	4.073
16	1.337	1.746	2.120	2.583	2.921	4.015
17	1.333	1.740	2.110	2.567	2.898	3.965
18	1.330	1.734	2.101	2.552	2.878	3.922
19	1.328	1.729	2.093	2.539	2.861	3.883
20	1.325	1.725	2.086	2.528	2.845	3.850
21	1.323	1.721	2.080	2.518	2.831	3.819
22	1.321	1.717	2.074	2.508	2.819	3.792
23	1.319	1.714	2.069	2.500	2.807	3.767
24	1.318	1.711	2.064	2.492	2.797	3.745
25	1.316	1.708	2.060	2.485	2.787	3.725
26	1.315	1.706	2.056	2.479	2.779	3.707
27	1.314	1.703	2.052	2.473	2.771	3.690
28	1.313	1.701	2.048	2.467	2.763	3.674
29	1.311	1.699	2.045	2.462	2.756	3.659
30	1.310	1.697	2.042	2.457	2.750	3.646
40	1.303	1.684	2.021	2.423	2.704	3.551
60	1.296	1.671	2.000	2.390	2.660	3.460
120	1.289	1.658	1.980	2.358	2.617	3.373
∞	1.282	1.645	1.960	2.326	2.576	3.291

[부록 3] t분포표(단측검증)

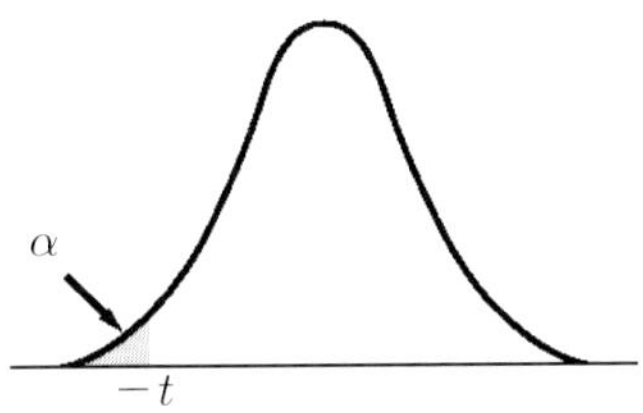

or

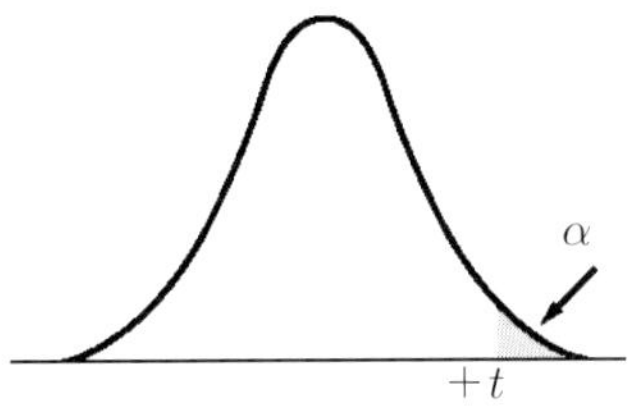

df	유의수준 .10	.05	.025	.01	.005	.0005
1	3.078	6.314	12.706	31.821	63.657	636.619
2	1.886	2.920	4.303	6.965	9.925	31.598
3	1.638	2.353	3.182	4.541	5.841	12.941
4	1.533	2.132	2.776	3.747	4.604	8.610
5	1.476	2.015	2.571	3.365	4.032	6.859
6	1.440	1.943	2.447	3.143	3.707	5.959
7	1.415	1.895	2.365	2.998	3.499	5.405
8	1.397	1.860	2.306	2.896	3.355	5.041
9	1.383	1.833	2.262	2.821	3.250	4.781
10	1.372	1.812	2.228	2.764	3.169	4.587
11	1.363	1.796	2.201	2.718	3.106	4.437
12	1.356	1.782	2.179	2.681	3.055	4.318
13	1.350	1.771	2.160	2.650	3.012	4.221
14	1.345	1.761	2.145	2.624	2.977	4.140
15	1.341	1.753	2.131	2.602	2.947	4.073
16	1.337	1.746	2.120	2.583	2.921	4.015
17	1.333	1.740	2.110	2.567	2.898	3.965
18	1.330	1.734	2.101	2.552	2.878	3.922
19	1.328	1.729	2.093	2.539	2.861	3.883
20	1.325	1.725	2.086	2.528	2.845	3.850
21	1.323	1.721	2.080	2.518	2.831	3.819
22	1.321	1.717	2.074	2.508	2.819	3.792
23	1.319	1.714	2.069	2.500	2.807	3.767
24	1.318	1.711	2.064	2.492	2.797	3.745
25	1.316	1.708	2.060	2.485	2.787	3.725
26	1.315	1.706	2.056	2.479	2.779	3.707
27	1.314	1.703	2.052	2.473	2.771	3.690
28	1.313	1.701	2.048	2.467	2.763	3.674
29	1.311	1.699	2.045	2.462	2.756	3.659
30	1.310	1.697	2.042	2.457	2.750	3.646
40	1.303	1.684	2.021	2.423	2.704	3.551
60	1.296	1.671	2.000	2.390	2.660	3.460
120	1.289	1.658	1.980	2.358	2.617	3.373
∞	1.282	1.645	1.960	2.326	2.576	3.291

[부록 4] F분포표

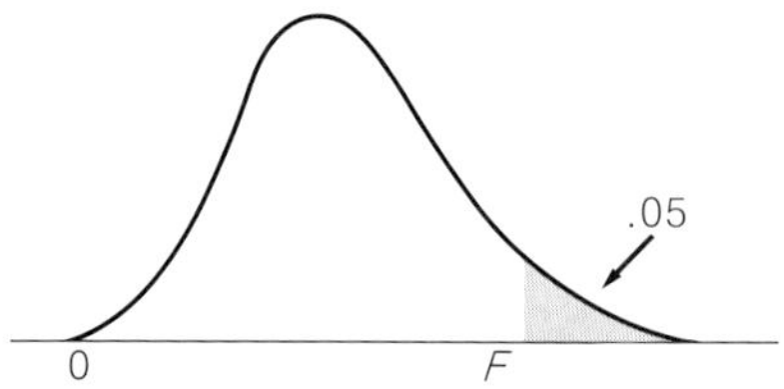

df_2 (집단내 자유도)	df_1(집단간 자유도) α = .05							
	1	2	3	4	5	6	8	12
1	161.4	199.5	215.7	224.6	230.2	234.0	238.9	243.9
2	18.51	19.00	19.16	19.25	19.30	19.33	19.37	19.41
3	10.13	9.55	9.28	9.12	9.01	8.94	8.84	8.74
4	7.71	6.94	6.59	6.39	6.26	6.16	6.04	5.91
5	6.61	5.79	5.41	5.19	5.05	4.95	4.82	4.68
6	5.99	5.14	4.76	4.53	4.39	4.28	4.15	4.00
7	5.59	4.74	4.35	4.12	3.97	3.87	3.73	3.57
8	5.32	4.46	4.07	3.84	3.69	3.58	3.44	3.28
9	5.12	4.26	3.86	3.63	3.48	3.37	3.23	3.07
10	4.96	4.10	3.71	3.48	3.33	3.22	3.07	2.91
11	4.84	3.98	3.59	3.36	3.20	3.09	2.95	2.79
12	4.75	3.88	3.49	3.26	3.11	3.00	2.85	2.69
13	4.67	3.80	3.41	3.18	3.02	2.92	2.77	2.60
14	4.60	3.74	3.34	3.11	2.96	2.85	2.70	2.53
15	4.54	3.68	3.29	3.06	2.90	2.79	2.64	2.48
16	4.49	3.63	3.24	3.01	2.85	2.74	2.59	2.42
17	4.45	3.59	3.20	2.96	2.81	2.70	2.55	2.38
18	4.41	3.55	3.16	2.93	2.77	2.66	2.51	2.34
19	4.38	3.52	3.13	2.90	2.74	2.63	2.48	2.31
20	4.35	3.49	3.10	2.87	2.71	2.60	2.45	2.28
21	4.32	3.47	3.07	2.84	2.68	2.57	2.42	2.25
22	4.30	3.44	3.05	2.82	2.66	2.55	2.40	2.23
23	4.28	3.42	3.03	2.80	2.64	2.53	2.38	2.20
24	4.26	3.40	3.01	2.78	2.62	2.51	2.36	2.18
25	4.24	3.38	2.99	2.76	2.60	2.49	2.34	2.16
26	4.22	3.37	2.98	2.74	2.59	2.47	2.32	2.15
27	4.21	3.35	2.96	2.73	2.57	2.46	2.30	2.13
28	4.20	3.34	2.95	2.71	2.56	2.44	2.29	2.12
29	4.18	3.33	2.93	2.70	2.54	2.43	2.28	2.10
30	4.17	3.32	2.92	2.69	2.53	2.42	2.27	2.09
40	4.08	3.23	2.84	2.61	2.45	2.34	2.18	2.00
60	4.00	3.15	2.76	2.52	2.37	2.25	2.10	1.92
120	3.92	3.07	2.68	2.45	2.29	2.17	2.02	1.83
∞	3.84	2.99	2.60	2.37	2.21	2.09	1.94	1.75

[부록 4] F분포표 계속

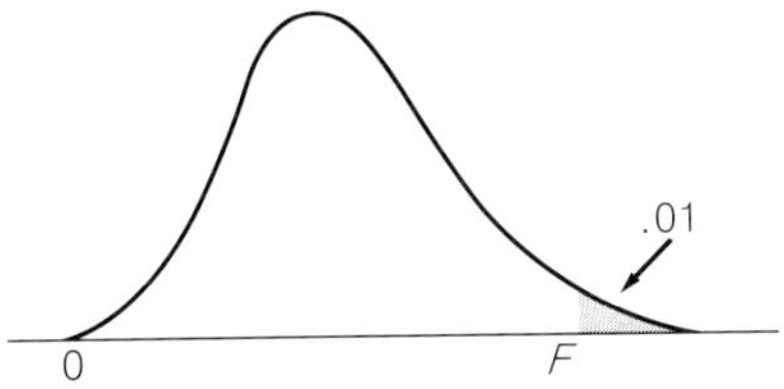

df_2 (집단내 자유도)	df_1(집단간 자유도) α = .01							
	1	2	3	4	5	6	8	12
1	4052	4999	5403	5625	5764	5859	5981	6106
2	98.49	99.01	99.17	99.25	99.30	99.33	99.36	99.42
3	34.12	30.81	29.46	28.71	28.24	27.91	27.49	27.05
4	21.20	18.00	16.69	15.98	15.52	15.21	14.80	14.37
5	16.26	13.27	12.06	11.39	10.97	10.67	10.27	9.89
6	13.74	10.92	9.78	9.15	8.75	8.47	8.10	7.72
7	12.25	9.55	8.45	7.85	7.46	7.19	6.84	6.47
8	11.26	8.65	7.59	7.01	6.63	6.37	6.03	5.67
9	10.56	8.02	6.99	6.42	6.06	5.80	5.47	5.11
10	10.04	7.56	6.55	5.99	5.64	5.39	5.06	4.71
11	9.65	7.20	6.22	5.67	5.32	5.07	4.74	4.40
12	9.33	6.93	5.95	5.41	5.06	4.82	4.50	4.16
13	9.07	6.70	5.74	5.20	4.86	4.62	4.30	3.96
14	8.86	6.51	5.56	5.03	4.69	4.46	4.14	3.80
15	8.68	6.36	5.42	4.89	4.56	4.32	4.00	3.67
16	8.53	6.23	5.29	4.77	4.44	4.20	3.89	3.55
17	8.40	6.11	5.18	4.67	4.34	4.10	3.79	3.45
18	8.28	6.01	5.09	4.58	4.25	4.01	3.71	3.37
19	8.18	5.93	5.01	4.50	4.17	3.94	3.63	3.30
20	8.10	5.85	4.94	4.43	4.10	3.87	3.56	3.23
21	8.02	5.78	4.87	4.37	4.04	3.81	3.51	3.17
22	7.94	5.72	4.82	4.31	3.99	3.76	3.45	3.12
23	7.88	5.66	4.76	4.26	3.94	3.71	3.41	3.07
24	7.82	5.61	4.72	4.22	3.90	3.67	3.36	3.03
25	7.77	5.57	4.68	4.18	3.86	3.63	3.32	2.99
26	7.72	5.53	4.64	4.14	3.82	3.59	3.29	2.96
27	7.68	5.49	4.60	4.11	3.78	3.56	3.26	2.93
28	7.64	5.45	4.57	4.07	3.75	3.53	3.23	2.90
29	7.60	5.42	4.54	4.04	3.73	3.50	3.20	2.87
30	7.56	5.39	4.51	4.02	3.70	3.47	3.17	2.84
40	7.31	5.18	4.31	3.83	3.51	3.29	2.99	2.66
60	7.08	4.98	4.13	3.65	3.34	3.12	2.82	2.50
120	6.85	4.79	3.95	3.48	3.17	2.96	2.66	2.34
∞	6.64	4.60	3.78	3.32	3.02	2.80	2.51	2.18

[부록 5] q분포표

df_w(집단내 자유도)		k=집단수									
	α	2	3	4	5	6	7	8	9	10	11
5	.05	3.64	4.60	5.22	5.67	6.03	6.33	6.58	6.80	6.99	7.17
	.01	5.70	6.98	7.80	8.42	8.91	9.32	9.67	9.97	10.24	10.48
6	.05	3.46	4.34	4.90	5.30	5.63	5.90	6.12	6.32	6.49	6.65
	.01	5.24	6.33	7.03	7.56	7.97	8.32	8.61	8.87	9.10	9.30
7	.05	3.34	4.16	4.68	5.06	5.36	5.61	5.82	6.00	6.16	6.30
	.01	4.95	5.92	6.54	7.01	7.37	7.68	7.94	8.17	8.37	8.55
8	.05	3.26	4.04	4.53	4.89	5.17	5.40	5.60	5.77	5.92	6.05
	.01	4.75	5.64	6.20	6.62	6.96	7.24	7.47	7.68	7.86	8.03
9	.05	3.20	3.95	4.41	4.76	5.02	5.24	5.43	5.59	5.74	5.87
	.01	4.60	5.43	5.96	6.35	6.66	6.91	7.13	7.33	7.49	7.65
10	.05	3.15	3.88	4.33	4.65	4.91	5.12	5.30	5.46	5.60	5.72
	.01	4.48	5.27	5.77	6.14	6.43	6.67	6.87	7.05	7.21	7.36
11	.05	3.11	3.82	4.26	4.57	4.82	5.03	5.20	5.35	5.49	5.61
	.01	4.39	5.15	5.62	5.97	6.25	6.48	6.67	6.84	6.99	7.13
12	.05	3.08	3.77	4.20	4.51	4.75	4.95	5.12	5.27	5.39	5.51
	.01	4.32	5.05	5.50	5.84	6.10	6.32	6.51	6.67	6.81	6.94
13	.05	3.06	3.73	4.15	4.45	4.69	4.88	5.05	5.19	5.32	5.43
	.01	4.26	4.96	5.40	5.73	5.98	6.19	6.37	6.53	6.67	6.79
14	.05	3.03	3.70	4.11	4.41	4.64	4.83	4.99	5.13	5.25	5.36
	.01	4.21	4.89	5.32	5.63	5.88	6.08	6.26	6.41	6.54	6.66
15	.05	3.01	3.67	4.08	4.37	4.59	4.78	4.94	5.08	5.20	5.31
	.01	4.17	4.84	5.25	5.56	5.80	5.99	6.16	6.31	6.44	6.55
16	.05	3.00	3.65	4.05	4.33	4.56	4.74	4.90	5.03	5.15	5.26
	.01	4.13	4.79	5.19	5.49	5.72	5.92	6.08	6.22	6.35	6.46
17	.05	2.98	3.63	4.02	4.30	4.52	4.70	4.86	4.99	5.11	5.21
	.01	4.10	4.74	5.14	5.43	5.66	5.85	6.01	6.15	6.27	6.38
18	.05	2.97	3.61	4.00	4.28	4.49	4.67	4.82	4.96	5.07	5.17
	.01	4.07	4.70	5.09	5.38	5.60	5.79	5.94	6.08	6.20	6.31
19	.05	2.96	3.59	3.98	4.25	4.47	4.65	4.79	4.92	5.04	5.14
	.01	4.05	4.67	5.05	5.33	5.55	5.73	5.89	6.02	6.14	6.25
20	.05	2.95	3.58	3.96	4.23	4.45	4.62	4.77	4.90	5.01	5.11
	.01	4.02	4.64	5.02	5.29	5.51	5.69	5.84	5.97	6.09	6.19
24	.05	2.92	3.53	3.90	4.17	4.37	4.54	4.68	4.81	4.92	5.01
	.01	3.96	4.55	4.91	5.17	5.37	5.54	5.69	5.81	5.92	6.02
30	.05	2.89	3.49	3.85	4.10	4.30	4.46	4.60	4.72	4.82	4.92
	.01	3.89	4.45	4.80	5.05	5.24	5.40	5.54	5.65	5.76	5.85
40	.05	2.86	3.44	3.79	4.04	4.23	4.39	4.52	4.63	4.73	4.82
	.01	3.82	4.37	4.70	4.93	5.11	5.26	5.39	5.50	5.60	5.69
60	.05	2.83	3.40	3.74	3.98	4.16	4.31	4.44	4.55	4.65	4.73
	.01	3.76	4.28	4.59	4.82	4.99	5.13	5.25	5.36	5.45	5.53
120	.05	2.80	3.36	3.68	3.92	4.10	4.24	4.36	4.47	4.56	4.64
	.01	3.70	4.20	4.50	4.71	4.87	5.01	5.12	5.21	5.30	5.37
∞	.05	2.77	3.31	3.63	3.86	4.03	4.17	4.29	4.39	4.47	4.55
	.01	3.64	4.12	4.40	4.60	4.76	4.88	4.99	5.08	5.16	5.23

[부록 6] x^2분포표

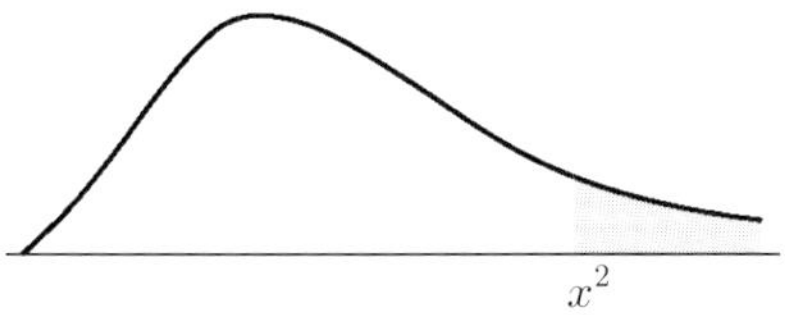

df	유의수준 .250	.100	.050	.025	.010	.005	.001
1	1.32	2.71	3.84	5.02	6.63	7.88	10.8
2	2.77	4.61	5.99	7.38	9.21	10.6	13.8
3	4.11	6.25	7.81	9.35	11.3	12.8	16.3
4	5.39	7.78	9.49	11.1	13.3	14.9	18.5
5	6.63	9.24	11.1	12.8	15.1	16.7	20.5
6	7.84	10.6	12.6	14.4	16.8	18.5	22.5
7	9.04	12.0	14.1	16.0	18.5	20.3	24.3
8	10.2	13.4	15.5	17.5	20.1	22.0	26.1
9	11.4	14.7	16.9	19.0	21.7	23.6	27.9
10	12.5	16.0	18.3	20.5	23.2	25.2	29.6
11	13.7	17.3	19.7	21.9	24.7	26.8	31.3
12	14.8	18.5	21.0	23.3	26.2	28.3	32.9
13	16.0	19.8	22.4	24.7	27.7	29.8	34.5
14	17.1	21.1	23.7	26.1	29.1	31.3	36.1
15	18.2	22.3	25.0	27.5	30.6	32.8	37.7
16	19.4	23.5	26.3	28.8	32.0	34.3	39.3
17	20.5	24.8	27.6	30.2	33.4	35.7	40.8
18	21.6	26.0	28.9	31.5	34.8	37.2	42.3
19	22.7	27.2	30.1	32.9	36.2	38.6	32.8
20	23.8	28.4	31.4	34.2	37.6	40.0	45.3
21	24.9	29.6	32.7	35.5	38.9	41.4	46.8
22	26.0	30.8	33.9	36.8	40.3	42.8	48.3
23	27.1	32.0	35.2	38.1	41.6	44.2	49.7
24	28.2	33.2	36.4	39.4	32.0	45.6	51.2
25	29.3	34.4	37.7	40.6	44.3	46.9	52.6
26	30.4	35.6	38.9	41.9	45.6	48.3	54.1
27	31.5	36.7	40.1	43.2	47.0	49.6	55.5
28	32.6	37.9	41.3	44.5	48.3	51.0	56.9
29	33.7	39.1	42.6	45.7	49.6	52.3	58.3
30	34.8	40.3	43.8	47.0	50.9	53.7	59.7
40	45.6	51.8	55.8	59.3	63.7	66.8	73.4
50	56.3	63.2	67.5	71.4	76.2	79.5	86.7
60	67.0	74.4	79.1	83.3	88.4	92.0	99.6
70	77.6	85.5	90.5	95.0	100	104	112
80	88.1	96.6	102	107	112	116	125
90	98.6	108	113	118	124	128	137
100	109	118	124	130	136	140	149

[부록 7] U분포표(양측검증)

N_1 \ N_2	1	2	3	4	5	6	7	8	9	10	11	12	13	14	15	16	17	18	19	20
1	–																			
2	–	–																		
3	–	–	–																	
4	–	–	–	0																
5	–	–	0	1	2															
6	–	–	1	2	3	5														
7	–	–	1	3	5	6	8													
8	–	0	2	4	6	8	10	13												
9	–	0	2	4	7	10	12	15	17											
10	–	0	3	5	8	11	14	17	20	23										
11	–	0	3	6	9	13	16	19	23	26	30									
12	–	1	4	7	11	14	18	22	26	29	33	37								
13	–	1	4	8	12	16	20	24	28	33	37	41	45							
14	–	1	5	9	13	17	22	26	31	36	40	45	50	55						
15	–	1	5	10	14	19	24	29	34	39	44	49	54	59	64					
16	–	1	6	11	15	21	26	31	37	42	47	53	59	64	70	75				
17	–	2	6	11	17	22	28	34	39	45	51	57	63	69	75	81	87			
18	–	2	7	12	18	24	30	36	42	48	55	61	67	74	80	86	93	99		
19	–	2	7	13	19	25	32	38	45	52	58	65	72	78	85	92	99	106	113	
20	–	2	8	14	20	27	34	41	48	55	62	69	76	83	90	98	105	112	119	127
21	–	3	8	15	22	29	36	43	50	58	65	73	80	88	96	103	111	119	126	134
22	–	3	9	16	23	30	38	45	53	61	69	77	85	93	101	109	117	125	133	141
23	–	3	9	17	24	32	40	48	56	64	73	81	89	98	106	115	123	132	140	149
24	–	3	10	17	25	33	42	50	59	67	76	85	94	102	111	120	129	138	147	156
25	–	3	10	18	27	35	44	53	62	71	80	89	98	107	117	126	135	145	154	163
26	–	4	11	19	28	37	46	55	64	74	83	93	102	112	122	132	141	151	161	171
27	–	4	11	20	29	38	48	57	67	77	87	97	107	117	127	137	147	158	168	178
28	–	4	12	21	30	40	50	60	70	80	90	101	111	122	132	143	154	164	175	186
29	–	4	13	22	32	42	52	62	73	83	94	105	116	127	138	149	160	171	182	193
30	–	5	13	23	33	43	54	65	76	87	98	109	120	131	143	154	166	177	189	200
31	–	5	14	24	34	45	56	67	78	90	101	113	125	136	148	160	172	184	196	208
32	–	5	14	24	35	46	58	69	81	93	105	117	129	141	153	166	178	190	203	215
33	–	5	15	25	37	48	60	72	84	96	108	121	133	146	159	171	184	197	210	222
34	–	5	15	26	38	50	62	74	87	99	112	125	138	151	164	177	190	203	217	230
35	–	6	16	27	39	51	64	77	89	103	116	129	142	156	169	183	196	210	224	237
36	–	6	16	28	40	53	66	79	92	106	119	133	147	161	174	188	202	216	231	245
37	–	6	17	29	41	55	68	81	95	109	123	137	151	165	180	194	209	223	238	252
38	–	6	17	30	43	56	70	84	98	112	127	141	156	170	185	200	215	230	245	259
39	0	7	18	31	44	58	72	86	101	115	130	145	160	175	190	206	321	236	252	267
40	0	7	18	31	45	59	74	89	103	119	134	149	165	180	196	211	227	243	258	274

[부록 8] U분포표(단측검증)

$\alpha = .05$

N_2	N_1																			
	1	2	3	4	5	6	7	8	9	10	11	12	13	14	15	16	17	18	19	20
1	–																			
2	–	–																		
3	–	–	0																	
4	–	–	0	1																
5	–	–	1	2	4															
6	–	0	2	3	5	7														
7	–	0	2	4	6	8	11													
8	–	1	3	5	8	10	13	15												
9	–	1	4	6	9	12	15	18	21											
10	–	1	4	7	11	14	17	20	24	27										
11	–	1	5	8	12	16	19	23	27	31	34									
12	–	2	5	9	13	17	21	26	30	34	38	42								
13	–	2	6	10	15	19	24	28	33	37	42	47	51							
14	–	3	7	11	16	21	26	31	36	41	46	51	56	61						
15	–	3	7	12	18	23	28	33	39	44	50	55	61	66	72					
16	–	3	8	14	19	25	30	36	42	48	54	60	65	71	77	83				
17	–	3	9	15	20	26	33	39	45	51	57	64	70	77	83	89	96			
18	–	4	9	16	22	28	35	41	48	55	61	68	75	82	88	95	102	109		
19	0	4	10	17	23	30	37	44	51	58	65	72	80	87	94	101	109	116	123	
20	0	4	11	18	25	32	39	47	54	62	69	77	84	92	100	107	115	123	130	138
21	0	5	11	19	26	34	41	49	57	65	73	81	89	97	105	113	121	130	138	146
22	0	5	12	20	28	36	44	52	60	68	77	85	94	102	111	119	128	136	145	154
23	0	5	13	20	29	37	46	54	63	72	81	90	98	107	116	125	134	143	152	161
24	0	6	13	21	30	39	48	57	66	75	85	94	103	113	122	131	141	150	160	162
25	0	6	14	22	32	41	50	60	69	79	89	98	108	118	128	137	147	157	167	177
26	0	6	15	24	33	43	53	62	72	82	92	103	113	123	133	143	154	164	174	185
27	0	7	15	25	35	45	55	65	75	86	96	107	117	128	139	149	160	171	182	192
28	0	7	16	26	36	46	57	68	78	89	100	111	122	133	144	156	167	178	189	200
29	0	7	17	27	38	48	59	70	82	93	104	116	127	138	150	162	173	185	196	208
30	0	7	17	28	39	50	61	73	85	96	108	120	132	144	156	168	180	192	204	216
31	0	8	18	29	40	52	64	76	88	100	112	124	136	149	161	174	186	199	211	224
32	0	8	19	30	42	54	66	78	91	103	116	128	141	154	167	180	193	206	218	231
33	0	8	19	31	43	56	68	81	94	107	120	133	146	159	172	186	199	212	226	239
34	0	9	20	32	45	57	70	84	97	110	124	137	151	164	178	192	206	219	233	247
35	0	9	21	33	46	59	73	86	100	114	128	141	156	170	184	198	212	226	241	255
36	0	9	21	34	48	61	75	89	103	117	131	146	160	175	189	204	219	233	248	263
37	0	10	22	35	49	63	77	91	106	121	135	150	165	180	195	210	225	240	255	271
38	0	10	23	36	50	65	79	94	109	124	139	154	170	185	201	216	232	247	263	278
39	1	10	23	38	52	67	82	97	112	128	143	159	175	190	206	222	238	254	270	286
40	1	11	24	39	53	68	84	99	115	131	147	163	179	196	212	228	245	261	278	294

[부록 9] T분포표

n	α = 0.05		α = 0.01	
	하한 T	상한 T	하한 T	상한 T
5	1	14	–	–
6	2	19	–	–
7	4	21	0	28
8	6	30	2	34
9	8	37	3	42
10	11	44	5	50
12	17	61	10	68
14	26	79	16	89
16	36	100	24	112
18	47	124	33	138
20	60	150	43	167

[부록 10] H 분포표

$\alpha = .05$

표본크기			H	P	표본크기			H	P
n_1	n_2	n_3			n_1	n_2	n_3		
2	2	1	2.7000	.500	4	3	2	6.4444	.008
								6.3000	.011
2	2	1	3.6000	.200				5.4444	.046
								5.4000	.051
2	2	2	4.5714	.067				4.5111	.098
			3.7143	.200				4.4444	.102
3	1	1	3.2000	.300	4	3	3	6.7455	.010
								6.7091	.013
3	2	1	4.2857	.100				5.7909	.046
			3.8571	.133				5.7273	.050
								4.7091	.092
3	2	2	5.3572	.029				4.7000	.101
			4.7143	.048					
			4.5000	.067	4	4	1	6.6667	.010
			4.4643	.105				6.1667	.022
								4.9667	.048
3	3	1	5.1429	.043				4.8667	.054
			4.5714	.100				4.1667	.082
			4.0000	.129				4.0667	.102
3	3	2	6.2500	.011	4	4	2	7.0364	.006
			5.3611	.032				6.8727	.011
			5.1389	.061				5.4545	.046
			4.5556	.100				5.2364	.052
			4.2500	.121				4.5545	.098
								4.4455	.103
3	3	3	7.2000	.004					
			6.4889	.011	4	4	3	7.1439	.010
			5.6889	.029				7.1364	.011
			5.6000	.050				5.5985	.049
			5.0667	.086				5.5758	.051
			4.6222	.100				4.5455	.099
								4.4773	.102
4	1	1	3.5714	.200					
					4	4	4	7.6538	.008
4	2	1	4.8214	.057				7.5385	.011
			4.5000	.076				5.6923	.049
			4.0179	.114				5.6538	.054
								4.6539	.097
4	2	2	6.0000	.014				4.5001	.104
			5.3333	.033					
			5.1250	.052	5	1	1	3.8571	.143
			4.4583	.100					
			4.1667	.105	5	2	1	5.2500	.036
								5.0000	.048
4	3	1	5.8333	.021				4.4500	.071
			5.2083	.050				4.2000	.095
			5.0000	.057				4.0500	.119
			4.0556	.093					
			3.8889	.129	5	2	2	6.5333	.008

[부록 10] H분포표 계속

α = .05

표본크기			H	P
n_1	n_2	n_3		
			6.1333	.013
			5.1600	.034
			5.0400	.056
			4.3733	.090
			4.2933	.122
5	3	1	6.4000	.012
			4.9600	.408
			4.8711	.052
			4.0178	.095
			3.8400	.123
5	3	2	6.9091	.009
			6.8218	.010
			5.2509	.049
			5.1055	.052
			4.6509	.091
			4.4945	.101
5	3	3	7.0788	.009
			6.9818	.011
			5.6485	.049
			5.5152	.051
			4.5333	.097
			4.4121	.109
5	4	1	6.9545	.008
			6.8400	.011
			4.9855	.044
			4.8600	.056
			3.9873	.098
			3.9600	.102
5	4	2	7.2045	.099
			7.1182	.010
			5.2727	.049
			5.2682	.050
			4.5409	.098
			4.5182	.101
5	4	3	7.4449	.010
			7.3949	.011
			5.6564	.049
			5.6308	.050
			4.5487	.099
			4.5231	.103
5	4	4	7.7604	.009
			7.7440	.011
			5.6571	.049
			5.6176	.050
			4.6187	.100
			4.5527	.102
5	5	1	7.3091	.009
			6.8364	.011
			5.1273	.046
			4.9091	.053
			4.1091	.086
			4.0364	.105
5	5	2	7.3385	.010
			7.2692	.010
			5.3385	.047
			5.2462	.051
			4.6231	.097
			4.5077	.100
5	5	3	7.5780	.010
			7.5429	.010
			5.7055	.046
			5.6264	.051
			4.5451	.100
			4.5063	.102
5	5	4	7.8229	.010
			7.7914	.010
			5.6657	.049
			5.6429	.050
			4.5229	.099
			4.5200	.101
5	5	5	8.0000	.009
			7.9800	.010
			5.7800	.049
			5.6600	.051
			4.5600	.100
			4.5000	.102

[부록 11] r분포표

df	α .05	.01
1	.99692	.999877
2	.95000	.990000
3	.8783	.95873
4	.8114	.91720
5	.7545	.8745
6	.7067	.8343
7	.6664	.7977
8	.6319	.7646
9	.6021	.7348
10	.5760	.7079
11	.5529	.6835
12	.5324	.6614
13	.5139	.6411
14	.4973	.6226
15	.4821	.6055
16	.4683	.5897
17	.4555	.5751
18	.4438	.5614
19	.4329	.5487
20	.4227	.5368
25	.3809	.4869
30	.3494	.4487
35	.3246	.4182
40	.3044	.3932
45	.2875	.3721
50	.2732	.3541
60	.2500	.3248
70	.2319	.3017
80	.2172	.2830
90	.2050	.2673

[부록 12] r_s분포표

N	α .05	α .01
5	1.000	–
6	.886	1.000
7	.786	.929
8	.738	.881
9	.683	.833
10	.648	.794
12	.591	.777
14	.544	.714
16	.506	.665
18	.475	.625
20	.450	.591
22	.428	.562
24	.409	.537
26	.392	.515
28	.377	.496
30	.364	.478

연습문제 해답

제1장 연습문제 해답

1. 생략
2. 생략
3. 생략
4. 생략
5. 1) 가설1 : 남학생들의 대학생활 만족도 평균 점수는 여학생들의 대학생활 만족도 평균 점수와 다를 것이다.
   2) 가설1 : 케이스 담당 수가 많은 사회복지사일수록 담당 클라이언트들의 서비스 만족도 점수가 낮아질 것이다.
   3) 가설1 : 보육시설이 많은 지역이 보육시설이 적은 지역에 비해 기혼여성 취업률이 높을 것이다.
   가설2 : 보육서비스에 대한 비용보조금이 높은 지역이 낮은 지역에 비해 기혼여성의 구직활동 참여율이 높을 것이다.
   4) 가설1 : 여가에 대한 관심도 점수가 낮은 노인들일수록 점수가 높은 노인들에 비해 퇴직후 사교활동 참여율이 낮을 것이다.
   5) 가설1 : 공공 취로사업에 참여한 실직자들은 참여하지 않은 실직자들에 비해 부가급여 서비스에 대한 신청 횟수가 적을 것이다.
   가설2 : 실직한 지 6개월 미만으로 공공 취로사업에 참여하는 사람들은 실직한 지 6개월 이상된 참여자들에 비해 부가급여 서비스에 대한 신청 횟수가 적을 것이다.
6. 1) 명목변수 2) 서열변수 3) 명목변수 4) 명목변수
   5) 비율변수 6) 비율변수 7) 서열변수 8) 서열변수
7. 1) 독립변수 : 작업장의 소음, 종속변수 : 노동자의 평균생산량
   2) 독립변수 : 자폐아 치료, 종속변수 : 치료효과(다른 사람과 상호작용 횟수)
   3) 독립변수 : 스트레스, 종속변수 : 식사의 불규칙성
   4) 독립변수 : 가정환경, 종속변수 : 비행집단 내에서 리더십 수행 정도
8. 생략
9. 생략
10. 생략
11. 생략
12. 생략
13. 생략

제2장 연습문제 해답

1. 1) 68.6%　2) 57.1%　3) 63.5%　4) 60%　5) 52.2%

2. 1) 20대 미만 : 90%, 20대 : 80%, 30대 : 55%, 40대 : 25%, 50대 이상 : 10%
   2) 20대 미만 : 10%, 20대 : 20%, 30대 : 45%, 40대 : 75%, 50대 이상 : 90%
   3) 20대 미만 : 0%, 20대 : 5%, 30대 : 15%, 40대 : 50%, 50대 이상 : 75%
   4) 75%　5) 15%　6) 10%　7) 25%　8) 45%

3. 1)

성적	2) 중간점(m)	도수(f)	3) 백분율(%)
90~99	94.5	6	6
80~89	84.5	8	8
70~79	74.5	10	10
60~69	64.5	20	20
50~59	54.5	18	18
40~49	44.5	12	12
30~39	34.5	10	10
20~29	24.5	10	10
10~19	14.5	6	6
계		100	100

   4) 60~69　5) 10~19와 90~99

4. 1)

만족도 점수	도수 (f)	4) (m)	5) (%)	6) (cf)	7) (c%)	3) 하한계	3) 상한계
16~18	18	17	15.0	120	100.0	15.5	18.5
13~15	30	14	25.0	102	85.0	12.5	15.5
10~12	38	11	31.7	72	60.0	9.5	12.5
7 ~ 9	22	8	18.3	34	28.3	6.5	9.5
4 ~ 6	12	5	10.0	12	10.0	3.5	6.5
	120		100.0				

   2) 3

5. 백분위수 순위(PR) 계산공식

$$\text{백분위수 순위}(PR) = C\%_b + \left(\frac{X - L}{i}\right) \times \%$$

$C\%_b$: 기준계급의 하한계 아래에 속한 누적백분율
X : 백분위수 순위를 구하고자 하는 사례의 원래 점수
L : 기준계급의 하한계
i : 기준계급구간의 크기
% : 기준계급구간에 속하는 백분율

1) $C\%_b = 80,\ X = 85,\ L = 79.5,\ i = 10,\ \% = 14$

$\therefore$ 백분위수 순위$(PR) = 80 + \left(\dfrac{85 - 79.5}{10}\right) \times 14 = 87.7$

2) $C\%_b = 4,\ X = 48,\ L = 39.5,\ i = 10,\ \% = 12$

$\therefore$ 백분위수 순위$(PR) = 4 + \left(\dfrac{48 - 39.5}{10}\right) \times 12 = 14.2$

계급구간	도수(f)	누적도수(cf)	백분율(%)	누적백분율($c\%$)
90~99	6	100	6	100
80~89	14	94	14	94
70~79	20	80	20	80
60~69	28	60	28	60
50~59	16	32	16	32
40~49	12	16	12	16
30~39	4	4	4	4

6. 1) $C\%_b = 62.66,\ X = 210,\ L = 199.5,\ i = 50,\ \% = 28.0$

$\therefore$ 백분위수 순위$(PR) = 62.66 + \left(\dfrac{210 - 199.5}{50}\right) \times 28.0 = 68.54$

2) $C\%_b = 5.33,\ X = 130,\ L = 99.5,\ i = 50,\ \% = 16.0$

$\therefore$ 백분위수 순위$(PR) = 5.33 + \left(\dfrac{130 - 99.5}{50}\right) \times 16.0 = 15.09$

계급구간	도수(f)	누적도수(cf)	백분율(%)	누적백분율($c\%$)
300~349	5	300	1.67	100.00
250~299	23	295	7.67	98.33
200~249	84	272	28.00	90.66
150~199	124	188	41.33	62.66
100~149	48	64	16.00	21.33
50~99	12	16	4.00	5.33
0~49	4	4	1.33	1.33

7~10. 생략(학생 스스로 그래프를 작성해 보시오.)

제3장 연습문제 해답

1. 1) 호실 : 최빈치 = 3
   2) 담당사회복지사 : 최빈치 = A와 C
   3) 이용기간 : 산술평균치 = 4.5
   4) 시설에 대한 평가 : 중앙치 = 만족

2. 노랑(∵ 가장 도수가 큰 것이 4이기 때문에)
3. 최빈치 = 5, 중앙치 = 4.5, 산술평균치 = 4.5
4. 최빈치 = 3, 4, 5, 중앙치 = 4, 산술평균치 = 4.2
5. 최빈치 = 0, 중앙치 = 1, 산술평균치 = 1.6
6. 최빈치 = 6, 중앙치 = 11, 산술평균치 = 16.5
   ∴ 중앙치가 가장 적절한 집중치를 나타낸다고 할 수 있다.
7. 최빈치 = 2, 중앙치 = 2, 산술평균치 = 2.13

8. 1) 최빈치 = 3.5
   [중앙치 계산공식]

$$\text{중앙치} = L + \left(\frac{(N+1)\ /\ 2\ -\ cf_i}{f}\right)\times i$$

L : $\frac{N+1}{2}$이 속한 하한계, 즉 중간위치가 속한 계급의 하한계
N : 총도수
cf_i : L(중간위치가 속한 계급의 하한계) 이전까지의 누적도수
f : 중간위치가 속한 계급의 도수
i : 계급구간

2) $L = 2.5,\ N = 40,\ cf_i = 7,\ f = 15,\ i = 2$

$$\therefore \text{중앙치} = 2.5 + \left(\frac{(40+1)\ /\ 2\ -\ 7}{15}\right) \times 2 = 4.3$$

3) 산술평균치 = 192.0 / 40 = 4.8

시청시간(X)	도수(f)	중간점(m)	누적도수(cf)	mf
1~2	7	1.5	7	10.5
3~4	15	3.5	22	52.5
5~6	8	5.5	30	44.0
7~8	6	7.5	36	45.0
9~10	3	9.5	39	28.5
11~12	1	11.5	40	11.5
계	40			192.0

9. 1) 최빈치 = 74.5

2) $L = 59.5,\ N = 60,\ cf_i = 18,\ f = 20,\ i = 30$

$$\therefore \text{중앙치} = 59.5 + \left(\frac{(60+1)\ /\ 2\ -\ 18}{20}\right) \times 30 = 78.25$$

3) 산술평균치 = 4,890 / 60 = 81.5

승차시간(X)	도수(f)	중간점(m)	누적도수(cf)	mf
150~179	3	164.5	60	493.5
120~149	8	134.5	57	1,076.0
90~119	11	104.5	49	1,149.5
60~89	20	74.5	38	1,490.0
30~59	14	44.5	18	623.0
0~29	4	14.5	4	58.0
계	60			4,890.0

10. 1) 최빈치 = 54.5

2) $L = 49.5,\ N = 60,\ cf_i = 28,\ f = 12,\ i = 10$

$$\therefore \text{중앙치} = 49.5 + \left(\frac{(60+1)\ /\ 2\ -\ 28}{12}\right) \times 10 = 51.58$$

3) 산술평균치 = 3,070 / 60 = 51.17

점수(X)	도수(f)	중간점(m)	누적도수(cf)	mf
90~99	2	94.5	60	189
80~89	4	84.5	58	338
70~79	6	74.5	54	447
60~69	8	64.5	48	516
50~59	12	54.5	40	654
40~49	10	44.5	28	445
30~39	8	34.5	18	276
20~29	6	24.5	10	147
10~19	4	14.5	4	58
계	60			3,070

제4장 연습문제 해답

1. 명목변수이기 때문에 분산도를 측정할 수 없음
2. 1) 범위 : 9－2 ＝ 7, 평균편차 : (3+1+1+1+2+2+4) ÷ 10 ＝ 1.4
   2) 분산 : (9+1+1+1+4+4+16) ÷ 10 ＝ 3.6, 표준편차 : $\sqrt{3.6} \fallingdotseq 1.90$
3. 1) 남학생 집단 : 범위 ＝ 5, 평균편차 ＝ 1.67, 표준편차 ＝ 1.89
   여학생 집단 : 범위 ＝ 3, 평균편차 ＝ 1.00, 표준편차 ＝ 1.11
   2) 남학생 집단이 여학생 집단보다 외국인과 결혼하는 것에 대한 견해에 있어 분산의 정도가 크다.
4. 1) 남학생 ＝ 11개월, 여학생 ＝ 17개월
   2) 남학생 : 범위=19, 평균편차=4.4, 표준편차= $\sqrt{\frac{1,512}{10} - 11^2} = 5.50$
   여학생 : 범위=25, 평균편차=5.8, 표준편차= $\sqrt{\frac{3,392}{10} - 17^2} = 7.09$
   3) 여학생

남학생의 교제기간(X_1)	X_1^2	여학생의 교제기간(X_2)	X_2^2
3	9	12	144
10	100	10	100
7	49	5	25
11	121	30	900
6	36	21	441
12	144	18	324
14	196	20	400
22	484	17	289
7	49	25	625
18	324	12	144
110	1,512	170	3,392

5. 1) 범위 ＝ 9, 평균편차 ＝ 1.92
   2) 분산 ＝ 6.25, 표준편차 ＝ 2.5

6. 1) 범위 ＝ 9
   평균편차 ＝ (17.32 ＋ 16.65 ＋ 23.3 ＋ 18.62 ＋ 6.93 ＋ 12.06 ＋ 20.04 ＋ 26.7 ＋ 14.68 ＋ 9.34) ÷ 100 ＝ 1.6564
   2) 분산 ＝ $\frac{3,637}{100} - \left(\frac{567}{100}\right)^2 = 36.37 - 32.1489 = 4.2211$
   표준편차 ＝ 2.0545

점수(X)	도수(f)	fX	fX^2
10	4	40	400
9	5	45	405
8	10	80	640
7	14	98	686
6	21	126	756
5	18	90	450
4	12	48	192
3	10	30	90
2	4	8	16
1	2	2	2
계	100	567	3,637

7. 1) 범위 = 94.5−34.5 = 60

평균편차 = (27.6 × 4 + 17.6 × 16 + 7.6 × 24 + 2.4 × 28 + 12.4 × 16 + 22.4 × 8 + 32.4 × 4) ÷ 100 = 11.49

2) 분산 = $\frac{467,785}{100} - \left(\frac{6,690}{100}\right)^2$ = 4,677.85 − 4,475.61 = 202.24

표준편차 = 14.22

점수(X)	도수(f)	중간점(m)	fm	fm^2
90~99	4	94.5	378	35,721
80~89	16	84.5	1,352	114,244
70~79	24	74.5	1,788	133,206
60~69	28	64.5	1,806	116,487
50~59	16	54.5	872	7,524
40~49	8	44.5	356	15,842
30~39	4	34.5	138	4,761
계	100		6,690	467,785

8. 1) 범위 = 10, 평균편차 = 2.75

2) 분산 = 10.75, 표준편차 = 3.28

9. 1) 범위 = 17 - 2 = 15

평균편차 = (9.13 × 2 + 6.13 × 5 + 3.13 × 8 + 0.13 × 12 + 2.87 × 10 + 5.87 × 8) ÷ 45 = 151.17 ÷ 45 ≒ 3.36

2) 분산 = $\frac{3,576}{45} - \left(\frac{354}{45}\right)^2$ = 79.47 − 61.88 = 17.59

표준편차 = $\sqrt{17.59}$ ≒ 4.19

모기에 물린 횟수(X)	도수(f)	중간점(m)	fm	fm^2
16~18	2	17	34	578
13~15	5	14	70	980
10~12	8	11	88	968
7 ~ 9	12	8	96	768
4 ~ 6	10	5	50	250
1 ~ 3	8	2	16	32
계	45		354	3,576

10. 1) 범위 = 144.5 - 84.5 = 60

평균편차 = (37 × 2 + 27 × 4 + 17 × 8 + 7 × 16 + 3 × 28 + 13 × 16 + 23 × 6) ÷ 80 = 10.75

2) 분산 $= \frac{939{,}380}{80} - \left(\frac{8{,}600}{80}\right)^2 = 11{,}742.25 - 11{,}556.25 = 186$

표준편차 $= \sqrt{186} \fallingdotseq 13.64$

점수(X)	도수(f)	중간점(m)	fm	fm^2
140~149	2	144.5	289	41,760.5
130~139	4	134.5	538	72,361.0
120~129	8	124.5	996	124,002.0
110~119	16	114.5	1,832	209,764.0
100~109	28	104.5	2,926	305,767.0
90 ~ 99	16	94.5	1,512	142,884.0
80 ~ 89	6	84.5	507	42,841.5
계	80		8,600	939,380.0

제5장 연습문제 해답

1. 표준(Z)점수는 분포내에서 각 값의 정확한 위치를 명시한다. Z점수의 부호(+ 또는 −)는 그 점수가 평균 이상(+)인지, 또는 이하(−)인지를 알려주고, Z점수의 수치는 원점수(X)와 평균(μ) 사이의 표준편차의 수를 세어서 평균으로부터의 간격을 명시한 것이다.

2. 평균이 0인 경우 어떤 값이 양수(+)이면 그 값이 평균 이상이고, 음수(−)이면 평균 이하라는 사실을 즉시 알 수 있다.

3. 원점수의 절대적 크기와는 달리 Z점수는 분포내의 상대적 위치를 기술하기 때문에 다른 분포의 점수들과 비교할 수 있다.

4. $X = 55$점이 평균 $\mu = 45$ 위에 있으므로 정적의 Z점수를 가져야 하며, $Z = -2.0$은 정확하지 않다.

5. [표준점수 계산공식]

$$Z = \frac{(X - \overline{X})}{S} = \frac{x}{S}$$

X : 원점수
$\overline{X}$: 산술평균치
S : 표준편차
$x = X - \overline{X}$: 원점수와 산술평균치의 편차

1) $X = 27,\ \overline{X} = 25,\ S = 5$

$$Z = \frac{(27 - 25)}{5} = +0.40$$

구분	원점수(X)	표준점수(Z)
1)	27	+0.40
2)	31	+1.20
3)	34	+1.80
4)	19	−1.20
5)	15	−2.00

2) $Z = -0.4,\ \overline{X} = 25,\ S = 5$

$$X = \overline{X} + ZS = 25 + (-0.4 \times 5) = 23$$

구분	표준점수(Z)	원점수(X)
1)	−0.4	23
2)	+1.0	30
3)	−3.0	10
4)	+2.8	39

6. 생략

7. 1) Z분포표(교재 부록 pp. 371)를 이용하여 $Z = 1.0$의 확률을 구한다.
확률 = 0.3413, 이를 백분율로 환산하면 34.13%이다.
2) 47.72%　3) 81.85%　4) 2.28%

8. 1) ① 원점수(X) = 380, 평균($\overline{X}$) = 280, 표준편차(S) = 40일 때 표준점수(Z)를 구한다.
■ $Z = \dfrac{(380 - 280)}{40} = 2.5$
③ Z분포표(교재 부록 pp. 371)를 이용하여 $Z = 2.5$의 확률을 구한다.
■ 확률 : 0.4938
④ $Z > 2.5$ 지역의 넓이를 구한다.
■ 0.5 - 0.4938 = 0.0062, 이를 백분율로 환산하면 0.62%이다.
2) 30.85%　3) 2.28%　4) 22.66%
5) 27.34 + 45.99 = 73.33%　6) 48.78 - 19.15 = 29.63%

9. 1) ①
ⓐ IQ(X) = 130, 평균($\overline{X}$) = 100, 표준편차(S) = 15일 때 표준점수(Z)를 구한다.
■ $Z = \dfrac{(130 - 100)}{15} = 2.0$
ⓑ Z분포표(교재 부록 pp. 321)를 이용하여 $Z = 2.0$의 확률을 구한다.
■ 확률 : 0.4772
ⓒ $Z > 2.0$ 지역의 넓이를 구한다.
■ 0.5 - 0.4772 = 0.0228, 이를 백분율로 환산하면 2.28%이다.
② 9.18%　③ 25.14%　④ 40.82%　⑤ 24.86 × 2 = 49.72%
⑥ 34.13 × 2 = 68.26%　⑦ 47.72 - 40.82 = 6.9%
2) ①
ⓐ IQ(X) = 125, 평균($\overline{X}$) = 100, 표준편차(S) = 15일 때 표준점수(Z)를 구한다.
■ $Z = \dfrac{(125 - 100)}{15} \fallingdotseq 1.67$
ⓑ Z분포표(교재 부록 pp. 371)를 이용하여 $Z = 1.67$의 확률을 구한다.
■ 확률 : 0.4525
ⓒ $Z > 1.67$ 지역의 넓이를 구한다.
■ 0.5 - 0.4525 = 0.0475, 이를 백분율로 환산하면 4.75%이다.
② 25.14%　③ 74.86%　④ 97.72%

10. 1) $-1.28 = \frac{(X - 26)}{2}$, $X = 23.44$개월

2) $-0.675 = \frac{(X - 26)}{2}$, $X = 24.65$개월

3) $0.84 = \frac{(X - 26)}{2}$, $X = 27.68$개월

4) $-0.525 = \frac{(X - 26)}{2}$, $X = 24.95$개월

$0.525 = \frac{(X - 26)}{2}$, 27.05개월

∴ 24.95개월에서 27.05개월 사이

제6장 연습문제 해답

1. 생략
2. 1) [95% 신뢰구간 계산공식]

$$95\%\ 신뢰구간 = \overline{X} \pm 1.96 \times \sigma_{\overline{X}}$$

$\overline{X}$: 표본평균
$\sigma_{\overline{X}}$: 표준오차

$$표준오차 : \sigma_{\overline{X}} = \frac{\sigma}{\sqrt{N}}$$

σ : 모집단의 표준편차
N : 표본수

$$\therefore\ 95\%\ 신뢰구간 = \overline{X} \pm 1.96 \times \frac{\sigma}{\sqrt{N}}$$

$$= 18 \pm 1.96 \times \frac{3}{\sqrt{100}} = 17.412 \sim 18.588개월$$

2)

$$\therefore\ 99\%\ 신뢰구간 = \overline{X} \pm 2.58 \times \frac{\sigma}{\sqrt{N}}$$

$$= 18 \pm 2.58 \times \frac{3}{\sqrt{100}} = 17.226 \sim 18.744개월$$

3. 1)

$$\therefore\ 95\%\ 신뢰구간 = \overline{X} \pm 1.96 \times \frac{\sigma}{\sqrt{N}}$$

$$= 38 \pm 1.96 \times \frac{4}{\sqrt{64}} = 37.02 \sim 38.98\text{km}$$

2)

$$\therefore\ 99\%\ 신뢰구간 = \overline{X} \pm 2.58 \times \frac{\sigma}{\sqrt{N}}$$

$$= 38 \pm 2.58 \times \frac{4}{\sqrt{64}} = 36.71 \sim 39.29\text{km}$$

4. [t분포에 의한 신뢰구간 계산공식]

신뢰구간 $= \overline{X} \pm t \cdot S_{\overline{X}}$
$\overline{X}$: 표본평균
t : 신뢰수준에 해당하는 t값
$S_{\overline{X}}$: 수정표준오차
수정표준오차 : $S_{\overline{X}} = \dfrac{S}{\sqrt{N-1}}$
S : 표본의 표준편차

1) ① 신뢰수준 95%에 해당하는 t값을 구한다. t값을 구하기 위해서는 자유도(df)와 유의수준(α)을 알아야 한다.

- 자유도(df) $= N-1 = 37-1 = 36$
- 유의수준(α) $= 1-0.95 = 0.05$

② $df = 36$, $\alpha = 0.05$에 대한 t값을 t분포표(양측검증)[교재 pp. 372]에서 찾는다. 자유도(df)가 36인 것이 없으므로 바로 밑에 수 30일 때의 t값을 구하면 된다.

- $t = 2.042$

③ 95% 신뢰구간을 구한다.

- 신뢰구간 $= \overline{X} \pm t \cdot \dfrac{S}{\sqrt{N-1}}$

$$= 20 \pm 2.042 \cdot \frac{6}{\sqrt{37-1}} \qquad \therefore 17.958 \sim 22.042\text{번}$$

2) 신뢰구간 $= \overline{X} \pm t \cdot \dfrac{S}{\sqrt{N-1}}$

$$= 20 \pm 2.75 \cdot \frac{6}{\sqrt{37-1}} \qquad \therefore 17.25 \sim 22.75\text{번}$$

5. 1) 평균($\overline{X}$) $= 4.5$, 표준편차(S) $= \sqrt{\dfrac{661}{26} - 4.5^2} = 2.2744$,

표준오차($S_{\overline{X}}$) $= \dfrac{S}{\sqrt{N-1}} = \dfrac{2.2744}{\sqrt{26-1}} = 0.4549$

2) 유의수준(α) $= 1-0.95 = 0.05$, 자유도(df) $= N-1 = 26-1 = 25$

$t = 2.060$

$\therefore 4.5 \pm 2.060 \times 0.4549$, $\therefore 3.5629 \sim 5.4371$

3) 유의수준(α) $= 1-0.99 = 0.01$, 자유도(df) $= N-1 = 26-1 = 25$

$t = 2.787$

$\therefore 4.5 \pm 2.787 \times 0.4549$, $\therefore 3.2322 \sim 5.7678$

6. 1) 평균($\overline{X}$) = 4.4, 표준편차(S) = $\sqrt{\frac{844}{35} - 4.4^2}$ = 2.1804,

표준오차($S_{\overline{X}}$) = $\frac{S}{\sqrt{N-1}}$ = $\frac{2.1804}{\sqrt{35-1}}$ = 0.374

2) 유의수준(α) = 1−0.95 = 0.05, 자유도(df) = N − 1 = 35−1 = 34

t = 2.042

∴ 4.4 ± 2.042 × 0.374, ∴ 3.6363~5.1637

3) 유의수준(α) = 1−0.99 = 0.01, 자유도(df) = N − 1 = 35−1 = 34

t = 2.750

∴ 4.4 ± 2.750 × 0.374, ∴ 3.3715~5.4285

7. 1) 평균($\overline{X}$) = 20, 표준편차(S) = $\sqrt{\frac{20{,}164}{50} - 20^2}$ = 1.81,

표준오차($S_{\overline{X}}$) = $\frac{S}{\sqrt{N-1}}$ = $\frac{1.81}{\sqrt{50-1}}$ = 0.2586

2) 유의수준(α) = 1−0.95 = 0.05, 자유도(df) = N − 1 = 50−1 = 49

t = 2.021

∴ 20 ± 2.021 × 0.2586, ∴ 19.4774~20.5226

3) 유의수준(α) = 1 - 0.99 = 0.01, 자유도(df) = N − 1 = 50−1 = 49

t = 2.704

∴ 20 ± 2.704 × 0.2586, ∴ 19.3007~20.6993

처음 담배를 피운 연령(X)	도수(f)	fX	fX^2
16	1	16	256
17	3	51	867
18	6	108	1,944
19	10	190	3,610
20	12	240	4,800
21	8	168	3,528
22	5	110	2,420
23	3	69	1,587
24	2	48	1,152
계	50	1,000	20,164

8. 0.7 ± 1.96 × $\sqrt{\frac{0.7 \times 0.3}{50}}$, 57.30~82.70%

9. 0.6 ± 2.58 × $\sqrt{\frac{0.6 \times 0.4}{100}}$, 47.36~72.64%

10. A당 후보 = 55%, B당 후보 = 45%

표본오차= $1.96 \times \sqrt{\dfrac{0.55 \times 0.45}{200}}$ = 0.0689, ∴ 표본오차 = $\pm 6.89\%$

제7장 연습문제 해답

1. 생략
2. 생략
3. 생략
4. 생략
5. 생략
6. 생략
7. 생략
8. 생략

제8장 연습문제 해답

1. ① 영가설을 세운다.

$H_0 : \mu_1 = \mu_2$(남녀 간에 수능시험 평균점수에 차이가 없다.)

② 관찰 Z값을 다음 공식을 이용하여 계산한다.

$$Z = \frac{\overline{X_1} - \overline{X_2}}{\sigma_{\overline{X_1} - \overline{X_2}}} = \frac{280 - 265}{10} = \frac{15}{10} = 1.5$$

③ 95% 신뢰수준을 확보하기 위한 기준 Z값을 구한다.

0.95 ÷ 2 = 0.4750, 즉 0.4750일 때 기준 Z값 = 1.96이다.

④ 관찰 Z값과 기준 Z값을 비교한다.

관찰 Z값 1.5가 기준 Z값 1.96보다 작으므로 영가설을 채택한다.

즉, 남녀 간에 수능시험 평균점수에 차이가 없다고 해석할 수 있다.

2. ① 영가설을 세운다.

$H_0 : \mu_1 = \mu_2$(부모의 사회경제적 지위에 따라 동일한 범죄를 저지른 청소년들의 형량에 차이가 없다.)

② 각 집단의 평균을 계산한다.

$$\overline{X_1} = \frac{84}{10} = 8.4, \quad \overline{X_2} = \frac{98}{10} = 9.8$$

③ 관찰 Z값을 다음 공식을 이용하여 계산한다.

$$Z = \frac{\overline{X_1} - \overline{X_2}}{\sigma_{\overline{X_1} - \overline{X_2}}} = \frac{8.4 - 9.8}{0.7} = -\frac{1.4}{0.7} = -2.0$$

④ 95% 신뢰수준을 확보하기 위한 기준 Z값을 구한다.

0.95 ÷ 2 = 0.4750, 즉 0.4750일 때 기준 Z값 = 1.96이다.

⑤ 관찰 Z값과 기준 Z값을 비교한다.

관찰 Z값 $|-2.0|$이 기준 Z값 1.96보다 크므로 영가설을 기각한다.

즉, 부모의 사회경제적 지위에 따라 동일한 범죄를 저지른 청소년들의 형량에 차이가 있다고 해석할 수 있다.

3. ① 영가설을 세운다.

$H_0 : \mu_1 = \mu_2$(스트레스가 술 소비량에 영향을 미치지 않는다.)

② 관찰 t값을 계산한다.

$\overline{X_1} = 4$, $\overline{X_2} = 3$는 알 수 있으나, 공통표준오차($S_{\overline{X_1} - \overline{X_2}}$)를 모르기 때문에 먼저 공통표준오차($S_{\overline{X_1} - \overline{X_2}}$)를 구한 후, 다음 공식에 대입하여 관찰 t값을 계산한다.

$$S_{\overline{X_1}-\overline{X_2}} = \sqrt{\left(\frac{N_1S_1^2+N_2S_2^2}{N_1+N_2-2}\right)\left(\frac{N_1+N_2}{N_1N_2}\right)} = \sqrt{\left(\frac{60\times0.8^2+40\times0.6^2}{60+40-2}\right)\left(\frac{60+40}{60\times40}\right)}$$

$$= \sqrt{\left(\frac{38.4+14.4}{98}\right)\left(\frac{100}{2,400}\right)} = 0.15$$

$$\therefore \text{ 관찰 } t\text{값} = \frac{\overline{X_1}-\overline{X_2}}{S_{\overline{X_1}-\overline{X_2}}} = \frac{4-3}{0.15} = 6.67$$

③ 신뢰수준 95%를 확보하기 위한 기준 t값을 구한다.

- 유의수준(α) = $1-0.95$ = 0.05
- 자유도(df) = $(N_1-1)+(N_2-1)$ = N_1+N_2-2 = $100-2$ = 98

{t분포표(양측검증)에 자유도가 = 98일 때의 t값이 없으므로 98 바로 밑의 수 60일 때의 t값을 구하면 된다.}

∴ α = 0.05, df = 60일 때, 기준 t값 = 2.000이다.

④ 관찰 t값과 기준 t값을 비교한다.

관찰 t값 6.67이 기준 t값 2.000보다 크므로 영가설을 기각한다.

즉, 스트레스가 술 소비량에 영향을 미친다고 해석할 수 있다.

4. ① 영가설을 세운다.

$H_0 : \mu_1 = \mu_2$(수강과목에 대한 흥미여부가 결석에 영향을 미치지 않는다.)

② 관찰 t값을 계산한다.

흥미를 가진 집단(X_1)	X_1^2	흥미를 갖지 않은 집단(X_2)	X_2^2
1	1	3	9
2	4	2	4
2	4	4	16
3	9	3	9
0	0	1	1
2	4	0	0
3	9	2	4
1	1	3	9
0	0	4	16
4	16	5	25
$\sum X_1$ = 18	$\sum X_1^2$ = 48	$\sum X_2$ = 27	$\sum X_2^2$ = 93

ⓐ 각 집단의 평균을 계산한다.

$$\overline{X_1} = \frac{\sum X_1}{N_1} = \frac{18}{10} = 1.8, \quad \overline{X_2} = \frac{\sum X_2}{N_2} = \frac{27}{10} = 2.7$$

ⓑ 각 집단의 분산을 계산한다.

$$S_1^2 = \frac{\sum X_1^2}{N_1} - \overline{X_1}^2 = \frac{48}{10} - 1.8^2 = 1.56$$

$$S_2^2 = \frac{\sum X_2^2}{N_2} - \overline{X_2}^2 = \frac{93}{10} - 2.7^2 = 2.01$$

ⓒ 공통표준오차를 계산한다.

$$S_{\overline{X_1}-\overline{X_2}} = \sqrt{\left(\frac{N_1S_1^2+N_2S_2^2}{N_1+N_2-2}\right)\left(\frac{N_1+N_2}{N_1N_2}\right)}$$

$$= \sqrt{\left(\frac{10\times1.56+10\times2.01}{10+10-2}\right)\left(\frac{10+10}{10\times10}\right)} = 0.63$$

ⓓ 관찰 t값을 계산한다.

$$t = \frac{\overline{X_1} - \overline{X_2}}{S_{\overline{X_1}-\overline{X_2}}} = \frac{1.8-2.7}{0.63} = -1.43$$

③ 95% 신뢰수준을 확보하기 위한 기준 t값을 계산한다.

- 유의수준(α) = 1 - 0.95 = 0.05이다.
- 자유도(df) = N_1+N_2-2 = 10 + 10 - 2 = 18이다.

∴ α = 0.05, df = 18일 때, 기준 t값 = 2.101이다.

④ 관찰 t값과 기준 t값을 비교한다.
관찰 t값 $|-1.43|$이 기준 t값 2.101보다 작으므로 영가설을 채택한다.
즉, 수강과목에 대한 흥미여부가 결석에 영향을 미치지 않는다고 해석할 수 있다.

5. ① 영가설을 세운다.
H_0 : $\mu_1=\mu_2$(본인이 원하는 전공 선택 여부는 대학생활의 만족도에 영향을 미치지 않는다.)

② 관찰 t값을 계산한다.

원하는 전공을 선택한 학생(X_1)	X_1^2	원하지 않는 전공을 선택한 학생(X_2)	X_2^2
9	81	5	25
7	49	2	4
6	36	4	16
8	64	3	9
4	16	7	49
8	64	4	16
7	49	6	36
6	36	3	9
10	100	6	36
5	25	7	49
6	36	8	64
9	81	4	16

5 8 7	25 64 49	5 6 5	25 36 25
$\sum X_1 = 105$	$\sum X_1^2 = 775$	$\sum X_2 = 75$	$\sum X_2^2 = 415$

ⓐ 각 집단의 평균을 계산한다.

$$\overline{X_1} = \frac{\sum X_1}{N_1} = \frac{105}{15} = 7.0, \quad \overline{X_2} = \frac{\sum X_2}{N_2} = \frac{75}{15} = 5.0$$

ⓑ 각 집단의 분산을 계산한다.

$$S_1^2 = \frac{\sum X_1^2}{N_1} - \overline{X_1}^2 = \frac{775}{15} - 7.0^2 = 2.67$$

$$S_2^2 = \frac{\sum X_2^2}{N_2} - \overline{X_2}^2 = \frac{415}{15} - 5.0^2 = 2.67$$

ⓒ 공통표준오차를 계산한다.

$$S_{\overline{X_1}-\overline{X_2}} = \sqrt{\left(\frac{N_1S_1^2+N_2S_2^2}{N_1+N_2-2}\right)\left(\frac{N_1+N_2}{N_1N_2}\right)}$$

$$= \sqrt{\left(\frac{15\times 2.67+15\times 2.67}{15+15-2}\right)\left(\frac{15+15}{15\times 15}\right)} = 0.62$$

ⓓ 관찰 t값을 계산한다.

$$t = \frac{\overline{X_1} - \overline{X_2}}{S_{\overline{X_1}-\overline{X_2}}} = \frac{7.0-5.0}{0.62} = 3.23$$

③ 99% 신뢰수준을 확보하기 위한 기준 t값을 계산한다.

- 유의수준(α) = 1 - 0.99 = 0.01이다.
- 자유도(df) = N_1+N_2-2 = 15 + 15 - 2 = 28이다.

∴ α = 0.01, df = 28일 때, 기준 t값 = 2.763이다.

④ 관찰 t값과 기준 t값을 비교한다.

관찰 t값 3.23이 기준 t값 2.763보다 크므로 영가설을 기각한다.

즉, 본인이 원하는 전공 선택 여부는 대학생활의 만족도에 영향을 미친다고 해석할 수 있다.

6. ① 영가설을 세운다.

H_0 : $\mu_1 = \mu_2$(남녀 간에 미소 짓는 횟수에 차이가 없다.)

② 관찰 t값을 계산한다.

남자(X_1)	X_1^2	여자(X_2)	X_2^2
7	49	15	225
12	144	19	361
4	16	17	289
9	81	16	256
9	81	17	289
10	100	14	196
11	121	16	256
10	100	10	100
$\sum X_1 = 72$	$\sum X_1^2 = 692$	$\sum X_2 = 124$	$\sum X_2^2 = 1,972$

ⓐ 각 집단의 평균을 계산한다.

$$\overline{X_1} = \frac{\sum X_1}{N_1} = \frac{72}{8} = 9.0, \quad \overline{X_2} = \frac{\sum X_2}{N_2} = \frac{124}{8} = 15.5$$

ⓑ 각 집단의 분산을 계산한다.

$$S_1^2 = \frac{\sum X_1^2}{N_1} - \overline{X_1}^2 = \frac{692}{8} - 9.0^2 = 5.5$$

$$S_2^2 = \frac{\sum X_2^2}{N_2} - \overline{X_2}^2 = \frac{1,972}{8} - 15.5^2 = 6.25$$

ⓒ 공통표준오차를 계산한다.

$$S_{\overline{X_1}-\overline{X_2}} = \sqrt{\left(\frac{N_1S_1^2 + N_2S_2^2}{N_1+N_2-2}\right)\left(\frac{N_1+N_2}{N_1N_2}\right)}$$

$$= \sqrt{\left(\frac{8\times5.5+8\times6.25}{8+8-2}\right)\left(\frac{8+8}{8\times8}\right)} = 1.30$$

ⓓ 관찰 t값을 계산한다.

$$t = \frac{\overline{X_1} - \overline{X_2}}{S_{\overline{X_1}-\overline{X_2}}} = \frac{9.0-15.5}{1.30} = -5.0$$

③ 95% 신뢰수준을 확보하기 위한 기준 t값을 계산한다.

- 유의수준(α) = 1 - 0.95 = 0.05이다.
- 자유도(df) = N_1+N_2-2 = 8 + 8 - 2 = 14이다.

∴ α = 0.05, df = 14일 때, 기준 t값 = 2.145이다.

④ 관찰 t값과 기준 t값을 비교한다.

관찰 t값 $|-5.0|$이 기준 t값 2.145보다 크므로 영가설을 기각한다.

즉, 남녀 간에 미소 짓는 횟수에 차이가 있다고 해석할 수 있다.

7. ① 영가설을 세운다.

H_0 : $\mu_1 = \mu_2$(아파서 결석했을 때 임금지급 여부가 결석횟수에 영향을 미치지 않는다.)

② 관찰 t값을 계산한다.

임금을 지급받는 노동자(X_1)	X_1^2	임금 지급받지 못하는 노동자(X_2)	X_2^2
3	9	2	4
2	4	1	1
1	1	0	0
0	0	1	1
1	1	0	0
2	4	2	4
2	4	3	9
3	9	1	1
4	16		
2	4		
$\sum X_1 = 20$	$\sum X_1^2 = 52$	$\sum X_2 = 10$	$\sum X_2^2 = 20$

ⓐ 각 집단의 평균을 계산한다.

$$\overline{X_1} = \frac{\sum X_1}{N_1} = \frac{20}{10} = 2.0, \quad \overline{X_2} = \frac{\sum X_2}{N_2} = \frac{10}{8} = 1.25$$

ⓑ 각 집단의 분산을 계산한다.

$$S_1^2 = \frac{\sum X_1^2}{N_1} - \overline{X_1}^2 = \frac{52}{10} - 2.0^2 = 1.2$$

$$S_2^2 = \frac{\sum X_2^2}{N_2} - \overline{X_2}^2 = \frac{20}{8} - 1.25^2 = 0.9375$$

ⓒ 공통표준오차를 계산한다.

$$S_{\overline{X_1}-\overline{X_2}} = \sqrt{\left(\frac{N_1S_1^2 + N_2S_2^2}{N_1 + N_2 - 2}\right)\left(\frac{N_1 + N_2}{N_1N_2}\right)}$$

$$= \sqrt{\left(\frac{10 \times 1.2 + 8 \times 0.9375}{10 + 8 - 2}\right)\left(\frac{10 + 8}{10 \times 8}\right)} = 0.52$$

ⓓ 관찰 t값을 계산한다.

$$t = \frac{\overline{X_1} - \overline{X_2}}{S_{\overline{X_1}-\overline{X_2}}} = \frac{2.0 - 1.25}{0.52} = 1.44$$

③ 95% 신뢰수준을 확보하기 위한 기준 t값을 계산한다.

- 유의수준(α) = 1−0.95 = 0.05이다.
- 자유도(df) = $N_1 + N_2 - 2$ = 10 + 8−2 = 16이다.

∴ α = 0.05, df = 16일 때, 기준 t값 = 2.120이다.

④ 관찰 t값과 기준 t값을 비교한다.

관찰 t값 1.44가 기준 t값 2.120보다 작으므로 영가설을 채택한다.
즉, 아파서 결석했을 때 임금지급 여부가 결석횟수에 영향을 미치지 않는다고 해석할 수 있다.

8. ① 영가설을 세운다.
영가설(H_0) : "타이프 교육훈련이 타이프 속도 증가에 영향을 미치지 않는다."라고 가정한다.
H_0 : $\mu_1 = \mu_2$(μ_1 : 교육훈련전 평균, μ_2 : 교육훈련후 평균)

② 관찰 t값을 계산한다.

학생	X_1(교육훈련전)	X_2(교육훈련후)	$D = X_1 - X_2$	$D^2 = (X_1 - X_2)^2$
1	17	32	−15	225
2	10	19	−9	81
3	15	28	−13	169
4	12	22	−10	100
5	9	20	−11	121
6	8	15	−7	49
7	13	23	−10	100
8	13	24	−11	121
9	12	23	−11	121
10	11	24	−13	169
	120	230	−110	1,256

ⓐ 교육훈련 전후의 타이프 속도에 대한 평균을 구한다.

$$\overline{X_1} = \frac{120}{10} = 12, \quad \overline{X_2} = \frac{230}{10} = 23$$

ⓑ 교육훈련 전후 타이프 속도 차이들에 대한 표준편차(S_D)를 구한다. 먼저 $D = X_1 - X_2$, $D^2 = (X_1 - X_2)^2$ 칸을 만들어 그 합계를 구한 후 공식에 대입하면 쉽게 구할 수 있다.

$$S_D = \sqrt{\frac{\sum D^2}{N} - (\overline{X_1} - \overline{X_2})^2} = \sqrt{\frac{1,256}{10} - (12 - 23)^2}$$

$$= \sqrt{125.6 - 121} = 2.145$$

ⓒ 교육훈련 전후 타이프 속도 차이들에 대한 표준오차($S_{\overline{D}}$)를 계산한다.

$$S_{\overline{D}} = \frac{S_D}{\sqrt{N-1}} = \frac{2.145}{\sqrt{10 - 1}} = 0.745$$

ⓓ 관찰 t값을 계산한다.

$$t = \frac{\overline{X_1} - \overline{X_2}}{S_{\overline{D}}} = \frac{12 - 23}{0.715} = -15.38$$

③ 기준 t값을 계산한다.

- 유의수준(α) = $1-0.95$ = 0.05
- 자유도(df) = $N - 1 = 10 - 1 = 9$

$\therefore\ \alpha = 0.05,\ df = 9$일 때 기준 t값 = 2.262이다.

④ 관찰 t값과 기준 t값을 비교한다.

관찰 t값 $|-15.38|$이 기준 t값 2.262보다 크므로 영가설을 기각한다.

즉, 타이프 교육훈련이 타이프 속도 증가에 영향을 미친다고 해석할 수 있다.

9. ① 영가설을 세운다.

영가설(H_0) : "자원봉사활동이 장애인에 대한 편견을 없애는 데 긍정적으로 영향을 미치지 않는다."라고 가정한다.

H_0 : $\mu_1 = \mu_2$(μ_1 : 자원봉사전 평균, μ_2 : 자원봉사후 평균)

② 관찰 t값을 계산한다.

학생	X_1(자원봉사전)	X_2(자원봉사후)	$D = X_1 - X_2$	$D^2 = (X_1 - X_2)^2$
1	7	4	3	9
2	6	2	4	16
3	5	2	3	9
4	4	3	1	1
5	9	6	3	9
6	8	5	3	9
7	6	3	3	9
8	3	1	2	4
9	7	5	2	4
10	8	4	4	16
11	7	3	4	16
12	8	4	4	16
	78	42	36	118

ⓐ 자원봉사 전후의 장애인 편견에 대한 평균을 구한다.

$$\overline{X_1} = \frac{78}{12} = 6.5,\quad \overline{X_2} = \frac{42}{12} = 3.5$$

ⓑ 자원봉사 전후 장애인 편견에 대한 표준편차(S_D)를 구한다. 먼저 $D = X_1 - X_2$, $D^2 = (X_1 - X_2)^2$ 칸을 만들어 그 합계를 구한 후 공식에 대입하면 쉽게 구할 수 있다.

$$S_D = \sqrt{\frac{\sum D^2}{N} - (\overline{X_1} - \overline{X_2})^2} = \sqrt{\frac{118}{12} - (6.5 - 3.5)^2}$$

$$= \sqrt{9.833 - 9} = 0.91$$

ⓒ 자원봉사 전후 장애인 편견의 차이들에 대한 표준오차($S_{\overline{D}}$)를 계산한다.

$$S_{\overline{D}} = \frac{S_D}{\sqrt{N-1}} = \frac{0.91}{\sqrt{12 - 1}} = 0.274$$

ⓓ 관찰 t값을 계산한다.

$$t = \frac{\overline{X_1} - \overline{X_2}}{S_{\overline{D}}} = \frac{6.5 - 3.5}{0.274} = 10.95$$

③ 기준 t값[t분포표(단측검증)]을 계산한다.

- 유의수준(α) = 1−0.99 = 0.01
- 자유도(df) = N − 1 = 12 − 1 = 11

∴ α = 0.01, df = 11일 때 기준 t값 = 2.718이다.

④ 관찰 t값과 기준 t값을 비교한다.

관찰 t값 10.95가 기준 t값 2.718보다 크므로 영가설을 기각한다.

즉, 자원봉사활동이 장애인에 대한 편견을 없애는데 긍정적으로 영향을 미친다고 해석할 수 있다.

10. ① 영가설을 세운다. "두 집단의 찬성비율에 차이가 없다."고 가정한다.

H_0 : $\pi_1 = \pi_2$(π_1 : 지지한 모집단의 찬성비율, π_2 : 지지하지 않은 모집단의 찬성비율)

② 관찰 Z값을 계산한다.

ⓐ 두 표본의 공통비율(P^*) 값을 계산한다.

$$P^* = \frac{N_1\pi_1 + N_2\pi_2}{N_1 + N_2} = \frac{600 \times 0.75 + 400 \times 0.66}{600 + 400} = 0.714$$

ⓑ 두 표본 비율의 공통표준오차($S_{P_1-P_2}$) 값을 계산한다.

$$S_{P_1-P_2} = \sqrt{P^*(1-P^*)\left(\frac{N_1+N_2}{N_1N_2}\right)} = \sqrt{0.714(1-0.714)\left(\frac{600+400}{600\times 400}\right)}$$

$$= \sqrt{0.204 \times 0.0042} = 0.029$$

ⓒ 관찰 Z값을 구한다.

$$Z = \frac{P_1 - P_2}{S_{P_1-P_2}} = \frac{0.75 - 0.66}{0.029} = 3.10$$

③ 기준 Z값을 계산한다.

0.95 ÷ 2 = 0.475, 0.475일 때, 기준 Z값 = 1.96이다.

④ 관찰 Z값과 기준 Z값을 비교한다.

관찰 Z값 3.10이 기준 Z값 1.96보다 크므로 영가설을 기각한다.

즉, 대통령선거당시 대통령을 지지한 사람과 지지하지 않은 사람 간에 대통령 업무수행 평가에서 잘하고 있다고 응답한 비율에 차이가 있다고 해석할 수 있다.

11. ① 영가설을 세운다. "두 집단의 찬성비율에 차이가 없다."고 가정한다.

H_0 : $\pi_1 = \pi_2$(π_1 : 60세 이상 모집단의 찬성비율, π_2 : 60세 미만 집단의 찬성비율)

② 관찰 Z값을 계산한다.

ⓐ 두 표본의 찬성비율을 계산한다.

$$P_1 = \frac{270}{300} = 0.9, \quad P_2 = \frac{350}{500} = 0.7$$

ⓑ 두 표본의 공통비율(P^*) 값을 계산한다.

$$P^* = \frac{N_1\pi_1 + N_2\pi_2}{N_1 + N_2} = \frac{300 \times 0.9 + 500 \times 0.7}{300 + 500} = 0.775$$

ⓒ 두 표본 비율의 공통표준오차($S_{P_1 - P_2}$) 값을 계산한다.

$$S_{P_1 - P_2} = \sqrt{P^*(1 - P^*)\left(\frac{N_1 + N_2}{N_1 N_2}\right)} = \sqrt{0.775(1 - 0.775)\left(\frac{300 + 500}{300 \times 500}\right)}$$

$$= \sqrt{0.174375 \times 0.00533} = 0.03$$

ⓓ 관찰 Z값을 구한다.

$$Z = \frac{P_1 - P_2}{S_{P_1 - P_2}} = \frac{0.9 - 0.7}{0.03} = 6.67$$

③ 기준 Z값을 계산한다.

0.99 ÷ 2 = 0.495, 0.495일 때 기준 Z값 = 2.58이다.

④ 관찰 Z값과 기준 Z값을 비교한다.

관찰 Z값 6.67이 기준 Z값 2.58보다 크므로 영가설을 기각한다.

즉, 65세 이상 노인과 65세 미만인 사람 간에 무료 또는 실비 노인복지시설 건립의 찬성비율에 차이가 있다고 해석할 수 있다.

제9장 연습문제 해답

1. ① 영가설을 세운다. "집단별로 판매량에 차이가 없다."라고 가정한다.

H_0 : $\mu_1 = \mu_2 = \mu_3$

② 관찰 F값을 계산한다.

전화판매 (X_1)	X_1^2	직접판매 (X_2)	X_2^2	인터넷 판매(X_3)	X_3^2
6	36	6	36	9	81
6	36	8	64	10	100
7	49	7	49	12	144
7	49	8	64	8	64
4	16	9	81	9	81
9	81	4	16	6	36
39	267	42	310	54	506

ⓐ 집단별 평균판매량($\overline{X_1}$, $\overline{X_2}$, $\overline{X_3}$)과 전체 평균판매량($\overline{X_t}$)를 계산한다.

$$\overline{X_1} = \frac{39}{6} = 6.5, \qquad \overline{X_2} = \frac{42}{6} = 7.0$$

$$\overline{X_3} = \frac{54}{6} = 9.0, \qquad \overline{X_t} = \frac{39+42+54}{18} = 7.5$$

ⓑ 총 편차자승의 합을 계산한다.

$$SS_t = \sum X_t^2 - N_t \overline{X_t}^2$$

$$= (267+310+506) - 18 \times 7.5^2 = 70.5$$

ⓒ 집단내 편차자승의 합을 계산한다.

$$SS_w = \sum\left(\sum X_g^2 - N_g \overline{X_g}^2\right)$$

$$= (267 - 6 \times 6.5^2) + (310 - 6 \times 7.0^2) + (506 - 6 \times 9.0^2)$$

$$= 13.5 + 16 + 20 = 49.5$$

ⓓ 집단간 편차자승의 합을 계산한다.

$$SS_b = SS_t - SS_w = 70.5 - 49.5 = 21.0$$

ⓔ 집단내 자유도를 계산한다.

$$df_w = N - K = 18 - 3 = 15$$

ⓕ 집단간 자유도를 계산한다.

$$df_b = K - 1 = 3 - 1 = 2$$

ⓖ 집단내 편차자승의 평균을 계산한다.

$$MS_w = \frac{SS_w}{df_w} = \frac{49.5}{15} = 3.3$$

ⓗ 집단간 편차자승의 평균을 계산한다.

$$MS_b = \frac{SS_b}{df_b} = \frac{21}{2} = 10.5$$

ⓘ 관찰 F값을 계산한다.

$$F = \frac{MS_b}{MS_w} = \frac{10.5}{3.3} = 3.18$$

③ 기준 F값을 구한다.

ⓐ 유의수준 : $\alpha = 1 - 0.95 = 0.05$

ⓑ 집단내 자유도와 집단간 자유도를 구한다.

$df_w = N - K = 18-3 = 15$

$df_b = K - 1 = 3-1 = 2$

ⓒ 기준 F값을 구한다.

- F분포표를 이용하여 기준 F값을 구한다.

  $\therefore \alpha = 0.05,\ df_w = 15,\ df_b = 2$일 때, 기준 F값 $= 3.68$이다.

④ 관찰 F값과 기준 F값을 비교한다.

관찰 F값 3.18이 기준 F값 3.68보다 작으므로 영가설을 채택한다.

즉, 판매방법이 판매량에 영향을 미치지 않는다고 해석할 수 있다.

2. ① 영가설을 세운다. "대학생들의 거주형태가 행복감에 영향을 미치지 않는다."라고 가정한다.

$H_0 : \mu_1 = \mu_2 = \mu_3$

② 관찰 F값을 계산한다.

자취(X_1)	X_1^2	기숙사(X_2)	X_2^2	자기집(X_3)	X_3^2
3	9	4	16	4	16
2	4	2	4	5	25
4	16	6	36	6	36
3	9	5	25	3	9
5	25	4	16	5	25
4	16	3	9	6	36
1	1	5	25	5	25
2	4	7	49	8	64
24	84	36	180	42	236

ⓐ 거주형태별 평균($\overline{X_1}$, $\overline{X_2}$, $\overline{X_3}$)과 전체 평균($\overline{X_t}$)를 계산한다.

$$\overline{X_1} = \frac{24}{8} = 3.0, \qquad \overline{X_2} = \frac{36}{8} = 4.5$$

$\overline{X_3} = \frac{42}{8} = 5.25, \quad \overline{X_t} = \frac{24+36+42}{24} = 4.25$

ⓑ 총 편차자승의 합을 계산한다.

$SS_t = \sum X_t^2 - N_t \overline{X_t}^2$

$= (84+180+236) - 24 \times 4.25^2 = 66.5$

ⓒ 집단내 편차자승의 합을 계산한다.

$SS_w = \sum\left(\sum X_g^2 - N_g \overline{X_g}^2\right)$

$= (84 - 8 \times 3.0^2) + (180 - 8 \times 4.5^2) + (236 - 8 \times 5.25^2)$

$= 12 + 18 + 15.5 = 45.5$

ⓓ 집단간 편차자승의 합을 계산한다.

$SS_b = SS_t - SS_w = 66.5 - 45.5 = 21.0$

ⓔ 집단내 자유도를 계산한다.

$df_w = N - K = 24 - 3 = 21$

ⓕ 집단간 자유도를 계산한다.

$df_b = K - 1 = 3 - 1 = 2$

ⓖ 집단내 편차자승의 평균을 계산한다.

$MS_w = \frac{SS_w}{df_w} = \frac{45.5}{21} = 2.17$

ⓗ 집단간 편차자승의 평균을 계산한다.

$MS_b = \frac{SS_b}{df_b} = \frac{21}{2} = 10.5$

ⓘ 관찰 F값을 계산한다.

$F = \frac{MS_b}{MS_w} = \frac{10.5}{2.17} = 4.84$

③ 기준 F값을 구한다.

ⓐ 유의수준 : $\alpha = 1 - 0.95 = 0.05$

ⓑ 집단내 자유도와 집단간 자유도를 구한다.

$df_w = N - K = 24 - 3 = 21$

$df_b = K - 1 = 3 - 1 = 2$

ⓒ 기준 F값을 구한다.

- F분포표를 이용하여 기준 F값을 구한다.

  $\therefore \alpha = 0.05,\ df_w = 21,\ df_b = 2$일 때, 기준 F값 $= 3.47$이다.

④ 관찰 F값과 기준 F값을 비교한다.

관찰 F값 4.84가 기준 F값 3.47보다 크므로 영가설을 기각한다.

즉, 대학생들의 거주형태가 행복감에 영향을 미친다고 해석할 수 있다.

3. ① 영가설을 세운다. "직업의 만족도가 생의 행복감에 영향을 미치지 않는다."라고 가정한다.

$H_0 \ : \ \mu_1 = \mu_2 = \mu_3 = \mu_4$

② 관찰 F값을 계산한다.

크게 만족 (X_1)	X_1^2	만족 (X_2)	X_2^2	불만족 (X_3)	X_3^2	크게 불만족 (X_4)	X_4^2
9	81	6	36	4	16	2	4
7	49	6	36	6	36	3	9
7	49	7	49	4	16	1	1
8	64	6	36	6	36	3	9
8	64	5	25	5	25	4	16
6	36	5	25	7	49	3	9
		9	81	5	25	5	25
		4	16	3	3		
				5	25		
45	343	48	304	45	237	21	73

ⓐ 응답형태별 평균($\overline{X_1}$, $\overline{X_2}$, $\overline{X_3}$, $\overline{X_4}$)과 전체 평균($\overline{X_t}$)를 계산한다.

$$\overline{X_1} = \frac{45}{6} = 7.5, \qquad \overline{X_2} = \frac{48}{8} = 6.0$$

$$\overline{X_3} = \frac{45}{9} = 5.0, \qquad \overline{X_4} = \frac{21}{7} = 3.0$$

$$\overline{X_t} = \frac{45+48+45+21}{30} = 5.3$$

ⓑ 총 편차자승의 합을 계산한다.

$$SS_t = \sum X_t^{\ 2} - N_t \overline{X_t}^{\ 2}$$

$$= (343+304+237+73) - 30 \times 5.3^2 = 114.3$$

ⓒ 집단내 편차자승의 합을 계산한다.

$$SS_w = \sum\left(\sum X_g^{\ 2} - N_g \overline{X_g}^{\ 2}\right)$$

$$= (343 - 6 \times 7.5^2) + (304 - 8 \times 6.0^2) + (237 - 9 \times 5.0^2) + (73 - 7 \times 3.0^2)$$

$$= 5.5 + 16 + 12 + 10 = 43.5$$

ⓓ 집단간 편차자승의 합을 계산한다.

$$SS_b = SS_t - SS_w = 114.3 - 43.5 = 70.8$$

ⓔ 집단내 자유도를 계산한다.

$df_w = N - K = 30-4 = 26$

ⓕ 집단간 자유도를 계산한다.

$df_b = K - 1 = 4-1 = 3$

ⓖ 집단내 편차자승의 평균을 계산한다.

$$MS_w = \frac{SS_w}{df_w} = \frac{43.5}{26} = 1.67$$

ⓗ 집단간 편차자승의 평균을 계산한다.

$$MS_b = \frac{SS_b}{df_b} = \frac{70.8}{3} = 23.6$$

ⓘ 관찰 F값을 계산한다.

$$F = \frac{MS_b}{MS_w} = \frac{23.6}{1.67} = 14.13$$

③ 기준 F값을 구한다.

ⓐ 유의수준 : $\alpha = 1 - 0.99 = 0.01$

ⓑ 집단내 자유도와 집단간 자유도를 구한다.

$df_w = N - K = 30-4 = 26$

$df_b = K - 1 = 4-1 = 3$

ⓒ 기준 F값을 구한다.

- F분포표를 이용하여 기준 F값을 구한다.

  $\therefore\ \alpha = 0.01,\ df_w = 26,\ df_b = 3$일 때, 기준 F값 $= 4.64$이다.

④ 관찰 F값과 기준 F값을 비교한다.

관찰 F값 14.13이 기준 F값 4.64보다 크므로 영가설을 기각한다.

즉, 직업의 만족도가 생의 행복감에 영향을 미친다고 해석할 수 있다.

4. ① 영가설을 세운다. "초·중·고·대학생 간에 수업시간 외의 하루 평균 공부시간에 차이가 없다."라고 가정한다.

$H_0 : \mu_1 = \mu_2 = \mu_3 = \mu_4$

② 관찰 F값을 계산한다.

초등학생 (X_1)	X_1^2	중학생 (X_2)	X_2^2	고등학생 (X_3)	X_3^2	대학생 (X_4)	X_4^2
2.0	4.00	3.0	9.00	3	9	3	9
1.0	1.00	2.0	4.00	2	4	3	9
0.5	0.25	2.5	6.25	4	16	2	4
1.0	1.00	2.0	4.00	4	16	4	16

2.0	4.00	1.5	2.25	5	25	5	25
2.5	6.25	4.0	16.00	6	36	1	1
9.0	16.50	15.0	41.50	24	106	18	64

ⓐ 학생별 평균($\overline{X_1}$, $\overline{X_2}$, $\overline{X_3}$, $\overline{X_4}$)과 전체 평균($\overline{X_t}$)를 계산한다.

$$\overline{X_1} = \frac{9.0}{6} = 1.5, \qquad \overline{X_2} = \frac{15.0}{6} = 2.5$$

$$\overline{X_3} = \frac{24}{6} = 4.0, \qquad \overline{X_4} = \frac{18}{6} = 3.0$$

$$\overline{X_t} = \frac{9.0+15.0+24+18}{24} = 2.75$$

ⓑ 총 편차자승의 합을 계산한다.

$$SS_t = \sum X_t^{\,2} - N_t\overline{X_t}^{\,2}$$

$$= (16.5+41.5+106+64) - 24\times 2.75^2 = 46.5$$

ⓒ 집단내 편차자승의 합을 계산한다.

$$SS_w = \sum\left(\sum X_g^{\,2} - N_g\overline{X_g}^{\,2}\right)$$

$$= (16.5-6\times 1.5^2)+(41.5-6\times 2.5^2)+(106-6\times 4.0^2)+(64-6\times 3.0^2)$$

$$= 3+4+10+10 = 27$$

ⓓ 집단간 편차자승의 합을 계산한다.

$$SS_b = SS_t - SS_w = 46.5-27 = 19.5$$

ⓔ 집단내 자유도를 계산한다.

$$df_w = N - K = 24-4 = 20$$

ⓕ 집단간 자유도를 계산한다.

$$df_b = K - 1 = 4-1 = 3$$

ⓖ 집단내 편차자승의 평균을 계산한다.

$$MS_w = \frac{SS_w}{df_w} = \frac{27}{20} = 1.35$$

ⓗ 집단간 편차자승의 평균을 계산한다.

$$MS_b = \frac{SS_b}{df_b} = \frac{19.5}{3} = 6.5$$

ⓘ 관찰 F값을 계산한다.

$$F = \frac{MS_b}{MS_w} = \frac{6.5}{1.35} = 4.81$$

③ 기준 F값을 구한다.

ⓐ 유의수준 : $\alpha = 1-0.99 = 0.01$

ⓑ 집단내 자유도와 집단간 자유도를 구한다.

$df_w = N - K = 24-4 = 20$

$df_b = K - 1 = 4-1 = 3$

ⓒ 기준 F값을 구한다.

- F분포표를 이용하여 기준 F값을 구한다.

  ∴ $\alpha = 0.01$, $df_w = 20$, $df_b = 3$일 때, 기준 F값 $= 4.94$이다.

ⓓ 관찰 F값과 기준 F값을 비교한다.

관찰 F값 4.81이 기준 F값 4.94보다 작으므로 영가설을 채택한다.

즉, 초·중·고·대학생 간에 수업시간 외의 하루 평균 공부시간에 차이가 없다고 해석할 수 있다.

5. ① 영가설을 세운다. "거주 지역에 따라 이웃과의 상호작용에 차이가 없다."라고 가정한다.

H_0 : $\mu_1 = \mu_2 = \mu_3$

② 관찰 F값을 계산한다.

대도시 (X_1)	X_1^2	중소도시 (X_2)	X_2^2	읍면지역 (X_3)	X_3^2
2	4	7	49	8	64
4	16	5	25	7	49
3	9	5	25	7	49
4	16	4	16	5	25
7	49	4	16	9	81
20	94	25	131	36	268

ⓐ 거주 지역별 평균($\overline{X_1}$, $\overline{X_2}$, $\overline{X_3}$)과 전체 평균($\overline{X_t}$)를 계산한다.

$$\overline{X_1} = \frac{20}{5} = 4.0, \qquad \overline{X_2} = \frac{25}{5} = 5.0$$

$$\overline{X_3} = \frac{36}{5} = 7.2, \qquad \overline{X_t} = \frac{20+26+35}{15} = 5.4$$

ⓑ 총 편차자승의 합을 계산한다.

$$SS_t = \sum X_t^{\,2} - N_t \overline{X_t}^{\,2}$$

$$= (94+131+268) - 15 \times 5.4^2 = 55.6$$

ⓒ 집단내 편차자승의 합을 계산한다.

$$SS_w = \sum\left(\sum X_g^{\,2} - N_g \overline{X_g}^{\,2}\right)$$

$$= (94 - 5 \times 4.0^2) + (131 - 5 \times 5.0^2) + (268 - 5 \times 7.2^2)$$

$$= 14 + 6 + 8.8 = 28.8$$

ⓓ 집단간 편차자승의 합을 계산한다.

$SS_b = SS_t - SS_w = 55.6 - 28.8 = 26.8$

ⓔ 집단내 자유도를 계산한다.

$df_w = N - K = 15 - 3 = 12$

ⓕ 집단간 자유도를 계산한다.

$df_b = K - 1 = 3 - 1 = 2$

ⓖ 집단내 편차자승의 평균을 계산한다.

$$MS_w = \frac{SS_w}{df_w} = \frac{28.8}{12} = 2.4$$

ⓗ 집단간 편차자승의 평균을 계산한다.

$$MS_b = \frac{SS_b}{df_b} = \frac{26.8}{2} = 13.4$$

ⓘ 관찰 F값을 계산한다.

$$F = \frac{MS_b}{MS_w} = \frac{13.4}{2.4} = 5.58$$

③ 기준 F값을 구한다.

ⓐ 유의수준 : $\alpha = 1 - 0.95 = 0.05$

ⓑ 집단내 자유도와 집단간 자유도를 구한다.

$df_w = N - K = 15 - 3 = 12$

$df_b = K - 1 = 3 - 1 = 2$

ⓒ 기준 F값을 구한다.

- F분포표를 이용하여 기준 F값을 구한다.

  $\therefore \alpha = 0.05,\ df_w = 12,\ df_b = 2$일 때, 기준 F값 $= 3.88$이다.

④ 관찰 F값과 기준 F값을 비교한다.

관찰 F값 5.58이 기준 F값 3.88보다 크므로 영가설을 기각한다.

즉, 거주 지역에 따라 이웃과의 상호작용에 차이가 있다고 해석할 수 있다.

[사후검증]

① 지역별 집단들의 평균을 구한 후 집단평균들의 차이를 나타내는 값을 다음과 같이 정리한다.

구분	대도시 ($\overline{X_1} = 4.0$)	중소도시 ($\overline{X_2} = 5.0$)	읍면지역 ($\overline{X_3} = 7.2$)
대도시($\overline{X_1} = 4.0$)	–	1.0	3.2
중소도시($\overline{X_2} = 5.0$)	–	–	2.2
읍면지역($\overline{X_3} = 7.2$)	–	–	–

② HSD값을 구한다.

ⓐ q분포표를 이용하여 q값을 구한다. q값을 구하기 위해서는 집단내 유의수준, 집단내 자유도, 집단수 값을 알아야 한다.

- 유의수준 : $\alpha = 1-0.95 = 0.05$
- 집단내 자유도 : $df_w = N - K = 15 - 3 = 12$
- 집단수 : $K = 3$

$\therefore q = 3.77$이다.

ⓑ HSD값을 구한다.

$$HSD = q\sqrt{\frac{MS_w}{N_g}} = 3.77\sqrt{\frac{2.4}{5}} = 2.61$$

③ 두 집단간의 평균들의 차이값과 HSD값을 비교한다.

ⓐ 대도시($\overline{X_1}$)와 중소도시($\overline{X_2}$)의 평균의 차이 1.0은 HSD값 2.61보다 작으므로 두 지역 간에는 이웃 간의 상호작용에 차이가 없다고 할 수 있다.

ⓑ 대도시($\overline{X_1}$)와 읍면지역($\overline{X_3}$)의 평균의 차이 3.2는 HSD값 2.61보다 크므로 두 지역 간에는 이웃 간의 상호작용에 차이가 있다고 할 수 있다.

ⓒ 중소도시($\overline{X_2}$)와 읍면지역($\overline{X_3}$)의 평균의 차이 2.2는 HSD값 2.61보다 작으므로 두 지역 간에는 이웃 간의 상호작용에 차이가 없다고 할 수 있다.

6. ① 영가설을 세운다. "연령별로 컴퓨터 이용시간에 차이가 없다."라고 가정한다.

$H_0 \ : \ \mu_1 = \mu_2 = \mu_3 = \mu_4 = \mu_5$

② 관찰 F값을 계산한다.

10대 (X_1)	X_1^2	20대 (X_2)	X_2^2	30대 (X_3)	X_3^2	40대 (X_4)	X_4^2	50대 (X_5)	X_5^2
	4						9		1
2	1	3	9	5	25	3	9	1	
1	4	2	4	3	9	3		0.5	0.25
2		5	25	3	9	2.5	6.25	2	4
1.5	2.25	4	16	4	16	2.5		1	1
2.5		4	16	1	1	1	6.25	0.5	
	6.25						1		0.25
9	17.5	18	70	16	60	12	31.5	5	6.5

ⓐ 연령별 평균($\overline{X_1}$, $\overline{X_2}$, $\overline{X_3}$, $\overline{X_4}$, $\overline{X_5}$)과 전체 평균($\overline{X_t}$)를 계산한다.

$$\overline{X_1} = \frac{9}{5} = 1.8, \qquad \overline{X_2} = \frac{18}{5} = 3.6$$

$$\overline{X_3} = \frac{16}{5} = 3.2, \qquad \overline{X_4} = \frac{12}{5} = 2.4$$

$$\overline{X_5} = \frac{5}{5} = 1.0, \qquad \overline{X_t} = \frac{9+18+16+12+5}{25} = 2.4$$

ⓑ 총 편차자승의 합을 계산한다.

$$SS_t = \sum X_t^2 - N_t \overline{X_t}^2$$

$$= (17.5+70+60+31.5+6.5) - 25 \times 2.4^2 = 41.5$$

ⓒ 집단내 편차자승의 합을 계산한다.

$$SS_w = \sum\left(\sum X_g^2 - N_g \overline{X_g}^2\right)$$

$$= (17.5 - 5 \times 1.8^2) + (70 - 5 \times 3.6^2) + (60 - 5 \times 3.2^2) +$$

$$(31.5 - 5 \times 2.4^2) + (6.5 - 5 \times 1.0^2)$$

$$= 1.3 + 5.2 + 8.8 + 2.7 + 1.5 = 19.5$$

ⓓ 집단간 편차자승의 합을 계산한다.

$$SS_b = SS_t - SS_w = 41.5 - 19.5 = 22$$

ⓔ 집단내 자유도를 계산한다.

$$df_w = N - K = 25 - 5 = 20$$

ⓕ 집단간 자유도를 계산한다.

$$df_b = K - 1 = 5 - 1 = 4$$

ⓖ 집단내 편차자승의 평균을 계산한다.

$$MS_w = \frac{SS_w}{df_w} = \frac{19.5}{20} = 0.975$$

ⓗ 집단간 편차자승의 평균을 계산한다.

$$MS_b = \frac{SS_b}{df_b} = \frac{22}{4} = 5.5$$

ⓘ 관찰 F값을 계산한다.

$$F = \frac{MS_b}{MS_w} = \frac{5.5}{0.975} = 5.64$$

③ 기준 F값을 구한다.

ⓐ 유의수준 : $\alpha = 1 - 0.95 = 0.05$

ⓑ 집단내 자유도와 집단간 자유도를 구한다.

$$df_w = N - K = 25 - 5 = 20$$

$$df_b = K - 1 = 5 - 1 = 4$$

ⓒ 기준 F값을 구한다.

- F분포표를 이용하여 기준 F값을 구한다.

  $\therefore \alpha = 0.05,\ df_w = 20,\ df_b = 4$일 때, 기준 F값 $= 2.87$이다.

④ 관찰 F값과 기준 F값을 비교한다.

관찰 F값 5.64가 기준 F값 2.87보다 크므로 영가설을 기각한다.
즉, 연령별로 컴퓨터 이용시간에 차이가 있다고 해석할 수 있다.

[사후검증]

① 세대별 집단들의 평균을 구한 후 집단평균들의 차이를 나타내는 값을 다음과 같이 정리한다.

구분	50대 ($\overline{X_5}$=1.0)	10대 ($\overline{X_1}$=1.8)	40대 ($\overline{X_4}$=2.4)	30대 ($\overline{X_3}$=3.2)	20대 ($\overline{X_2}$=3.6)
50대($\overline{X_5}$=1.0)	–	0.8	1.4	2.2	2.6
10대($\overline{X_1}$=1.8)	–	–	0.6	1.4	1.8
40대($\overline{X_4}$=2.4)	–	–	–	0.8	1.2
30대($\overline{X_3}$=3.2)	–	–	–	–	0.4
20대($\overline{X_2}$=3.6)	–	–	–	–	–

② HSD값을 구한다.

ⓐ q분포표를 이용하여 q값을 구한다. q값을 구하기 위해서는 집단내 유의수준, 집단내 자유도, 집단수 값을 알아야 한다.

- 유의수준 : $\alpha = 1-0.95 = 0.05$
- 집단내 자유도 : $df_w = N - K = 25 - 5 = 20$
- 집단수 : $K = 5$

$\therefore\ q = 4.23$이다.

ⓑ HSD값을 구한다.

$$HSD = q\sqrt{\frac{MS_w}{N_g}} = 4.23\sqrt{\frac{0.975}{5}} = 1.87$$

③ 두 집단간의 평균들의 차이값과 HSD값을 비교한다.

ⓐ 50대($\overline{X_5}$)와 30대($\overline{X_3}$)의 평균차이 2.2, 20대($\overline{X_2}$)의 평균차이 2.6은 HSD값 1.87보다 크므로 두 세대 간에는 컴퓨터 이용시간에 차이가 있다고 할 수 있다.

ⓑ 50대($\overline{X_5}$)와 10대($\overline{X_1}$)의 평균차이 0.8, 40대($\overline{X_4}$)의 평균차이 1.4는 HSD값 1.87보다 작으므로 두 세대 간에는 컴퓨터 이용시간에 차이가 없다고 할 수 있다.

ⓒ 나머지 세대 간에는 컴퓨터 이용시간에 차이가 없다고 할 수 있다.

제10장 연습문제 해답

1. ① 영가설을 세운다. "음료수 간에 맛에 차이가 나지 않는다."라고 가정한다.

② 관찰 x^2값을 계산한다.

ⓐ 각 범주의 기대도수(f_e)를 계산한다.

$$f_e = 100 \times \frac{1}{5} = 20$$

ⓑ 요약표를 작성한다.

음료수	관찰도수(f_o)	기대도수(f_e)	$(f_o - f_e)$	$(f_o - f_e)^2$
A	28	20	8	64
B	18	20	−2	4
C	14	20	−6	36
D	24	20	4	16
E	16	20	−4	16

ⓒ 관찰 x^2값을 계산한다.

$$x^2 = \sum \frac{(f_o - f_e)^2}{f_e}$$

$$= \frac{64}{20} + \frac{4}{20} + \frac{36}{20} + \frac{16}{20} + \frac{16}{20} = 3.2 + 0.2 + 1.8 + 0.8 + 0.8 = 6.8$$

③ 기준 x^2값을 구한다.

ⓐ 유의수준(α) 값을 구한다.

α = 1 - 0.95 = 0.05

ⓑ 자유도(df)를 구한다.

$df = K - 1$ = 5 - 1 = 4

ⓒ x^2분포표를 이용하여 기준 x^2값을 구한다.

α = 0.05, df = 4일 때, 기준 x^2값 = 9.49이다.

④ 관찰 x^2값과 기준 x^2값을 비교한다.

관찰 x^2값 6.8이 기준 x^2값 9.49보다 작으므로 영가설을 채택한다.

즉, 음료수 간에 맛에 차이가 나지 않는다고 할 수 있다.

2. ① 영가설을 세운다. "남녀 간에 선호하는 술의 종류에 차이가 없다."라고 가정한다.

② 관찰 x^2값을 계산한다.

ⓐ 각 셀의 기대도수를 구한다.

구분	남자	여자	계
소주 맥주	12 ㉮ 8 ㉰	6 ㉯ 12 ㉱	18 20
계	20	18	38

㉮ 셀의 기대도수 $= \dfrac{18 \times 20}{38} \fallingdotseq 9.47$

㉯ 셀의 기대도수 $= \dfrac{18 \times 18}{38} \fallingdotseq 8.53$

㉰ 셀의 기대도수 $= \dfrac{20 \times 20}{38} \fallingdotseq 10.53$

㉱ 셀의 기대도수 $= \dfrac{20 \times 18}{38} \fallingdotseq 9.47$

ⓑ 관찰 x^2값을 계산한다.

$$x^2 = \sum \frac{(|f_o - f_e| - 0.5)^2}{f_e}$$

$$= \frac{(|12-9.47|-0.5)^2}{9.47} + \frac{(|6-8.53|-0.5)^2}{8.53} + \frac{(|8-10.53|-0.5)^2}{10.53} + \frac{(|12-9.47|-0.5)^2}{9.47}$$

$$= 0.44+0.48+0.39+0.44 = 1.75$$

③ 기준 x^2값을 구한다.

ⓐ 유의수준 : $\alpha = 1-0.95 = 0.05$

ⓑ 자유도 : $df=(r-1)(c-1) = (2-1)(2-1) = 1$

ⓒ x^2분포표를 이용하여 기준 x^2값을 구한다.

$\alpha = 0.05$, $df = 1$일 때, 기준 x^2값 $= 3.84$이다.

④ 관찰 x^2값과 기준 x^2값을 비교한다.

관찰 x^2값 1.75가 기준 x^2값 3.84보다 작으므로 영가설을 채택한다.

즉, 남녀 간에 선호하는 술의 종류에 차이가 없다고 할 수 있다.

3. ① 영가설을 세운다. "연령별로 선호하는 TV 방송프로그램에 차이가 없다."라고 가정한다.

② 관찰 x^2값을 계산한다.

ⓐ 각 셀의 기대도수를 구한다.

구분	20~30대	40~50대	60대 이상	계
스포츠	22 ㉮	10 ㉯	8 ㉰	30
뉴 스	10 ㉱	18 ㉲	12 ㉳	40
드라마	8 ㉴	7 ㉵	15 ㉶	30
계	40	35	35	100

㉮ 셀의 기대도수 = $\frac{30 \times 40}{100}$ = 12

㉯ 셀의 기대도수 = $\frac{30 \times 35}{100}$ = 10.5

㉰ 셀의 기대도수 = $\frac{30 \times 35}{100}$ = 10.5

㉱ 셀의 기대도수 = $\frac{40 \times 40}{100}$ = 16

㉲ 셀의 기대도수 = $\frac{40 \times 35}{100}$ = 14

㉳ 셀의 기대도수 = $\frac{40 \times 35}{100}$ = 14

㉴ 셀의 기대도수 = $\frac{30 \times 40}{100}$ = 12

㉵ 셀의 기대도수 = $\frac{30 \times 35}{100}$ = 10.5

㉶ 셀의 기대도수 = $\frac{30 \times 35}{100}$ = 10.5

ⓑ 관찰 x^2값을 계산한다.

$$x^2 = \sum \frac{(f_o - f_e)^2}{f_e}$$

$$= \frac{(22-12)^2}{12} + \frac{(10-10.5)^2}{10.5} + \frac{(8-10.5)^2}{10.5} + \frac{(10-16)^2}{16} + \frac{(18-14)^2}{14} + \frac{(12-14)^2}{14} + \frac{(8-12)^2}{12} + \frac{(7-10.5)^2}{10.5} + \frac{(15-10.5)^2}{10.5}$$

$$= 8.33 + 0.02 + 0.60 + 2.25 + 1.14 + 0.29 + 1.33 + 1.17 + 1.93 = 17.06$$

③ 기준 x^2값을 구한다.

ⓐ 유의수준 : $\alpha = 1 - 0.95 = 0.05$

ⓑ 자유도 : $df = (r-1)(c-1) = (3-1)(3-1) = 4$

ⓒ x^2분포표를 이용하여 기준 x^2값을 구한다.

α = 0.05, df = 4일 때, 기준 x^2값 = 9.49이다.

④ 관찰 x^2값과 기준 x^2값을 비교한다.

관찰 x^2값 17.06이 기준 x^2값 9.49보다 크므로 영가설을 기각한다.

즉, 연령별로 선호하는 TV 방송프로그램에 차이가 있다고 할 수 있다.

4. ① 영가설을 세운다. "두 집단간에 의약분업에 대한 차이가 없다."라고 가정한다.

② 두 표본을 합한 후, 중앙치를 구한다. 먼저 두 표본을 합하여 낮은 값에서 높은 값으로 배열하면 다음과 같다.

1 1 1 1 1 1 2 2 2 2 2 2 2 3 ③ ③ 3 4 4 4 4 4 4 4 4 4 5 5 5 5

$$n\text{이 짝수일 때, } Me = \frac{\left(\frac{n}{2}\right)\text{번째 값} + \left(\frac{n}{2}+1\right)\text{번째 값}}{2} \text{ 이다.}$$

$$\therefore \ Me = \frac{\left(\frac{28}{2}\right)\text{번째 값} + \left(\frac{28}{2}+1\right)\text{번째 값}}{2} = \frac{3+3}{2} = 3$$

③ 각 표본에서 중앙치보다 큰 값과 중앙치 이하인 값을 가진 수를 나타내는 교차도수분포표를 다음과 같이 작성하여 기대도수를 계산한다.

구분	집단1	집단2	계
중앙치보다 큰 값	2 ㉮	10 ㉯	12
중앙치 이하	11 ㉰	5 ㉱	16
계	13	15	28

- 집단1 : 의사나 의대생을 가진 가족 성원
- 집단2 : 의사나 의대생을 갖지 않은 가족 성원

㉮ 셀의 기대도수 : $f_e = \frac{12\times 13}{28} \fallingdotseq 5.57$

㉯ 셀의 기대도수 : $f_e = \frac{12\times 15}{28} \fallingdotseq 6.43$

㉰ 셀의 기대도수 : $f_e = \frac{16\times 13}{28} \fallingdotseq 7.43$

㉱ 셀의 기대도수 : $f_e = \frac{16\times 15}{28} \fallingdotseq 8.57$

④ 관찰 x^2값을 계산한다.

$$x^2 = \sum \frac{(|f_o - f_e| - 0.5)^2}{f_e}$$

$$= \frac{(|2-5.57|-0.5)^2}{5.57} + \frac{(|10-6.43|-0.5)^2}{6.43} +$$

$$\frac{(|11-7.43|-0.5)^2}{7.43} + \frac{(|5-8.57|-0.5)^2}{8.57}$$

$$= 1.69+1.47+1.27+1.10 = 5.53$$

⑤ 기준 x^2값을 계산한다.

- 유의수준 : $\alpha = 1-0.95 = 0.05$
- 자유도 : $df=(r-1)(c-1) = (2-1)(2-1) = 1$

$\therefore \alpha = 0.05,\ df = 1$일 때, 기준 x^2값 = 3.84이다.

⑥ 관찰 x^2값과 기준 x^2값을 비교한다.

관찰 x^2값 5.53이 기준 x^2값 3.84보다 크므로 영가설을 기각한다.

즉, 두 집단간에 의약분업에 대한 의견의 차이가 있다고 할 수 있다.

5. ① 영가설을 세운다. "두 집단간에 술을 마신 것에 대해 차이가 없다."라고 가정한다.

② 두 집단의 모든 사례들을 통합해서 가장 낮은 값부터 가장 높은 값 순으로 순위를 정한다. 이때 같은 점수가 2개 이상인 경우에는 이들의 순위를 모두 더해서 같은 순위를 가진 사례수로 나눈 값이 그들의 순위가 된다. 예를 들면, 0점은 순위가 1위, 2위, 3위이므로 (1 + 2 + 3) / 3 = 2가 되며, 7점은 9위와 10위이므로 (9 + 10) / 2 = 9.5가 된다. 이에 대한 순위를 정리하면 다음과 같다.

건강에 해롭다는 교육을 받은 집단	순위	건강에 해롭지 않다는 교육을 받은 집단	순위
0	2(1)	7	9.5(10)
5	8	12	14.5(15)
7	9.5(9)	35	20
15	16	9	12
10	13	18	18
30	19	16	17
2	5	0	2(3)
1	4	4	7
0	2(2)		
8	11		
12	14.5(14)		
3	6		
N_1 = 12	$\sum R_1$=110	N_2 = 8	$\sum R_2$ = 100

② U_1과 U_2값을 계산한다.

$$U_1 = N_1N_2+\frac{N_1(N_1+1)}{2} - \sum R_1$$

$$= 12 \times 8 + \frac{12(12+1)}{2} - 110 = 64$$

$$U_2 = N_1N_2+\frac{N_2(N_2+1)}{2} - \sum R_2$$

$$= 12 \times 8 + \frac{8(8+1)}{2} - 100 = 32$$

③ U_1과 U_2 중 작은 값을 U분포표의 기준 U값과 비교한다.

ⓐ U_1과 U_2 중 작은 값은 U_2으로 32이다

ⓑ U분포표를 이용하여 기준 U값을 구한다.

U분포표는 양측검증과 단측검증 두 가지가 있다. 여기서 양측검증 U분포표를 이용하면 작은 집단의 사례수 N_2는 상단에서 찾고, 큰 집단의 사례수 N_1은 좌측에서 찾아서 서로 만나는 곳에 있는 22가 기준 U값이다.

ⓒ U_2값과 기준 U값을 비교한다.

관찰 U_2값 32가 기준 U값 22보다 크므로 영가설을 채택한다.

즉, 두 집단간에 술을 마신 것에 대해 차이가 없다고 할 수 있다.

※ 맨-휘트니 U검증은 다른 검증의 경우와 반대로 관찰 U값이 기준 U값보다 작아야 영가설을 기각할 수 있다. 그 이유는 두 집단간에 차이가 별로 나지 않는 경우에는 U_1값과 U_2값에 별로 차이가 나지 않는다는 것이며, 이 경우에는 U_1값과 U_2값 중 작은 값이 커지기 때문이다.

6. ① 영가설을 세운다. "남녀 간에 전체 성적의 평균에 차이가 없다."라고 가정한다.

② 각 항목별로 두 짝의 차이(d)를 계산하여 $d = X_1 - X_2$난에 기입한다.

③ 두 짝의 차이(d)에 절대값 $|d|$을 취한다.

④ 절대값의 크기 순위에 따라 가장 작은 값에서 큰 값 순으로 순위를 부여한다. 이때 $d = 0$인 경우는 자료에서 제외시키며, $|d|$의 값이 동일한 경우는 이들 순위의 평균치를 구하여 각 순위를 부여한다. 예를 들면, $|d| = 4$인 경우가 2개 있기 때문에 순위는 $(6 + 7) / 2 = 6.5$이다.

⑤ 각 항목별 순위를 양(+)인 순위와 음(-)인 순위로 구분하여 기록한 후 그 합계를 구한다. 이상의 내용을 정리하면 다음과 같다.

과목	남자 (X_1)	여자 (X_2)	$d = X_1 - X_2$	$\|d\|$	R(순위)	+순위	−순위
국어	70	75	−5	5	8		8
영어	74	72	2	2	3	3	
수학	76	69	7	7	9	9	
과학	74	70	4	4	6.5	6.5	
사회	72	70	2	2	3	3	
기술	72	69	3	3	5	5	
가정	70	74	−4	4	6.5		6.5
한문	69	71	−2	2	3		3
도덕	71	70	1	1	1	1	
						$+T = 27.5$	$-T = 17.5$

⑥ 양(+)인 순위와 음(−)인 순위의 합계 중 큰 값을 선택해서 윌콕슨 T분포표의 상한 T값과 비교하여 영가설의 채택, 기각 여부를 결정한다.

⑦ 양(+)인 순위의 합이 크므로 이를 선택하며, 양인 순위의 합 27.5가 상한 T값 37(유의수준 $\alpha = 0.05$, $N = 8$)보다 작으므로 영가설을 채택한다. 즉, 남녀 간에 전체 성적의 평균에 차이가 없다고 할 수 있다.

7\. ① 영가설을 세운다. "중졸, 고졸, 대졸자 간에 직업만족도에 차이가 없다."라고 가정한다.

② 3집단의 모든 사례들을 통합해서 가장 낮은 값부터 가장 높은 값 순으로 순위를 부여한다. 이들의 순위를 정리하면 다음과 같다.

중졸	순위	고졸	순위	대졸	순위
6	12	4	8.5	8	16.5
3	6	7	14.5	9	18
2	3	8	16.5	7	14.5
4	8.5	3	6	6	12
1	1	2	3	3	6
2	3	6	12	5	10
	$R_1 = 33.5$		$R_2 = 60.5$		$R_3 = 77$

③ 각 집단의 순위를 합산하여 각 집단의 순위의 합을 구한다.

$R_1 = 33.5$, $R_2 = 60.5$, $R_3 = 77$

④ 관찰 H값을 계산한다.

$$H = \frac{12}{N(N+1)}\sum\left(\frac{\left(\sum R_i\right)^2}{n_i}\right) - 3(N+1)$$

$$= \frac{12}{18(18+1)}\left(\frac{33.5^2}{6}+\frac{60.5^2}{6}+\frac{77^2}{6}\right) - 3(18+1) = 5.64$$

⑤ 한 집단의 사례수가 6이므로 기준 H값 대신 x^2분포표의 기준 x^2값을 이용한다.

- 유의수준(α) : $1-0.95 = 0.05$
- 자유도(df) : $K - 1 = 3-1 = 2$, 여기서 K는 집단수이다.

$\therefore$ $\alpha = 0.05$, $df = 2$일 때, 기준 x^2값 $= 5.99$이다.

⑥ 관찰 H값과 기준 x^2값을 비교한다.

관찰 H값 5.64가 기준 x^2값 5.99보다 작으므로 영가설을 채택한다.

즉, 중졸, 고졸, 대졸자 간에 직업만족도에 차이가 없다고 할 수 있다.

제11장 연습문제 해답

1. ① 영가설을 세운다. "노인들의 건강상태와 행복감간의 상관관계가 없다."라고 가정한다.

② 관찰 r값을 계산한다.

ⓐ 건강상태의 평균($\overline{X}$)과 행복감의 평균($\overline{Y}$)을 계산한다.

$$\overline{X} = \frac{47}{10} = 4.7, \quad \overline{Y} = \frac{56}{10} = 5.6$$

ⓑ X^2, Y^2, XY 칸을 만들어 각각 그 합을 구한다.

응답자	건강상태(X)	행복감(Y)	X^2	Y^2	XY
1	3	5	9	25	15
2	7	8	49	64	56
3	2	3	4	9	6
4	4	4	16	16	16
5	5	6	25	36	30
6	6	7	36	49	42
7	4	5	16	25	20
8	5	5	25	25	25
9	6	7	36	49	42
10	5	6	25	36	30
계	47	56	241	334	282

ⓒ 관찰 r값을 계산한다.

$$r = \frac{\sum XY - N\overline{X}\overline{Y}}{\sqrt{\left(\sum X^2 - N\overline{X^2}\right)\left(\sum Y^2 - N\overline{Y^2}\right)}}$$

$$= \frac{282 - 10 \times 4.7 \times 5.6}{\sqrt{(241 - 10 \times 4.7^2)(334 - 10 \times 5.6^2)}}$$

$$= \frac{282 - 263.2}{\sqrt{20.1 \times 20.4}} = \frac{18.8}{20.2494} = 0.9284$$

③ 기준 r값을 구한다.

ⓐ 유의수준 : $\alpha = 1 - 0.99 = 0.01$

ⓑ 자유도 : $df = N-2 = 10 - 2 = 18$

ⓒ r분포표를 이용하여 기준 r값을 구한다.

$\alpha = 0.01$, $df = 8$일 때, 기준 r값은 0.7646이다.

④ 관찰 r값과 기준 r값을 비교한다.

관찰 r값 0.9284가 기준 r값 0.7646보다 크므로 영가설을 기각한다.

즉, 노인들의 건강상태와 행복감 간의 상관계수는 0.9284이고, 두 변수간에는 유의미한 상관관계가 있다고 할 수 있다.

2. ① 영가설을 세운다. "친한 친구수와 친구와 같이 지내는 시간과의 상관관계가 없다."라고 가정한다.

② 관찰 r값을 계산한다.

ⓐ 친한 친구수의 평균($\overline{X}$)과 친구와 같이 지내는 시간의 평균($\overline{Y}$)을 계산한다.

$$\overline{X} = \frac{36}{12} = 3, \quad \overline{Y} = \frac{24}{12} = 2$$

ⓑ X^2, Y^2, XY 칸을 만들어 각각 그 합을 구한다.

친구 수(X)	친구와 같이 지내는 시간(Y)	X^2	Y^2	XY
2	2	4	4	4
4	3	16	9	12
1	2	1	4	2
3	1.5	9	2.25	4.5
5	3	25	9	15
2	1	4	1	2
3	2	9	4	6
1	0.5	1	0.25	0.5
3	2	9	4	6
4	2	16	4	8
3	2	9	4	6
5	3	15	9	15
36	24	128	54.5	81

ⓒ 관찰 r값을 계산한다.

$$r = \frac{\sum XY - N\overline{X}\overline{Y}}{\sqrt{\left(\sum X^2 - N\overline{X}^2\right)\left(\sum Y^2 - N\overline{Y}^2\right)}}$$

$$= \frac{81 - 12 \times 3 \times 2}{\sqrt{(128 - 12 \times 3^2)(54.5 - 12 \times 2^2)}}$$

$$= \frac{81 - 72}{\sqrt{20 \times 6.5}} = \frac{9}{11.4018} = 0.7893$$

③ 기준 r값을 구한다.

ⓐ 유의수준 : $\alpha = 1 - 0.95 = 0.05$

ⓑ 자유도 : $df = N - 2 = 12 - 2 = 10$

ⓒ r분포표를 이용하여 기준 r값을 구한다.

$\alpha = 0.05$, $df = 10$일 때, 기준 r값은 0.5760이다.

④ 관찰 r값과 기준 r값을 비교한다.

관찰 r값 0.7893이 기준 r값 0.5760보다 크므로 영가설을 기각한다.

즉, 친한 친구수와 친구와 같이 지내는 시간과의 상관계수는 0.7893이고, 두 변수간에는 유의미한 상관관계가 있다고 할 수 있다.

3. ① 영가설을 세운다. "거주기간과 잘 알고 지내는 이웃 수와의 상관관계가 없다."라고 가정한다.

② 관찰 r값을 계산한다.

ⓐ 거주기간의 평균($\overline{X}$)과 잘 알고 지내는 이웃 수의 평균($\overline{Y}$)을 계산한다.

$$\overline{X} = \frac{32}{8} = 4, \ \overline{Y} = \frac{20}{8} = 2.5$$

ⓑ X^2, Y^2, XY 칸을 만들어 각각 그 합을 구한다.

거주기간(X)	알고 지내는 이웃 수(Y)	X^2	Y^2	XY
5	2	25	4	10
1	1	1	1	1
2	3	4	9	6
3	2	9	4	6
8	4	64	16	32
6	2	36	4	12
3	3	9	9	9
4	3	16	9	12
32	20	164	56	88

ⓒ 관찰 r값을 계산한다.

$$r = \frac{\sum XY - N\overline{X}\overline{Y}}{\sqrt{\left(\sum X^2 - N\overline{X^2}\right)\left(\sum Y^2 - N\overline{Y^2}\right)}}$$

$$= \frac{88 - 8 \times 4 \times 2.5}{\sqrt{(164 - 8 \times 4^2)(56 - 8 \times 2.5^2)}}$$

$$= \frac{88 - 8}{\sqrt{36 \times 6}} = \frac{8}{14.6969} = 0.5443$$

③ 기준 r값을 구한다.

ⓐ 유의수준 : $\alpha = 1 - 0.95 = 0.05$

ⓑ 자유도 : $df = N - 2 = 8 - 2 = 6$

ⓒ r분포표를 이용하여 기준 r값을 구한다.

$\alpha = 0.05$, $df = 6$일 때, 기준 r값은 0.7067이다.

④ 관찰 r값과 기준 r값을 비교한다.관찰 r값 0.5443이 기준 r값 0.7067보다 작으므로 영가설을 채택한다.

즉, 거주기간과 잘 알고 지내는 이웃 수와의 상관계수는 0.5443이고, 두 변수간에는 유의미한 상관관계가 없다고 할 수 있다.

4. ① 영가설을 세운다. "실직개월 수와 구직활동 수와는 상관관계가 없다."라고 가정한다.

② 관찰 r값을 계산한다.

ⓐ 실직개월 수의 평균($\overline{X}$)과 구직활동 수의 평균($\overline{Y}$)을 계산한다.

$$\overline{X} = \frac{55}{10} = 5.5, \quad \overline{Y} = \frac{30}{10} = 3$$

ⓑ X^2, Y^2, XY 칸을 만들어 각각 그 합을 구한다.

실직개월 수(X)	구직활동 수(Y)	X^2	Y^2	XY
2	3	4	9	6
6	4	16	16	24
7	5	49	25	35
4	2	16	4	8
6	3	36	9	18
10	5	100	25	50
5	3	25	9	15
6	2	36	4	12
5	2	25	4	10
4	1	16	1	4
55	30	343	106	182

ⓒ 관찰 r값을 계산한다.

$$r = \frac{\sum XY - N\overline{X}\overline{Y}}{\sqrt{\left(\sum X^2 - N\overline{X^2}\right)\left(\sum Y^2 - N\overline{Y^2}\right)}}$$

$$= \frac{182 - 10 \times 5.5 \times 3}{\sqrt{(343 - 10 \times 5.5^2)(106 - 10 \times 3^2)}}$$

$$= \frac{182 - 165}{\sqrt{40.5 \times 16}} = \frac{17}{25.4558} = 0.6678$$

③ 기준 r값을 구한다.

ⓐ 유의수준 : $\alpha = 1-0.99 = 0.01$

ⓑ 자유도 : $df = N-2 = 10-2 = 8$

ⓒ r분포표를 이용하여 기준 r값을 구한다.

$\alpha = 0.01$, $df = 8$일 때, 기준 r값은 0.7646이다.

④ 관찰 r값과 기준 r값을 비교한다.

관찰 r값 0.6678이 기준 r값 0.7646보다 작으므로 영가설을 채택한다.

즉, 실직개월 수와 구직활동 수 간의 상관계수는 0.6678이고, 두 변수간에는 유의미한 상관관계가 없다고 할 수 있다.

5. ① 영가설을 세운다. "신장과 신발크기는 상관관계가 없다."라고 가정한다.

② 관찰 r값을 계산한다.

ⓐ 신장의 평균($\overline{X}$)과 신발 크기의 평균($\overline{Y}$)을 계산한다.

$\overline{X} = \frac{1,557}{9} = 173, \ \overline{Y} = \frac{238.5}{9} = 26.5$

ⓑ X^2, Y^2, XY 칸을 만들어 각각 그 합을 구한다.

신장(X)	신발 크기(Y)	X^2	Y^2	XY
175	27.5	30,625	756.25	4,812.5
173	26	29,929	676	4,498
170	25	28,900	625	4,250
172	26	29,584	676	4,472
174	27	30,276	729	4,698
173	26	29,929	676	4,498
168	25	28,224	625	4,200
178	29	31,684	841	5,162
174	27	30,276	729	4,698
1,557	238.5	269,427	6,333.25	41,288.5

ⓒ 관찰 r값을 계산한다.

$$r = \frac{\sum XY - N\overline{X}\overline{Y}}{\sqrt{\left(\sum X^2 - N\overline{X^2}\right)\left(\sum Y^2 - N\overline{Y^2}\right)}}$$

$$= \frac{41,288 - 9 \times 173 \times 26.5}{\sqrt{(269,427 - 9 \times 173^2)(6,333.25 - 9 \times 26.5^2)}}$$

$$= \frac{41,288 - 41,260.5}{\sqrt{66 \times 13}} = \frac{28}{29.2916} = 0.9559$$

③ 기준 r값을 구한다.

ⓐ 유의수준 : $\alpha = 1 - 0.99 = 0.01$

ⓑ 자유도 : $df = N-2 = 9 - 2 = 7$

ⓒ r분포표를 이용하여 기준 r값을 구한다.

$\alpha = 0.01$, $df = 7$일 때, 기준 r값은 0.7977이다.

④ 관찰 r값과 기준 r값을 비교한다.

관찰 r값 0.9559가 기준 r값 0.7646보다 크므로 영가설을 기각한다.

즉, 신장과 신발크기와의 상관계수는 0.9559이고, 두 변수간에는 유의미한 상관관계가 있다고 할 수 있다.

6. ① 연령(Z)을 통제한 상태에서 흡연과 폐암과의 부분상관계수($r_{XY.Z}$)를 계산한다.

$$r_{XY.Z} = \frac{r_{XY} - r_{XZ}r_{YZ}}{\sqrt{1-r_{XZ}^2}\sqrt{1-r_{YZ}^2}}$$

$$= \frac{0.55 - (0.32) \times 0.94}{\sqrt{1-(0.32)^2}\sqrt{1-0.94^2}} = \frac{0.55 - 0.3008}{\sqrt{0.8976}\sqrt{0.1164}}$$

$$= \frac{0.2492}{0.9474 \times 0.3412} = 0.7709$$

② 연령을 통제한 상태에서의 흡연과 폐암과의 상관계수는 0.7709로 연령을 통제하지 않았을 때의 상관계수 0.55보다 상당히 높아졌음을 알 수 있다.

③ r분포표를 이용하여 기준 r값을 구한다.

$\alpha = 0.01$, $df = 12 - 3 = 9$일 때, 기준 r값은 0.7348이다.

④ 연령을 통제하지 않았을 때는 99% 신뢰수준에서 흡연과 폐암 간에 통계적으로 유의미한 관계가 없었으나(0.55 < 0.7348), 연령을 통제한 후에는 통계적으로 유의미한 관계가 있음을 알 수 있다(0.7709 > 0.7348).

제12장 연습문제 해답

1. ① 영가설을 세운다. “수학성적 순위와 국어성적 순위 간에는 상관관계가 없다.”라고 가정한다.

② 두 변수 X, Y 간의 차이 자승, 즉 D^2을 계산한다.

수학성적 순위(X)	국어성적 순위(Y)	$D(X-Y)$	D^2
1	3	−2	4
2	4	−2	4
3	1	2	4
4	6	−2	4
5	2	3	9
6	5	1	1
7	7	0	0
8	9	−1	1
9	10	−1	1
10	8	2	4
			32

③ 관찰 순위차 상관계수(r_s)를 계산한다.

$$r_s = 1 - \frac{6\sum D^2}{N(N^2-1)} = 1 - \frac{6\times 32}{10(10^2-1)} = 0.8061$$

④ 기준 순위차 상관계수(r_s)를 구한다.

ⓐ 유의수준(α)을 구한다.

95% 신뢰수준을 확보해야 하므로 $\alpha = 1-0.95 = 0.05$이다.

ⓑ 총 사례수(N)를 구한다.

$N = 10$

ⓒ r_s분포표를 이용하여 기준 순위차 상관계수(r_s)를 구한다.

$\alpha = 0.05$, $N = 10$일 때 기준 순위차 상관계수 $r_s = 0.648$이다.

⑤ 관찰 r_s값과 기준 r_s값을 비교한다.

관찰 r_s값 0.8061이 기준 r_s값 0.648보다 크므로 영가설을 기각한다. 즉, 수학성적 순위와 국어성적 순위 간에 상관관계가 있다고 볼 수 있다.

2. ① 영가설을 세운다. “통학거리와 지각횟수 간에는 상관관계가 없다.”라고 가정한다.

② 두 변수 X, Y 간의 차이 자승, 즉 D^2을 계산한다.

통학거리(Km)	순위(X)	지각 횟수	순위(Y)	$D(X-Y)$	D^2
1	2	0	1	1	1
2.5	4	2	4	0	0
3	5	1	2	3	9
5	8	2	4	4	16
2	3	5	8	−5	25
3.5	6	4	7	−1	1
4	7	3	6	1	1
0.5	1	2	4	−3	9
					62

③ 관찰 순위차 상관계수(r_s)를 계산한다.

$$r_s = 1 - \frac{6\sum D^2}{N(N^2-1)} = 1 - \frac{6\times 62}{8(8^2-1)} = 0.2619$$

④ 기준 순위차 상관계수(r_s)를 구한다.

ⓐ 유의수준(α)을 구한다.

95% 신뢰수준을 확보해야 하므로 $\alpha = 1-0.95 = 0.05$이다.

ⓑ 총 사례수(N)를 구한다.

$N = 8$

ⓒ r_s분포표를 이용하여 기준 순위차 상관계수(r_s)를 구한다.

$\alpha = 0.05$, $N = 8$일 때 기준 순위차 상관계수 $r_s = 0.738$이다.

⑤ 관찰 r_s값과 기준 r_s값을 비교한다.

관찰 r_s값 0.2619가 기준 r_s값 0.738보다 작으므로 영가설을 채택한다.

즉, 통학거리와 지각횟수 간에는 상관관계가 없다고 볼 수 있다.

3. ① 영가설을 세운다. “거주지역과 생의 만족도 간에는 상관관계가 없다.”라고 가정한다.

② 응답방향이 일치한 쌍의 도수(f_a)를 구한다.

f_a를 구하는 방법은 제일 위, 제일 왼쪽 방에서부터 시작한다. 제일 위, 제일 왼쪽 방(만족, 대도시)의 도수는 3이며, 이 3에다 이보다 아래에 있으면서 오른쪽에 있는 방들의 도수를 곱한다. 이와 같은 절차를 계속해서 응답방향이 일치한 쌍의 도수를 구하며, 이를 정리하면 다음과 같다.

대도시 지역, 만족 :	3 × (4+6+6+4) =	60
중소도시 지역, 만족 :	7 × (6+4) =	70
대도시 지역, 그저 그렇다 :	6 × (6+4) =	60
중소도시 지역, 그저 그렇다 :	4 × 4 =	16
계		206

③ 응답방향이 불일치한 쌍의 도수(f_i)를 구한다.

f_i를 구하는 방법은 제일 위, 제일 오른쪽 방에서부터 시작한다. 제일 위, 제일 오른쪽 방(만족, 읍면지역)의 도수는 6이며, 이 6에다 이보다 왼쪽에 있으면서 아래에 있는 방들의 도수를 곱한다. 이와 같은 절차를 계속해서 응답방향이 불일치한 쌍의 도수를 구하며, 이를 정리하면 다음과 같다.

읍면 지역, 만족 :	6 × (4+6+6+8) =	144
중소도시 지역, 만족 :	7 × (6+8) =	98
읍면 지역, 그저 그렇다 :	6 × (6+8) =	84
중소도시 지역, 그저 그렇다 :	4 × 8 =	32
계		358

④ 감마계수 G값을 계산한다.

$$G = \frac{\sum f_a - \sum f_i}{\sum f_a + \sum f_i} = \frac{206-358}{206+358} = \frac{-152}{564} \fallingdotseq -0.27$$

⑤ 감마계수 G값을 관찰 Z값으로 전환한다.

감마검증, 즉 두 변수간에 상관관계가 없다는 영가설의 채택여부를 결정하기 위해서는 감마계수 G값을 관찰 Z값으로 전환해야 한다.

$$Z = G\sqrt{\frac{|\sum f_a - \sum f_i|}{N(1 - G^2)}}$$

$$= -0.27\sqrt{\frac{|206 - 358|}{50(1 - (-0.27)^2)}} = -0.27\sqrt{\frac{152}{50\times 0.9271}}$$

$$= -0.27\sqrt{3.2790} = -0.27\times 1.81 = -0.4889$$

⑥ 기준 Z값을 구한다.

95% 신뢰수준을 확보하기를 원한다면 유의수준 $\alpha = 0.05$이고, 이때 기준 Z값 = 1.96이다.

⑦ 관찰 Z값과 기준 Z값을 비교한다.

관찰 Z값 $|-0.4889|$이 기준 Z값 1.96보다 작으므로 영가설을 채택한다.

즉, 거주지역과 생의 만족도 간에는 상관관계가 없다고 할 수 있다.

4. ① 영가설을 세운다. "음주와 흡연과는 상관관계가 없다."라고 가정한다.

② 응답방향이 일치한 쌍의 도수(f_a)를 한다.

f_a를 구하는 방법은 제일 위, 제일 왼쪽 방에서부터 시작한다. 제일 위, 제일 왼쪽 방(많이 한다, 많이 한다)의 도수는 9이며, 이 9에다 이보다 아래에 있으면서 오른쪽에 있는 방들의 도수를 곱한다. 이와 같은 절차를 계속해서 응답방향이 일치한 쌍의 도수를 구하며, 이를 정리하면 다음과 같다.

음주 많이 한다, 흡연 많이 한다 :	9 × (8+6+5+6+7+9+5+8+8) =	558
음주 상당히 한다, 흡연 많이 한다 :	7 × (6+5+7+9+8+8) =	301
음주 조금 한다, 흡연 많이 한다 :	5 × (5+9+8) =	110
음주 많이 한다, 흡연 상당히 한다 :	7 × (6+7+9+5+8+8) =	301
음주 상당하 한다, 흡연 상당히 한다 :	8 × (7+9+8+8) =	256
음주 조금 한다, 흡연 상당히 한다 :	6 × (9+8) =	102
음주 많이 한다, 흡연 조금 한다 :	4 × (5+8+8) =	84
음주 상당히 한다, 흡연 조금한다 :	6 × (8+8) =	96
음주 조금한다, 흡연 조금한다 :	7 × 8 =	56
계		1,864

③ 응답방향이 불일치한 쌍의 도수(f_i)를 구한다.

f_i를 구하는 방법은 제일 위, 제일 오른쪽 방에서부터 시작한다. 제일 위, 제일 오른쪽 방(많이 한다, 전혀하지 않는다)의 도수는 2이며, 이 2에다 이보다 왼쪽에 있으면서 아래에 있는 방들의 도수를 곱한다. 이와 같은 절차를 계속해서 응답방향이 불일치한 쌍의 도수를 구하며, 이를 정리하면 다음과 같다.

음주 전혀하지 않는다, 흡연 많이 한다 :	2 × (6+8+7+7+6+4+8+5+4) =	110
음주 조금한다, 흡연 많이 한다 :	5 × (8+7+6+4+5+4) =	170
음주 상당히 한다, 흡연 많이 한다 :	7 × (7+4+4) =	105
음주 전혀하지 않는다, 흡연 상당히 한다 :	5 × (7+6+4+8+5+4) =	170
음주 조금한다, 흡연 상당히 한다 :	6 × (6+4+5+4) =	114
음주 상당히 한다, 흡연 상당히 한다 :	7 × (4+4) =	56
음주 전혀하지 않는다, 흡연 조금한다 :	9 × (8+5+4) =	153
음주 조금한다, 흡연 조금한다 :	7 × (5+4) =	63
음주 상당히 한다, 흡연 조금한다 :	6 × 4 =	24
계		965

④ 감마계수 G값을 계산한다.

$$G = \frac{\sum f_a - \sum f_i}{\sum f_a + \sum f_i} = \frac{1{,}864 - 965}{1{,}864 + 965} = \frac{899}{2{,}829} \fallingdotseq 0.318$$

⑤ 감마계수 G값을 관찰 Z값으로 전환한다.

감마검증, 즉 두 변수간에 상관관계가 없다는 영가설의 채택여부를 결정하기 위해서는 감마계수 G값을 관찰 Z값으로 전환해야 한다.

$$Z = G\sqrt{\frac{|\sum f_a - \sum f_i|}{N(1 - G^2)}}$$

$$= 0.318\sqrt{\frac{|1{,}864 - 965|}{100(1 - 0.318^2)}} = 0.318\sqrt{\frac{899}{100 \times 0.898876}}$$

$$= 0.318\sqrt{10.0} = 0.318 \times 3.16 \fallingdotseq 1.0$$

⑥ 기준 Z값을 구한다.

95% 신뢰수준을 확보하기를 원한다면 유의수준 α = 0.05이고, 이때 기준 Z값 = 1.96이다.

⑦ 관찰 Z값과 기준 Z값을 비교한다.

관찰 Z값 1.0이 기준 Z값 1.96보다 작으므로 영가설을 채택한다.

즉, 음주와 흡연과는 상관관계가 없다고 할 수 있다.

5. ① 영가설을 세운다. "성별과 핸드폰 소지와는 상관관계가 없다."라고 가정한다.

② 파이계수를 구하기 위해서는 먼저 x^2을 구해야 한다.

ⓐ 각 셀의 기대도수를 구한다.

핸드폰 소지 여부	성별		
	남자	여자	계
핸드폰 소지	35(30)	15(20)	50
핸드폰 비소지	25(30)	25(20)	50
계	60	40	100

상단 좌측 셀 = $\frac{50 \times 60}{100}$ = 30, 상단 우측 셀 = $\frac{50 \times 40}{100}$ = 20

하단 좌측 셀 = $\frac{50 \times 60}{100}$ = 30, 하단 우측 셀 = $\frac{50 \times 40}{100}$ = 20

ⓑ 관찰도수와 기대도수를 공식에 대입하여 x^2값을 계산한다.

$$x^2 = \sum \frac{(f_o - f_e)^2}{f_e}$$

$$= \frac{(35-30)^2}{30} + \frac{(15-20)^2}{20} + \frac{(25-30)^2}{30} + \frac{(25-20)^2}{20}$$

$$= \frac{25}{30} + \frac{25}{20} + \frac{25}{30} + \frac{25}{20}$$

$$= 0.83 + 1.25 + 0.83 + 1.25 = 4.16$$

③ x^2, N을 이용하여 파이계수(ϕ)를 계산한다.

$$\phi = \sqrt{\frac{x^2}{N}} = \sqrt{\frac{4.16}{100}} = \sqrt{0.0416} \fallingdotseq 0.20$$

파이계수 0.20은 성별과 핸드폰 소지 간에 약한 중간정도의 정의 상관관계에 있다는 것을 나타낸다. 파이계수에 대한 검증은 카이스퀘어 검증방법을 이용한다. 즉, 관찰 x^2값과 부록의 x^2분포표에 의해 기준 x^2값을 비교하여 영가설 채택 또는 기각 여부를 결정한다.

④ 기준 x^2값을 구한다.

ⓐ 유의수준(α)을 구한다. 95% 신뢰수준을 확보해야 하므로 α = 1−0.95 = 0.05이다.

ⓑ 자유도(df)를 구한다. $df = (r-1)(c-1)$ = (2−1)(2−1) = 1이다.

ⓒ x^2분포표를 이용하여 기준 x^2값을 구한다.

α = 0.05, df = 1일 때, 기준 x^2값은 3.84이다.

⑤ 관찰 x^2값과 기준 x^2값을 비교한다.

관찰 x^2값 4.16이 기준 x^2 3.84보다 크므로 영가설을 기각한다.

즉, 성별과 핸드폰 소지와는 통계적으로 유의미한 상관관계가 있다고 할 수 있다.

6. ① 영가설을 세운다. "부부의 정치적 성향 간에는 상관관계가 없다."라고 가정한다.

② 개연성계수를 구하기 위해서는 먼저 관찰 x^2을 구해야 한다.

ⓐ 각 셀의 기대도수를 구한다.

부인의 정치적 성향	남편의 정치적 성향			
	보수적	중립적	진보적	계
보수적	17(10.24)㉮	9(10.88)㉯	6(10.88)㉰	32
중립적	10(11.52)㉱	14(12.24)㉲	12(12.24)㉳	36
진보적	5(10.24)㉴	11(10.88)㉵	16(10.88)㉶	32
계	32	34	34	100

㉮번 셀 = $\frac{32 \times 32}{100}$ = 10.24, ㉯번 셀 = $\frac{32 \times 34}{100}$ = 10.88

㉰번 셀 = $\frac{32 \times 34}{100}$ = 10.88, ㉱번 셀 = $\frac{36 \times 32}{100}$ = 11.52

㉲번 셀 = $\frac{36 \times 34}{100}$ = 12.24, ㉳번 셀 = $\frac{36 \times 34}{100}$ = 12.24

㉴번 셀 = $\frac{32 \times 32}{100}$ = 10.24, ㉵번 셀 = $\frac{32 \times 34}{100}$ = 10.88

㉶번 셀 = $\frac{32 \times 34}{100}$ = 10.88

ⓑ 관찰도수와 기대도수를 공식에 대입하여 x^2값을 계산한다.

$$x^2 = \sum \frac{(f_o - f_e)^2}{f_e}$$

$$= \frac{(17-10.24)^2}{10.24} + \frac{(9-10.88)^2}{10.88} + \frac{(6-10.88)^2}{10.88} + \frac{(10-11.52)^2}{11.52} + \frac{(14-12.24)^2}{12.24} + \frac{(12-12.24)^2}{12.24} + \frac{(5-10.24)^2}{10.24} + \frac{(11-10.88)^2}{10.88} + \frac{(16-10.88)^2}{10.88}$$

$$= 4.46 + 0.32 + 2.19 + 0.20 + 0.25 + 0.0047 + 2.68 + 0.0013 + 2.40 \fallingdotseq 12.51$$

③ x^2, N을 이용하여 개연성계수(C)를 계산한다.

$$C = \sqrt{\frac{x^2}{N + x^2}} = \sqrt{\frac{12.51}{100+12.51}} = \sqrt{0.11119} \fallingdotseq 0.33$$

④ 기준 x^2값을 구한다.

ⓐ 유의수준(α)을 구한다. 95% 신뢰수준을 확보해야 하므로 $\alpha = 1-0.95 = 0.05$이다.

ⓑ 자유도(df)를 구한다. $df=(r-1)(c-1) = (3-1)(3-1) = 4$이다.

ⓒ x^2분포표를 이용하여 기준 x^2값을 구한다.

$\alpha = 0.05$, $df = 4$일 때, 기준 x^2값은 9.49이다.

⑤ 관찰 x^2값과 기준 x^2값을 비교한다.

관찰 x^2값 12.51이 기준 x^2 9.49보다 크므로 영가설을 기각한다.

즉, 부부의 정치적 성향 간에는 통계적으로 유의미한 관계가 있다.

7. 1) 독립변수인 선호하는 음식을 알고, 선호하는 음악을 예측하는 경우의 람다(λ) 계수의 계산한다.

선호하는 음악	선호하는 음식			
	한식	일식	양식	계
대중가요	140	60	30	230
가　곡	80	70	60	210
고전음악	40	30	90	160
계	260	160	180	600

① 독립변수(Independent Variable)의 각 범주에서 가장 큰 셀의 도수들의 합(F_{iv})를 구한다.

독립변수(선호하는 음식)의 범주는 한식, 일식, 양식이며, 한식 범주에서는 대중가요 도수가 140으로 가장 크고, 일식 범주에서는 가곡 도수가 70으로 가장 크고, 양식 범주에서는 고전음악 도수가 90으로 가장 크므로 $F_{iv} = 140 + 70 + 90 = 300$이다.

② 종속변수(Dependent Variable)의 각 범주별 도수 합계를 구한 값 중 가장 큰 값(M_{dv})를 구한다.

종속변수(선호하는 음악)의 범주는 대중가요, 가곡, 고전음악이며, 각 범주별 도수 합계는 대중가요가 230, 가곡이 210, 고전음악이 160이다. 이 중 가장 큰 값은 대중가요의 230이므로 $M_{dv} = 230$이다.

③ F_{iv}, M_{dv}값을 이용하여 λ값을 계산한다.

$$\lambda = \frac{F_{iv} - M_{dv}}{N - M_{dv}} = \frac{300 - 230}{600 - 230} = \frac{70}{370} \fallingdotseq 0.1892$$

④ 람다계수 $\lambda = 0.1892$이며, 이는 독립변수인 선호하는 음식을 앎으로써 종속변수인 선호하는 음악을 예측하는 데 18.92%의 오류를 줄일 수 있다는 것이다.

2) 독립변수인 선호하는 음악을 알고, 선호하는 음식을 예측하는 경우의 람다(λ) 계수의

계산한다.

① 독립변수(Independent Variable)의 각 범주에서 가장 큰 셀의 도수들의 합(F_{iv})를 구한다.

독립변수(선호하는 음악)의 범주는 대중가요, 가곡, 고전음악이며, 대중가요 범주에서는 한식 도수가 140으로 가장 크고, 가곡 범주에서는 한식 도수가 80으로 가장 크고, 고전음악 범주에서는 양식 도수가 90으로 가장 크므로 F_{iv} = 140 + 80 + 90 = 310이다.

② 종속변수(Dependent Variable)의 각 범주별 도수 합계를 구한 값 중 가장 큰 값(M_{dv})를 구한다.

종속변수(선호하는 음식)의 범주는 한식, 일식, 양식이며, 각 범주별 도수 합계는 한식이 260, 일식이 160, 양식이 180이다. 이중 가장 큰 값은 한식의 260이므로 M_{dv} = 260이다.

③ F_{iv}, M_{dv}값을 이용하여 λ값을 계산한다.

$$\lambda = \frac{F_{iv} - M_{dv}}{N - M_{dv}} = \frac{310 - 260}{600 - 260} = \frac{50}{340} \fallingdotseq 0.1471$$

④ 람다계수 λ = 0.1471이며, 이는 독립변수인 선호하는 음악을 앎으로써 종속변수인 선호하는 음식을 예측하는데 14.71%의 오류를 줄일 수 있다는 것이다.

∴ 선호하는 음식을 알고 선호하는 음악을 예측하는 경우가 오류감소비율이 더 크다.

8. 1) 독립변수인 종교를 알고, 흡연여부를 예측하는 경우의 람다(λ) 계수의 계산한다.

흡연여부	종교			
	기독교	천주교	불교	계
담배 피움	10	50	40	100
담배 안 피움	80	20	40	140
계	90	70	80	240

① 독립변수(Independent Variable)의 각 범주에서 가장 큰 셀의 도수들의 합(F_{iv})를 구한다.

독립변수(종교)의 범주는 기독교, 천주교, 불교이며, 기독교 범주에서는 담배 안 피움 도수가 80으로 가장 크고, 천주교 범주에서는 담배 피움 도수가 50으로 가장 크고, 불교 범주에서는 담배 피움, 담배 안 피움 도수가 40으로 동일하므로 F_{iv} = 80 + 50 + 40 = 170이다.

② 종속변수(Dependent Variable)의 각 범주별 도수 합계를 구한 값 중 가장 큰 값(M_{dv})를 구한다.

종속변수(흡연여부)의 범주는 담배 피움, 담배 안 피움이며, 각 범주별 도수 합계는 담배 피움이 100, 담배 안 피움이 140이다. 이 중 가장 큰 값은 담배 안 피움의

140이므로 M_{dv} = 140이다.

③ F_{iv}, M_{dv}값을 이용하여 λ값을 계산한다.

$$\lambda = \frac{F_{iv} - M_{dv}}{N - M_{dv}} = \frac{170 - 140}{240 - 140} = \frac{30}{100} = 0.3$$

④ 람다계수 λ = 0.3이며, 이는 독립변수인 종교를 앎으로써 종속변수인 흡연여부를 예측하는데 30%의 오류를 줄일 수 있다는 것이다.

2) 독립변수인 흡연여부를 알고, 종교를 예측하는 경우의 람다(λ) 계수의 계산한다.

① 독립변수(Independent Variable)의 각 범주에서 가장 큰 셀의 도수들의 합(F_{iv})를 구한다.

독립변수(흡연여부)의 범주는 담배 피움, 담배 안 피움이며, 담배 피움 범주에서는 천주교 도수가 50으로 가장 크고, 담배 안 피움 범주에서는 기독교 도수가 80으로 가장 크므로 F_{iv} = 50 + 80 = 130이다.

② 종속변수(Dependent Variable)의 각 범주별 도수 합계를 구한 값 중 가장 큰 값(M_{dv})를 구한다.

종속변수(종교)의 범주는 기독교, 천주교, 불교이며, 각 범주별 도수 합계는 기독교가 90, 천주교가 70, 불교가 80이다. 이 중 가장 큰 값은 기독교의 90이므로 M_{dv} = 90이다.

③ F_{iv}, M_{dv}값을 이용하여 λ값을 계산한다.

$$\lambda = \frac{F_{iv} - M_{dv}}{N - M_{dv}} = \frac{130 - 90}{240 - 90} = \frac{40}{150} \fallingdotseq 0.2667$$

④ 람다계수 λ = 0.2667이며, 이는 독립변수인 흡연여부를 앎으로써 종속변수인 종교를 예측하는데 26.67%의 오류를 줄일 수 있다는 것이다.

∴ 종교를 알고 흡연여부를 예측하는 경우의 오류감소비율이 더 크다.

제13장 연습문제 해답

1. 1) 산포도 : 생략

2) 회귀식 결정

① 회귀식의 b값을 계산한다.

ⓐ 과거의 유죄 판결 횟수(X)와 형량의 개월 수(Y)에 대한 평균을 계산한다.

$\overline{X} = \frac{27}{10} = 2.7$, $\overline{Y} = \frac{85}{10} = 8.5$

ⓑ X^2, Y^2과 XY 칸을 만들어 $\sum X^2$, $\sum Y^2$, $\sum XY$를 구한다.

과거의 유죄 판결 횟수(X)	형량의 개월 수(Y)	X^2	Y^2	XY
1	7	1	49	7
0	5	0	25	0
3	8	9	64	24
5	10	25	100	50
8	15	64	225	120
3	9	9	81	27
4	12	16	144	48
2	6	4	36	12
1	7	1	49	7
0	6	0	36	0
27	85	129	809	295

ⓒ 회귀식의 b값을 계산한다.

$$b = \frac{\sum XY - N\overline{X}\overline{Y}}{\sum X^2 - N\overline{X}^2}$$

$$= \frac{295 - 10 \times 2.7 \times 8.5}{129 - 10 \times 2.7^2} = \frac{295 - 229.5}{129 - 72.9} = \frac{65.5}{56.1} = 1.17$$

② 회귀식의 a값을 계산한다.

$a = \overline{Y} - b\overline{X} = 8.5 - 1.17 \times 2.7 = 8.5 - 3.16 = 5.34$

③ a, b값을 대입하여 회귀식을 구하면 다음과 같다.

∴ 회귀식 : $\hat{Y} = 5.34 + 1.17X$

즉, 과거에 유죄판결을 한 번도 받지 않은 경우의 예상 형량은 5.34개월이며, 유죄판결을 한 번 더 받았을수록 형량은 1.17개월씩 더 많아진다.

3) 회귀식의 의미

$\hat{Y} = 5.34 + 1.17 \times 3 = 8.85$, 유죄판결 횟수가 3일 때 실제 형량은 8개월과 9개

월이며, 이들의 평균 8.5개월과 예측값 8.85개월 사이에는 0.35개월 차이가 난다.

4) 오류감소비율(r^2) 계산

① $\overline{X} = 2.7$, $\overline{Y} = 8.5$, $N = 10$, $\sum X^2 = 129$, $\sum Y^2 = 809$, $\sum XY = 295$를 다음 공식에 대입하여 오류감소비율(r^2)을 계산한다.

$$r^2 = \frac{(\sum XY - N\overline{X}\overline{Y})^2}{(\sum X^2 - N\overline{X}^2)(\sum Y^2 - N\overline{Y}^2)}$$

$$= \frac{(295 - 10 \times 2.7 \times 8.5)^2}{(129 - 10 \times 2.7^2)(809 - 10 \times 8.5^2)} = \frac{(295 - 229.5)^2}{(56.1 \times 86.5)} = 0.8841$$

② 어떤 사람의 과거의 유죄판결 수를 앎으로써 그 사람의 형량을 예측하는 데 88.41% 오류를 감소시킬 수 있다. 즉, 어떤 사람의 과거의 유죄판결 수를 알면 그 사람의 형량을 예측하는 정확도를 11.59% 증가시킬 수 있다.

5) 회귀식 검증

(1) 회귀식에 대한 검증

① 영가설을 세운다. "회귀식 $\hat{Y} = 5.34 + 1.17X$가 통계적으로 유의미하지 않다."라고 가정한다.

② 관찰 F값을 계산한다.

ⓐ 회귀식에 의한 편차자승의 합(SS_{reg})과 오류에 의한 편차자승의 합(SS_{err})을 구한다.

㉮ 총 편차자승의 합(SS_{tot})을 계산한다.

$$SS_{tot} = \sum Y^2 - N\overline{Y}^2$$

$$= 809 - 10 \times 8.5^2 = 809 - 722.5 = 86.5$$

㉯ 회귀식에 의한 편차자승의 합(SS_{reg})을 계산한다.

$$SS_{reg} = SS_{tot} \times r^2 = 86.5 \times 0.8841 = 76.4747$$

㉰ 오류에 의한 편차자승의 합(SS_{err})을 빼어서 구한다.

$$SS_{err} = SS_{tot} - SS_{reg} = 86.5 - 76.4747 = 10.0253$$

ⓑ 회귀식의 자유도(df_{reg})와 오류의 자유도(df_{err})를 구한다.

㉮ $df_{reg} = 1$(독립변수가 1개이기 때문에)

㉯ $df_{err} = N - K - 1 = 10 - 1 - 1 = 8$

ⓒ 회귀식에 의한 편차자승의 평균(MS_{reg})과 오류에 의한 편차자승의 평균(MS_{err})을 구한다.

㉮ $MS_{reg} = \frac{SS_{reg}}{df_{reg}} = \frac{76.4747}{1} = 76.4747$

㉯ $MS_{err} = \dfrac{SS_{err}}{df_{err}} = \dfrac{10.0253}{8} = 1.2532$

ⓓ 관찰 F값을 계산한다.

$$F = \frac{MS_{reg}}{MS_{err}} = \frac{76.4747}{1.2532} = 61.02$$

③ 기준 F값을 구한다.

ⓐ 유의수준(α)을 구한다.

95% 신뢰수준을 유지하기 위한 유의수준 $\alpha = 1-0.95 = 0.05$이다.

ⓑ 회귀식의 자유도(df_{reg})와 오류의 자유도(df_{err})를 구한다.

$df_{reg} = 1$, $df_{err} = 8$이다.

ⓒ F분포표에서 기준 F값을 구한다.

$\alpha = 0.05$, $df_{reg} = 1$, $df_{err} = 8$일 때 기준 F값은 5.32이다.

④ 관찰 F값과 기준 F값을 비교한다.

관찰 F값 61.02가 기준 F값 5.32보다 크므로 영가설을 기각한다.

즉, 회귀식 $\hat{Y} = 5.34 + 1.17X$가 통계적으로 유의미하다고 할 수 있다.

회귀분석결과 요약표

	SS(편차자승의 합)	df	MS(편차자승의 평균)	F
회귀식	76.4747	1	76.4747	61.02
오류	10.0253	8	1.2532	
전체	86.5	9		

(2) 회귀계수에 대한 검증

① 영가설을 세운다. $\beta=0$, 즉 모집단의 회귀계수가 0이라고 가정한다. 다시 말해 독립변수 X(과거의 유죄판결 횟수)와 종속변수 Y(형량의 개월 수) 사이에 통계적으로 의미 있는 직선관계가 없다고 가정한다.

② 관찰 t값을 계산한다.

$$t = \frac{b-\beta}{S_b} = \frac{b}{S_b}(\beta=0\text{이라고 가정했기 때문에})$$

ⓐ S_b값을 구한다.

$$S_b = \frac{\sqrt{\dfrac{(\sum Y^2 - N\overline{Y}^2 \times (1-r^2)}{N-2}}}{\sqrt{\sum X^2 - \dfrac{(\sum X)^2}{N}}} = \frac{\sqrt{\dfrac{(809-10\times 8.5^2)(1-0.8841)}{10-2}}}{\sqrt{129 - \dfrac{27^2}{10}}}$$

$$= \frac{\sqrt{\dfrac{86.5\times 0.1159}{8}}}{\sqrt{56.1}} = \frac{1.1195}{7.49} = 0.1495$$

ⓑ 관찰 t값을 구한다.

$$t = \frac{b}{S_b} = \frac{1.17}{0.1495} = 7.826$$

③ 기준 t값을 계산한다.

$\alpha = 0.05$, $df = N - K - 1 = 10 - 1 - 1 = 8$일 때 기준 t값은 2.306이다.

④ 관찰 t값과 기준 t값을 비교한다.

관찰 t값 7.826이 기준 t값 2.306보다 크므로 영가설을 기각한다.

즉, 과거에 유죄판결을 한 번 더 받았을 때마다 형량이 1.17개월 더 증가한다는 회귀계수 b는 통계적으로 유의미하다고 할 수 있다.

2. 1) 산포도 : 생략

2) 회귀식 결정

① 회귀식의 b값을 계산한다.

ⓐ 적설량(X)과 교통사고 건수(Y)에 대한 평균을 계산한다.

$$\overline{X} = \frac{270}{12} = 22.5, \quad \overline{Y} = \frac{102}{12} = 8.5$$

ⓑ X^2, Y^2과 XY 칸을 만들어 $\sum X^2$, $\sum Y^2$, $\sum XY$를 한다.

적설량(X)	교통사고 건수(Y)	X^2	Y^2	XY
6	3	36	9	18
9	7	81	49	63
12	6	144	36	72
15	8	225	64	120
18	12	324	144	216
21	4	441	16	84
24	10	576	100	240
27	8	729	64	216
30	15	900	225	450
33	12	1,089	144	396
36	10	1,296	100	360
39	7	1,521	49	273
270	102	7,362	1,000	2,508

ⓒ 회귀식의 b값을 계산한다.

$$b = \frac{\sum XY - N\overline{X}\overline{Y}}{\sum X^2 - N\overline{X}^2}$$

$$= \frac{2,508 - 12 \times 22.5 \times 8.5}{7,362 - 12 \times 22.5^2} = \frac{2,508 - 2,295}{7,362 - 6,075} = \frac{213}{1,287} = 0.17$$

② 회귀식의 a값을 계산한다.

$a \; = \; \overline{Y} \; - \; b\overline{X} \; = \; 8.5 - 0.17 \times 22.5 \; = \; 4.68$

③ a, b값을 대입하여 회귀식을 구하면 다음과 같다.

∴ 회귀식 : $\hat{Y} \; = \; 4.68 \; + \; 0.17X$

즉, 적설량이 0일 때 교통사고 건수는 4.68건이며, 적설량이 1㎝ 증가할 때마다 교통사고 건수가 0.17건씩 증가한다.

3) 회귀식의 의미

$\hat{Y} \; = \; 4.68 \; + \; 0.17 \times 15 \; = \; 7.23$, 적설량이 15㎝일 때 실제 교통사고 8건과 예측 교통사고 건수 7.23 간에는 0.77건 차이가 난다.

4) 오류감소비율(r^2) 계산

① $\overline{X} = 22.5$, $\overline{Y} = 8.5$, $N = 12$, $\sum X^2 = 7{,}362$, $\sum Y^2 = 1{,}000$, $\sum XY = 2{,}508$ 을 다음 공식에 대입하여 오류감소비율(r^2)을 계산한다.

$$r^2 \; = \; \frac{(\sum XY - \; N\overline{X}\overline{Y})^2}{\left(\sum X^2 - \; N\overline{X^2}\right)\left(\sum Y^2 - \; N\overline{Y^2}\right)}$$

$$= \; \frac{(2{,}508 - 12 \times 22.5 \times 8.5)^2}{(7{,}362 - 12 \times 22.5^2)(1{,}000 - 12 \times 8.5^2)}$$

$$= \; \frac{(2{,}508 - 2{,}295)^2}{(1{,}2871 \times 133)} \; = \; 0.2651$$

② 적설량을 앎으로써 교통사고 건수를 예측하는 데 26.51% 오류를 감소시킬 수 있다.

5) 회귀식 검증

(1) 회귀식에 대한 검증

① 영가설을 세운다. "회귀식 $\hat{Y} \; = \; 4.68 \; + \; 0.17X$가 통계적으로 유의미하지 않다." 라고 가정한다.

② 관찰 F값을 계산한다.

ⓐ 회귀식에 의한 편차자승의 합(SS_{reg})과 오류에 의한 편차자승의 합(SS_{err})을 구한다.

㉮ 총 편차자승의 합(SS_{tot})을 계산한다.

$$SS_{tot} \; = \; \sum Y^2 \; - \; N\overline{Y}^2$$

$$= \; 1{,}000 - 12 \times 8.5^2 \; = \; 133$$

㉯ 회귀식에 의한 편차자승의 합(SS_{reg})을 계산한다.

$$SS_{reg} \; = \; SS_{tot} \; \times \; r^2 \; = \; 133 \; \times 0.2651 \; = \; 35.2583$$

㉰ 오류에 의한 편차자승의 합(SS_{err})을 빼어서 구한다.

$$SS_{err} \; = \; SS_{tot} \; - \; SS_{reg} \; = \; 133 \; - \; 35.2583 = 97.7417$$

ⓑ 회귀식의 자유도(df_{reg})와 오류의 자유도(df_{err})를 구한다.

㉮ df_{reg} = 1(독립변수가 1개이기 때문에)

㉯ $df_{err} = N - K - 1 = 12 - 1 - 1 = 10$

ⓒ 회귀식에 의한 편차자승의 평균(MS_{reg})과 오류에 의한 편차자승의 평균(MS_{err})을 구한다.

㉮ $MS_{reg} = \dfrac{SS_{reg}}{df_{reg}} = \dfrac{35.2583}{1} = 35.2583$

㉯ $MS_{err} = \dfrac{SS_{err}}{df_{err}} = \dfrac{97.7417}{10} = 9.7742$

ⓓ 관찰 F값을 계산한다.

$$F = \frac{MS_{reg}}{MS_{err}} = \frac{35.2583}{9.7742} = 3.61$$

③ 기준 F값을 구한다.

ⓐ 유의수준(α)을 구한다.

95% 신뢰수준을 유지하기 위한 유의수준 $\alpha = 1-0.95 = 0.05$이다.

ⓑ 회귀식의 자유도(df_{reg})와 오류의 자유도(df_{err})를 구한다.

$df_{reg} = 1$, $df_{err} = 10$이다.

ⓒ F분포표에서 기준 F값을 구한다.

$\alpha = 0.05$, $df_{reg} = 1$, $df_{err} = 10$일 때 기준 F값은 4.96이다.

④ 관찰 F값과 기준 F값을 비교한다.

관찰 F값 3.61이 기준 F값 4.96보다 작으므로 영가설을 채택한다.

즉, 회귀식 $\hat{Y} = 4.68 + 0.17X$가 통계적으로 유의미하지 않다고 할 수 있다.

회귀분석결과 요약표

	SS(편차자승의 합)	df	MS(편차자승의 평균)	F
회귀식	35.2583	1	35.2583	3.61
오류	97.7417	10	9.7742	
전체	133	11		

(2) 회귀계수에 대한 검증

① 영가설을 세운다. $\beta=0$, 즉 모집단의 회귀계수가 0이라고 가정한다. 다시 말해 독립변수 X(적설량)와 종속변수 Y(교통사고 건수) 사이에 통계적으로 의미 있는 직선관계가 없다고 가정한다.

② 관찰 t값을 계산한다.

$t = \dfrac{b - \beta}{S_b} = \dfrac{b}{S_b}$($\beta=0$이라고 가정했기 때문에)

ⓐ S_b값을 구한다.

$$S_b = \frac{\sqrt{\frac{(\sum Y^2 - N\overline{Y}^2 \times (1-r^2)}{N-2}}}{\sqrt{\sum X^2 - \frac{(\sum X)^2}{N}}} = \frac{\sqrt{\frac{(1{,}000 - 12 \times 8.5^2)(1-0.2651)}{12-2}}}{\sqrt{7{,}362 - \frac{270^2}{12}}}$$

$$= \frac{\sqrt{\frac{133 \times 0.7349}{10}}}{\sqrt{1{,}287}} = \frac{3.1264}{35.8748} = 0.0871$$

ⓑ 관찰 t값을 구한다.

$$t = \frac{b}{S_b} = \frac{0.17}{0.0871} = 1.952$$

③ 기준 t값을 계산한다.

$\alpha = 0.05,\ df = N-K-1 = 12-1-1 = 10$일 때 기준 t값은 2.228이다.

④ 관찰 t값과 기준 t값을 비교한다.

관찰 t값 1.952가 기준 t값 2.228보다 작으므로 영가설을 채택한다.

즉, 적설량이 1㎝ 증가할 때마다 교통사고가 0.17건씩 증가한다는 회귀계수 b는 통계적으로 유의미하지 않다고 할 수 있다.

3. 1) 산포도 : 생략

2) 회귀식 결정

① 회귀식의 b값을 계산한다.

ⓐ 월평균임금(X)과 만족도(Y)에 대한 평균을 계산한다.

$$\overline{X} = \frac{1{,}740}{12} = 145, \quad \overline{Y} = \frac{72}{12} = 6$$

ⓑ X^2, Y^2과 XY 칸을 만들어 $\sum X^2$, $\sum Y^2$, $\sum XY$를 구한다.

월평균 임금(X)	만족도(Y)	X^2	Y^2	XY
100	3	10,000	9	300
80	5	6,400	25	400
190	10	36,100	100	1,900
210	7	44,100	49	1,470
150	6	22,500	36	900
170	8	28,900	64	1,360
120	5	14,400	25	600
140	6	19,600	36	840
150	4	22,500	16	600
160	6	25,600	36	960
130	7	16,900	49	910
140	5	19,600	25	700
1,740	72	266,600	470	10,940

ⓒ 회귀식의 b값을 계산한다.

$$b = \frac{\sum XY - N\overline{X}\,\overline{Y}}{\sum X^2 - N\overline{X}^2}$$

$$= \frac{10{,}940 - 12 \times 145 \times 6}{266{,}600 - 12 \times 145^2} = \frac{10{,}940 - 10{,}440}{266{,}600 - 252{,}300}$$

$$= \frac{500}{14{,}300} = 0.035$$

② 회귀식의 a값을 계산한다.

$$a = \overline{Y} - b\overline{X} = 6 - 0.035 \times 145 = 0.925$$

③ a, b값을 대입하여 회귀식을 구하면 다음과 같다.

∴ 회귀식 : $\hat{Y} = 0.925 + 0.035X$

즉, 월평균임금이 0일 때 직장만족도는 0.925이며, 월평균임금이 1만원씩 증가할 때마다 직장만족도는 0.035건씩 증가한다.

3) 회귀식의 의미

$\hat{Y} = 0.925 + 0.035 \times 150 = 6.175$, 월평균임금이 150일 때 실제 직장만족도는 6과 4이다. 따라서 두 사람의 평균 5와 예측 직장만족도 6.175 간에는 1.175의 차이가 난다.

4) 오류감소비율(r^2) 계산

① $\overline{X} = 145$, $\overline{Y} = 6$, $N = 12$, $\sum X^2 = 266{,}600$, $\sum Y^2 = 470$, $\sum XY = 10{,}940$ 을 다음 공식에 대입하여 오류감소비율(r^2)을 계산한다.

$$r^2 = \frac{(\sum XY - N\overline{X}\,\overline{Y})^2}{(\sum X^2 - N\overline{X}^2)(\sum Y^2 - N\overline{Y}^2)}$$

$$= \frac{(10{,}940 - 12 \times 145 \times 6)^2}{(266{,}600 - 12 \times 145^2)(470 - 12 \times 6^2)}$$

$$= \frac{(10{,}940 - 10{,}440)^2}{(14{,}300 \times 38)} = 0.4601$$

② 어떤 사람의 월평균임금을 앎으로써 직장만족도를 예측하는 데 오류를 46.01% 줄일 수 있다.

5) 회귀식 검증

(1) 회귀식에 대한 검증

① 영가설을 세운다. "회귀식 $\hat{Y} = 0.925 + 0.035X$가 통계적으로 유의미하지 않다." 라고 가정한다.

② 관찰 F값을 계산한다.

ⓐ 회귀식에 의한 편차자승의 합(SS_{reg})과 오류에 의한 편차자승의 합(SS_{err})을 구한다.

㉮ 총 편차자승의 합(SS_{tot})을 계산한다.

$$SS_{tot} = \sum Y^2 - N\overline{Y}^2$$

$$= 470 - 12 \times 6^2 = 38$$

㉯ 회귀식에 의한 편차자승의 합(SS_{reg})을 계산한다.

$$SS_{reg} = SS_{tot} \times r^2 = 38 \times 0.4601 = 17.4838$$

㉰ 오류에 의한 편차자승의 합(SS_{err})을 빼어서 구한다.

$$SS_{err} = SS_{tot} - SS_{reg} = 38 - 17.4838 = 20.5162$$

ⓑ 회귀식의 자유도(df_{reg})와 오류의 자유도(df_{err})를 구한다.

㉮ $df_{reg} = 1$(독립변수가 1개이기 때문에)

㉯ $df_{err} = N - K - 1 = 12 - 1 - 1 = 10$

ⓒ 회귀식에 의한 편차자승의 평균(MS_{reg})과 오류에 의한 편차자승의 평균(MS_{err})을 구한다.

㉮ $MS_{reg} = \dfrac{SS_{reg}}{df_{reg}} = \dfrac{17.4838}{1} = 17.4838$

㉯ $MS_{err} = \dfrac{SS_{err}}{df_{err}} = \dfrac{20.5162}{10} = 2.0516$

ⓓ 관찰 F값을 계산한다.

$$F = \frac{MS_{reg}}{MS_{err}} = \frac{17.4838}{2.0516} = 8.52$$

③ 기준 F값을 구한다.

ⓐ 유의수준(α)을 구한다.

99% 신뢰수준을 유지하기 위한 유의수준 $\alpha = 1 - 0.99 = 0.01$이다.

ⓑ 회귀식의 자유도(df_{reg})와 오류의 자유도(df_{err})를 구한다.

$df_{reg} = 1$, $df_{err} = 10$이다.

ⓒ F분포표에서 기준 F값을 구한다.

$\alpha = 0.01$, $df_{reg} = 1$, $df_{err} = 10$일 때 기준 F값은 10.04이다.

④ 관찰 F값과 기준 F값을 비교한다.

관찰 F값 8.52가 기준 F값 10.04보다 작으므로 영가설을 채택한다.

즉, 회귀식 $\hat{Y} = 0.925 + 0.035X$가 통계적으로 유의미하지 않다고 할 수 있다.

회귀분석결과 요약표				
	SS(편차자승의 합)	*df*	*MS*(편차자승의 평균)	*F*
회귀식	17.4838	1	17.4838	8.52
오류	20.5162	10	2.0516	
전체	38	11		

(2) 회귀계수에 대한 검증

① 영가설을 세운다. $\beta=0$, 즉 모집단의 회귀계수가 0이라고 가정한다. 다시 말해 독립변수 X(월평균임금)와 종속변수 Y(직장만족도) 사이에 통계적으로 의미 있는 직선관계가 없다고 가정한다.

② 관찰 t값을 계산한다.

$$t = \frac{b-\beta}{S_b} = \frac{b}{S_b}(\beta=0\text{이라고 가정했기 때문에})$$

ⓐ S_b값을 구한다.

$$S_b = \frac{\sqrt{\frac{(\sum Y^2 - N\overline{Y}^2 \times (1-r^2)}{N-2}}}{\sqrt{\sum X^2 - \frac{(\sum X)^2}{N}}} = \frac{\sqrt{\frac{(470-12\times 6^2)(1-0.4601)}{12-2}}}{\sqrt{266,600 - \frac{1,740^2}{12}}}$$

$$= \frac{\sqrt{\frac{38\times 0.5399}{10}}}{\sqrt{14,300}} = \frac{1.4323}{119.5826} = 0.012$$

ⓑ 관찰 t값을 구한다.

$$t = \frac{b}{S_b} = \frac{0.035}{0.012} = 2.917$$

③ 기준 t값을 계산한다.

$\alpha = 0.01$, $df = N-K-1 = 12-1-1 = 10$일 때 기준 t값은 3.169이다.

④ 관찰 t값과 기준 t값을 비교한다.

관찰 t값 2.917이 기준 t값 3.169보다 작으므로 영가설을 채택한다.

즉, 월평균임금이 1만원 증가할 때마다 직장만족도가 0.035씩 증가한다는 회귀계수 b는 통계적으로 유의미하지 않다고 할 수 있다.

4. 1) 산포도 : 생략

2) 회귀식 결정

① 회귀식의 b값을 계산한다.

ⓐ 교육연수(X)와 개방성(Y)에 대한 평균을 계산한다.

$$\overline{X} = \frac{118}{10} = 11.8,\quad \overline{Y} = \frac{63}{10} = 6.3$$

ⓑ X^2, Y^2과 XY 칸을 만들어 $\sum X^2$, $\sum Y^2$, $\sum XY$를 구한다.

교육연수(X)	개방성(Y)	X^2	Y^2	XY
6	4	36	16	24
12	7	144	49	84
9	6	81	36	54
10	5	100	25	50
16	9	256	81	144
12	5	144	25	60
16	6	256	36	96
12	8	144	64	96
14	7	196	49	98
11	6	121	36	66
118	63	1,478	417	772

ⓒ 회귀식의 b값을 계산한다.

$$b = \frac{\sum XY - N\overline{X}\overline{Y}}{\sum X^2 - N\overline{X}^2}$$

$$= \frac{772 - 10 \times 11.8 \times 6.3}{1,478 - 10 \times 11.8^2} = \frac{772 - 743.4}{1,478 - 1,392.4} = 0.334$$

② 회귀식의 a값을 계산한다.

$$a = \overline{Y} - b\overline{X} = 6.3 - 0.334 \times 11.8 = 2.359$$

③ a, b값을 대입하여 회귀식을 구하면 다음과 같다.

∴ 회귀식 : $\hat{Y} = 2.359 + 0.334X$

즉, 교육연수를 1년도 받지 않았을 때의 사고의 개방성은 2.359이며, 교육연수를 1년 더 받을 때마다 사고의 개방성이 0.334만큼 증가한다.

3) 회귀식의 의미

$\hat{Y} = 2.359 + 0.334 \times 12 = 6.367$, 사고의 개방성이 12일 때 실제 사고의 개방성은 5, 7, 8이다. 이들의 평균 6.667과 예측되는 사고의 개방성 6.367 사이에는 0.3의 차이가 있다.

4) 오류감소비율(r^2) 계산

① $\overline{X} = 11.8$, $\overline{Y} = 6.3$, $N = 10$, $\sum X^2 = 1,478$, $\sum Y^2 = 417$, $\sum XY = 772$를 다음 공식에 대입하여 오류감소비율(r^2)을 계산한다.

$$r^2 = \frac{(\sum XY - N\overline{X}\overline{Y})^2}{(\sum X^2 - N\overline{X}^2)(\sum Y^2 - N\overline{Y}^2)}$$

$$= \frac{(772 - 10 \times 11.8 \times 6.3)^2}{(1,478 - 10 \times 11.8^2)(417 - 10 \times 6.3^2)}$$

$$= \frac{(772-743.4)^2}{(85.6 \times 20.1)} = 0.4754$$

② 어떤 사람의 교육연수를 앎으로써 그 사람의 사고의 개방성을 예측하는 데 47.54% 오류를 감소시킬 수 있다.

5) 회귀식 검증

(1) 회귀식에 대한 검증

① 영가설을 세운다. "회귀식 $\hat{Y} = 2.359 + 0.334X$가 통계적으로 유의미하지 않다." 라고 가정한다.

② 관찰 F값을 계산한다.

ⓐ 회귀식에 의한 편차자승의 합(SS_{reg})과 오류에 의한 편차자승의 합(SS_{err})을 구한다.

㉮ 총 편차자승의 합(SS_{tot})을 계산한다.

$$SS_{tot} = \sum Y^2 - N\overline{Y}^2$$
$$= 417 - 10 \times 6.3^2 = 20.1$$

㉯ 회귀식에 의한 편차자승의 합(SS_{reg})을 계산한다.

$$SS_{reg} = SS_{tot} \times r^2 = 20.1 \times 0.4754 = 9.5555$$

㉰ 오류에 의한 편차자승의 합(SS_{err})을 빼어서 구한다.

$$SS_{err} = SS_{tot} - SS_{reg} = 20.1 - 9.5555 = 10.5445$$

ⓑ 회귀식의 자유도(df_{reg})와 오류의 자유도(df_{err})를 구한다.

㉮ $df_{reg} = 1$(독립변수가 1개이기 때문에)

㉯ $df_{err} = N - K - 1 = 10 - 1 - 1 = 8$

ⓒ 회귀식에 의한 편차자승의 평균(MS_{reg})과 오류에 의한 편차자승의 평균(MS_{err})을 구한다.

㉮ $MS_{reg} = \dfrac{SS_{reg}}{df_{reg}} = \dfrac{9.5555}{1} = 9.5555$

㉯ $MS_{err} = \dfrac{SS_{err}}{df_{err}} = \dfrac{10.5445}{8} = 1.3181$

ⓓ 관찰 F값을 계산한다.

$$F = \frac{MS_{reg}}{MS_{err}} = \frac{9.5555}{1.3181} = 7.25$$

③ 기준 F값을 구한다.

ⓐ 유의수준(α)을 구한다.

95% 신뢰수준을 유지하기 위한 유의수준 $\alpha = 1 - 0.95 = 0.05$이다.

ⓑ 회귀식의 자유도(df_{reg})와 오류의 자유도(df_{err})를 구한다.

$df_{reg} = 1$, $df_{err} = 8$이다.

ⓒ F분포표에서 기준 F값을 구한다.

$\alpha = 0.05$, $df_{reg} = 1$, $df_{err} = 8$일 때 기준 F값은 5.32이다.

ⓓ 관찰 F값과 기준 F값을 비교한다.

관찰 F값 7.25가 기준 F값 5.32보다 크므로 영가설을 기각한다.

즉, 회귀식 $\hat{Y} = 2.359 + 0.334X$가 통계적으로 유의미하다고 할 수 있다.

회귀분석결과 요약표

	SS(편차자승의 합)	df	MS(편차자승의 평균)	F
회귀식	9.5555	1	9.5555	7.25
오류	10.5445	8	1.3181	
전체	20.1	9		

(2) 회귀계수에 대한 검증

① 영가설을 세운다. $\beta = 0$, 즉 모집단의 회귀계수가 0이라고 가정한다. 다시 말해 독립변수 X(교육연수)와 종속변수 Y(사고의 개방성) 사이에 통계적으로 의미 있는 직선관계가 없다고 가정한다.

② 관찰 t값을 계산한다.

$$t = \frac{b - \beta}{S_b} = \frac{b}{S_b}$$ ($\beta = 0$이라고 가정했기 때문에)

ⓐ S_b값을 구한다.

$$S_b = \frac{\sqrt{\frac{(\sum Y^2 - N\overline{Y}^2 \times (1 - r^2))}{N-2}}}{\sqrt{\sum X^2 - \frac{(\sum X)^2}{N}}} = \frac{\sqrt{\frac{(417 - 10 \times 6.3^2)(1 - 0.4754)}{10 - 2}}}{\sqrt{1,478 - \frac{118^2}{10}}}$$

$$= \frac{\sqrt{\frac{20.1 \times 0.5246}{8}}}{\sqrt{85.6}} = \frac{1.1481}{9.252} = 0.1241$$

ⓑ 관찰 t값을 구한다.

$$t = \frac{b}{S_b} = \frac{0.334}{0.1241} = 2.691$$

③ 기준 t값을 계산한다.

$\alpha = 0.05$, $df = N - K - 1 = 10 - 1 - 1 = 8$일 때 기준 t값은 2.306이다.

④ 관찰 t값과 기준 t값을 비교한다.

관찰 t값 2.691이 기준 t값 2.306보다 크므로 영가설을 기각한다.

즉, 교육연수가 1년 증가할 때마다 사고의 개방성이 0.334씩 증가한다는 회귀계수 b는 통계적으로 유의미하다고 할 수 있다.

5. 1) 산포도 : 생략

2) 회귀식 결정

① 회귀식의 b값을 계산한다.

ⓐ 옷의 가격(X)과 판매량(Y)에 대한 평균을 계산한다.

$$\overline{X} = \frac{84}{8} = 10.5, \quad \overline{Y} = \frac{104}{8} = 13$$

ⓑ X^2, Y^2과 XY 칸을 만들어 $\sum X^2$, $\sum Y^2$, $\sum XY$를 구한다.

옷의 가격(X)	판매량(Y)	X^2	Y^2	XY
7	17	49	289	119
8	18	64	324	144
9	16	81	256	144
10	12	100	144	120
11	10	121	100	110
12	12	144	144	144
13	9	169	81	117
14	10	196	100	140
84	104	924	1,438	1,038

ⓒ 회귀식의 b값을 계산한다.

$$b = \frac{\sum XY - N\overline{X}\overline{Y}}{\sum X^2 - N\overline{X}^2}$$

$$= \frac{1{,}038 - 8 \times 10.5 \times 13}{924 - 8 \times 10.5^2} = \frac{1{,}038 - 1{,}092}{924 - 882} = -1.286$$

② 회귀식의 a값을 계산한다.

$$a = \overline{Y} - b\overline{X} = 13 - (-1.286) \times 10.5 = 26.503$$

③ a, b값을 대입하여 회귀식을 구하면 다음과 같다.

$\therefore$ 회귀식 : $\hat{Y} = 26.503 - 1.286X$

즉, 옷의 가격이 0일 때 판매량은 26.503개이며, 1만원씩 올라갈 때마다 1.286개씩 판매량이 줄어들게 된다.

3) 회귀식의 의미

$\hat{Y} = 26.503 - 1.286 \times 10 = 13.643$, 옷의 가격이 10만원일 때 예측 판매량은 13,643개는 실제 판매량 12개와 1.643개 차이가 난다.

4) 오류감소비율(r^2) 계산

① $\overline{X} = 10.5$, $\overline{Y} = 13$, $N = 8$, $\sum X^2 = 924$, $\sum Y^2 = 1{,}438$, $\sum XY = 1{,}038$을 다음 공식에 대입하여 오류감소비율(r^2)을 계산한다.

$$r^2 = \frac{(\sum XY - N\overline{X}\overline{Y})^2}{\left(\sum X^2 - N\overline{X}^2\right)\left(\sum Y^2 - N\overline{Y}^2\right)}$$

$$= \frac{(1,038 - 8 \times 10.5 \times 13)^2}{(924 - 8 \times 10.5^2)(1,438 - 8 \times 13^2)}$$

$$= \frac{(1,038 - 1,092)^2}{(42 \times 86)} = 0.8073$$

② 옷의 가격을 앎으로써 판매량을 예측하는 데 80.73%의 오류를 감소시킬 수 있다.

5) 회귀식 검증

(1) 회귀식에 대한 검증

① 영가설을 세운다. "회귀식 $\hat{Y} = 26.503 - 1.286X$가 통계적으로 유의미하지 않다."라고 가정한다.

② 관찰 F값을 계산한다.

ⓐ 회귀식에 의한 편차자승의 합(SS_{reg})과 오류에 의한 편차자승의 합(SS_{err})을 구한다.

㉮ 총 편차자승의 합(SS_{tot})을 계산한다.

$$SS_{tot} = \sum Y^2 - N\overline{Y}^2$$

$$= 1,438 - 8 \times 13^2 = 86$$

㉯ 회귀식에 의한 편차자승의 합(SS_{reg})을 계산한다.

$$SS_{reg} = SS_{tot} \times r^2 = 86 \times 0.8073 = 69.4278$$

㉰ 오류에 의한 편차자승의 합(SS_{err})을 빼어서 구한다.

$$SS_{err} = SS_{tot} - SS_{reg} = 86 - 69.4278 = 16.5722$$

ⓑ 회귀식의 자유도(df_{reg})와 오류의 자유도(df_{err})를 구한다.

㉮ $df_{reg} = 1$(독립변수가 1개이기 때문에)

㉯ $df_{err} = N - K - 1 = 8 - 1 - 1 = 6$

ⓒ 회귀식에 의한 편차자승의 평균(MS_{reg})과 오류에 의한 편차자승의 평균(MS_{err})을 구한다.

㉮ $MS_{reg} = \dfrac{SS_{reg}}{df_{reg}} = \dfrac{69.4278}{1} = 69.4278$

㉯ $MS_{err} = \dfrac{SS_{err}}{df_{err}} = \dfrac{16.7522}{6} = 2.7620$

ⓓ 관찰 F값을 계산한다.

$$F = \frac{MS_{reg}}{MS_{err}} = \frac{69.4278}{2.7620} = 25.14$$

③ 기준 F값을 구한다.

ⓐ 유의수준(α)을 구한다.

95% 신뢰수준을 유지하기 위한 유의수준 $\alpha = 1-0.95 = 0.05$이다.

ⓑ 회귀식의 자유도(df_{reg})와 오류의 자유도(df_{err})를 구한다.

$df_{reg} = 1$, $df_{err} = 6$이다.

ⓒ F분포표에서 기준 F값을 구한다.

$\alpha = 0.05$, $df_{reg} = 1$, $df_{err} = 6$일 때 기준 F값은 5.99이다.

④ 관찰 F값과 기준 F값을 비교한다.

관찰 F값 25.14가 기준 F값 5.99보다 크므로 영가설을 기각한다.

즉, 회귀식 $\hat{Y} = 26.503 - 1.286X$가 통계적으로 유의미하다고 할 수 있다.

회귀분석결과 요약표

	SS(편차자승의 합)	df	MS(편차자승의 평균)	F
회귀식	69.4278	1	69.4278	25.14
오류	16.572	6	2.7620	
전체	86	7		

(2) 회귀계수에 대한 검증

① 영가설을 세운다. $\beta=0$, 즉 모집단의 회귀계수가 0이라고 가정한다. 다시 말해 독립변수 X(옷의 가격)와 종속변수 Y(판매량) 사이에 통계적으로 의미 있는 직선관계가 없다고 가정한다.

② 관찰 t값을 계산한다.

$$t = \frac{b-\beta}{S_b} = \frac{b}{S_b}(\beta=0\text{이라고 가정했기 때문에})$$

ⓐ S_b값을 구한다.

$$S_b = \frac{\sqrt{\dfrac{(\sum Y^2 - N\overline{Y}^2 \times (1-r^2)}{N-2}}}{\sqrt{\sum X^2 - \dfrac{(\sum X)^2}{N}}} = \frac{\sqrt{\dfrac{(1{,}438 - 8\times 13^2)(1-0.8073)}{8-2}}}{\sqrt{924 - \dfrac{84^2}{8}}}$$

$$= \frac{\sqrt{\dfrac{86\times 0.1927}{6}}}{\sqrt{42}} = \frac{1.6619}{6.4807} = 0.2564$$

ⓑ 관찰 t값을 구한다.

$$t = \frac{b}{S_b} = \frac{1.286}{0.2564} = 5.0156$$

③ 기준 t값을 계산한다.

$\alpha = 0.05$, $df = N-K-1 = 8-1-1 = 6$일 때 기준 t값은 2.447이다.

④ 관찰 t값과 기준 t값을 비교한다.

관찰 t값 5.0156이 기준 t값 2.447보다 크므로 영가설을 기각한다.

즉, 옷의 가격이 1만원씩 싸질 때마다 판매량이 1.286개씩 감소한다는 회귀계수 b는 통계적으로 유의미하다고 할 수 있다.

6.

월평균 임금(X)	적성 일치도(Z)	만족도 (Y)	X^2	Z^2	Y^2	XZ	XY	YZ
100	4	3	10,000	16	9	400	300	12
80	3	5	6,400	9	25	240	400	15
190	6	6	36,100	36	36	1,140	1,140	36
210	6	7	44,100	36	49	1,260	1,470	42
150	7	9	22,500	49	81	1,050	1,350	63
170	7	5	28,900	49	25	1,190	850	35
140	6	6	19,600	36	36	840	840	36
150	5	4	22,500	25	16	750	600	20
140	7	7	19,600	49	49	980	980	49
120	9	8	14,400	81	64	1,080	960	92
1,450	60	60	224,100	386	390	8,930	8,890	380

1) 월평균임금(***X***), 적성일치도(***Y***), 만족도(***Z***) 간의 상관관계를 구하여라.

① 월평균임금(X), 적성일치도(Y), 만족도(Z)에 대한 평균을 계산한다.

$$\overline{X} = \frac{1,450}{10} = 145, \quad \overline{Y} = \frac{60}{10} = 6, \quad \overline{Z} = \frac{60}{10} = 6$$

② 월평균임금(X)과 적성일치도(Y)에 대한 피어슨의 상관계수(r_{xy})를 계산한다.

$$r_{xy} = \frac{\sum XY - N\overline{X}\overline{Y}}{\sqrt{\left(\sum X^2 - N\overline{X^2}\right)\left(\sum Y^2 - N\overline{Y^2}\right)}}$$

$$= \frac{8,930 - 10 \times 145 \times 6}{\sqrt{(224,100 - 10 \times 145^2)(386 - 10 \times 6^2)}}$$

$$= \frac{8,930 - 8,700}{\sqrt{13,850 \times 26}} = \frac{230}{600.08} = 0.38$$

③ 월평균임금(X)과 만족도(Z)에 대한 피어슨의 상관계수(r_{xz})를 계산한다.

$$r_{xz} = \frac{\sum XZ - N\overline{X}\overline{Z}}{\sqrt{\left(\sum X^2 - N\overline{X^2}\right)\left(\sum Z^2 - N\overline{Z^2}\right)}}$$

$$= \frac{8,890 - 10 \times 145 \times 6}{\sqrt{(224,100 - 10 \times 145^2)(390 - 10 \times 6^2)}}$$

$$= \frac{8,890 - 8,700}{\sqrt{13,850 \times 30}} = \frac{190}{644.59} = 0.29$$

④ 적성일치도(Y)와 만족도(Z)에 대한 피어슨의 상관계수(r_{yz})를 계산한다.

$$r_{yz} = \frac{\sum YZ - N\overline{Y}\overline{Z}}{\sqrt{\left(\sum Y^2 - N\overline{Y^2}\right)\left(\sum Z^2 - N\overline{Z^2}\right)}}$$

$$= \frac{380 - 10 \times 6 \times 6}{\sqrt{(386 - 10 \times 6^2)(390 - 10 \times 6^2)}}$$

$$= \frac{380 - 360}{\sqrt{26 \times 30}} = \frac{20}{27.93} = 0.72$$

⑤ 각각의 두 변수간의 피어슨의 상관계수를 정리하면 다음과 같다.

	월평균임금(X)	만족도(Z)	적성일치도(Y)
월평균임금(X)	1.00	0.29	0.38
만족도(Z)	0.29	1.00	0.72
적성일치도(Y)	0.38	0.72	1.00

2) 두 독립변수인 월평균임금(X)과 적성일치도(Y)를 함께 고려한 것과 종속변수와의 상관계수의 제곱 R^2을 구하고, 그 의미를 해석하여라.

$$R^2_{z.xy} = \frac{r^2_{xy} + r^2_{zy} - 2r_{xy}r_{zy}r_{xz}}{1 - r^2_{xz}}$$

$$= \frac{(0.29)^2 + (0.72)^2 - 2 \times 0.29 \times 0.72 \times 0.38}{1 - 0.38^2}$$

$$= \frac{0.0841 + 0.5184 - 0.1587}{0.8556} = 0.5187$$

[해석] 월평균임금과 적성일치도를 알 경우 직장 만족도를 예측하는 데 51.87% 오류를 감소시킬 수 있다.

3) 다중회귀식을 구하고, 그 의미를 해석하여라.

(여기서, $X_1 = X$, $X_2 = Z$이다.)

$$S_y = \sqrt{\frac{\sum Y^2}{N} - \left(\frac{\sum Y}{N}\right)^2} = \sqrt{\frac{390}{10} - \left(\frac{60}{10}\right)^2} = 1.73$$

$$S_{x1} = \sqrt{\frac{\sum X_1^2}{N} - \left(\frac{\sum X_1}{N}\right)^2} = \sqrt{\frac{224,100}{10} - \left(\frac{1,450}{10}\right)^2} = 37.22$$

$$S_{x2} = \sqrt{\frac{\sum X_2^2}{N} - \left(\frac{\sum X_2}{N}\right)^2} = \sqrt{\frac{386}{10} - \left(\frac{60}{10}\right)^2} = 1.61$$

(여기서, $x_1 = x$, $x_2 = z$이다.)

$$b_1 = \left(\frac{S_y}{S_{x1}}\right) \times \frac{r_{yx1} - r_{yx2} \times r_{x1x2}}{1 - r^2_{x1x2}}$$

$$= \frac{1.73}{37.22} \times \frac{0.29 - 0.72 \times 0.38}{1 - 0.38^2} = \frac{1.73}{37.22} \times \frac{0.0164}{0.8566} = 0.0009$$

$$b_2 = \left(\frac{S_y}{S_{x2}}\right) \times \frac{r_{yx2} - r_{yx1} \times r_{x1x2}}{1 - r^2_{x1x2}}$$

$$= \frac{1.73}{1.61} \times \frac{0.72 - 0.29 \times 0.38}{1 - 0.38^2} = \frac{1.73}{1.61} \times \frac{0.6098}{0.8556} = 0.7658$$

$$a = \overline{Y} - b_1 \overline{X_1} - b_2 \overline{X_2} = 6 - 0.0009 \times 145 - 0.7658 \times 6$$

$$= 6 - 0.1305 - 4.5948 = 1.2747$$

$\therefore$ 다중회귀식 : $\hat{Y} = 1.2747 + 0.0009X_1 + 07658X_2$

[해석] 월평균임금이 0이고 적성일치도가 0일 때 직장 만족도는 1.2747이며, 월평균임금이 1만원 증가할 때마다 직장 만족도가 0.0009 증가하며, 적성일치도가 1증가할 때마다 직장 만족도가 0.7658씩 증가한다.

4) 표준점수로 전환된 회귀계수를 구하고, 그 의미를 해석하여라.

$$\beta_1 = \frac{S_{x1}}{S_y} \times b_1 = \frac{37.22}{1.73} \times 0.0009 = 0.0194$$

$$\beta_2 = \frac{S_{x2}}{S_y} \times b_2 = \frac{1.61}{1.73} \times 0.7658 = 0.7127$$

$$\therefore \frac{0.7127}{0.0194} = 36.74$$

[해석] 적성일치도가 월평균임금보다 직장 만족도에 대해 36.74배 영향력을 가지고 있다고 할 수 있다.

5) 다중회귀식을 검증하여라.

(1) 회귀식에 대한 검증

① 영가설을 세운다. 다중회귀식 $\hat{Y} = 1.2747 + 0.0009X_1 + 07658X_2$가 통계적으로 유의미하지 않다고 가정한다.

② 관찰 F값을 계산한다.

ⓐ 총 편차자승의 합(SS_{tot})을 구한다.

$$SS_{tot} = \sum Y^2 - N\overline{Y^2} = 390 - 10 \times 6^2 = 30$$

ⓑ 회귀식에 의한 편차자승의 합(SS_{reg})을 구한다.

$$SS_{reg} = SS_{tot} \times R^2 = 30 \times 0.5187 = 15.561$$

ⓒ 오류에 의한 편차자승의 합(SS_{err})을 구한다.

$SS_{err} = SS_{tot} - SS_{reg} = 30 - 15.561 = 14.439$

ⓓ 회귀식에 의한 편차자승의 평균(MS_{reg})을 구한다.

이때 $df_{reg} = K$이다. 여기서, K = 독립변수의 수로 2이다.

$$MS_{reg} = \frac{SS_{reg}}{df_{reg}} = \frac{15.561}{2} = 7.7805$$

ⓔ 오류에 의한 편차자승의 평균(MS_{err})을 구한다.

이때 $df_{err} = N - K - 1$이다. 그러므로 $df_{err} = 10 - 2 - 1 = 7$이다.

$$MS_{err} = \frac{SS_{err}}{df_{err}} = \frac{14.439}{7} = 2.0627$$

ⓕ 관찰 F값을 계산한다.

$$F = \frac{MS_{reg}}{MS_{err}} = \frac{7.7805}{2.0627} = 3.772$$

③ 기준 F값을 구한다.

$\alpha = 0.05$, $df_{reg} = 2$, $df_{err} = 7$일 때, 기준 F값 4.74이다

④ 관찰 F값과 기준 F값을 비교한다.

관찰 F값 3.772가 기준 F값 4.74보다 작으므로 영가설을 채택한다.

즉, 다중회귀식 $\hat{Y} = 1.2747 + 0.0009X_1 + 07658X_2$는 통계적으로 유의미하지 않다고 할 수 있다.

(2) 회귀계수 $\boldsymbol{b_1}$에 대한 검증

① 영가설을 세운다. $\beta_1 = 0$(모집단의 회귀계수인 β_1이 0이라고 가정한다). 즉, 독립변수 X(월평균임금)와 종속변수 Y(만족도) 사이에 통계적으로 의미 있는 직선관계가 없다고 가정한다.

② 다음 공식에 의해 관찰 t값을 계산한다.

$$t_1 = \frac{b_1 - \beta_1}{S_{b1}} = \frac{b_1}{S_{b1}} \quad (\beta_1 = 0\text{이라고 가정했기 때문에})$$

즉, t_1값은 회귀계수 b_1을 b_1의 표준오차로 나눈 값이다.

ⓐ 공식에 의해 S_{b1}을 계산한다.

$$S_{b1} = \frac{\sqrt{\dfrac{\sum(Y-\hat{Y})^2}{N-K-1}}}{\sqrt{\sum(X_1-\overline{X_1})^2 \times (1-r^2_{x1x2})}} = \frac{\sqrt{\dfrac{\left(\sum Y^2 - N\overline{Y^2}\right)\times(1-R^2)}{N-K-1}}}{\sqrt{\left(\sum X_1^2 - \dfrac{\left(\sum X_1\right)^2}{N}\right)(1-r^2_{x1x2})}}$$

$$= \frac{\sqrt{\frac{(390-10\times 6^2)(1-0.5187)}{10-2-1}}}{\sqrt{(224{,}100-\frac{1450^2}{10})(1-0.38^2)}} = \frac{\sqrt{\frac{30\times 0.4813}{7}}}{\sqrt{13{,}850\times 0.8556}}$$

$$= \frac{1.4362}{108.858} = 0.0132$$

ⓑ 관찰 t값을 구한다.

$$t = \frac{b_1}{S_{b1}} = \frac{0.0009}{0.0132} = 0.068$$

③ 기준 t값을 구한다.

$\alpha = 0.05$, $df = 7$일 때, 기준 t값은 2.365이다.

④ 관찰 t값과 기준 t값을 비교한다.

관찰 t값 0.068이 기준 t값 2.365보다 작으므로 영가설을 채택한다.

즉, 월평균임금 1만원씩 증가할 때마다 직장 만족도가 0.0009씩 증가한다는 회귀계수 b_1은 통계적으로 유의미하지 않다고 할 수 있다.

(3) 회귀계수 $\boldsymbol{b_2}$에 대한 검증

① 영가설을 세운다. $\beta_2 = 0$(모집단의 회귀계수인 β_2이 0이라고 가정한다). 즉, 독립변수 Z(적성일치도)와 종속변수 Y(성적) 사이에 통계적으로 의미있는 직선관계가 없다고 가정한다.

② 다음 공식에 의해 관찰 t값을 계산한다.

$$t_2 = \frac{b_2-\beta_2}{S_{b2}} = \frac{b_2}{S_{b2}} \quad (\beta_2 = 0\text{이라고 가정했기 때문에})$$

즉, t_2값은 회귀계수 b_2를 b_2의 표준오차로 나눈 값이다.

ⓐ 공식에 의해 S_{b2}를 계산한다.

$$S_{b2} = \frac{\sqrt{\frac{\sum(Y-\hat{Y})^2}{N-K-1}}}{\sqrt{\sum(X_2-\overline{X_2})^2\times(1-r^2_{x1x2})}} = \frac{\sqrt{\frac{\left(\sum Y^2-N\overline{Y^2}\right)\times(1-R^2)}{N-K-1}}}{\sqrt{\left(\sum X_2^2-\frac{\left(\sum X_2\right)^2}{N}\right)(1-r^2_{x1x2})}}$$

$$= \frac{\sqrt{\frac{(390-10\times 6^2)(1-0.5187)}{10-2-1}}}{\sqrt{(386-\frac{60^2}{10})(1-0.38^2)}} = \frac{\sqrt{\frac{30\times 0.4813}{7}}}{\sqrt{26\times 0.8556}}$$

$$= \frac{1.4362}{4.7165} = 0.3045$$

ⓑ 관찰 t값을 구한다.

$$t = \frac{b_2}{S_{b2}} = \frac{0.7658}{0.3045} = 2.515$$

③ 기준 t값을 구한다.

$\alpha = 0.05$, $df = 7$일 때, 기준 t값은 2.365이다.

④ 관찰 t값과 기준 t값을 비교한다.

관찰 t값 2.515가 기준 t값 2.365보다 크므로 영가설을 기각한다.

즉, 적성일치도가 1 증가할 때마다 직장 만족도가 0.7568씩 증가한다는 b_2는 통계적으로 유의미하다고 할 수 있다.